DAS GROSSE BUCH DER

ARCHÄ

© 2014 Fackelträger Verlag GmbH, Köln
Emil-Hoffmann-Straße 1
D-50996 Köln

Alle Rechte der Verbreitung, auch durch Film, Funk, Fernsehen, fotomechanische Wiedergabe,
Tonträger aller Art, auszugsweisen Nachdruck oder Einspeicherung und Rückgewinnung in
Datenverarbeitungsanlagen aller Art, sind vorbehalten.
Die Inhalte dieses Buches sind von Autor und Verlag sorgfältig erwogen und geprüft,
dennoch kann eine Garantie nicht übernommen werden. Eine Haftung von Autor und
Verlag für Personen-, Sach- und Vermögensschäden ist ausgeschlossen.

Autor: Wolfgang Korn
Satz und Gestaltung: e.s.n Agentur für Produktion und Werbung GmbH
Gesamtherstellung: Fackelträger Verlag GmbH, Köln

ISBN 978-3-7716-4569-4

Printed in China

www.fackeltraeger-verlag.de

WOLFGANG KORN

DAS GROSSE BUCH DER
ARCHÄOLOGIE

Unter Schatzjägern, verwegenen
Forschern und wagemutigen Entdeckern

Edition
Fackelträger

„Nur aus der Ferne, von allem Gemeinen getrennt, nur als vergangenes muss das Altertum uns erscheinen (...) Wir haben immer einen Ärger, wenn man eine halb versunkene (Ruine) ausgräbt. Es kann höchstens ein Gewinn für die Gelehrsamkeit auf Kosten der Fantasie sein."

Alexander von Humboldt (1769–1859)

„So wird es einem denn doch wunderbar zu mute, dass uns,
indem wir bemüht sind, einen Begriff des Altertums zu erwerben,
nur Ruinen entgegenstehen, aus denen man sich nun wieder das
kümmerlich aufzuerbauen hätte, wovon man noch keinen Begriff hat."

―――――――――

Johann Wolfgang von Goethe (1749–1832)

Inhalt

Einleitung: Die Spatenwissenschaft zwischen Mythos, Abenteuer und Wissenschaft 16

21 | Keine Rücksicht auf Ruinen – Die Menschheit vor der Archäologie
Nicht nur Pompeji – wie und warum menschliche Werke unter die Erde gerieten – Und was mit denen geschah, die sichtbar blieben 23

43 | Das Zeitalter der großen Entdeckungen
Aus Hellas entführt, in Rom wiederentdeckt – Die Antikenliebe begann mit dem größten Kunstraub aller Zeiten 45
Napoleon erobert die Pyramiden von Gizeh – Wie das Ägyptenfieber begann 67
Bibelzitate, Babylon und der Beginn der abendländischen Zivilisation 83

101 | Große Legenden über Archäologen
Retter oder Räuber – Wurden die griechischen Antikenstätten durch ihre neuzeitlichen Entdecker gerettet oder ausgeraubt? 103
Mit Homer in der Hand – Nicht erst Heinrich Schliemann suchte nach Troja 119
Von Angkor Wat bis zu den Maya-Tempeln von Palenque – Dem Dschungel entrissen, vor dem Vergessen bewahrt? 131

151 | Vom Spaten zum Spektrometer – die Archäologie als Wissenschaft
Keramik, Königslisten und ein wenig High-Tech – Von den Pharaonengräbern zum Alltag der alten Ägypter 153
Von der ersten Bronze zur Himmelsscheibe von Nebra – Eine eurasische Spurensuche nach dem ersten globalen Handel 171
Findet die Unterstadt unter der Unterstadt! Zu welchem Kulturkreis gehörte das Bronzezeit-TROIA? 185

207 | Moore, Mumien und nordische Mythen
Vom versunkenen Rungholt bis zur Gletschermumie Ötzi – Watt, Moor und Eis als nordische Fundstellen 209
Barbarische Piraten oder kulturbringende Kaufleute? Wie neue Funde und intensive Forschung unser Bild der Wikinger ändern 223
Die verlorenen Legionen oder wie die Archäologen lernten, Kampfspuren zu deuten – Schlachtfeldarchäologie 237

251 | Der Kampf um die Deutung der Vergangenheit
Vom nordischen Atlantis zu „Pompeji – Made in Hollywood" – Neue Mythen überlagern antike Stätten 253
Verlandung in Ephesos, Klimawandel in Mittelamerika und Nordeuropa – Die Entdeckung der ökologischen Dimension 271
Zwischen unvermeidlichem Zerfall großer Stätten, politischer Instrumentalisierung und Flucht in die Virtualität –
Die Zukunft der Archäologie 289

Schluss: Archäologie der Zukunft – wird etwas von uns bleiben, was wird von uns bleiben? 305

Karte 318
Glossar 321
Literaturverzeichnis 324
Register 326
Bildnachweis 330

Die Spatenwissenschaft zwischen Mythos, Abenteuer und Wissenschaft

Was bestaunen wir eigentlich, wenn wir die beiden Felsentempel von Abu Simbel im südlichsten Ägypten betreten? Sicherlich bewundern wir bautechnische Fähigkeiten und religiöse Fantasien dieser frühen Hochkultur wie auch den Willen ihrer Herrscher, diese in gewaltige Monumente umzusetzen. Das gilt besonders für den auch im übrigen Ägypten allgegenwärtigen Ramses II., dessen 21 Meter hohe Kolossalstatuen den Eingang zur großen, 63 Meter in den Fels geschlagenen Tempelhalle bewachen. Hinzu kommt die Achtung vor den verwegenen Entdeckern der Neuzeit: Jean Louis Burckhardt hatte das vom Sand fast vollständig verschüttete Felsenmonument 1813 ausfindig gemacht und der große Giovanni Belzoni hatte es 1817 freilegen lassen.

Doch hinzugesellen muss sich auch der Respekt vor der neuzeitlichen Ingenieurskunst. Denn die Statuen und die inneren Fassaden des großen Ramses II.- und des kleinen Hathor-Tempels wurden, als der Nasser-Stausee sich langsam füllte, in fünfjähriger Arbeit an eine höher gelegenen Stelle verlegt: Dazu wurde das Gestein zunächst mit 33 Tonnen Harzlösung gefestigt, in transportable Einzelteile zerlegt und in gut 200 Meter Entfernung in einer Betonhöhle wieder aufgebaut. Und zwar so, dass nicht nur die meisten heutigen Besucher den Umzug in die neue Behausung gar nicht mitbekommen, sondern auch so, dass weiterhin zweimal im Jahr, um den 21. Februar und den 21. Oktober herum (die Zeiten decken sich mit den Tagundnachtgleichen), ein Lichtstrahl auf drei der vier Götterstatuen ganz am Ende der großen Tempelhalle fällt.

Ein legendärer Herrscher, ein Meisterwerk früher Baukunst, verwegene Forscher, die es freilegten und eine High-Tech-Aktion, die diese Antike Stätte dauerhaft gerettet hat – in solch einem Spannungsfeld aus Geschichte, Abenteuer, Mythen und Wissenschaft bewegt sich heute die gesamte Archäologie. Und sie ist in unserer Mediengesellschaft in aller Munde. Nachrichten über spektakuläre Entdeckungen verbreiten sich schnell weltweit und die Ausstellungen der Funde werden zu Publikumsmagneten. Kein TV-Abend ohne eine Archäologie-Dokumentation, und über die Antiken Stätten ergießen sich Touristenströme – und dies nicht nur in der Mittelmeerregion.

Auch wenn unser Leben mehr denn je auf die Gegenwart gerichtet zu sein scheint, so beschäftigen wir uns doch auch sehr intensiv mit den Spuren

Die Spatenwissenschaft | 17

Eines der frühesten Beispiele für „Technik trifft Antike": Abu Simbel. Der Ort ist weltberühmt, denn hier erheben sich zwei Tempel, die einst der große Ramses hatte errichten lassen. Der Große Tempel (Bild) und der Hathor-Tempel stehen jedoch nicht mehr an ihrem angestammten Platz. Die neben den Pyramiden monumentalsten Baudenkmäler des alten Ägypten wurden 1964–1968, in 1036 Teile zersägt, 180 Kilometer landeinwärts und 64 Meter oberhalb ihres ursprünglichen Standorts an der Westseite des Nils wieder aufgebaut.

vergangener menschlicher Zivilisationen. Die Archäologie hat dabei nur einen Teilbereich übernommen: Sie versucht, die Vergangenheit durch die materiellen Spuren zu begreifen, die überdauert haben. Archäologen erforschen vom Menschen errichtete Bauwerke und andere Hinterlassenschaften als Zeugnisse der jeweiligen Kultur, die in Vergessenheit geraten und nun wiedergefunden wurden. Und die großen Entdeckungen haben unser Bild von der Archäologie geprägt: Vom Dschungel überwucherte Tempel und in der Wüste vergessene Totenstädte, die von Abenteurern entdeckt wurden – aber stimmen diese Klischees im Einzelfall wirklich?

Es scheint so, als seien Archäologen heutzutage allgegenwärtig: kein Hausbau, keine Straßenerweiterung, kein U-Bahnbau, auch kein Braunkohleabbau, ohne dass sie vorher das Gelände sondiert hätten auf der Suche nach Artefakten vergangener Zeiten. Darüber hinaus schätzen und schützen wir heute unsere historischen Denkmäler auf regionaler, nationaler und internationaler Ebene – letzteres mit der begehrten Auszeichnung „UNESCO-Weltkulturerbe". Trotzdem sieht die ge-

genwärtige Situation der Archäologie zum Erstaunen vieler gar nicht so rosig aus. Dem Überfluss auf der einen Seite, ständiger Nachschub an Funden und viel Aufmerksamkeit durch die Öffentlichkeit, stehen gewaltige Mängel gegenüber: Den Museen und Forschungseinrichtungen werden die Mittel gekürzt, trotz der Touristenströme fehlt es selbst an den klassischen Antiken Stätten an Geldern für die nötige Instandhaltung, die Raubgräberei nimmt vor allem in Krisengebieten wie Syrien oder dem Irak, aber auch in Ägypten zu. Und die Aufmerksamkeit, die der Archäologie entgegengebracht wird, ist zweigeteilt: Ein Großteil der Forschungserkenntnisse verbleibt in der Community, denn die meisten Funde interessieren nur die Wissenschaft und Lokalpatrioten. Das Interesse der durch die Medien gesteuerten Öffentlichkeit folgt anderen Regeln.

Als im April 2011 bei der Ausbaggerung und Verlegung einer Pipeline quer durch Niedersachsen, in der Gemarkung Gessel im Landkreis Diepholz ein gewaltiger Goldschatz aus der Bronzezeit gefunden wurde, blieb der Fund trotz aller Herrlichkeit und Kunstfertigkeit der Objekte etwas farblos –

Schon die Entstehung der Spatenwissenschaft ist von Mythen durchzogen. Noch während der Renaissance ließ das Abendland, das sich die antike Kultur zum Vorbild nahm, dessen Überreste bedenkenlos plündern, um damit die Fassaden seiner eigenen Prachtbauten zu errichten. Die Archäologie begann vor rund 400 Jahren nämlich nicht als Projekt zur Erforschung und Rettung bedrohter Denkmäler, zunächst waren schlichtweg Plünderer der antiken Stätten am Werk. Auch über den Weg der Archäologie – vom Raubzug zur Wissenschaft – werden eine Menge Halbwahrheiten erzählt. So sind viele Ausgräbergeschichten schlicht und einfach Legenden, wie die von Heinrich Schliemann, der nur reich geworden sei, um seinen Kindheitstraum von Troja zu verwirklichen.

Und schließlich ist die Geschichte der Archäologie, obwohl sie zunehmend wissenschaftlicher betrieben wird, keine des kontinuierlichen Anstiegs ihres Wissens. Das liegt vor allem an zwei Dingen: Neue zufällige Funde können bewährte Ansichten über Nacht widerlegen. Gleichzeitig wandelt sich die Archäologie: Neue Fragen, neue Methoden und neue Sichtweisen lassen vergangene Kulturen immer wieder in einem anderen Licht erscheinen. Deshalb werden wir die Erforschung untergegangener Kulturen nie als abgeschlossen betrachten können.

Mitten in Mexiko-City wird seit den 1970er-Jahren der Azteken-Tempel Templo Mayor unter den Augen der Öffentlichkeit freigelegt.

doch aus welchem Grund? Was fehlt ist ein Mythos, ein bekannter Platz oder zumindest ein überlieferter Name, der sich mit dem Fund verbinden lässt. Denn eine entscheidende Voraussetzung für archäologische Abenteuergeschichten: ohne große Namen keine großen Entdeckungen. Über Troja oder Tut-anch-Amun wird viel spekuliert, aber nicht über das griechische Stratos oder das römische Aquileia. Warum dies so ist? Nur wenn die Mischung aus Abenteuer, Ausgrabung und Mythen stimmt, schaffen es einzelne Funde oder Ausgrabungen in die Medien und werden zu viel diskutierten Phänomenen.

Jede Epoche hat ihr eigenes Verhältnis zur Vergangenheit. Früher spielten Herrschergestalten und kriegerische Auseinandersetzungen die zentrale Rolle, heute sind es die Ergebnisse naturwissenschaftlicher Forschungen und ihre ökologische Interpretation. Archäologie bietet die einmalige Chance, die gegenwärtigen Kulturen mit denjenigen früherer Völker objektiv zu vergleichen. Wie gingen frühere Gesellschaften mit dem Reichtum um? Wie verteilten sie politische Ämter? Leider scheuen viele Archäologen noch vor diesen, über ihr aktuelles Forschungsprojekt hinausgreifenden Wertungen zurück. Dabei sind Archäologen eigentlich Experten des unvermeidbaren Untergangs, denn humane Gesellschaften haben wie jedes lebendige System Anfang, Aufstieg, Höhepunkt und eben Niedergang. Die Betonung dieses letzten Aspekts ist in unserer auf scheinbar ewiges Wachstum fixierten Welt ein bitter nötiges Korrektiv. Die Archäologen sollten die Aufmerksamkeit, die ihnen und ihrer Disziplin zuteil wird, stärker nutzen, um immer wieder darauf hinzuweisen.

Das „Große Buch der Archäologie" stellt das Phänomen Archäologie in seiner ganzen Bandbreite dar – aber nicht allumfassend wie ein Handbuch, sondern stets anhand von Beispielen, die größtenteils reportageartig vorgestellt werden. Die Archäologie wird gern als Spatenwissenschaft bezeichnet, weil Archäologen ihre Funde in der Regel erst freilegen müssen. Aber warum landen Zeugnisse alter Kulturen eigentlich unter der Erde? Auch gehen wir der Frage nach, was mit den antiken Ruinen geschah, bevor die Archäologen sie freilegten. Wir widmen uns zudem den Methoden der Archäologie: vom Spaten bis zum Spektrometer, machen einen Abstecher zu nordischen Fundstellen, um dann den aktuellen Kampf um die Deutung der Vergangenheit zu beleuchten. Abschließend wagen wir noch zwei Ausblicke in die Zukunft: Wie werden angesichts steigender Touristenströme und sinkenden Etats für Forschung und Restaurierung archäologische Stätten wie Pompeji in der Zukunft aussehen? Wird die archäologische Forschung schon bald nur noch in den Labors und Rechenzentren der Wissenschaftler stattfinden? Und was wird schließlich von uns selbst bleiben?

Eines scheint sicher: Wir leben und bauen heute anders als in den vergangenen 7000 Jahren der eurasischen Zivilisationsgeschichte. Werden Ausgräber in einigen Jahrhunderten nachvollziehen können, dass wir uns heute auf dem Gipfel der Menschheitsgeschichte wähnen?

Nichtmenschliche Knochen an Ausgrabungsstätten sind das Spezialgebiet der Archäo-Zoologen.

Keine Rücksicht auf Ruinen
Die Menschheit vor der Archäologie

> „Die Hauptaufgabe des Archäologen ist nicht das Schatzsuchen, sondern das Verständnis der antiken Kunst in der Gesamtheit ihrer Überlieferung."
>
> Werner Fuchs (*1927)

Nicht nur Pompeji – wie und warum menschliche Werke unter die Erde gerieten

Und was mit denen geschah, die sichtbar blieben

Vorangehende Doppelseite: Geheimnisvoll wirkt das Forum Romanum mit seinen vielen Ruinen, dabei kennen wir kaum eine antike Stätte und die Geschichte ihre vielen Umbauten so gut wie diese.

Jederzeit kann der Vesuv (im Hintergrund) wieder ausbrechen und Pompeji erneut unter seiner Lava verschütten.

Pompeji – 24. August 79 nach Christus. Zunächst erschüttert ein heftiger Erdstoß die reiche Römerstadt südöstlich des Vesuvs, dann folgt ein gewaltiger Knall. Die Spitze des Berges hat sich gespalten, ein feuriger Steinhagel prasselt auf die Stadt, Ascheregen und giftige Gase füllen Augen, Mund und Lungen der Bewohner und begraben die Stadt unter einer Schicht. Über 19 Stunden lang soll diese Phase, die von Vulkanologen nach dem Augenzeugenbericht Plinius d. Ä. heute „plinianische" genannt wird, gedauert haben. Als sicherster Beweis gelten den Archäologen freigelegte Abdrücke von menschlichen Körpern, die in schutzsuchender Haltung erstarrten.

Ältere Pompejibücher stellen diesen Verlauf der Katastrophe als unumstößliche Tatsache dar. Doch ein Team italienischer Wissenschaftler, die Anfang der 1990er-Jahre in einem bis dahin unberührten Areal des Wohnviertels „Insula dei Casti amanti" (Quartier des züchtigen Liebespaares) einen 30 Meter langen und drei Meter tiefen Grabungsschnitt anlegten, stießen auf eine andere Spur. „Oberhalb der Bims- und der dünnen Ascheschicht liegen Ablagerungen, die charakteristisch für pyroklastische Flüsse sind und von sechs verschiedenen Eruptionen herrühren", erläutert der Vulkanologe Aldo Marturano. Pyroklastische Flüsse, also Lavaströme, und nicht nur Bimsstein- und Ascheregen überfluteten die Stadt. Die Wissenschaftler konnten sogar die Geschwindigkeit der Lavawellen bestimmen. Von einem zwei Stockwerke hohen Gebäude im südlichen Teil der Insula stand nur noch die Grundmauer, die Außenwand war in einem Stück weggedrückt worden. „Ihr Fall dürfte etwa 0,4 bis 0,5 Sekunden gedauert haben, daraus ergibt sich eine Geschwindigkeit der vulkanischen Lawine von 65 bis 80 Kilometern pro Stunde", so

Kopie eines römischen Gladiatorenhelms aus Bronze, der in Pompeji gefunden wurde. Das Original befindet sich im Museo Nazionale Archeologico in Neapel.

Marturano. Auch stimmt es nicht, dass die Menschen sogleich von einer Giftgaswolke überrascht wurden. Wie Plinius sind viele ans Meer geflohen, doch der weitere Fluchtweg war ihnen durch die Eruptionen verstellt. Andere haben versucht sich zu schützen. Fenster und Tür eines kleinen Raumes, in dem die Wissenschaftler drei menschliche Skelette fanden, waren abgedichtet worden.

Aus den neuen Erkenntnissen, die mit Berichten von Augenzeugen verglichen wurden, ergibt sich folgende Chronologie des Unterganges: In der Vorphase des Ausbruchs ereignen sich am 24. August ab vier Uhr morgens heftige Erdbeben. Statt zu fliehen, beginnen die Pompejianer jedoch unverzüglich mit Aufräumarbeiten. Die erste Phase des Vulkanausbruchs setzt mittags ein. Während rund vier Stunden lang weißer und grauer Bimsstein auf Pompeji hinabregnet, verläuft der Hauptausstoß in östliche Richtung. Das haben auch neue Untersuchungen an 80 Skeletten bestätigt, die vor kurzem am Strand von Herculaneum (14 Kilometer nordwestlich von Pompeji) freigelegt wurden. Die Opfer hatten nicht einmal Zeit, eine schützende Körperhaltung einzunehmen, so der neapolitanische Archäologe Alberto Incoronato: „Die Hitzewelle eines Stromes aus Gas und vulkanischer Asche, der sich über die 20 Meter hohe Felsküste ergoss, tötete die Menschen praktisch sofort." In einer anschließenden Übergangsphase ereignen sich erneut starke Erdbeben. Erst in den frühen Morgenstunden des 25. August erreichen pyroklastische Flüsse und Giftgaswolken Pompeji. Plinius d. Ä. stirbt am Strand, und wo bisher Pompeji lag, breitet sich nun eine leblose Lava-Wüste aus. Die Stadt darunter geriet in Vergessenheit und wurde erst 1700 Jahre später, nach einer erneuten Vesuv-Erschütterung, beim Aushub eingefallener Wassergräben wieder entdeckt.

Die Kunst, zu verschwinden

Nur selten ist es ein so spektakuläres Ereignis, dass eine Siedlung verschwinden lässt und so vollständig für spätere Entdecker konserviert. Tatsache jedoch ist: Was die Archäologen finden, müssen sie in den allermeisten Fällen dem Boden oder dem Meeresgrund entreißen – deshalb wird die Disziplin ja auch Spatenwissenschaft genannt. Doch wovon hängt es eigentlich ab, dass einige Menschenwerke unter die Erde geraten und andere nicht? Vieles, wofür sich Archäologen interessieren, wurde von den Menschen vergangener Zeiten bewusst im Boden deponiert. Einiges davon wollten sie später selbst wiederfinden, am spektakulärsten sind sogenannte „Schatzfunde", Depots mit wertvollen Gegenständen wie Edelmetalle, die von den Archäologen lieber als „Horte" bezeichnet werden. So haben die Wikinger die Beute ihrer Plünderzüge in zahllosen „Horten" über ganz Nordeuropa verteilt. Viele davon ließen sie zurück, weil sie sie nicht mehr wiederfanden, fliehen mussten oder nicht mehr von ihrem Raubzug zurückkehrten. Allein in Schleswig-Holstein wurden in den letzten 200 Jahren rund 50 solcher Edelmetalldepots entdeckt.

Wie Horte muten auch etliche Opferfelder der Germanen und ihrer Vorgänger an, wo sie seit der späten Steinzeit (um 10 000 v. Chr.) anfangs einen Teil ihrer Nahrungsmittel, Felle und Feuersteine, dann eigene oder erbeuteten Waffen sowie hin und wieder auch jemanden aus den eigenen Reihen in Seen, Flüsse und Moore warfen. Ein Großteil der Kultgegenstände, die nicht gefunden werden sollten, befand sich in Gräbern in Form von kostbaren Beigaben. Sie sollten dem Verstorbenen die Reise ins Jenseits erleichtern und wurden zusammen mit den Leichen in Großsteingräbern unter tonnenschweren Steinen oder in Grabkammern unter gewaltigen Hügeln verborgen.

Pompeji war neben Herculaneum und Stabiae dem verheerenden Vesuv-Ausbruch vom 24.8.79 n. Chr. zum Opfer gefallen und ist seit der Goethezeit allmählich, seit 1860 systematisch von Archäologen ausgegraben worden.

Nachfolgende Doppelseite: Während unzählige Meisterwerke aus Architektur und Plastik noch heute von der einstigen Größe des Römischen Imperiums künden, haben vergleichsweise wenige Beispiele römischer Malerei die Jahrhunderte überdauert. Vor allem die Katastrophe des Jahres 79 n. Chr., bei der die beiden Landstädte Pompeji und Herculaneum durch den Ausbruch des Vesuvs unter einer Schicht aus Asche und Bims begraben und dadurch für die Nachwelt erhalten blieben, gibt uns einen guten Eindruck und Querschnitt, zumindest der römischen Wandmalerei der Zeitenwende.

Stein, Bronze, Eisen –
die Epochen der frühen Menschheitsgeschichte

Als das Dänische Nationalmuseum zu Beginn des 19. Jahrhunderts die Frühgeschichte Nordeuropas in einer großen Ausstellung präsentieren wollte, bekam Museumsmitarbeiter Christian J. Thomsen ein Problem. Denn die Exponate bestanden aus einem ungeordneten Berg aus Faustkeilen, Messern und Schwertern, Gürtelschnallen, Sicheln, Axtscheiden, Pflügen, steinerne Pfeilspitzen und noch mehr Faustkeilen. Thomsen sortierte alle Steinwerkzeuge auf einen Haufen, die Bronzegegenstände auf den nächsten und die aus Eisen auf einen dritten. Er ging einfach davon aus, dass die Steinwerkzeuge älter als die aus Bronze und Eisen waren, und sortierte unter der Bezeichnung „Steinzeit". Bronzegegenstände waren seiner Meinung nach auch älter als die aus Eisen – denn wer einmal ein Eisenschwert herstellen kann, nimmt freiwillig keine weichere Bronze mehr für diesen Zweck – und gehörten deshalb zur „Bronzezeit". Blieben schließlich noch die Funde der „Eisenzeit" übrig.

Germanische Waffenopfer aus dem dänischen Illerup (um 200 n. Chr.).

Dieses 3-Perioden-System hat sich in der Folgezeit bis heute bewährt, allerdings wurde es immer weiter untergliedert: Die Steinzeit reicht von den ersten Frühmenschen (Hominiden) mit Steinwerkzeugen vor ca. 2,5 Millionen Jahren bis vor ca. 5000 Jahren. Da lernten die Menschen mit Metallen so gut umzugehen, dass sie die ersten Werkzeuge und Waffen aus Bronze herstellen konnten. Die Eisenzeit breitete sich um 500 v. Chr. aus Norditalien (die Etrusker waren die ersten Eisenschmiede dort) Richtung Nordeuropa aus und hält im Prinzip bis heute an; unser Zeitalter wird wohl erst von künftigen Archäologen definiert.

Nicht nur Pompeji | 29

Mit besonderer Akribie wurden Gräber der Pharaonen im ägyptischen Tal der Könige versteckt: Der Eingang wurde verschüttet, Labyrinthe angelegt, Statuen des furchteinflößenden Grabwächters „Anubis" (einer Gottheit in Menschengestalt mit Hundekopf) flankierten den Zugang und Formeln am Eingang verfluchten mögliche Grabräuber. Trotzdem wurden die meisten Pharaonengräber schon bald nach ihrer Versiegelung geplündert, nicht selten von den nachfolgenden Pharaonen mithilfe der Graberbauer.

Doch der größte Teil menschlicher Bauwerke befindet sich heute unbeabsichtigt unter der Erde: Tempel, die für die Ewigkeit errichtet wurden, und ganze Siedlungen, in denen die Ausgräber noch die Alltagsgegenstände der damaligen Bewohner finden. Um solche Stätten wiederzufinden, fragen sich die Archäologen: Wie tief können alte Siedlungen heute begraben liegen, wenn sie zum Beispiel vor 3000 Jahren aufgegeben wurde? Zehn, fünf oder nur einen Meter tief?

Die slowakische Grabungsstätte Nizna Mysla (Bronzezeit, um 1400 v.Chr.) liegt nur 25 Zentimeter unter der Erde. Die Archäologen geben noch einmal 30 Zentimeter dazu, um einen Hausgrundriss zu finden. Und noch einmal 80 Zentimeter, um auf den Grund der Pfostenlöcher zu kommen. Zusammen gerade einmal einen Meter und 35 Zentimeter, darunter sind keine Spuren von der zivilisierten Menschheit mehr zu finden. Auch in Nordeuropa liegen die Siedlungen der Zeit, als die Menschen hier sesshaft wurden (6000–4000 v. Chr.), nur einige Dezimeter unter der Erde. Auf genaue Zentimeterangaben wollen sich die Wissenschaftler aber nicht festnageln lassen, denn wo genau verläuft in einer Kulturlandschaft mit Ackerböden und Gärten, Straßen und Häusern die natürliche Erdoberfläche? Die Spuren liegen allerdings so dicht unter der Oberfläche, dass die mysteriösen kreis- und ellipsenförmigen Erdwerke der Jungsteinzeit unter Ackerflächen aus der Luft als Bodenprofile zu erkennen sind. Doch warum liegen die meisten archäologischen Stätten weit weniger tief unter der Erde, als die meisten Menschen erwarten würden?

Ganz außergewöhnliche Kunstwerke hat die Katastrophe des Jahres 79 der Nachwelt bewahrt, wie dieses Marmorrelief aus Pompeji, mit der Darstellung einer Kupferschmiede (oben) oder dieser bronzene Rehbock (rechts) aus dem 1. nachchristlichen Jahrhundert, der in Herculaneum gefunden wurde und sich heute im Museo Nazionale Archeologico in Neaple befindet.

Schlamm drüber – die Erosionskraft

Hitze und Kälte, Wind und Regen – kurz: die Erosionsprozesse wirken sich in den einzelnen Regionen der Erde sehr unterschiedlich aus. Mitten in der Wüste beispielsweise gibt es kaum Erosion. So bildete Palmyra, eine Oase in der Syrischen Wüste, einst als Handelszentrum das westliche Ende der Seidenstraße – die Säulen der einstigen Tempel und Arkaden stehen heute noch frei in der Landschaft. Antike Ruinen werden in diesen Landschaften nur dort bedeckt, wo es starke Sandstürme gibt oder wenn sie mitten in einem Wadi (einem trockenen Flussbett) liegen, der nach einem der seltenen Regenfälle schlammiges Wasser transportiert. Auf Berggipfeln wiederum ist ein Bauwerk zwar den Naturgewalten ausgesetzt – der Wind schleift an den Mauern von Höhenfestungen und große Temperaturunterschiede sprengen einzelne Gesteinsbrocken aus Burg und Berg –, doch das Regenwasser spült sie dann, der Schwerkraft folgend, zusammen mit ausgeschwemmten Teilchen bergab. Deshalb sind die Erosionskräfte besonders an den Berghängen zu spüren, Siedlungen können hier über Nacht lawinenartig verschüttet werden. Trotzdem siedelten die Menschen in der Vergangenheit häufig an Hängen und in Flusstälern, denn Erosion und Überschwemmungen lagern hier fruchtbare Böden ab. Aber das Risiko ist hoch – wie das griechische Olympia zeigen wird. Und es gibt Regionen, in denen die Erosion durch einen wilden Pflanzenwuchs verstärkt wird: In den Dschungeln Südostasiens und Mittel- und Südamerikas werden antike Stätten in wenigen Jahren von Pflanzen überwuchert, während sich die verzweigenden Wurzeln ihren Weg durch das Mauerwerk bahnen und es dabei häufig einfach aufsprengen.

Die Natur kann jedoch auch über Nacht zuschlagen, denn nicht nur das eingangs erwähnte Pom-

Unter dickem Uferschlamm und städtischen Schutt suchen die Archäologen in Dublin nach den Resten der einstigen Wikingersiedlung.

Nicht nur Pompeji | 31

Die dank Wüstenklima gut erhaltenen Ruinen von Palmyra, wie der Hadriansbogen aus römischer Zeit, dehnen sich über ein Areal von zehn Quadratkilometern aus.

peji, ganze Kulturen wurden durch Naturkatastrophen vernichtet. So streiten die Forscher noch darüber, ob der Vulkanausbruch auf der griechischen Insel Thera/Santorin oder ein Erdbeben für den Untergang der minoischen Kultur auf Kreta (Mitte des 2. Jahrtausends v. Chr.) verantwortlich ist. Auch Ötzi blieb uns als Eismumie nur deshalb erhalten, weil er nach seinem Tod in kürzester Zeit von einem sich ausbreitenden Gletscher überdeckt wurde. Unter noch dickeren Schichten, die bis zu 20, 30 Meter erreichen können, ruhen etliche frühe Siedlungen und Städte. Das liegt daran, dass die größten Ablagerungen, unter denen archäologische Stätten liegen, meistens von den Bewohnern selbst stammen. So wurde zum Beispiel der Siedlungshügel Tall Chuera, der im heutigen Nordsyrien liegt, im 3. Jahrtausend v. Chr. von seinen Bewohnern regelrecht zugemüllt. Das entdeckte der Tübinger Archäologe Peter Pfälzner mit seinem Team, als er den Tall Chuera von 1995 bis 1997 untersuchte. Die mittelgroße Stadt, die damals rund 50 000 Einwohner hatte, fiel ihnen durch ihre strenge Bauordnung auf: Alle Reihen-Wohnhäuser waren gleichbreit und identisch aufgebaut. Doch der Zentralplatz dieser politisch und ökonomisch blühenden Musterstadt versank im Lauf der Zeit unter einer 12 Meter dicken Müllschicht aus Asche, Tierknochen und zerbrochenem Geschirr, bis die Stadt daran regelrecht erstickte. Die Archäologen stehen vor einem Rätsel.

Aber auch normaler Siedlungsschutt kann sich zu ganzen Hügeln auftürmen. Das liegt vor allem daran, dass Siedlungen und Städte im Laufe der Jahrtausende immer wieder an den gleichen bevorzugten Stellen errichtet werden, natürliche Hafenbuchten, Flussmündungen und Hügelkuppen beispielsweise. So liegen in Köln die Bauelemente der rund 2000 Jahre alten römischen Stadt

„Colonia Claudia Ara Agrippinensium" unter bis zu sieben Meter dickem Bau- und Erosionsschutt. Der Baubeginn einer neuen U-Bahnstrecke öffnete den Archäologen im Jahr 2003 einen wunderbaren Schnitt durch diese Schichten. Ein Projekt, das sich über zehn Jahre hinzog und sich zur größten Ausgrabung der Stadtgeschichte entwickelte. Mithilfe alter Karten, Fotografien und früherer Fundberichte hatten die Archäologen vorher recherchiert, um die zehn besonders ergiebigsten Untersuchungsgebiete von insgesamt 30 000 Quadratmetern Fläche ausfindig zu machen. Das Ergebnis: 2,5 Millionen große und kleine Fundstücke aus 2000 Jahren Stadtgeschichte, darunter Bestandteile des römischen Hafens sowie mehrerer Tempelanlagen, die direkt am Rheinufer gelegen haben müssen, Überreste von Festungswerken aus dem Mittelalter und preußischen Grabenwerken. Außerdem eine komplette Bergkristallwerkstatt aus dem 12. Jahrhundert, die aus 25 000 einzelnen Teilen besteht und der Schädel eines Wollnashorns, das um 37 000 v. Chr. gelebt hat und von einem Römer als Werkbank benutzt wurde.

Noch gewaltiger werden diese Siedlungsschichten dort, wo Lehm für den Hausbau benutzt wurde. Häuser aus Lehm werden nach 20 bis 25 Jahren brüchig. Und da der Baustoff nicht recycelbar ist, wird er einfach einplaniert und das neue Haus darüber errichtet. Im Laufe der Jahrhunderte wächst auf diese Weise Schicht auf Schicht eine Hügelkuppel, die 20 bis 30 Meter hoch werden kann. Solche künstlichen Hügel, die Tepe oder Tell genannt werden, finden sich noch heute vor allem in den Regionen rund um das Mittelmeer und im Nahen Osten. Auf die prominentesten Beispiele wie Troia, Uruk und Babylon kommen wir natürlich immer wieder zurück. Eine Zeitreise ins Erdinnere auf den Spuren der Archäologen gleicht deshalb keiner ruhigen Fahrt mit der Rolltreppe durch regelmäßige Schichten, sondern eher einer Fahrt mit der Achterbahn: Neolithische Erdwerke (6000 v. Chr.) 20 Zentimeter tief –

Archäologen legen in Köln Überreste eines beim U-Bahnbau entdeckten römischen Schiffes frei. Das zwei Meter lange Wrackteil aus Eichenholz, das in fast zwölf Meter Tiefe in der Kölner Altstadt entdeckt worden war, stammt nach ersten Untersuchungen von einem etwa 22 Meter langen und 3,50 Meter breiten Lastschiff aus dem 1. Jahrhundert n. Chr..

Glücksfall für die Archäologie: Die sogenannten Schöninger Speere gelten als die ältesten erhaltenen Jagdwaffen der Menschheit. Die rund 400 000 Jahre alten Wurfspeere wurden in den 1990er-Jahren in gut 15 Metern Tiefe, mitten im Braunkohletorf des Tagebaus Schöningen bei Helmstedt entdeckt (Schöninger Speer VII in Fundlage).

Babylon (2200 v. Chr.) 2000 Zentimeter tief – bronzezeitliches Nizna Mysla (1400 v. Chr.) 25 Zentimeter tief – Olympia (4. Jh. n. Chr.) 500 Zentimeter tief … All diese Beispiele bezogen sich auf die letzten 13 000 Jahre, denn bei noch älteren Funden, kommt in Nordeuropa die Eiszeit ins Spiel.

Mit dem Abraumbagger in die Urgeschichte

Vor ungefähr 2 Millionen Jahren kühlte es auf der Erde erheblich ab, deshalb wird diese Klimaepoche Eiszeitalter oder Quartär genannt. Es blieb jedoch nicht durchgehend kalt, immer wieder wurden die Eiszeiten (Glazial) von kleinen Warmzeiten (Interglazial) unterbrochen – die Eiszeit ist auch noch nicht vorbei, vor 13 000 Jahren begann nur eine besonders lange Warmzeit. Obwohl der Unterschied zwischen Warm- und Kaltzeit im Durchschnitt nur vier Grad ausmachte, war die Wirkung gewaltig. Über Nordeuropa bildete sich eine bis zu 3000 Meter dicke Eisdecke, die auf ihrem Weg nach Süden ganze Bergspitzen abtrug und riesige Mengen an Gestein, Sanden und Lößböden bis nach Mitteldeutschland hineinschob. Die in den Warmzeiten entstandenen üppigen Schichten aus Tier- und Pflanzenresten wurden auf diese Weise von den Gletschern der nächsten Eiszeit wieder bedeckt. So entstanden beispielsweise dicke Moorschichten, die sich im Laufe der Jahrtausende zu Torf wandelten. Falls es irgendwo dazwischen auch Spuren menschlichen Lebens gab, konnten die Archäologen in diesen Tiefen mit ihren Spaten jedenfalls nichts ausrichten. Wo und wie sollten sie an mögliche Funde in fünf, zehn oder 15 Metern Tiefe gelangen? Sie können sich nur Grabenden anschließen – die beispielsweise Bagger benutzen, Ausmaße von Parkhäusern haben.

Eines der großen Reviere in Deutschland, wo Braunkohle im Tagebau abgetragen wird, liegt zwischen der Stadt Helmstedt und dem zehn Kilometer südlicheren Schöningen. Um an den 15, 30, oft 50 Meter unter der Erde gelegenen Energieträger zu kommen, tragen Schaufelradbagger auf über sechs Quadratkilometer systematisch Schicht für Schicht das Erdreich ab und dringen so immer weiter in die Erdgeschichte vor – und die Wissenschaftler begleiten sie seit über 20 Jahren dabei. Dabei stießen sie in den oberen zwei Metern aus Humusschichten und Lößböden auf Gräber aus der Eisen- und der Bronzezeit, gefolgt von urgeschichtlichen Siedlungen etwa aus der ersten Bauernkultur in Deutschland (um 6000 v. Chr.). Bis Bagger und Archäologen in 15 Metern Tiefe, schon mitten im Braunkohletorf, auf Speere stießen. Es sind die Ältesten, die je entdeckt worden sind, 400 000 Jahre vor unserer Zeit. Normalerweise werden organische Gegenstände wie Holz im Laufe der Zeit von Bakterien zersetzt, doch die können im Torfmoor, aus dem die heutige Braunkohle besteht, nicht überleben. Während sich rundherum die Bagger weiter in die Tiefe fraßen, legten die Archäologen ein ganzes altsteinzeitliches Wildpferd-Jagdlager frei: Nicht nur Speere, sondern auch Berge von Knochen, die überwiegend von Wildpferden, aber auch von Wisent, Rothirsch und Wildesel stammen, mehrere Feuerstellen und einen angebrannten Holzspieß – das erste nachweisbare Schaschlik! Die ganzen Hinterlassenschaften dieser Jagdgesellschaft lagen gewissermaßen „schockgefroren" vor ihnen – das nennen die Archäologen eine „Zeitkapsel".

Noch weiter zurück in der Menschheitsgeschichte geht es nur dort, wo sowohl frühe Menschen lebten als auch starke Erosion herrscht. Solch ein für die Erforschung der frühen Menschheitsgeschichte wichtiger Ort ist die Oldovai-

Schlucht in Tansania. Nachdem vor rund zwei Millionen Jahren dort Menschen einen See aufsuchten, wurde der später mit Sedimenten und Vulkanasche überdeckt. Vor 500 000 Jahren bildete sich genau dort ein gewaltiger Riss im Boden, der von Wassermassen zum heutigen Tal ausgeschwemmt wurde. Ein Glücksfall für die Forscher, die am erodierenden Talhang immer wieder einzelne Steinwerkzeuge und fossile Knochen von Hominiden und ihrer möglichen Jagdbeute finden.

Die Archäologen müssen eigentlich nur rückwärts lesen: Was tiefer liegt, ist in der Regel älter. Diese Technik, Ablagerungen von Erdreich, Bauwerken oder auch Abfällen in ihrer zeitlichen Abfolge zu erfassen, nennt sich Stratigraphie (von: Stratus (griech. = Ablagerung, Schicht). Für die Geologie hatte schon 1669 der schwedische Forscher Niels Stensen festgestellt: bei Gesteinsschichten, die im Laufe der Zeit aufgeschichtet wurden, liegt das ältere unten und das jüngere oben. Für die humanen Spuren hatte der Amerikaner Thomas Jefferson (späterer Präsident der USA) im 18. Jahrhundert die Schichtung eines mehrfach genutzten Grabhügels in Virginia genau erkundet und dokumentiert. Doch diese Methode breitete sich in der Archäologie nur zögerlich aus, weil es hier meist komplizierter zugeht: Die von Menschen erzeugten Schichten sind vielfach verschoben und ineinander gewoben – beispielsweise durch Gräben, Abfallgruben und das Einplanieren aufgegebener Bauwerke. Das wird besonders am Beispiel der Grabungsstätte von TROIA deutlich. Doch genauso wichtig für die Archäologie ist die Frage, was mit den Bauwerken und Spuren vergangener Kulturen geschah, die weithin sichtbar überirdisch die Zeiten überdauerten. Und wie verhielten sich die Menschen, die in deren Umgebung über Jahrtausende siedelten?

Im sogenannten Schachtgräberrund A fand Heinrich Schliemann unter sieben Meter dickem Schutt fünf Totenmasken – darunter angeblich die des Agamemnon.

Wer hat die Kyklopenmauern erbaut?

Schon die Griechen des klassischen Altertums blickten auf Festungen unbekannter Vorfahren – über einhundert Felsenburgen verteilten sich über Anhöhen im südlichen Griechenland. Keine davon jedoch lässt sich mit der Zitadelle von Mykene vergleichen. Der Zugang erfolgt noch heute durch das berühmte „Löwentor", das von zwei riesigen Steinquadern und dem über 20 Tonnen schweren Querbalken gebildet wird, in den zwei aufgerichtete Löwen eingemeißelt sind. Dahinter erstreckt sich die Festungsanlage über eine Fläche, die mit rund 30 000 Quadratmeter größer ist als vier Fußballfelder, und die von einer an abschüssigen Stellen bis zu 17 Meter hohen Mauer aus gewaltigen Kalksteinblöcken umgeben ist. Wie konnten Menschen ohne unsere heutigen Hilfsmittel ein solches Bauwerk auf einer Berghöhe errichten? Bereits die klassischen Griechen (500–300 v. Chr.) brachten Mykene mit den Homerschen Helden ‚Agamemnon und seine Kampfgefährten' in Verbindung. Als sie dann auch noch riesige Knochen in der Nähe mykenischer Burgen fanden und ausstellten, wurde den alten Griechen endgültig klar: Ihre Vorfahren waren nicht nur charakterliche, sondern auch körperliche Riesen gewesen. Heute nimmt man übrigens an, dass diese Knochen wahrscheinlich von urzeitlichen Tieren wie Mammuts oder von Walen stammten.

Auch die Menschen in West- und Nordeuropa staunten über die Werke ihrer unbekannten Ahnen. Denn noch bis vor rund 200 Jahren standen Tausende von Großsteinbauten in der Landschaft – von Irland über Großbritannien, Frankreich, Holland, Deutschland bis nach Dänemark, Schweden und Polen. Sie thronten an zentralen

Mykenische Kultur

Im Laufe des 16. Jahrhundert v. Chr. entstanden überall auf der Peloponnes autonome Lehnswesen, die Zitadellen errichteten und Bündnisse bildeten. Häuptlinge oder Fürsten herrschten mit ihrer Familie über den Rest der Gemeinschaft. Überreste solcher Festungen gibt es noch im benachbarten Tiryns und Pylos, aber auch im entfernten Athen. Die größte, Mykene, konnte im 15. Jahrhundert v. Chr. ihre Macht weit über die ganze Halbinsel ausdehnen und die von einem Erdbeben geschwächten Minoer unterwerfen. Gleichzeitig übernahmen sie deren wichtiges Know-How; so passten sie die minoische Schrift ihrer Sprache an (aus der Linear-A- wurde die Linear-B-Schrift).

Die mykenischen Fürstentümer übernahmen auch das minoische Handelsnetz, das beweisen die kostbaren Beigaben der Fürstengräber: das Gold für den Schmuck stammt aus dem Karpatenraum, die Bronze für die Waffen aus Mesopotamien und der Bernstein aus dem Ostseeraum. Und nach dem Vorbild der Minoer ließ der König von Mykene auf seinem Burgberg eine großartige Palastanlage errichten, deren Mittelpunkt ein buntbemalter Festsaal bildete, dessen hohe Decke von mächtigen Säulen getragen wurde, die im Zickzack-Stil bemalt waren. Anders als auf Kreta wurde die Palastanlage von der bis zu acht Meter dicken Kyklopenmauer umbaut. Um 1100 v. Chr. wurde die Burg von Mykene zerstört und nicht wieder aufgebaut; vermutlich durch ein Erdbeben und anschließende Feuersbrünste. Ganz Griechenland versank für rund 400 Jahre in einen Dornröschenschlaf.

Feingearbeitete mykenische Vase (um 1400 v. Chr.) mit der Darstellung eines Streitwagens.

Stellen, auf Hügeln und an Flussufern und dienten lange Zeit als wichtige Wegmarken. Wie bis heute südwestlich von Oldenburg: In und um Wildeshausen herum stehen noch 33 solcher Megalithbauten so dicht beieinander, dass man bequem von einem zum anderen spazieren kann.

Der „Heidenopfertisch" beispielsweise, ein Dolmen, besteht aus einem gewaltigen Deckstein, der von Tragsteinen vorn, hinten und an den Seiten gestützt wird. Viel aufwendiger gebaut ist das benachbarte Großsteingrab „Visbecker Braut", ein sogenanntes Hünenbett, das aus einer ovalen Umwallung und einer Grabkammer aus Findlingen besteht – die Volkssage sieht darin eine Braut mit Gefolge, die sich lieber in Stein verwandeln ließ als zum Traualtar zu schreiten. Die verschiedenen Varianten der Megalithen wurden in Nordeuropa fast immer aus Findlingen erbaut, tonnenschwere Steine, die von den Gletschern der Eiszeiten über ganz Nordeuropa verteilt wurden.

Bis um ca. 800 n. Chr., als die jungsteinzeitliche Megalithkultur schon seit Jahrtausenden Ge-

„Wo es notwendig war, wurden die Dolmen gesprengt, die Steinkreise entfernt und die aus großen, glatten Platten errichteten Steingräber dem Studium zugänglich gemacht."

Annual Report 1942 des Mysore State Archaeological Department

Jungsteinzeitliche Megalith-Kulturen

Von der Atlantikküste Westeuropas über Nordeuropa bis in den westlichen Mittelmeerraum reicht das Gebiet, in dem die Menschen zwischen 4800 und 2000 v. Chr. Hünen- oder Großsteingräber errichteten, sogenannte Megalith-Anlagen (griech.: Megas = groß, lithos = Stein). Es gibt verschiedene Ausführungen: Menhire (lange, aufrecht gestellte Steine), Grabhügel, Steinkreise, Steinreihen oder Dolmen (Kammergräber mit senkrechten Tragsteinen und einem oder mehreren horizontalen Decksteinen). Megalith-Plätze dienten als Bestattungsorte, Kultanlagen und Opferplätze oder einfach als Markierung des Siedlungsgebietes. Allen gemeinsam ist: Ihren Bewohnern waren Metalle noch unbekannt, weshalb sie noch in die letzte Phase der Steinzeit gehören. In dieser Jungsteinzeit (Neolithikum) wurden die Menschen sesshaft und begannen Ackerbau und Viehzucht zu betreiben.

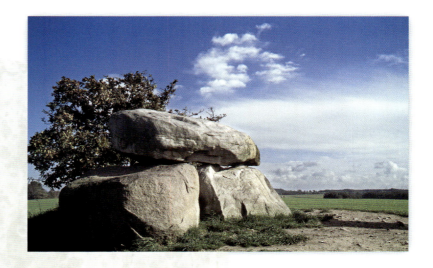

Schlichte Eleganz - Alt Gaarz gilt als einer der schönsten Urdolmen im Ostseeraum.

Kontinuität „heiliger" Orte: Da die Christianisierung vielerorts nur schleppend voranging und alte Traditionen weiterhin einen hohen Stellenwert hatten, wurden unzählige Megalithanlagen auf Geheiß der Kirche zerstört oder „umfunktioniert", wie beispielsweise beim Menhir von Saint Uzec, dem aus seiner Spitze ein Kreuzsymbol geschlagen wurde (links). Den gut 3000 Menhiren im bretonischen Carnac konnte die Christianisierung glücklicherweise nichts anhaben.

schichte war, hatten ihre Monumente großenteils unbeschadet überdauert: Germanen und ihre mittelalterlichen Nachfolger strickten allerlei Legenden um diese auch von ihnen verehrten Bauwerke. Das änderte sich erst mit der Christianisierung West- und Mitteleuropas. Denn reisende Missionare und Priester meldeten ihren Bischöfen, dass alte Volksbräuche um die Megalithbauten weiter praktiziert wurden. Während die Konzilien in Arles (452) und Tours (567) nur vor der Sünde heidnischer Kulte warnten, erteilte das Konzil von Nantes (658) die Weisung, die Steinmonumente zu zerstören. Das geschah vielerorts, allerdings längst nicht überall. Papst Gregor hatte dagegen im Jahre 601 dem Erzbischof von Canterbury empfohlen, er solle „zwar die Götzenbilder zerstören, die Tempel jedoch mit Weihwasser besprengen und sie mit Altären und Reliquien ausstatten." So nutzte das Christentum vielerorts die Aura der Megalithe und instrumentalisierte sie für die eigene Religion, indem beispielsweise aus der Menhirspitze ein Kreuz geschlagen wurde wie bei dem acht Meter hohen Menhir von Saint Uzec in der Nordbretagne. Doch so geschickt die christlichen Missionare auch vorgingen, die gewaltigen Megalithbauten lebten im Alltagsglauben der Bevölkerung bis ins 19. Jahrhundert hinein weiter.

Karthago und die Prophezeiung des El-Bekri

Obwohl das antike Karthago im Jahre 698 n. Chr. von den Arabern erobert und endgültig zerstört worden war, thronte seine gewaltige Ruine das ganze Mittelalter hindurch an der nordafrikanischen Küste, nahe dem heutigen Tunis. „Wenn jemand Karthago jeden Tag besichtigen würde, stieße er jedes Mal auf ein neues Wunder, das er vorher noch nicht bemerkt hatte", begeisterte sich gut vier Jahrhunderte später der arabische Chronist und Geograph El-Bekri und prophezeite: „Selbst wenn alle Bewohner Nordafrikas mit vereinten Kräften die Marmorblöcke wegtransportieren wollten, würden sie niemals damit fertig werden." Doch im Jahr 1807 konnte der französische Schriftsteller François Chateaubriand nur noch enttäuscht feststellen: „Wir warfen Anker vor jenen Ruinen, die so unscheinbar waren, dass sie sich kaum vom Boden abhoben. Das also war Karthago." Wie konnte eine der größten Ruinen-Städte der Antike im Laufe von sechs Jahrhunderten nahezu vollständig von der Erdoberfläche verschwinden?

Die Spurensuche führt nach Konstantinopel, zu Bauwerken wie der Haghia Sophia, zum Mailänder

Dom und ins englische Canterbury. In wahrhaft großem Stil waren die Marmorblöcke aus den Trümmern Karthagos herausgebrochen worden. Ein Großteil wurde in das Osmanische Reich exportiert, um Moscheen und Paläste zu verzieren. Aber auch das Abendland ließ Karthagos Überreste bedenkenlos plündern. Zum Beispiel im 16. Jahrhundert durch den Flottenadmiral Andrea Doria, Admiral von Karl V. Er bediente sich in exzessiver Form des Marmors, der von seiner Flotte abtransportiert wurde. Diese Marmorblöcke gelangten bis ins englische Canterbury oder wurden zum Bau der Kathedralen von Pisa und Genua verwendet. Und das obwohl Karthago im 2. Jahrhundert n. Chr. zur Wiege des abendländischen Christentums geworden war, an welcher unter anderen der Kirchenvater Augustinus gelehrt hatte. Und was an Kunstwerken aus punischer, römischer und frühchristlicher Zeit in den Trümmern geborgen wurde, gelangte über Umwege in die Museen von Wien, Leiden, Madrid, London, Marseille und Krakau. Während die steinernen Überreste weiter schrumpften, wurde die Idee einer karthagischen Archäologie geboren. Zu spät?

Hannibal war ein begabter Militärstratege und lehrte mit seinem Zug über die Alpen Rom kurzzeitig das Fürchten. Sogenannte Hannibalbüste, römische Werkstatt, Kopf Ende des 2. Jahrhunderts n. Chr., Büste Mitte 16 Jahrhunderts.

Von Hannibal über die Römer bis zu Augustinus

Für Jahrhunderte beherrschte das punische Karthago mit seinen starken Kriegs- und Handelsflotten das westliche Mittelmeer. Es gründete im Laufe des 6. und 5. Jahrhunderts v. Chr. Kolonien in Marokko, auf Sizilien und der Iberischen Halbinsel. Als die Römer im 3. Jahrhunderts v. Chr. zu einer Weltmacht aufstiegen, kamen sich die beiden expandierenden Reiche in die Quere. Nach vier gebrochenen Verträgen bekämpften sich die Kontrahenten zwanzig Jahre lang im ersten „Punischen Krieg". Zwar konnte die römische Flotte 241 v. Chr. einen entscheidenden Sieg erringen und Karthago verlor Sizilien, doch nach kurzer Pause brach schon 218 v. Chr. der zweite punische Krieg aus. Nach der Überquerung der Alpen und mehreren gewonnenen Schlachten marschierte im Jahre 216 v. Chr. Hannibal mit seinem punischen Heer auf die Tore Roms zu, als er nicht mehr von seiner Heimatstadt unterstützt wurde. Bald darauf wurden die Punier in einer erneuen Konfrontation vom Feldherrn Publicus Cornelius Scipio geschlagen. In einem dritten Feldzug schließlich belagerten die Römer die punische Hauptstadt drei Jahre lang und eroberten sie schließlich 146. v. Chr. Die Mauern und Gebäude Karthagos wurden zerstört, der Boden mit Salz unfruchtbar gemacht und das Areal mit einem Bann belegt. Doch die Römer erkannten die strategische Bedeutung dieser Stätte und gut 100 Jahre später wurde die römische Kolonie „Carthago" gegründet. Im Laufe der nächsten Jahrhundert errichteten sie prächtige Paläste, ein Amphitheater und die Thermen.

Im zweiten Jahrhundert nach Christus wandelte sich Carthago zur Wiege des abendländischen Christentums, 170 n. Chr. wurde die erste lateinische Kirchengemeinde gegründet, im 3. und 4. Jahrhundert entwickelte sich Carthago zu einem bedeutenden Bischofssitz. „Ohne Tertullian, Cyprian und Augustinus würde es den abendländischen Katholizismus nicht geben", meint der Historiker Winfried Elliger. Schließlich wurde Carthago 429 von den Vandalen erobert, von den Byzantinern zurückerkämpft und 698 – nach der Eroberung durch die Araber – endgültig aufgegeben.

Was passierte mit den Stätten weiter?

Karthagische (punische) und römische Relikte nebeneinander sind heute dort zu besichtigen, wo einst die blühende phönikische Handelsstadt gestanden hat (östlich von Tunis). Die Forderung des alten Cato, Karthago sei zu zerstören, erfüllte sich zweimal gründlich: 146 v. Chr. vernichteten sie die Römer, 698 ging die römisch wiederaufgebaute Stadt im Ansturm der Araber unter.

So sehr Karthago auch im Mittelalter und der frühen Neuzeit geplündert wurde, in einem Punkt bewahrheitete sich die Weissagung des El-Bekri: Es blieb noch genug von der römischen und der punischen Stadt übrig, um Archäologen über mehr als ein Jahrhundert zu beschäftigen. Ab Mitte des 19. Jahrhunderts gruben hier Diplomaten, Geistliche und Gelehrte, anfangs nur in Ruinen des römischen Carthagos wie dem Amphitheater, dem Aquädukt und den Thermen des Antonius, später stießen sie dann auch im Hafenareal und auf dem Bursa-Hügel auf Überbleibsel des punischen Karthagos.

Mykene dagegen hat die letzten 3000 Jahre beinahe unbeschadet überstanden, vor allem deshalb, weil es wenig ökonomisch wäre, unhandliche Kyklopensteine aus einer unwirtlichen Gegend abzutransportieren, die Gestein im Überfluss aufweist.

Im nördlichen Mitteleuropa dagegen ist Steinmaterial knapp, denn es gibt keine Berge oder felsigen Untergrund, die als Steinbruch dienen

Römischer Fries aus Karthago mit Darstellungen der Musen.

könnten. Trotzdem wurden bis ins 19. Jahrhundert hinein Megalithbauten nur abgerissen, wenn sie den Ackerbau störten oder wenn die Steine zum seltenen Bau gewaltiger Fundamentmauern benötigt wurden. Dann jedoch setzte eine rege Bautätigkeit in Norddeutschland ein: Die meisten Häuser erhielten mindestens Steinfundamente, Brunnenschächte und Brücken wurden ausgemauert, große Findlinge für Kirchen und Befestigungsanlagen für Grab- und Denkmale verwendet. In der Ausstellung „Steinreiche Heide" des Museumsdorfes Hösseringen lässt sich anhand von Steinmaterial, Originalwerkzeugen und historischen Fotos die aufwendige Arbeit der Steinmetze und Pflasterer nachvollziehen: Transportieren, Spalten, Zerkleinern und Verlegen der Steine. Diese „industrielle" Verwendung der Findlinge führte dazu, dass gegen Mitte des 19. Jahrhunderts kaum noch große Steine verfügbar waren – wohl oder übel griffen die Steinmetze auf Megalithgräber zurück.

Hätte das Herzogtum Oldenburg den „Visbeker Bräutigam" nicht am 24. September 1874 für 200 Goldtaler gekauft, wäre er wahrscheinlich wie viele andere Großsteingräber irgendwann in den vergangenen 150 Jahren verschwunden. „Staatseigentum" musste sogar weithin sichtbar in den Frontstein eines der verbliebenen Ganggräber, der sogenannten „Königsgräber von Hassel", eingemeißelt werden, um es vor Zugriff zu schützen. Denn erst im März 1881 wurde die Zerstörung unter Strafe gestellt; doch da kamen diese Schutzmaßnahmen vielerorts zu spät. So stellte der Kreis Uelzen bei einer Zählung 1946 fest, dass nur noch acht Prozent der Großsteingräber existierten, die 1846 in eine erste archäologische Karte eingetragen worden waren. Erst langsam setzte ein Umdenken ein und die Denkmalschutzmaßnahmen begannen zu greifen. Die reich gewordenen Industrieländer Nordeuropas konnten und wollten es sich nun leisten, die Bauwerke vergangener Epochen zu erforschen und zu restaurieren. Die Wurzeln dieser toleranten Einstellung zu vergangenen Kulturen liegen in der Aufklärung: Zu dieser Zeit wurde die klassische Literatur wieder gelesen. Gleichzeitig wurden zentrale Quellen wie die Bibel auf ihre historische Wahrheit hinterfragt.

Das Zeitalter der großen Entdeckungen

„Die reinsten Quellen der Kunst sind geöffnet:
glücklich ist, wer sie findet und schmeket."

Johann Joachim Winckelmann (1717-1768)

Aus Hellas entführt, in Rom wiederentdeckt

Die Antikenliebe begann mit dem größten Kunstraub aller Zeiten

Vorangehende Doppelseite: Mit Napoleons ägyptischer Expedition der Jahre 1798 –1801 begann das Ägyptenfieber. Die „Schlacht bei den Pyramiden" von François-André Vincent (1746 –1816) zeigt den Sieg Napoleons über die Mameluken am 21. Juli 1798.

Der sogenannte Faustkämpfer vom Quirinal ist eine der wenigen überlieferten griechischen Originale aus dem 4. vorchristlichen Jahrhundert. Die Bronzestatue wurde 1885 auf dem namensgebenden römischen Hügel gefunden.

Schon Mitte des 18. Jahrhunderts gab es ein „Must-have-seen" – die Grand Tour der europäischen Bildungsbürger, zu der neben Florenz, Venedig und Neapel vor allem Rom gehörte. Und es war im Jahre 1765 eine besondere Ehre für den Fürsten Leopold Friedrich Franz von Anhalt-Dessau, vom Oberaufseher der Altertümer in Rom, Johann Joachim Winckelmann, persönlich in zahlreichen privaten Sammlungen in und um Rom herumgeführt zu werden, von denen es in dieser Zeit weit über 100 größere und kleinere gab. Was man an antiken Skulpturen und Malereien gesehen haben musste und was nicht, das bestimmte Winckelmann entscheidend mit. Denn er hat den Begriff der klassischen Kunst für die Neuzeit überhaupt erst definiert: „Edle Einfalt" und „stille Größe" seien nur in den Werken der alten Griechen zu finden!

Das Reisen auf den Spuren untergegangener Kulturen hat jedoch nicht mit den gut betuchten Bildungsbürgern vor 250 Jahren, sondern schon vor beinahe 2000 Jahren begonnen. Rom war damals jedoch nicht das Ziel, sondern der Ausgangspunkt der ersten großen Touristenströme, die aber nicht etwa die eigenen alten Ruinen oder die ihrer Vorgänger, der Etrusker, besuchten, sondern bis nach Kleinasien und Ägypten, vor allem jedoch nach Griechenland führten. Denn seit 146 v. Chr. war das stolze Hellas römische Provinz.

Zu dieser Zeit befand sich das Römische Reich auf dem Höhepunkt seiner Macht: Es hatte sämtliche Länder unterworfen, die ans Mittelmeer grenzen, dazu noch das heutige Frankreich und Teile von Deutschland und den Britischen Inseln.

Die Römer nannten ihre Herrschaft „Pax Romana" („Römischen Frieden"), obwohl sie äußerst gewalttätig vorgingen. Kaum hatten beispielsweise die Truppen des römischen Feldherrn Lucius Mummius Korinth erobert und zerstört, wurden deren Kunstschätze in großem Stil nach Rom abtransportiert. Später dann, bei der Neu-

46 | Das Zeitalter der großen Entdeckungen

Jüngling von Antikythera. Die griechische Bronze aus dem 4. Jahrhundert v. Chr. wurde im Jahr 1900 aus dem Meer bei Antikythera geborgen.

Die Reste des Olympieion in Athen, einst einer der größten Tempel des antiken Griechenland. Der Bau geht auf das 6. vorchristliche Jahrhundert zurück, wurde allerdings erst unter dem römischen Kaiser Hadrian im 2. Jahrhundert n. Chr. vollendet.

besiedlung von Korinth, öffneten die Bauherren griechische Gräber und verkauften deren Beigaben ebenfalls als Kunstwerke nach Rom. Die römischen Kaiser Caligula und Nero plünderten Griechenland noch unverfrorener – so wurden allein aus Delphi rund 500 Bronzestatuen in die Kaiserstadt gebracht.

Athen dagegen, die bedeutendste aller griechischen Städte, war zu dieser Zeit nur noch eine Art Freilichtmuseum, das an seine eigene glorreiche Vergangenheit erinnerte. Der römische Dichter Ovid nahm sich sogar die Frechheit heraus, Athen eine „leere Stadt" zu nennen, „von der nur noch der Name übrig ist". Marktplätze waren Viehweiden, aus den Kornfeldern ragten die Häupter von Marmorstatuen.

So erbarmten sich römische Kaiser auch der Stadt Athen: Caesar und Augustus ließen eine neue Agora (einen Marktplatz) errichten, Agrippa ein Odeion (ein kleines rundes Theater) und der Griechenland süchtige Hadrian stiftete ein Gymnasion, eine Bibliothek und ließ – 600 Jahre nach Baubeginn – einen Zeustempel vollenden. So konnte Athen zumindest auf dem kulturellen Sektor führend bleiben, beispielsweise bei Theateraufführungen und in der Bildung. Aus dem gan-

zen römischen Reich kamen Interessierte, um an einer der Athener Philosophenschulen zu lernen. Doch die Haupteinnahmequelle der Athener wurde der Tourismus: Sie bewirteten die reichen Römer, drehten ihnen allerlei Kitsch an und für eine größere Summe ernannte man sie sogar zu Ehrenbürgern der Stadt.

Wie verrückt die Römer nach griechische Kultur waren, dafür gibt es zahlreiche archäologische Beweise: römische Schiffswracks, deren griechische Ladung vom Grund des Mittelmeeres geborgen wurde, wie das sogenannte Wrack von Antikythera. Vor dieser kleinen Insel südlich der Peloponnes entdeckten es Schwammtaucher im Jahr 1900. Das Wrack war beladen unter anderem mit Marmor- und Bronzestatuen sowie Amphoren aus Rhodos und Kos. Anhand der Haushaltsgegenstände konnte es auf die Zeit 70–80 v. Chr. datiert werden. Vermutlich

Römisches Reich

9./8. Jh. v. Chr.	Erste Siedlung, der Legende nach durch Romulus
7. Jh. v. Chr.	Die Etrusker beherrschen Rom
509 v. Chr.	Vertreibung der Etrusker und Gründung der Republik
340–264 v. Chr.	Unterwerfung der Apennin-Halbinsel
264–146 v. Chr.	In drei Punischen Kriegen wird Karthago geschlagen und vernichtet. Rom kontrolliert den westlichen Mittelmeerraum
146 v. Chr.	Hellas wird römische Provinz
51 v. Chr.	Caesar unterwirft Gallien
44 v. Chr.	Caesar wird Diktator auf Lebenszeit, kurz darauf jedoch ermordet
31 v. Chr.	Rom beherrscht den gesamten Mittelmeerraum
27 v. Chr.	Beginn der Kaiserzeit mit Augustus und Ende der sozialen Unruhen in Rom
65 n. Chr.	Christenverfolgung unter Nero
284 n. Chr.	Teilung in ein West- und ein Oströmisches Reich
475 n. Chr.	Nach Plünderungen durch Goten und Vandalen bricht das Weströmische Reich zusammen

Aus dem 5. Jahrhundert v. Chr. stammt die 75 Zentimeter hohe etruskische Bronzeplastik der Wölfin, die Roms Gründer Romulus und Remus aufgezogen haben soll. Die Figuren der Knaben wurden erst im 15. Jahrhundert durch Antonio de Pollaiuolo (1432–1498) nach römischen Münzbildern hinzugefügt. Das Original befindet sich in den Kapitolinischen Museen in Rom.

Das Zeitalter der großen Entdeckungen

war die Ladung des Handelsschiffes Teil einer Kriegsbeute.

In den folgenden rund 500 Jahren exportierten die Römer aus Griechenland, was nicht niet- und nagelfest war. Archäologen schätzen, dass in dieser Zeit Tausende von Schiffsladungen griechischer Statuen und Säulen, Keramik und Mobiliar von der Ägäis auf die italienische Halbinsel transportiert wurden. Allerdings war nicht alles edelster Herkunft, denn die Griechen machten aus der Not eine Tugend – sie fertigten Teller und Vasen, die so aussahen, als stammten sie aus der glorreichen alten Zeit. Einerseits raubten die Römer Griechenland aus, andererseits bewahrten sie dessen Kultstätten und bauten sie aus. Ganz anders verhielten sich ihre eigenen Nachfahren mit dem römischen Erbe im mittelalterlichen Rom.

Warum die römischen Ruinen heute rot leuchten

Gleich zweimal wurde die durch die Teilung des Reiches ohnehin geschwächte Hauptstadt Rom im 5. Jahrhundert n. Chr. geplündert: von den Goten und von den Vandalen. Der endgültige Untergang kam 476 n. Chr., als der Ostgote Odoaker den letzten römischen Kaiser Romulus Augustus einfach absetzte und sich zum König über Italien ernannte.

Zur Kuhweide verkommen war das einstige Zentrum der antiken Großmacht schon im Mittelalter. Und so wurde es auch bis ins 19. Jahrhundert genannt, bis dort erstmals mit Ausgrabungen begonnen wurde. „Veduta di Campo Vaccino", Radierung von Giovanni Battista Piranesi (1720–1778) aus dem Jahr 1775.

In den folgenden gut 1000 Jahren zerfielen auch die architektonischen und künstlerischen Überreste der einstigen Hauptstadt. Zwar zeigte sich Odoakers Nachfolger, der Gotenkönig Theoderich, vom „Wunder Rom" tief beeindruckt, und setzte eine Behörde ein, die vor allem die öffentlichen Bronzestatuen vor Dieben schützen sollte. Andererseits ließ er gesetzlich regeln, dass Schätze von Gold und Silber, die in römischen Gräbern gefunden wurden, keinen Herrn (*dominus*) hätten und deshalb „die Sachen von Niemandem" (*res nullius*) wären. Zwar gab es immer wieder einmal einzelne Initiativen zum Schutz der Antiken, doch der zeitbedingte Zerfall sowie zahlreiche Überschwemmungen des Stadtflusses Tiber führten dazu, dass ein Großteil der antiken Stätten von meterdicken Schlammschichten überdeckt wurde. So bildete das Forum Romanum nur noch eine Weide, aus der vereinzelte Ruinenfragmente herausragten. Oberirdische Antiken wie das Kolosseum verfielen langsam, aber unaufhaltsam.

Zwischen den Ruinen richtete sich allerdings die Bevölkerung ein, die nur noch aus einem Bruchteil der über eine Millionen Menschen bestand, die hier in der Glanzzeit (1./2. Jahrhundert n. Chr.) gelebt hatten. Rom blieb auch das ganze Mittelalter hindurch bewohnt und war Ziel von Reisenden und christlichen Pilgern. Diese erblicken hier und dort halb versunkene Ruinen, doch das Wissen über die Antike ging allmählich verloren – aber nicht nur beim Volk, selbst die Päpste beherrschten im 8./9. Jahrhundert nicht einmal mehr das klassische Latein. „Während Otto III. (dt. Kaiser von 983–1002) das Reich des Philosophen Marc Aurel herzustellen sich vornahm, glaubten die Römer, dass die Reiterstatue dieses Kaisers einen Bauern vorstelle, der einst einen König bei seiner Notdurft überrascht und gefangen habe", klagt der Historiker Ferdinand Gregorovius.

Erst im 15. Jahrhundert wandelten sich die Dinge zum Besseren: Die Bevölkerung Roms wuchs allmählich wieder an, bis es im 18. Jahrhundert immerhin 150 000 Einwohner waren, und mit der Renaissance erwachte die Erinnerung an die Antike wieder. Durch Baumaßnahmen traten nun immer mehr Areale der bis zu 20 Meter tief verschütteten Ruinen der antiken Stadt zutage. Doch die Menschen waren pragmatisch. Metalle beispielsweise waren sehr begehrt, und da die großen Steinquader der antiken Gebäude mit Metallklammern verbunden waren, wurden sie aus den Gebäuden herausgezogen. In der Folge stürzten Brücken und Bögen nun erst recht ein. Tempel, Theater und Thermen wurden zu Steinbrüchen, das Material wurde für den Bau von Häusern und Kirchen verwendet. Noch dramatischer: Aus Marmor wurde Kalk gebrannt, den man als Baumaterial zum Binden und Abdecken benötigte. Diese Plünderungen gaben den Ruinen ihre heutige Farbe: Die Ruinen des antiken Rom zeigen seitdem ihr Skelett aus rotem Ziegelstein. In der Kaiserzeit dagegen waren die öffentlichen Gebäude von weißem Marmor umkleidet – Roms Stadtkern leuchtete weiß in der Sonne.

Der sogenannte Farnesische Herkules wurde 1546 in den Ruinen der Caracalla-Thermen gefunden. Die römische Kopie eines griechischen Vorbilds wurde eigens für die Aufstellung in den Thermen gefertigt. Neapel, Museo Nazionale Archeologico

Forum Romanum

Nirgends konzentrierte sich die Vielfalt antiker Bauwerke im römischen Reich so sehr wie auf dem Forum Romanum, das Jahrhunderte lang Bauwerk für Bauwerk entlang der Via Sacra wuchs. Gleich neben einem der heutigen Eingänge finden sich die Überreste der „Basilica Aemilia", einst eine rechteckige Halle mit Säulengängen, die als Versammlungsort für Politiker und Händler diente. Gleich nebenan steht der moderne Nachbau der „Curia", des mehrmals zerstörten und wiederaufgebauten Versammlungsortes des Senats. Zwei südlich angrenzende Mauern sind Überreste der Rostra, eines Podiums, von dem aus flammende Appelle an die Römer gehalten wurden. Dahinter drängten sich mehrere Tempel auf engstem Raum, darunter der Tempel der Concordia, der Tempel des Vespasian und der Tempel des Saturn. Auf dem früheren Forumsplatz sind von den einst zu Hunderten aufgestellten Standbildern und -säulen nur einige Sockel und Säulenreste erhalten geblieben. Auch von der Basilica Julia sind lediglich Fundamente und Säulenfragmente erhalten; diese einst 82 mal 18 Meter große, von zwei Säulengängen umgebene Halle diente als Gerichtsgebäude. Nördlich davon ließ Kaiser Augustus kurz vor der Zeiten-

Rekonstruktionsversuch des kaiserzeitlichen Forums Romanum, im Hintergrund der Kapitolshügel. Kolorierte Zeichnung des 19. Jahrhunderts. (rechts)
Detail eines Korinthischen Kapitells. (links)

wende mitten auf dem Platz der Via Sacra den heute nur noch in Fundamenten vorhandenen Tempel des Julius Caesar errichten, der dem rächenden Kriegsgott Mars Ultor geweiht wurde, als Zeichen des Sieges von Augustus über die Mörder Caesars. Drei rekonstruierte Säulen ragen vom östlich sich anschließenden Tempel der Vesta in den Himmel.

Das gleich benachbarte Haus der Vestalinnen umschloss rechtwinklig einen Garten mit drei Teichen. Während von dem Gebäude nur noch Ziegelmauern stehen, sind entlang der Teiche die auf Podesten ruhenden Ehrenstatuen der Vestalinnen teilweise wieder aufgestellt worden.

Gegenüber, auf der anderen Seite der Via Sacra, erstrecken sich zwischen mehreren Kirchenbauten die wuchtigen Überreste der Basilica des Konstantin und Maxentius. Das große Tonnengewölbe war mit 100 mal 65 Metern das größte Gebäude auf dem Forum. Der 36 Meter hohe Bau war ursprünglich mit Marmor verkleidet und mit vergoldeten Ziegeln bedeckt und beherbergte Gerichte und Geschäfte. Trotz dieser Großbauten wurde das Forum gegen Ende des 1. Jahrhunderts für das wachsende römische Weltreich zu klein. Erst Caesar, dann seine Nachfolger Augustus, Vespasian, Nero sowie Trajan ließen eigene Foren errichten.

Nachfolgende Doppelseite: Die seit den Zeiten des Augustus auf dem Palatin errichteten Kaiserpaläste trugen auch den Namen palatium, woraus sich der italienische Begriff palazzo, das französische palais und nicht zuletzt die deutsche (Kaiser-)Pfalz herleiten lassen. Von den einst monumentalen Bauten sind heute nur noch Reste erhalten, wie die der hier abgebildeten Domus Augustana.

In der Renaissance befreiten sich die Menschen langsam aus dem beengten Weltbild des Mittelalters. Nicht mehr der christliche Glaube bestimmte die Vorstellung über die Welt, die Natur und den Menschen, sondern man begann, die Natur und das menschliche Wesen ohne Einschränkungen zu erforschen. Beispielsweise durch Kunst: Im Mittelalter waren die Menschen nur schemenhaft dargestellt worden, nun jedoch trat der Mensch als einmaliges Wesen mit ganz individuellen Zügen in den Vordergrund – jeder Muskel, jede Gesichtsfalte wurde erfasst.

Kunst und Weltanschauung entdeckten dabei ein großes Vorbild: die griechisch-römische Antike. Eine fieberhafte Suche nach Kunstwerken aus dieser Zeit erfasste Rom.

Vom Antiquitätenjäger zum Orakel-Priester

Wie viele andere, durchstreifte Mitte des 15. Jahrhunderts der aus Ancona stammende Kaufmann Cyriacus Pizzicolli Tag für Tag Rom, immer auf der Suche nach verkaufbaren Antiquitäten. Doch Pizzicolli (von dessen Lebensdaten nur das Todesjahr 1453 überliefert ist) war der erste Antiquitätenhändler, von dem wir wissen, dass er sich vom Saulus zum Paulus wandelte. Denn im Laufe seiner Tätigkeit wurde er von der Schönheit der antiken Monumente ergriffen. Er traute sich bald nicht mehr, die Gebäude zu beschädigen, um mit Gewalt an Dekor- und Frieselemente zu kommen. Doch kannte er die Skrupellosigkeit seiner Kollegen, und so machte er sich Sorgen um den Erhalt der antiken Bauwerke. Er begann, ihre Fassaden und Innenräume in Skizzen aufzuzeichnen, um die Bauwerke und ihre Grundrisse zu erfassen. Überreste, Tempel, Theater, Paläste und Thermen, herrliche Obelisken und bemerkenswerte Bögen untersuchte er, fertigte Listen an und versuchte schließlich, alles seinen Zeitgenossen zu vermitteln. Als Kaufmann unternahm er außerdem Reisen entlang der italienischen Küsten und weiter bis nach Griechenland, Palästina und Ägypten. Und auch darüber verfasste er Berichte, zeichnete die Monumente und schrieb bis dahin unveröffentlichte Texte und Inschriften ab.

Eines allerdings spricht dagegen, ihn als ersten Archäologen der abendländischen Kultur zu bezeichnen: Er ging nicht systematisch vor,

Während der Renaissance erfolgt eine Rückbesinnung auf den antiken Geist. Nicht nur Skulpturen und die Architektur, in die sie vielfach eingebunden waren, eiferten dem hehren Ideal nach, auch die Themen selbst waren meist dem klassischen Kanon entnommen, wie der in Florenz aufgestellte „Raub der Sabinerinnen" (1579) von Giovanni da Bologna (1529–1608).

Aus Hellas entführt, in Rom wiederentdeckt | 55

Das Pantheon gilt als das besterhaltene Bauwerk der römischen Antike. Der von Agrippa errichtete Tempel wurde im 1. Jahrhundert durch Brand zerstört. Ein kompletter Wiederaufbau erfolgte unter Kaiser Hadrian zwischen 118 und 125 n. Chr. und ist in seiner wesentlichen Form noch heute erhalten.

Antike Skulpturen dienten als Vorbild – auch für Michelangelos Moses (steht in der Kirche „San Pietro in Vincoli al Colle Oppio" in Rom), der Teil des ursprünglich weit gewaltiger dimensionierten Grabmals Papst Julius II. ist.

Der Kult, in Delphi mithilfe von Orakeln die Zukunft weiszusagen, war schon vor über 1000 Jahre aufgegeben worden. Doch vielleicht hatte sich Pizzicolli in den Höhlen von Delphi zu lange über die Gasquellen gebeugt, die schon die griechischen Priesterinnen genutzt hatten, um in Trance zu geraten. Er fantasierte davon, die antiken Kulturen wieder aufleben zu lassen. Pure Träumerei, denn Griechenland fiel ausgerechnet zu dieser Zeit für einige Jahrhunderte dem Osmanischen Reich zu.

Marmorpomp für Päpste

Der neue Wunsch nach künstlerischer Gestaltung erfasste auch den Vatikan: 1506 ordnete Papst Julius II. den Bau des Petersdomes an. Die an derselben Stelle bereits seit 1000 Jahren stehende Petersbasilika musste dafür eingeebnet werden, denn in ihr war kein Platz mehr für ein pompöses Grabmal, wie es dem Papst vorschwebte. Die Päpste waren damals keine selbstlosen Heiligen, sie verschafften ihrer Verwandtschaft, die sie ins Amt gehebelt hatte, Vorteile (Nepotismus) und wollten der Nachwelt mittels eines Grabmales in Erinnerung bleiben, das größer sein musste als all jene ihrer Vorgänger.

sondern nach Lust und Laune, untersuchte die Gebäude nicht von A bis Z, sondern nur solche, die ihm nennens- und erhaltenswert erschienen. Vor allem aber sind seine Notizen und Zeichnungen sehr ungenau. So stellt er in seiner Zeichnung des Parthenon die Marmorsäulen überdimensional hoch dar, das Gebäude geht eher in die Höhe als in die Breite, und vermittelt eine vollkommen falsche Dimension. Zu guter Letzt gab er alle sachliche Bescheidenheit auf – so beichtete er einem Priester: „Mein Beruf ist es, die Toten aus der Hölle auferstehen zu lassen. Ich habe diese Kunst von der Priesterin des Orakels von Delphi gelernt."

Die Bauherren des Petersdomes hatten freie Hand bei der Neugestaltung des Stadtkerns. Zahlreiche antike Gebäude mussten Straßenschluchten weichen und dienten als Baumaterial für den Dom. Für die Neugestaltung räumten Arbeiter auch einen Hügel nahe dem Kolosseum frei und brachen dabei in unterirdische Räume ein, die sie zunächst für Grotten hielten. Später stellte sich heraus, dass es sich um den „Domus Aurea" handelte, den großen Palast, den Kaiser Nero nach dem Brand von Rom errichten ließ und der nach seinem Tod zu einer Thermenanlage umgebaut worden war. Im

Die Laokoon-Gruppe, die bereits von Plinius d. Ä. lobend erwähnt wird, ist „nur" als römische Marmorkopie aus dem 1. Jahrhundert n. Chr. erhalten. Gleichwohl hat sie nachhaltig auf die europäische Kunst- und Geisteswelt eingewirkt.

Geröll dieser unterirdischen Gewölbe wurden zahlreiche Skulpturen freigelegt, darunter 1506 das Super-Meisterwerk der antiken Kunst schlechthin: die Laokoon-Gruppe. Aus feinstem Marmor haben Künstler um die Zeitenwende eine Skulptur geschaffen, die zu leben scheint; ein muskulöser Mann und zwei ihn flankierende Jungen kämpfen mit zwei Schlangen. Es ist Laokoon, ein troianischer Priester, der davor warnte, das Hölzerne Pferd der Griechen in die Stadt zu ziehen. Um ihn mundtot zu machen, schickte der Gott Apoll Schlangen, die den Priester und seine Söhne erwürgten.

Die Entdeckung der Laokoon-Gruppe war wie eine Initialzündung: nun wurde der Boden Roms systematisch von Schatzgräbern durchwühlt. Ende des 16. Jahrhunderts gab es allein in Rom schon über 90 Privatsammlungen. Und diejenige von Papst Julius II. verfügte nun über ein unüberbietbares Highlight. Die Laokoon-Gruppe wurde sofort ein Publikumsmagnet, und der Glanz der wiederentdeckten antiken Skulpturen verzückte das Bürgertum in ganz Europa.

Der Vulkan, die verborgenen Schätze und ein Ästhet aus Stendal

Am Golf von Neapel, unweit des Vesuvs, stoßen um 1600 örtliche Bauern bei Entwässerungsarbeiten auf Gänge im Untergrund, deren Wände mit Inschriften versehen sind – nach rund 1600 Jahren werden Pompeji und Herculaneum wiederentdeckt. Doch die Zeit ist um 1600 einfach noch nicht reif, niemand interessiert sich für die wiederentdeckten römischen Stätten. Die Antiquare suchten zunächst nur nach griechischen Skulpturen in und um Rom herum. Funde der alten Römer dagegen gelten als zweitklassig.

Es mussten erst über 100 Jahre vergehen, ehe der Zeitgeist sich für die Antike und ihre Kunst öffnete. Als 1719 ein Bauer, der genau über dem versunkenen Herculaneum lebte, einen Brunnenschacht aushob und dabei auf Funde aus der Antike stieß, kamen Antiquitätenhändler und später Gelehrte aus Neapel herbei. Roms Antiquitätenjäger weiteten ihre Suchareale nun auch auf die Umgebung des Vesuvs aus.

Im Jahre 1738 übernahm schließlich der spanische Ingenieur Rocque Joaquin de Alcubierre die Koordination der Ausgrabungen in Herculaneum, ab 1748 auch an der zweiten Stadt, die einfach nur „La Civita" (die Stadt) genannt wurde. Immer mehr Gelehrte und Kunstliebhaber reisten nach Neapel und besuchten die

Er gilt als begründer der wissenschaftlichen Archäologie und Kunstgeschichte in Deutschland: Johann Joachim Winckelmann (1717–1768) in einem Porträt aus dem Jahr 1794 von Ferdinand Hartmann (1774–1842).

Ausgrabungen sowie ein kleines Museum im benachbarten Portici, wo all jene Funde landeten, die nicht von den großen Sammlern requiriert wurden. Denn im Laufe dieser Jahrhunderte richteten weltliche und geistliche Fürsten überall in Europa große Sammlungen mit Antiken ein, auch Deutsche und Engländer waren unter den Käufern. Richard Boyle und Graf Berlington gründeten 1735 die „Society of Dilettanti", den ersten Antikenfreundeskreis. Italienreisen, verbunden mit der Grand Tour, kamen immer mehr in Mode, unter den Interessierten waren auch Johann Wolfgang von Goethe und Johann Joachim Winckelmann. Während Goethe sich in Italien nur eine Auszeit nahm, reiste Winckelmann mit dem Wunsch an, sein ganzes Leben und Wirken hier zu gestalten: „Außer Rom ist fast nichts Schönes auf der Welt!"

Der 1717 in Stendal geborene Johann Joachim Winckelmann war sicherlich das, was man heute „hochbegabt" nennt. Doch der Sohn eines Schuhmachers stammte aus einfachen Verhältnissen. Um trotzdem Latein und Griechisch lernen zu können, wurde er Chorknabe (die meisten Kirchenlieder wurden damals noch in dieser „toten" Sprachen gesungen). Mit den so erworbenen Sprachkenntnissen konnte er Geschichte, Medizin und evangelische Theologie studieren. Der übliche Weg für ihn wäre eine Anstellung als Pfarrer gewesen, doch eigentlich interessierte er sich mehr für die Kunst. Einige Jahre schlug er sich als Hauslehrer durchs Leben, bis er eine Stelle als Bibliothekar in Dresden erhielt. Der Dresdener Hof hatte Kontakte zum Vatikan, und um dort Fuß zu fassen, konvertierte Winckelmann schließlich zum katholischen Glauben. Schon in seiner ersten Schrift stellte Winckelmann kategorisch die Führerschaft der klassischen Antike fest: „Der einzige Weg für uns, groß, ja, wenn es möglich ist, unnachahmlich zu werden, ist die Nachahmung der Alten". Diese Schrift erbrachte ihm die Einladung zu einer Reise nach Rom, wo er bereits kurz nach seiner Ankunft als Bibliothekar bei Kardinal Archinto, später in der gleichen Stellung bei Kardinal Alessandro Albani arbeitete, einem ebenso liberalen wie kunstbeflissenen Mäzen. Doch seine Intentionen gingen weiter: „Rom ist unerschöpflich und man macht noch immer neue Entdeckungen und wenn einmahl ein Pabst kommen sollte, der mehr Geschmack, mehr Liebe zu dem Alterthum hat, als dieser der nichts thut, (...) so würden noch Sachen ans Licht kommen, die besser sind als alles was wir haben."

Neben der Betreuung der Sammlung des Barons Philipp von Stoschs in Florenz reiste Winckelmann auch mehrmals nach Neapel und besuchte die Orte am Vesuv, an denen immer mehr antike Kunstschätze geborgen wurden. Doch er war von den chaotischen Ausgrabungen so geschockt, dass er sie scharf kritisierte. Sein „Sendschreiben von den Herculeaneischen Entdeckungen", verfasst während eines Aufenthaltes auf dem Sommersitz des Papstes, der Winckelmann nun förderte, war jedoch mehr als eine Warnschrift. Erst schilderte Winckelmann die Topographie der Vesuvstädte, den Verlauf des Vulkanausbruchs und des Untergang der Städte, dann folgten die Umstände der Wiederentdeckung und der Ausgrabungen.

Dabei bemerkte er, dass zu Beginn keinerlei Lagepläne der Funde und ihrer Umgebung gemacht worden waren. Außerdem wurden viel zu wenig Arbeiter für die Ausgrabungen eingesetzt, welche die ausgegrabenen Areale nach der Plünderung einfach wieder zuschütteten – mit Material, das sie von irgendeiner anderen Stelle nahmen. Nur den Schweizer Carl Weber, der kurz vor

Aus Hellas entführt, in Rom wiederentdeckt | 59

Forum Romanum – Blick auf den Septimius Servus-Bogen und Säulenreste der Tempel des Saturn, des Vespasian und der Concordia.

Winckelmanns Ankunft die Ausgrabungsleitung übernommen hatte, lobte er für seine Umsicht. Den größten Teil des Schreibens jedoch widmete er der detaillierten Schilderung der Funde:

„Wollüstiger kann nichts gedacht und schöner nichts gemalt werden (...) vollkommen müssen die Werke der großen und berühmten griechischen Maler in den besten Zeiten gewesen seyn."

Dieses Sendschreiben machte die Vesuvstädte und ihre Schätze in ganz Europa bekannt. Und Carl Webers umsichtiger Führung war es wohl auch zu verdanken, dass im Jahr 1763 eine Inschrift gefunden wurde, die den Namen dieses bis dahin „La Civita" genannten Ortes preisgab: Pompeji! Im gleichen Jahr wurde Winckelmann als erster Ausländer vom Papst persönlich zum Oberaufseher für die Altertümer in Rom sowie zum Scrittore an der Vaticana ernannt.

Wollüstige Einfalt?

Ebenfalls in diesem Jahr machte Winckelmann die Bekanntschaft des Freiherrn Friedrich Reinhold von Berg (1736–1809), in den er sich verliebte, der ihn jedoch abwies. Als Kompensationsleistung oder auch als verschlüsselte Offenbarung seiner homoerotischen Neigung verfasste Winckelmann nach Abreise von Bergs die „Abhandlung von den Fähigkeiten der Empfindung des Schönen in der Kunst, und dem Unterrichte in derselben". Und nur ein Jahr später erschien Winckelmanns wegweisende „Geschichte der Kunst des Altertums", in der er nicht die Geschichte der Kunst, sondern ein entwickeltes System der Kunst darstellt, das er ganz an seinem Ideal der griechischen Klassik ausrichtete: „Die reinsten Quellen der Kunst (...) suchen, heißt nach Athen reisen." Für ihn waren diese klassischen Kunstwerke Ausdruck des wahren Charakters der Griechen: die Liebe zur Schlichtheit verbunden mit einem stilvollen Ausdruck sowie dem Streben nach Tapferkeit. Die gebildete Welt war von diesem Ansinnen schlichtweg begeistert. Doch Winckelmann, den viele als den Urvater der Archäologie sehen, hat nie selbst ausgegraben – und er sollte Griechenland nie mit eigenen Augen sehen. Dabei hatte er sich nachdrücklich dafür ausgesprochen, Olympia auszugraben. Er hatte schon konkrete Reisepläne, als er bei einer Rückreise aus Deutschland mit gut gefüllter Reisebörse in einem Gasthof nahe Triest ermordet und ausgeraubt wurde.

Mit seinem verengten Blick auf die griechische Kunst prägte Winckelmann allerdings für über 200 Jahre eine recht einseitige Vorstellung von der klassischen Antike. Denn Winckelmann unterlief eine gravierende Fehleinschätzung: Er erkannte nicht, dass viele der farblosen und glatten Skulpturen in Rom keine griechischen Originale waren, sondern nur Kopien; häufig nach griechischen Bronzestatuen geschaffen. Auch bei der Laokoon-Gruppe rätseln die Wissenschaftler bis heute, ob es ein Bronze-Original gab. Einige der Werke, die er in seine Kunstgeschichte als stilbildend auf-

Ausschnitt eines pompejanischen Mosaiks mit der Darstellung einer Nillandschaft aus dem Haus des Fauns. Neapel, Museo Archeologico Nazionale

„Es ist viel Unheil in der Welt geschehen, aber wenig,
das den Nachkommen so viel Freude gemacht hat."

Johann Wolfgang von Goethe (1749–1832)

nahm, waren schlichte Fälschungen. Auch waren Winckelmann Farbspuren auf antiken Skulpturen aufgefallen, aber diese „Sitte des Bemalens von Marmor und Stein" disqualifizierte er als „barbarisch". Doch schon die Archäologie des frühen 19. Jahrhunderts sollte unwiderlegbare Hinweise auf eine mögliche Bemalung liefern: So wiesen freigelegte Giebelskulpturen und Architekturteile des Aphaia-Tempels in Ägina Farbspuren auf. Bis zum Zweiten Weltkrieg gab es unter Archäologen und Kunsthistorikern eine Debatte über eine Polychromie, also Farbigkeit antiker Plastiken, danach legten die Experten das Thema für ein halbes Jahrhundert einfach beiseite.

Erst der Einsatz neuer Techniken in der Auswertung archäologischer Funde fachte die Diskussion neu an. So untersuchte der Archäologe und Konservator der Münchener Glyptothek Vinzenz Brinkmann über 20 Jahre lang griechische und römische Kunstobjekte auf ihre Oberflächenstrukturen hin – mit dem Auge, dem Mikroskop und neuesten Nano-Verfahren. Das Ergebnis: Marmorreliefs, -säulen und -statuen waren nicht nur mit den Grundfarben angemalt. Die Farben wurden auch gemischt, mit dunklen Farben perspektivische Akzente gesetzt und Haare oder Gewänder changierend dargestellt. Es war eine eigene Kunst, die Kunst der Farbnutzung.

62 | Das Zeitalter der großen Entdeckungen

Rekonstruktionsversuch der ursprünglichen Parthenon-Bemalung vom Anfang des 20. Jahrhunderts.

Eine Muscheltrompete aus Pompeji – sie wurden als Signalhörner auf See eingesetzt oder der Meeresgott Triton lenkt in Kultdarstellungen mit ihrer Hilfe die Meereswogen (oben). Marmor-Oscillum aus Pompeji – das kleine Schutzbild zeigt Herakles wie er die Kerynithische Hirschkuh einfängt (unten).

Für die Nachwelt in Gips gegossen – der von Archäologen freigelegte „Leerraum", den einmal ein menschlicher Körper ausfüllte (rechts).

„Ein wahres Feuerwerk von Farben wie Grün, Blau, Rosa, Gelb, Violett, Rot und anderen Farbtönen überzog die Werke", fasst der Archäologe und Kunstexperte Michael Siebler die Erkenntnisse zusammen. „Wohl kein Quadratzentimeter des Marmors blieb ausgespart, der offenbar lediglich als hervorragender Malgrund verstanden wurde – für so manchen Liebhaber der klassizistischen Sichtweise im Winckelmannschen Sinne eine bittere Wahrheit." Das gilt selbst für das Symbol der Klassik schlechthin, den Parthenon der Athener Akropolis. Seine Statuen und selbst der Panathenäen-Fries, der sich auf 160 Metern rund um die Tempel-Cella erstreckte und das alljährliche Fest zu Ehren der Göttin Athena darstellt, waren bunt und üppig bemalt.

Einerseits hatte sich Winckelmann früh für den Erhalt antiker Stätten eingesetzt. Andererseits stachelte er mit seiner klaren hierarchischen Wertung, nur die erhabene klassische Kunst sei Quelle der Wahrheit, zur Raubgräberei und zur Missachtung der römischen Ruinen an! Sein Zeitgenosse Johann Gottfried Herder wagte es, diesen Gedanken in seinen „Ideen zur Philosophie der Menschheit" offen niederzuschreiben: „Man folge den Erpressungen und Kriegen nach, durch welche die Künste Etruriens, Griechenlands und Ägyptens nach Rom kamen, so wird man den Steinhaufen der römischen Pracht vielleicht als die höchste Summe menschlicher Gewalt und Größe anstaunen, aber auch als eine Tyrannen- und Mördergrube des Menschengeschlechts verabscheuen lernen."

Mit über 100 Jahren Verspätung

Erst im Laufe des 19. Jahrhunderts änderte sich diese Haltung, als aus Suchgrabungen in Rom, Pompeji und anderswo systematische Ausgrabungen wurden: Unter den französischen Königen von Neapel (1806–1815) wurden die Ausgrabungen in Pompeji intensiviert, danach stockten sie wieder. 1860 wurde das Königreich Neapel dem italienischen Nationalstaat angeschlossen, König Victor Emmanuel ernannte Giuseppe Fiorelli zum

Der Titus-Bogen auf dem Forum Romanum ist der älteste erhaltene Triumphbogen Roms. Er wurde Ende des 1. Jahrhunderts zu Ehren des flavischen Kaisers Titus (reg. 79–81 n. Chr.) für dessen Sieg im jüdisch-römischen Krieg von seinem Bruder und Nachfolger Domitian (reg. 81–96 n. Chr.) gestiftet. Der Stich oben zeigt den Zustand vor seiner Restaurierung 1822 durch den Architekten Giuseppe Valadier (1762–1839).

Grabungsleiter. Dieser dokumentierte die Ausgrabungen und unterteilte Pompeji in die bis heute gültigen „Regiones" und „Insulae".

Die ausgegrabenen Häuser erhielten neue Dächer und Fiorelli ließ die freigelegten, nur noch aus Hohlräumen bestehenden menschlichen Körper mit Gips ausgießen. Fiorellis Nachfolger Michele Ruggiero (1875–1893) ließ die Zentralthermen ausgraben und über 600 Wandgemälde an Ort und Stelle konservieren. Insula für Insula wurden zwei Drittel der Stadtfläche von Pompeji bis Anfang des 20. Jahrhunderts freigelegt. Amedeo Maiuri leitete von 1924 bis 1961 die Ausgrabungen und verstärkte die Konservierungsmaßnahmen, trotzdem begann der Verfall von Pompeji.

Auch die Freilegung des Forum Romanum begann Anfang des 19. Jahrhunderts. Schritt für Schritt: Unter Leitung des Archäologen Carlo Fea wurden dabei erstmals 100 Gefangene eingesetzt. Unter französischer Besatzung wurden für die Ausgrabungen bis zu 2000 verarmte Römer eingestellt, bis zu 600 davon arbeiteten auf dem Forum. Französische und italienische Architekten bestimmten die antiken Topographien und sorgten dafür, dass ganze Plätze und nicht nur einzelne Gebäude ausgegraben wurden. Ab 1827 wurde der nördliche Teil des Forums unter der Leitung von Antonio Nibby ausgegraben. Durch den Vergleich von Funden mit Inschriften und alten Texten konnte er einige Korrekturen in der Zuordnung der Gebäude vornehmen. 1845 war es dem deutsche Historiker und Römerexperten Theodor Mommsen möglich, die Lage des Platzes des Comitiums zu bestimmen, wo die Volksversammlungen abgehalten wurden.

Zwar wurden schon 1850 die großflächigen Ausgrabungen auf dem Forum beendet, doch erst 1892 zeichnete der italienische Archivar Rodolfo Lanciani eine Karte des Forums, die bis auf Kleinigkeiten bis heute Gültigkeit besitzt. 1899 legte der Archäologe Giacomo Boni im Nordwesten des Forums eine drei mal vier Meter große Pflasterung aus schwarzem Marmor frei. Das legendäre „Lapis Niger" soll den Platz von Romulus' Grab kennzeichnen. Tatsächlich wurde darunter ein Grab mit Stele aus dem 6. Jahrhundert v. Chr. gefunden. Die Ausgrabungen verlagerten sich auf andere Areale des antiken Rom, so wurden bis Anfang des 20. Jahrhunderts vor allem Funde aus der Kaiserzeit gemacht.

Und während ein Großteil der freigelegten römischen antiken Bauwerke schon wieder vom Zerfall bedroht sind, machen die Archäologen immer noch neue Entdeckungen. So wurden Teile der „Domus Aurea" nahe dem Kolosseum erst in den letzten Jahrzehnten des 20. Jahrhunderts wieder freigelegt und ein Großteil ihrer zahllosen Deckenfresken restauriert. Um die Jahrtausendwende waren sie für kurze Zeit öffentlich zugänglich, doch nach mehreren Wassereinbrüchen stürzte im Frühjahr 2010 ein Gewölbegang der darüberliegenden Therme aus der Trajan-Zeit ein. Allerdings haben die Friese wohl nur die Zeiten überstanden, weil die Gewölbe nach Nero als tragende Kellerfundamente der Thermen mit Schutt angefüllt worden waren.

Übrigens stießen die Archäologen bei ihren Restaurierungsarbeiten an einigen Stellen auf Insignien, die Renaissance-Maler dort hinterlassen haben, denn damals, zur Zeit des Baus des Petersdoms, war dieser Teil der Gewölbe schon einmal zugänglich. Und Künstler wie Raffael ließen die alten Fresken kopieren, zum Beispiel für die Bogengänge des Vatikans.

> „Soldaten, von der Spitze dieser Pyramide blicken
> 40 Jahrhunderte auf euch herab!"
>
> Napoleon Bonaparte (1769–1821)

Napoleon erobert die Pyramiden von Gizeh
Wie das Ägyptenfieber begann

Die sogenannte Pompeius-Säule in Alexandria zählt mit ihrem Schaft von 20,46 Metern Länge zu den höchsten monolithischen Säulen der Antike und zudem zu den letzten Überbleibseln der griechisch-römischen Antike in Alexandria. Sie war ursprünglich ein Teil des Serapis-Heiligtums, von dem ansonsten nur noch Fundamente vorhanden sind. Vivant Denon hielt die Gedenksäule des Gegenspieler Julius Caesars im Jahr 1798 auf Papier fest. Victoria and Albert Museum, London.

Im Frühjahr 1799, auf dem Nil oberhalb von Kairo. Vivant Denon sichtet am Ufer eine Ruine und sagt: „Ich muss das zeichnen." Er lässt sich von seinen Gefährten absetzen, setzt sich mit guter Sicht auf den Tempel im Sand nieder und beginnt zu skizzieren. Er ist noch nicht ganz mit seiner Arbeit fertig, da schießt eine Gewehrkugel an ihm vorbei und durchschlägt den Zeichenblock. Als Denon aufschaut, sieht er einen Araber, der dabei ist sein Gewehr nachzuladen. „Er hob sein Gewehr vom Boden auf, schoss dem Araber eine Kugel in den Bauch, schloss seine Zeichenmappe und ging wieder zum Boot." So gibt Anatole France das kleine Abenteuer wieder. „Abends zeigte er seine Zeichnung dem Stab. General Desaix sagte zu ihm: ‚Ihre Horizontlinie ist nicht gerade.' ‚Ah!' antwortete Denon, ‚daran ist der Araber schuld, er schoss zu früh.'"

Drei Dinge sind an dieser Anekdote bemerkenswert:
1. Franzosen und in Ägypten lebende Araber (vor allem Mamelucken) schossen blind aufeinander. Das war allerdings nicht anders zu erwarten, denn es herrschte Kriegszustand zwischen den beiden Ländern.
2. Trotzdem waren manche Franzosen um 1800 bereit, ein hohes Risiko einzugehen, nur um ägyptische Ruinen aus der Nähe sehen zu können – Menschen wie Vivant Denon.
3. Denon war ein Forscher mit Galgenhumor, und das wohl nicht von ungefähr: Denn obwohl er adeligen Ursprungs war, hatte er die Schreckensherrschaft Robespierres nicht nur überstanden, sondern sich weiter in einflussreichen Kreisen bewegt, was ihm die Einladung nach Ägypten einbrachte. Dabei war der Mann zu dieser Zeit schon 50 Jahre alt!

Das Zeitalter der großen Entdeckungen

Ägypten gehörte Anfang des 19. Jahrhunderts noch zum schwächelnden Osmanischen Reich, nach welchem zu dieser Zeit das Britische Empire und das Russische Zarenreich, beide Konkurrenten im Spiel um die Macht, ihre Hände ausstreckten.

Wie alle aufstrebenden Industrienationen wollte auch Frankreich seinen Handel ausweiten, und wenn möglich mithilfe von Kolonien. Außerdem besaßen die Franzosen einen karrierehungrigen General, der gerade einen schnellen und erfolgreichen Feldzug gegen Italien geführt hatte: den kleinen, aber energischen Napoleon Bonaparte. Frankreichs neuer und wie sich zeigen sollte gerund 167 Wissenschaftler und Gelehrte an Bord, als Teil einer umfassenden Ägypten-Expedition.

Streitthema unter Historikern ist in diesem Zusammenhang die Lektüre Napoleons. Studierte er an Bord Graf Volneys 1787 veröffentlichten Bericht „Reise in Syrien und Ägypten"? Constantin François de Chasseboeuf Graf Volney machte darin seinen Lesern Hoffnungen auf altägyptische Reichtümer, die es zu „retten" gelte: „Wäre Ägypten eine Nation, in der man die schönen Künste schätzt, würde man dort Schätze für die Erforschung des Altertums finden, die in Zukunft für die übrige Welt verloren sind. Das kommt daher:

Ramesseum – große Teile des weitläufigen Totentempels Ramses II. haben bis heute die Zeiten gut überdauert. (links)

Ägyptenexpedition unter dem Befehl von General Bonaparte. Das Historienbild von Leon Cogniet (1794–1880) aus dem Jahr 1821 befindet sich heute im Louvre in Paris. (rechts)

rissener Außenminister Talleyrand schlussfolgerte, so der Historiker Peter Clayton: „Was für einen besseren Schachzug gegen England hätte es also gegeben als die Blockade des über Ägypten führenden Landweges nach Indien? Frankreich bekam dabei auf Kosten des Osmanischen Reiches eine Kolonie und löste gleichzeitig das Problem des sehr rasch lästig gewordenen jungen Generals." Als am 19. Mai 1798 ein französischer Flottenverband den Hafen von Toulon verließ, befanden sich bekanntermaßen neben 34 000 Soldaten auch

Im Delta gibt es deswegen keine interessanten Ruinen mehr, weil die Bewohner sie aus Gründen der Notwendigkeit und wegen ihres Aberglaubens zerstört haben. Aber im weniger dicht besiedelten Said (Oberägypten) und dem unbevölkerten Rand der Wüste gibt es noch gut erhaltene Ruinen. Diese im Sand vergrabenen Tempel stehen dort noch für die nächsten Generationen."

War Napoleon einer der für diese Botschaft empfänglichen Leser? Der französische Kulturhistoriker

Jean Vercoutter versteift sich sogar auf die Behauptung: „Volneys Buch ist das einzige Buch, das Napoleon mit auf seinen Kriegszug nach Ägypten nahm." Andere wiederum behaupten, der Feldherr habe stets ein Exemplar des damals mindestens genauso populären Buches von Carsten Niebuhr „Reisebeschreibungen nach Arabien und anderen Ländern" dabei gehabt. Oder hatte Napoleon gar – das männliche Verdikt verletzend: ein Mann, ein Buch – am Ende sogar zwei Bücher dabei? Tatsächlich war Napoleon ein Vielleser – und zwar schon seit seiner Kindheit, er galt als Einzelgänger. Später führte er stets, auch auf seinen zahlreichen Feldzügen, eine kleine Bibliothek mit sich – was so gar nicht zu seinem Macher-Image passen will. Nach einem kurzen Zwischenstopp auf Malta, den die Franzosen nutzten, um den auf sieben Million Goldfranc geschätzte Schatz der Malteserritter zu rauben, landeten Napoleons Truppen bei Alexandria und eroberten die wichtige Hafenstadt innerhalb von einem Tag. Dann machten sie sich auf in Richtung Kairo, es kam in Sichtweite der Pyramiden von Gizeh zur entscheidenden Schlacht. Ein ungleicher Kampf begann: Immer wenn die Mamelucken-Reiter Ausfälle mit ihren Krummsäbeln starteten, wurden sie von den besser bewaffneten und zahlenmäßig weit überlegenen Franzosen einfach der Reihe nach abgeschossen. Das Abschlachten, das in späteren Gemälden und Medaillen heroisch und mit Pyramiden im Hintergrund gefeiert wurde, endete mit der heillosen Flucht der Mamelucken. Doch ein Teil der französischen Truppen unter Führung General Desaixs setzte ihnen nilaufwärts nach. Dabei ereignet sich Denons eingangs geschilderte Begegnung; auch in Edfu blieb ihm zu wenig Zeit: „Es hätte einiger Zeit und einiger Untersuchung bedurft, den Plan dieses Tempels zu ermitteln, doch die Kavallerie galoppierte weiter, und ich war einfach gezwungen, ihr dicht auf den Fersen zu bleiben, um nicht für alle Zeit meine Forschungen aufgeben zu müssen."

Eine der wenigen Hieroglyphen, die auch des Lesens unkundige Ägypter verstanden, ist das altägyptische Anch, das Zeichen für „Leben". Das Anch wurde oft als Amulett getragen und später von der koptischen Kirche als ihr Kreuz übernommen.

Geschichte des Alten Ägyptens

Im Alten Reich (3. bis 6. Königs-Dynastie: 2670–2184 v. Chr.) wurden Oberägypten (der südliche Teil des Niltals) und Unterägypten (das Nildelta) zum ersten Mal vereint. Die Könige ließen sich Pyramiden errichten. Dann versank das Land für einige Zeit im Chaos (1. und 2. Zwischenzeit: 2200–1550 v. Chr.)

Das neue Reich (18. bis 20. Königs-Dynastie: 1550–1075 v. Chr.) brachte eine unvergleichliche Blütezeit Ägyptens: unter Thutmosis III. (1482–1450 v. Chr.) wurden Palästina, Syrien und Nubien dem Reich einverleibt. In der folgenden Zeit setzte der Fernhandel ein, neue Technologien (Bronze, Streitwagen), neue Frucht- und Gemüsesorten wurden importiert und Pharaonen wie Ramses II. ließen große Tempel erbauen. Dann versank das Land erneut im Chaos.

In der Spätzeit (775 v. Chr. bis 639 n. Chr.) beherrschen nacheinander fremde Machthaber das Reich: Libyer, Assyer, die griechischen Ptolemäer (Kleopatra war eine davon) und schließlich die Römer.

> „Die Zahl der an die Wände gekritzelten Namen irgendwelcher Idioten
> macht einen ganz konfus. Oben auf der Pyramide erblickt man
> in schwarzen Lettern den eines gewissen Buffard, 79 Rue Saint-Martin,
> seines Zeichens Tapeten-Fabrikant."
>
> Gustave Flaubert (1821–1880) in Gizeh

Links die Vollendung, die Chepren-Pyramide noch mit Teilen ihrer einstigen Marmorverkleidung, rechts die ältere Knick-Pyramide des Pharao Snofru in Daschur, bei der die Baumeister noch übten: weil der Boden beim Bau nachgab, wurde der Neigungswinkel nach oben hin verringert.

Am Fuße der Pyramiden

Napoleon ließ derweil sein Kommando-Lager nahe bei den Pyramiden von Gizeh aufstellen. Die Legende weiß zu berichten, dass er Berechnungen anstellte: Die quadratische Grundfläche der Chephren-Pyramide hat eine Seitenlänge von 214,5 Metern und mit 143,5 Metern Höhe überragt sie sogar den Petersdom in Rom um einige Meter. Die Cheops-Pyramide war ursprünglich sogar 146 Meter hoch und 230,3 Meter breit, als sie noch von weißem, in der Sonne leuchtendem Kalkstein ummantelt war, außerdem fehlt ihr heute die Spitze. Die Cheops-Pyramide besteht aus ungefähr 2,6 Millionen Quadern aus Kalkstein, die im Schnitt einen Kubikmeter groß und 2,5 Tonnen schwer sind. Die Steine der drei Gizeh-Pyramiden würden ausreichen, so soll Napoleon berechnet haben, um ganz Frankreich mit einer Mauer von drei Metern Höhe und 30 Zentimetern Dicke zu umgeben. Möglich wäre dieses Rechenspiel immerhin gewesen, denn Napoleon hatte während seiner Ausbildung zum Artillerie-Offizier solides mathematisch-technisches Wissen erworben. Offiziell überliefert ist dagegen sein Appell, den er in Gizeh an seine Truppen richtete: „Soldaten, von der Spitze dieser Pyramide blicken 40 Jahrhunderte auf euch herab!"

Die Aufgaben der Pyramiden

Die Pyramide König Djosers in Sakkara ist das Ergebnis der schrittweisen Vergrößerung einer Mastaba mit einer Höhe von acht und einer Seitenlänge von 63 Meter. Erst die zweite Erweiterung führte zu dem heutigen Zustand, einer sechsstufigen Pyramide.

Die Pyramide hatte drei Aufgaben zu erfüllen: Erstens bildete sie den sicheren Hort für die Mumie des Königs und seine kostbaren Beigaben, quasi ein Stein-Tresor für die eigene Unsterblichkeit. Denn diese war gesichert, so lange die eigene Grabkammer mit der einbalsamierten Mumie unversehrt blieb. Zweitens war sie eine Art Kraftwerk für geistige Energie, denn sie stellte die Nahtstelle zwischen der Welt der Götter und derjenigen der Menschen dar; sie wandelte Zeit in Ewigkeit um, sie garantierte den Sieg der Ordnung über das Chaos. Drittens waren Pyramiden wie die von Djoser nicht einfach ein Grabmal, sondern sie wurden angelegt wie ein Klosterstift, als Zentrum einer ganzen Welt. Die hier lebenden Priester verfügten über große Ländereien und zelebrierten täglich Rituale. So blieb der König mit der Nachwelt im Dialog.

Wie sich der Pyramidenbau aus einfachen Grabbänken entwickelte, hätte Napoleon im 15 Kilometer südlich von Kairo gelegenen Pyramidenfeld von Sakkara allerdings besser beobachten können. In vorgeschichtlichen Zeiten wurden die Leichname in einfachen Gruben beigesetzt, wo sie vom heißen Wüstensand auf natürliche Weise mumifiziert wurden. Doch als mit dem Adel und der hohen Beamtenschaft eine Führungsschicht entstand, wollte diese sich nicht wie einfache Leute in nackten Gruben bestatten lassen. Ihr Grab knapp unter der Erdoberfläche wurde von einer Ziegelbank bedeckt, „Mastaba" genannt. Das Grab des Königs wiederum sollte sich von denen des Adels unterscheiden. So ließ sich der letzte Herrscher der 1. Dynastie, König Qaa, in einer zweistufigen Mastaba bestatten. Auch die Pyramide für König Djoser aus der 3. Dynastie war ursprünglich um 2600 v. Chr. als zweistufige Mastaba geplant. Doch dann wurde über der Mastaba eine symbolische Treppe aus Stein errichtet, die dem toten Pharao den Aufstieg zu Gottvater Re (Sonne) erleichtern sollte. Die anfänglichen drei Stufen wurden später auf sechs Stufen erweitert: Die erste Stufenpyramide ganz aus Steinen war gefertigt.

Napoleon war so begeistert von den altägyptischen Bauwerken, dass er in Kairo das „Institut d'Egypte" gründen ließ. So wundert es nicht, dass er sich sogleich persönlich Bericht erstatten ließ, als Denon mit seinem Team im Juli 1799 nach Kairo zurückkehrte. Denon berichtete so begeistert von den altägyptischen Bauwerken, dass Napoleon daraufhin zwei Kommissionen von Wissenschaftlern ernannte, die alle alten Bauwerke zeichnen, vermessen und erforschen sollten. Die Wissenschaftler machten sich auf den Weg und sollten feststellen, dass Ägyptens kultureller Reichtum tatsächlich unerschöpflich schien. Neben den Pyramiden in Gizeh, Sakkara und Daschur gab es noch unzählige Tempelruinen zu entdecken – so in Edfu, Luxor, Assuan oder Philae. Außerdem das Tal der Könige mit seinen Gräbern und dann das Monument von Abu Simbel. Zwei Jahre lang arbeiteten sie nun wie besessen an ihrem Projekt, doch ein Zufallsfund an der Kriegsfront sollte die Ägyptologie entscheidend mitprägen.

Wie gewonnen so zerronnen

2. August 1799 im Nildelta. Die Franzosen hatten Ägypten zwar im Handstreich erobert, doch nun wurden sie von den Türken zu Lande und den Briten zu Wasser in die Enge getrieben. Da sie die Küste gegen die anrückenden englischen Schiffe verteidigen wollten, wurden die vorhandenen Forts baulich verstärkt; so auch das alte Fort Raschid, das spätere Fort Julien, sieben Kilometer von Rosette entfernt. Dabei prallte die Spitzhacke eines Soldaten von etwas Hartem ab. Zu Tage kam eine schwarze Basaltplatte, die über und über mit Zeichen und Schriften bedeckt ist. Nun hatte Napoleon nicht nur einen ganzen Stab von Gelehrten mit auf seinen Ägyptenfeldzug genommen,

In Deir el-Bahari, unmittelbar neben dem Heiligtum Montuhoteps II., ließ Königin Hatschepsut ihren Totentempel anlegen. Er schmiegt sich mit seinen Terrassen an die steilen Klippen des Westgebirges und wurde teilweise in den Fels gehauen, zum größten Teil jedoch aus Kalkstein erbaut.

Die Bedeutung des Steins von Rosetta wurde schnell erkannt, Abdrucke angefertigt und jedem zur Verfügung gestellt, der sich mit der Entzifferung der Hieroglyphen befasste. Die für die Entschlüsselung entscheidende Stelle, die Kartusche mit dem Namen Ptolemaios' V., befindet sich im oberen Absatz, in der neunten Reihe von unten, ganz links.

sondern auch dafür gesorgt, dass die Armeevorgesetzten ein gewisses Verständnis für alte Kulturen besaßen. So erkannte der Brigadechef André Joseph Boussard sofort, dass die Tafel in drei Schriften abgefasst war – eine Trilinguae! Ein Teil des Textes war in Hieroglyphen verfasst, die anderer Teile in Altgriechisch und Demotisch, diese Schriftsprache wurde in Ägypten seit dem siebten vorchristlichen Jahrhundert benutzt. Es ist eine Dankesschrift der Priester von Memphis, gerichtet an den König von Ägypten, der in dieser Zeit – 18. Mechir des Jahres 9 (27. März 196 v. Chr.) – aus dem griechische Geschlecht der Ptolemäer stammte, die auf einen der Generäle Alexander des Großen zurückgehen. Das erklärt, warum der Text auch auf Griechisch wiedergegeben wurde. Trotzdem bildet die Trilinguae einen Glücksfall für die spätere Ägyptologie. Denn eigentlich war das Schreiben in umständlichen Hieroglyphen auch in Ägypten schon längst von einer Alphabetschrift, eben dem Demotischen, abgelöst worden. Es war nur eine Ehrerbietung gegenüber der Tradition, die dazu führte, dass die Archäologie einen Schlüssel zur Hieroglyphenschrift in die Hand bekam.

Während die Truppen gegen den Ansturm der Briten kämpften und die Wissenschaftler durch Oberägypten streiften, setzte sich Napoleon am 22. August still und leise von den Truppen ab, ohne seine Befehlsgewalt an jemanden zu delegieren. Erst in einem Schreiben wurde der neue Oberbefehlshaber Kléber über sein Amt und Napoleons neue Aufgabe informiert: „Ich werde in Paris eintreffen und diese Advokatenbande vertreiben, die sich über uns lustig macht, aber unfähig ist, die Republik zu regieren und diese herrliche Kolonie (Ägypten) werde ich konsolidieren." Den ersten Teil seines Versprechens sollte er wahr machen, denn nur wenige Monate später startete er mit seinen ihm blind ergebenen Truppen einen erfolgreichen Staatsstreich.

Doch Ägypten ging, gerade erst gewonnen, wieder verloren. Nachdem die Franzosen in mehreren Schlachten unterlagen, mussten sie schließlich im Herbst 1801 gegenüber den Briten kapitulieren. Sie hatten Ägypten zu verlassen, konnten aber ihre Ausrüstungen mitnehmen, nicht jedoch die Unterlagen und Aufzeichnungen der wissenschaftlichen Begleitexpedition. Deren Teilnehmer protestierten und drohten, ihre Arbeiten eher ins Meer zu werfen als sie den Engländern zu übergeben. Mit Erfolg: Sie durften ihre Unterlagen und Funde mitnehmen, ausgenommen 15 einzeln erwähnter Objekte. Die damalige Liste findet sich noch heute in der Bibliothek des British Museums: Objekt 8 – die Trilinguae, besser bekannt als der Stein von Rosette. Allerdings hatten die Franzosen bereits einen Abdruck angefertigt.

Das französische Heer, das auf britischen Schiffen heimgebracht wurde, zahlte einen hohen Preis: von den ursprünglich fast 30 000 Soldaten waren nur noch 10 000 am Leben, eine ganze Flotte mit 17 Schiffen und ihrer umfangreichen Ausrüstung war vernichtet. Und der Plan, eine neue Kolonie zu erobern und den Briten einen entscheidenden Schlag zu versetzten, war gescheitert. Allerdings war nicht alles umsonst: In Frankreich arbeiteten die Wissenschaftler ihre Erkenntnisse auf, die Ergebnisse wurden zusammen mit Denons Zeichnungen und Skizzen in den 20 Bänden des Atlas „Description de l'Egypte" veröffentlicht. Die Bände erschienen in den Jahren 1809 bis 1822 und sollten die Basis für die Ägyptologie bilden. Schon im Jahr 1802 erschien Denons Erlebnisbuch „Mit Napoleon in Ägypten 1798-99". Das Buch erlebte 40 Auflagen und wurde schnell auf Englisch und Deutsch übersetzt. Vor allem dieses Buch sollte das Ägyptenfieber und die Jagd nach ägyptischen Altertümern auslösen.

Für die erste vollständige Beschreibung Ägyptens, die „Description de l'Égypte", entstanden in den Jahren 1798 bis 1801 tausende von Zeichnungen, die anschließend in Kupfer gestochen wurden. Darunter auch diese Ansicht der Insel Philae bei Assuan von André Dutertre.

„Obwohl die Franzosen 1801/02 nominell Ägypten verließen, blieb ihr Einfluss noch lange lebendig, und Ägypten verdankt ihnen viel", urteilt der englische Archäologe Peter A. Clayton. „Dies gilt besonders für die Bereiche des Bank- und Rechtswesens." Das gilt aber auch für die Ägyptologie. Denon wurde bei seiner Rückkehr nach Paris zum Generalmuseumsdirektor ernannt; er sollte das „Napoleon-Museum" aufbauen und lieferte sich einen Kampf mit dem British Museum um die besten Ausstellungsstücke antiker Kunst. Später wurde dieses Museum unbenannt in „Louvre".

Herkules mit Hydraulikkenntnissen: Belzoni kommt!

1000 Jahre muslimischer Herrschaft hatten den Pyramiden, Tempeln und Kolossalstatuen nur wenig anhaben können. Doch nach dem Abzug der Franzosen und einer kurzen Zeit der Anarchie konnte der Truppenführer Mohammed Ali zum Gouverneur des Landes aufsteigen. Und der neue Pascha hatte große Pläne: Er wollte das Land modernisieren und holte Ingenieure und Maschinen aus Europa. Allein zwischen 1810 und 1828 verschwanden mindestens 13 antike Tempel beinahe spurlos in Kalkfabriken oder wurden zu Baumaterial in den Fundamentmauern neuer Gebäude. Außerdem beschaffte Mohammed Ali das für die Bauvorhaben benötigte Kapital, indem er großzügig die Erlaubnis zur Plünderung der antiken Stätten erteilte.

Doch in Ägypten haben nicht nur Tempel und Pyramiden kolossale Ausmaße: auch die Statuen sind groß wie Häuser und Obelisken erreichen bis zu 20 Meter Höhe. Ihr Abtransport glich einer Herkulesaufgabe – genau der richtige Job für jemanden wie Giovanni Belzoni! Denn bevor der sich mit den ägyptischen Pyramiden befasste, gehörte seine Leidenschaft und Kraft menschlichen Pyramiden. Der 1778 im italienischen Padua geborene Giovanni Belzoni war ein Jahrmarkt-Kraftprotz, der Anfang des 19. Jahrhunderts gemeinsam mit seinem Bruder Francesco durch

Napoleon erobert die Pyramiden von Gizeh – wie das Ägyptenfieber begann | 75

Giovanni Battista Belzoni – Abenteurer, Ingenieur, Gewichtheber, Akrobat und schließlich Autor. In seinen „Entdeckungsreisen in Ägypten 1815-1819 in den Pyramiden, Tempeln und Gräbern am Nil", 1821 erstmals auf Deutsch in Jena veröffentlicht, beschreibt er ausführlich seine ganz persönlichen Eindrücke und Erlebnisse. Sein Reisebericht war mit zahlreichen Illustrationen versehen, darunter, wie er den Eingang der Pyramiede von Gizeh „freilegte" (links) oder den monumentalen Kopf der Memnosstatue fortschaffte (rechts).

Europa zog. Zwei Giganten: Franceso war mit 1,80 Meter schon deutlich größer als der durchschnittliche Mann damals (1,65 Meter). Doch Giovanni überragte ihn deutlich – deshalb wird seine Größe mit sieben Fuß angegeben, 2,10 Meter. So groß wie heutige Basketball-Superstars, aber deutlich kräftiger gebaut. Denn Giovannis Spezialität war es, gleichzeitig zwölf erwachsene Menschen zu tragen, die an seinen Armen hingen und auf seinen Schultern saßen. Die Spitze dieser menschlichen Pyramide bildete häufig eine kleinwüchsige Frau, die eine Fahne schwenkte. Das war Sarah, Giovannis spätere Frau. Und so müssen wir uns dieses illustre Gespann vorstellen, wie es auf einer Feluke nilaufwärts reist: Der gewaltige Giovanni, die kleine Sarah, der treue irische Diener James Curtin und ein ständig betrunkener Übersetzer sowie ein paar Seile, Hebebalken und Flaschenzüge.

Denn Belzoni hatte neben seiner Kraftmeierei auch Ingenieurwissenschaften mit dem Schwerpunkt Hydraulik studiert. Während er im Frühjahr 1815 auf Malta weilte, hörte er, dass der neue Pascha von Ägypten europäische Ingenieure ins Land holen wollte. Giovanni kam, baute eine selbst entworfene Wasserschöpfanlage und blamierte sich vor dem Pascha, denn die Konstruktion funktioniert nicht richtig. Doch Giovanni war ein Mann der Tat, und er erkannte eine andere Chance: Hier gab es im wörtlichen Sinne „große Dinge" zu bewegen. Der Handel mit ägyptischen Altertümern erlebte gerade einen ungeheuren Aufschwung. Diplomaten erhielten von ihren Regierungen den Auftrag, Objekte zu beschaffen, die in den Museen der europäischen Metropolen für Aufsehen sorgen sollten. So arbeitete Bernardino Drovetti für Paris, aber auch Turin und Berlin, und der Brite Henry Salt für das British Museum. Salt engagierte Belzoni, denn für Größe, Kraft und Hebelkünste gab es keinen besseren Experten. Belzoni war von einem kolossalen Ramses-Kopf berichtet worden, der am westlichen Niluhfer bei Luxor liegen sollte.

ENTRATA NELLA PIRAMIDE II DI GHIZEH, O DI CEFRENE

Deutsche Expedition

Die erste große deutsche Ägypten-Expedition unter Karl Richard Lepsius 1842 bis 1845 verfolgte eine Doppelmission: Lepsius fertigte Karten von Gizeh und Sakkara an und publizierte später das zwölfbändige Epos „Denkmäler Ägyptens und Äthiopiens". Gleichzeitig schaffte er jedoch auch 15 000 Funde in 194 Kisten außer Landes – den Grundstock für das Ägyptische Museum in Berlin, dessen Direktor er später wurde.

Die rund 3300 Jahre alte Büste der Nofretete wurde 1912 entdeckt und 1913 dem Berliner Kaufmann James Simon zugesprochen, der die Grabungen finanziert hatte. Er schenkte sie 1920 dem preußischen Staat. 1924 erstmals ausgestellt, wurde sie bald – und bis heute – von Ägypten zurückgefordert. Berlin, Ägyptisches Museum

Er fand ihn schließlich im Ramses-Tempel unweit des Dorfes Qurna, mehr als drei Kilometer vom Nil entfernt. Belzoni ließ für den 2,70 Meter hohen und sieben bis acht Tonnen schweren Ramsis-Kopf eine einfache Holzkonstruktion bauen, die von 80 Arbeitern gezogen wurde (die natürlich aus Qurna kamen). Für den Transport zum drei Kilometer entfernten Nil benötigten sie 16 Tage. 16 Tage, in denen Belzoni in seiner westlichen, warmen Kleidung wie verrückt schwitzte und regelmäßig hinter einem der wenigen Büsche verschwand, Magen und Darm hielten ihn auf Trab. Er war am Ende seiner Kräfte, als der riesige Kopf am Ufer des Nils für den Abtransport nach Kairo gelagert wurde.

Die nächsten Ziele lagen weiter im Süden: die Tempel von Philae und Abu Simbel, zwei Monumente, die auf der ägyptischen Grenze zu Nubien lagen. Besonders Abu Simbel, ein Felstempel mit riesigen Steinstatuen-Abbilder von Ramses II., sollte diese dunkelhäutigen Nachbarn einschüchtern, die immer wieder das ägyptische Reich bedrohten. In Philae ließ Belzoni dekorierte Steine aus den Tempelwänden brechen, doch in Abu Simbel scheiterte er mit seinem Team an den Sandmassen, die der Wüstenwind in den Eingang des Felsentempels blies.

Inzwischen nahmen die Rivalitäten zwischen französischen und britischen Antikensammlern beständig zu. Denn es hatte ein großes Wettrennen um die besten Beutestücke für die großen europäischen Museen eingesetzt. Als Belzoni Monate später wieder in Philae landete, waren die dekorierten Blöcke zerstört und jemand hatte auf Englisch „Operation misslungen" darauf gekritzelt. Dafür gelang es Belzoni bei dieser Expedition, endlich den Eingang von Abu Simbel freizulegen. Doch welche Enttäuschung erwartete ihn im Inneren: Nur riesige Statuen – nichts, was sich vom größten Kraftprotz seiner Zeit abtransportieren ließ. Wieder in Kairo hatte er erneut Pech, als er sich den Weg zur Grabkammer der Chephren-Pyramide erkämpfte: sie war leer! Und es kam noch dicker: Als Belzoni nach über einem Jahr wieder in Luxor landete, hatten sich dort die Franzosen breit gemacht. Belzoni war wütend, doch er gab nicht auf, sondern wandte sich jenseits des Nils der Nekropole des antiken Theben, dem Tal der Könige, zu.

Als sich das ägyptische Reich nach einer Verschnaufpause zum „Neuen Reich" aufschwang und die Hauptstadt von Memphis (heute Kairo) weiter südlich nach Theben (heute Luxor) verla-

Der die ehemalige Hauptstadt des zweiten oberägyptischen Gaus Edu dominierende größte Sakralbau seiner Zeit wurde zwischen 237 und 57 v. Chr. unter den Ptolemäerkönigen errichtet. Er gilt als besterhaltenes Heiligtum der antiken Welt. Besonders beeindruckend ist der Eingangspylon, der in seinen Ausmaßen (36 mal 74 Meter) nur vom ersten Pylon des Amun-Tempels in Karnak übertroffen wird.

Noch immer werden altägyptische Bauwerke, die vor den Fluten des Nasser-Sees gerettet wurden, restauriert und ausgebaut – wie hier der direkt neben dem Tempel von Kalabscha neu errichtete Kiosk von Kertassi, ein kleiner Pavillon-artiger Tempel aus griechisch-römischer Zeit, der der Göttin Hathor gewidmet war.

gert wurde, änderten die ägyptischen Könige ihre Strategie: Sie ließen sich keine Pyramiden mehr errichten, sondern ihre Grabanlagen direkt in den Fels schlagen. Im Gegensatz zu den Pyramiden sind diese Grabkammern weder geographisch noch astronomisch ausgerichtet; ihre Erbauer unterstellten einfach, dass die Hauptachse von Ost nach West verlief. Demnach führte der Gang von der aufgehenden zur untergehenden Sonne, vom Diesseits ins Jenseits. Viele Herrscher der 18. bis zur 20. Dynastie, aber zunehmend auch deren Verwandte, ließen sich in der neuen Nekropole westlich von Theben bestatten. Im Neuen Reich hatten immer mehr Menschen, auch Priester und Beamte, die Möglichkeit, sich mumifizieren und prunkvoll bestatten zu lassen. Auch sie hofften, auf diese Weise durch das Totenreich in die Oberwelt aufzusteigen. Die Nekropole schwoll auf rund zehn Quadratkilometer an und umfasste neben dem Tal der Könige auch das Tal der Königinnen, Gräberfelder für die Angehörigen der königlichen Familien und viele weitere für die Oberschicht der ägyptischen Gesellschaft.

Giovanni Belzoni sollte einer der ersten Europäer sein, der etliche dieser Grabkammern betrat, leider ging er dabei nicht sehr behutsam vor. „Bei jedem Schritt zermalmte ich irgendwo eine Mumie unter meinen Füssen (…) Nach der Anstrengung, die es bedeutete, einen solchen Ort zu betreten, suchte ich einen Platz, um mich auszuruhen (…) ich kam indes auf dem Leichnam eines Ägypters zu sitzen, und mein Gewicht zerquetschte ihn wie eine Hutschachtel", so detailliert beschrieb er seine Erlebnisse in dem zunächst 1820 in London erschienen Werk „Entdeckungsreisen in Ägypten 1815–1819 in den Pyramiden, Tempeln und Gräbern am Nil." Doch das Mumienzerquetschen war

Auf der westlichen Nilseite, gegenüber von Theben, dem heutigen Luxor, liegt in einem verborgenen Wüstental die Ruhestätte der Pharaonen des Neuen Reichs. Den Begriff „Tal der Könige" prägte der Hieroglyphenentzifferer Champollion. Die Ägypter nannten das Tal „die grüne Weide".

Napoleon erobert die Pyramiden von Gizeh – wie das Ägyptenfieber begann | 79

Wandmalerei mit der Darstellung einer Barke im Tempel von Sethos I. in Abydos.

Vergoldeter Thron aus Holz aus dem 14. Jahrhundert v. Chr. – zu sehen im Ägyptischen Museum, Kairo.

nicht ganz sinnlos: Belzoni fand sechs Grabanlagen, darunter das Grab des Pharaos Sethos I., auch wenn Belzoni es zunächst mit einem anderen Grab verwechselte. Es galt lange Zeit als die schönste Grabanlage im Tal der Könige. Die über einhundert Meter langen Korridore und Kammern sind über und über mit bunten Wandgemälden bedeckt. Darauf sind der Pharao, das Sonnenboot, mit dem er das Reich durchquert, zahlreiche Unterweltgötter und immer wieder das Hauptmotiv zu sehen: Osiris, der Chefgott des Todes, und seine Rolle im Jenseits. Von der Decke leuchten die unterschiedlichen Sternbilder, symbolisiert durch Löwe, Stier und Krokodil. Belzoni brauchte nur zehn Tage, wozu Archäologen heute schätzungsweise zehn Jahre benötigen würden: die Grabanlage zu untersuchen, auszuräumen und zu schützen. Immerhin schreckten selbst diese miteinander konkurrierenden Schatzjäger aus einer Art Pietät vor letzten Konsequenzen zurück.

Zu Tode geliebt

Während Belzoni sich mit Mumien und Statuen abquälte, suchten Wissenschaftler in England und Frankreich nach dem Schlüssel zum Verständnis der ägyptischen Hieroglyphen. Trotz der Trilinguae war die Entzifferung der Hieroglyphenschrift eine härtere Nuss als beispielsweise die Entzifferung der sumerischen Keilschriften, unter anderem deshalb, weil die ägyptische noch mehr Zeichen als die mesopotamische Schrift aufweist, rund 1470 unterschiedliche sind bekannt. Die Kardinalfrage lautete: stehen die Hieroglyphen für einzelne Buchstaben oder Silben oder für ganze Dinge und Ideen. Letzteres glaubten die britischen Forscher, die sich den Stein von Rosette gesichert hatten, doch sie kamen beim Entziffern zu keiner befriedigenden Lösung. Als hätten sich die Schicksalsgötter Ägyptens selbst eingemischt, musste sich erst ein Franzose der Aufgabe annehmen. Also jemand aus der Nation,

Der französische Sprachwissenschaftler Jean François Champollion (1790–1832) legte mit der Entschlüsselung der Hieroglyphen einen der Grundsteine zur wissenschaftlichen Beschäftigung mit den Hinterlassenschaften des Alten Ägypten. Das Porträt aus seinem Todesjahr von Victorine Angélique Amélie Rumilly (1789–1849) zeigt ihn mit einem Arbeitsblatt. Figeac, Musée Champollion

welcher der Stein ja geraubt worden war, wenn wir einmal außer Acht lassen, dass die Franzosen ihn streng genommen ja auch entwendet haben.

Jean-François Champollion benötigte 14 Jahre, um die Rätselnuss zu knacken. Er kam auf folgende Lösung: Die Hieroglyphen stehen einmal für Laute und ein anderes Mal für Dinge und Ideen. Viele stehen auch für Buchstaben: Ein Schilfblatt ist ein „J", eine Eule ein „M", eine Wasserlinie ein „N" und ein Mund ein „R". Andere Hieroglyphen stehen für genau das, was sie darstellen: Ein Stier, ein Pferd, ein Kind. Und dann gibt es noch Zeichen, die Bedeutungen wiedergeben: ein gebeugter Mann steht für „alt", ein Auge für „sehen" und ein Männchen mit hoch gerissenen Armen für „jubeln". Im Gegensatz zu den Sumerern verwendeten die Ägypter ihre Schrift nicht hauptsächlich für schnöde Alltagsgeschäfte, sondern für religiöse Belange. Ihre Zeichen galten ihnen zumindest anfänglich als heilig.

Doch als Champollion erstmals seine Lösung im Jahre 1822 vor der Pariser „Akademie der Inschriften und der schönen Literatur" vortrug, fielen die anwesenden Wissenschaftler über ihn her und warfen ihm Übersetzungsfehler und Fälschungen vor. In den folgenden zwei Jahren fasste Champollion dann seine Erkenntnisse in Briefen und Aufsätzen zusammen, doch nur langsam setzte sich seine Sichtweise durch. Erst nach seinem Tod – er starb 1832 mit nur 41 Jahren an den Folgen eines Schlaganfalls – wurden seine Schriften als Meilenstein der Ägyptologie angesehen. Immerhin war es Jean-François Champoillon einmal vergönnt, sein geliebtes Ägypten zu sehen. Er leitete 1828 bis 1829 eine französisch-italienische Expedition zu den Altertümern entlang des Nils und konnte dabei Tempelanlagen skizzieren und ausmessen, die wenig später zerstört wurden, um als Baumaterial zu dienen.

Champollion wurde zu einem erbitterten Gegner dieser Zerstörungen und Plünderungen, als seine Expedition im Laufe des Jahres 1829 auch im Tal der Könige Zwischenstation machte. Als der Mann, der die ägyptischen Antiken liebte, mit eigenen Augen den Verfall der Grabkammer

Fragment einer Reliefinschrift aus dem Grab des Wesirs Nespakaschuti in Theben mit dem Namen des Wesirs. Figeac, Musée Champollion.

Kostbarkeiten aus dem Ägyptischen Museum in Kairo – ein Schmuckstück aus dem 14. Jahrhundert v. Chr. ausgestattet mit Gold, Türkisen, Karneolen und Feldspat-Mineralen (oben) und eine Uschebti-Figur, eine Statuette, meist in der Gestalt einer Mumie, die seit dem Mittleren Reich einen Verstorbenen verkörpern soll.

des Pharaos Sethos I. sah, regte er an, die Wandgemälde nach Frankreich zu bringen. „Seien Sie versichert, meine Herren, dass Sie eines Tages das Vergnügen haben werden, einige der schönen Flachreliefs aus dem Grab Sethos I. im französischen Museum zu sehen. Das wird der einzige Weg sein, sie vor der drohenden Zerstörung zu retten." Diese Ansprache hatte Champollion an englische Archäologen gerichtet, die natürlich auf das Heftigste protestierten. Die Wandreliefs wurden jedoch weder nach Paris noch nach London gebracht. Selbst der Muskelmann Belzoni hatte vor dieser Maßnahme zurückgeschreckt, stattdessen ließ er von der gesamten Grabanlage Kopien anfertigen. Sie wurden mit großem Erfolg in London und anderen europäischen Städten ausgestellt.

Und wie sieht das Grab Sethos I. heute aus? Nach der Entdeckung durch Belzoni begann sich ein bis heute nicht endender Besucherstrom in die Grabkammer zu ergießen. Die feuchte Atemluft der vielen Besucher und Wasser, das in den Wintermonaten in die Grabkammer einfällt, lassen die Wandbemalungen allmählich zerfallen. Leider sind sie noch immer gefährdet, denn die drei Rettungsaktionen der letzten 50 Jahre zeigen wenig Wirkung. Die Situation könnte dank neuer Konservierungsverfahren auch anders aussehen, das zeigt zumindest das Grab von Nefertari, der Lieblingsgattin des Pharaos Ramses II., im Tal der Königinnen. Damit die hier vom amerikanischen Getty Conservation Institute 1985 bis 1992 durchgeführten Restaurierungen langfristig erhalten bleiben, müssen Luftfeuchtigkeit und Kohlendioxyd-Gehalt der Luft niedrig gehalten werden, nur 150 Besucher dürfen die Grabkammer täglich betreten. Dank dieser Maßnahmen lassen sich seit 1995 wieder die lebendigen Darstellungen bewundern, wie Nefertari auf dem Weg ins Jenseits mit den Göttern der Unterwelt zusammentrifft. Lebendigkeit, Präzision und Fülle der Darstellungen wirken so intensiv, dass sie den Anschein von Zuckerbäcker-Stil erwecken. Die satte Farbgebung auf dickem Putz wird durch die bei der Restaurierung verwendete Acrylschicht noch verstärkt.

„Die Städte der Völker stürzen ein. Gott hat sich an Babylon,
die Große erinnert und reicht ihr den Becher
mit dem Wein seines rächenden Zornes."

Offenbarung des Johannes 16,19

Bibelzitate, Babylon und der Beginn der abendländischen Zivilisation

„An den Wassern von Babel saßen wir und weinten, wenn wir an Zion gedachten. Unsere Harfen hängten wir an die Weiden dort im Lande", heißt es im Psalm 137. „Wie können wir des HERRN Lied singen in fremdem Lande?" Vom „Turmbau zu Babel" im 1. Kapitel Moses bis zum letzten Buch des Neuen Testaments, der Offenbarung des Johannes – immer wieder stößt der Leser auf Babylon: „Und die Frau war bekleidet mit Purpur und Scharlach und geschmückt mit Gold und Edelsteinen und Perlen und hatte einen goldenen Becher in der Hand, voll von Gräuel und Unreinheit ihrer Hurerei, und auf ihrer Stirn war geschrieben ein Name, ein Geheimnis: das große Babylon, die Mutter der Hurerei und aller Gräuel auf Erden." (Offenb. 17,4 f.)

Babylon oder eingedeutscht: Babel wurde zum Inbegriff des Sündenpfuhls – aber hat es dieses Babylon wirklich gegeben? Die frühen Entdecker in Mesopotamien hatten keine historische Ausbildung, sie waren in der Regel Abenteurer, Diplomaten, Kaufleute. Der Erste war der 1787 geborene Engländer Claudius James Rich. Eigentlich für die East India Company tätig, verschlug es ihn nach Bagdad, wo er nebenher auf Ruinenstätten Antiquitäten für das British Museum sammelte und als Erster ausführliche Aufzeichnungen über die Ruinen von Ninive, Nimrud und Babylon anfertigte. Der Franzose Paul-Emile Botta, der 1842 als französischer Konsul nach Mossul ging, kaufte ebenfalls alle lohnenswerten Antiquitäten auf, denen er habhaft werden konnte und versuchte sich überdies in Ausgrabungen. Erst grub er im legendären Ninive, wo er lediglich mit merkwürdigen Strichen versehene Tontafeln fand, nichts, was sich im Louvre ausstellen ließ. Doch im benachbarten Khorsabad lagen gleich unter der

Sie standen für die Größe und Unbesiegbarkeit des persischen Großkönigs, der auch Herrscher über Mesopotamien war – Glasziegelrelief der königlichen Leibgarde am Palast Dareios I. in Susa.

Oberfläche die Mauern einer Stadt mit Palastanlage und vielen Kunstwerken. Botta war sich sicher, das wahre Ninive gefunden zu haben, tatsächlich handelte es sich jedoch um die erst Ende des 8. Jahrtausends v. Chr. gegründete neuassyrische Hauptstadt Dur Scharrukin. Auch der Brite Austen Layard, der zur gleichen Zeit wie Botta nach Mossul kam, war mehr Reisender und Abenteurer als Gelehrter. Er lebte anfangs von inoffiziellen diplomatischen Missionen, wurde mehrfach ausgeraubt und vorübergehend von Beduinen versklavt, bis er Botta kennenlernte und Zeichnungen von dessen Funden anfertigte. 1845 erhielt Layard einen Grabungsauftrag des britischen Botschafters in Konstantinopel und legte Teile des 32 Kilometer südlich von Mossul gelegenen Nimrud frei, darunter Fundamente von fünf Palästen sowie eine Fülle von Skulpturen wie geflügelte Stiere und herrliche Wandreliefs. Daraufhin entbrannte zwischen Großbritannien und Frankreich ein regelrechter Wettstreit, wer die ersten assyrischen Großfunde in Europa ausstellen konnte, sodass Teile der gerade geborgenen Schätze wieder verloren gingen: auf Flößen gebunden versanken sie in den Fluten des Tigris oder wurden Opfer von Sandstürmen und Beduinenüberfällen. Am Ende trug der Louvre im Mai 1847 den Sieg davon, mit drei Monaten Vorsprung vor dem British Museum.

Skulpturen und Keilschriften als Quelle der Bibel

Es waren zunächst Reliefs und Skulpturen assyrischer Paläste des 1. Jahrtausends v. Chr., die in den Museen ausgestellt wurden. In diesen Mischwesen aus Löwe oder Stier mit Flügeln und bärtigen Menschenköpfen erkannten viele Besucher die goldenen Cherubime des Alten Testamentes wieder, die die Bundeslade schützten. Die historischen Erzählungen der Bibel waren also keineswegs, wie manche Historiker behaupteten, nur sagenhafte Fiktionen, sondern sie konnten durch die Kulturzeugnisse des Alten Orients überprüft und erklärt

Vom Tigris an die Seine – nun bewachen die "Geflügelten Stiere" aus dem Palast Sargon II. die Irak-Sektion des Pariser Louvre.

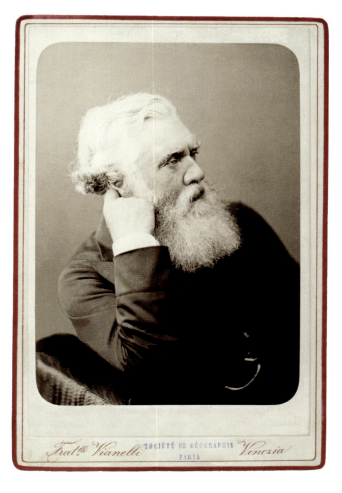

Austen Henry Layard (1817–1894) war zwar kein ausgebildeter Archäologe, dafür jedoch wurde aus dem englischen Reisenden ein Ausgräber und Sammler, Kunsthistoriker und Keilschriftspezialist, Zeichner und Autor.

werden. Und zu den Grabungsbefunden gesellte sich bald eine zweite Quelle: Lesbare Keilschrifttafeln, die in den Tempeln und Palästen zu Tausenden freigelegt wurden. Ihr Material, luftgetrockneter oder gebrannter Ton, ist neben Gold und Stein das einzige, das auf Dauer Zersetzung, Feuchtigkeit und Feuer trotzt. Schon im Jahr 1802 hatte der Göttinger Gelehrte Georg Friedrich Grotefend aufgrund einer Wette begonnen, die Kopien babylonischer, elamischer und altpersischer Keilschriften zu entziffern, indem er einfach kombinierte. 40 Zeichen konnte er voneinander unterscheiden und vermutete, dass die Schrift der Perserkönige wegen der vielen Vokale mit späteren Sprachen verwandt sei. Da die Inschriften vor allem aus Gedenktexten der Könige oder Genealogien bestanden, tippte er bei der fünfmaligen Wiederholung eines Wortes auf „König" und im Umfeld dieses Wortes mussten die Namen der Könige stehen, so konnte er in geduldiger Arbeit schließlich zwölf Buchstaben definitiv entschlüsseln.

Weil Grotefends Arbeit nur in seinem Heimatland bekannt wurde, begann gut 30 Jahre später der Militärberater Henry Rawlinson wieder ganz von vorn. Unter abenteuerlichen Bedingungen fertigt er im Jahr 1837 Abdrücke der in eine unzugängliche Felswand gemeißelten Inschrift bei Behistun an. Die Trilinguae hat einen persischen, einen elamischen und einen babylonischen Teil und Rawlinson brauchte vier Jahre, um sie zu entziffern.

Jahre später verbrachte ein junger Banknoten-Graveur und Bewunderer von Layard und Rawlinson namens George Smith seine Mittagspausen damit, im British Museum die Tontafeln zu entziffern – allein die von Layard geborgene Bibliothek von Ninive umfasste ca. 26 000 Tontafeln. 1872 entdeckte Smith einen Teil des Gilgamesch-Epos mit der Schilderung der Sintflut, dessen Keilschrifttext eine Lücke von ungefähr 15 Zeilen aufwies. Als Smith darüber einen Vortrag vor der Society of Biblical Archaeology hielt, finanzierte ihm die Daily Telegraph prompt eine Expedition nach Ninive. Pech im Glück: Als er das Fragment nach nur einer Woche Grabungen fand, wurde er auf der Stelle zurückbeordert. Allerdings beauftragte ihn das British Museum mit zwei weiteren Expeditionen, in deren Verlauf er sein naives Vorgehen mit dem Leben bezahlte. Mitten im mesopotamischen Sommer, wenn Leute wie Layard vor der Hitze in die Berge flohen, wollte Smith von Mossul nach Aleppo reisen und starb unterwegs an der Ruhr.

Nach Smiths Tod beauftragte das British Museum den Diplomaten und zeitweisen Assistenten von Layard, Hormuzd Rassam, die Bergung der

Urgeschichten:
Sintflut und Gilgamesch

Die ältesten Hinweise auf die Sintflut finden sich in den sumerischen Königslisten und im Gilgamesch-Epos, das in vielen Varianten verbreitet wurde. Erzürnt über die ganze Menschheit wollte Enlil, der launische Gott des Windes, sie mit einer großen Sintflut vernichten. Das gefiel dem Gott Ea nicht und so schickte er Utnapischtim, seinen Liebling unter den Menschen, einen warnenden Traum, woraufhin dieser mit seinen Angehörigen ein Boot baute, in dem er „die Saat aller lebenden Kreatur" und „das Getier des Feldes" aufnahm, bevor die Welt überflutet wurde. Als die Flut nach sechs Tagen wieder abzog, ließ Utnapischtim aus Dank reichlich opfern. Das rührte die Götter, die Enlil bedrängten, woraufhin dieser Utnapischtim und seiner Frau die Unsterblichkeit verlieh.

Als später König Gilgamesch nach zahlreichen Kämpfen und der Zurückweisung der Göttin Ischtar seinen Gefährten Enkidu verlor, irrte er umher, bis er Utnapischtim fand und ihm das Geheimnis der Unsterblichkeit entlockte, das im Verzehr einer Pflanze vom Meeresboden bestand. Kaum hatte er diese erbeutet, wurde sie ihm von einer Schlange gestohlen – Gilgamesch ergibt sich verdrossen seinem Schicksal.

Kopie eines altbabylonischen Fragments des berühmten Gilgamesch-Epos, etwa aus dem 18. Jahrhundert v. Chr., in akkadischer Sprache (altbabylonischer Dialekt). Die Passage, wo der Held Gilgamesch bei der Reise auf der Suche nach dem Leben die Schankwirtin am Ende der Welt trifft, die ihm rät, stattdessen Feste zu feiern und eine Familie zu gründen, nur so würde sein Name erhalten bleiben. Das Original befindet sich in Berlin im Vorderasiatischen Museum.

Tontafeln fortzuführen. Layard war mittlerweile Botschafter beim Sultan in Konstantinopel und erwirkte dort für Rassam ein äußerst großzügiges Firman, das ihm erlaubte, an jedem beliebigen Ort in Mesopotamien Ausgrabungen vorzunehmen. Rassam zog es jedoch vor neue Stätten zu entdecken anstatt Tontafeln zu bergen und delegierte daraufhin einen Teil der Arbeit. „Er ließ deshalb in Kujundschik und Nimrud Gruppen von Arbeitern mit ihren Aufsehern zurück und startete zu einer Art archäologischem Hindernisrennen durch den Süden", urteilt der englische Archäologe Nicholas Postgate. „Diese Reise führte ihn nach Assur, Sippar, Tell ed-Der, Babylon, Borsippa, Cuthan und Tello." Nach diesen schlechten Erfahrungen verschärfte der neue Direktor der Ottomanischen Museen in Konstantinopel, Osman Hamdi Bey, die Bestimmungen über den Export von antiken Gütern – und prompt kamen für einige Zeit die offiziellen Ausgrabungen fast zum Erliegen. Doch in dieser Zeit begannen einheimische Trupps, die zuvor für Rassam gearbeitet hatten, auf eigene Faust zu graben, womit die bis heute andauernde unselige Tradition von Raubgrabungen und Schwarzmarkthandel ihren Anfang nahm.

Generalstabsmäßige Grabungen

Im legendären Babylon war im Laufe des 19. Jahrhunderts bereits mehrmals mit Grabungen begonnen worden, doch die gewaltigen Erdmassen und die vergleichsweise wenigen Funde führten schnell zum Aufgeben. Das änderte sich erst mit der Gründung der Deutschen Orient-Gesellschaft (DOG) im Jahr 1898 in Berlin. Deren Initiatoren, darunter namhafte Größen aus Politik und Industrie, wollten, dass Deutschland auf dem Gebiet der Ausgrabungen endlich im Nahen Osten Flagge zeigte: 1899 sollte mit groß angelegten Ausgrabungen in Babylon begonnen werden, zum Grabungsleiter wurde der Architekt Robert Koldewey ernannt, der an verschiedenen Ausgrabungen in Griechenland, Kleinasien und Vorderasien erprobt war. Koldewey wird uns als echter Haudegen geschildert, der, bevor er Tunnel und Schächte betrat, mit Gewehrschüssen Hyänen und Eulen vertrieb. Sein entscheidender Vorzug jedoch war, dass er das Projekt generalstabsmäßig anging. Zu Grabungsbeginn erfassten seine Mitarbeiter die sichtbaren Konturen von Gebäuden und Mauern und entwickelten daraus einen Stadtplan. Die von 1899 bis 1915 andauernden Ausgrabungen wuchsen sich zu den aufwendigsten aus, die je in Vorderasien stattfanden: In rund 15 Jahren befreiten 200 bis 250 Arbeiter große Teile der Stadt von einer bis zu 20 Meter dicken Sand- und Lehmschicht. Dabei wurden erstmals in Vorderasien baugeschichtliche und stratigraphische, also die Schichtfolgen betreffende Merkmale aufwendig festgehalten.

Babylons Mauern – In den 1980er-Jahren ließ Iraks Diktator Saddam Hussein Teile der inneren Stadtmauer wieder errichten, welche die heiligen und herrschaftlichen Bezirke abtrennte – die eigentliche, äußere Stadtmauer war viel größer und überwiegend aus Lehmziegeln errichtet.

Das Zeitalter der großen Entdeckungen

Die 4,45 Meter hohe Kolossalstatue aus dem Palast von Khorsabad zeigt Gilgamesch als Löwenbezwinger. Die Geschichten über Gilgamesch aus sumerischer Zeit wurden auch in der assyrischen und der babylonischen Epoche weiter erzählt und ausgeschmückt (unten links).

Eine mögliche Rekonstruktion des unter Nebukadnezar II. (605–562 v. Chr.) errichteten Zikkurat von Babylon, bekannt als „Turm von Babel" oder „Babylonischer Turm". Da nur die von einem Graben umgrenzte Grundfläche des Turmes erhalten blieb, ist tatsächlich jedoch unklar, wie viele Stufen er besaß (unten rechts).

Die heute ausgegrabenen und erforschten Bereiche von Babylon stammen aus dieser späten Glanzzeit, in der die gesamte Stadt sich über eine Fläche von zwölf Quadratkilometern erstreckte. Der rechteckige, 2600 mal 1500 Meter umfassende Stadtkern wurde von einer doppelten Lehmziegelmauer mit Graben umgrenzt und war rechtwinklig angelegt, das Hauptheiligtum lag zentral in der Mitte, die Hauptstraßen bildeten ein geometrisches Netz. Nur die einzelnen Wohnviertel breiteten sich naturwüchsig aus. Ein herrlicher Boulevard, die Prozessionsstraße, verlief von Norden nach Süden durch die ganze Stadt und wurde auf seinem ersten Abschnitt von Mauern flankiert, die mit Löwenreliefs aus Glasurziegeln verkleidet waren. In das Zentrum der Stadt führte ein prächtiges Tor, das aus zwei unterschiedlich hohen Tortürmen gebildet wurde. Sie waren vollständig mit blauen Kacheln bedeckt, die abwechselnd mit Stieren und dem Fabelwesen „Musch-Chusch" verziert waren, dem Symboltier des Stadt- und Reichsgottes Marduk, das Tor selbst war der Göttin der Liebe und des Krieges geweiht. Gleich hinter dem Ischtar-Tor erstreckte sich der große, heute teilweise rekonstruierte Stadtpalast Nebukadnezars II.

Sechs Jahre lang hatte Koldewey die sogenannte „Südburg" freilegen lassen. Durch Tore und mehrere Innenhöfe gelangten die Besucher schließlich zum Zentralhof mit Thronsaal, dessen Wände mit üppigen Ziegelmosaiken verziert waren. Hier befanden sich auch die schon in der Antike legendären „Hängenden Gärten". Sie wurden zu einem der Sieben Weltwunder ernannt, doch bis heute konnten die Archäologen sie nicht eindeutig lokalisieren. Koldewey glaubte sie in einem Gewölbebau im Nordosten des Palastes gefunden zu haben, doch dann wäre der Blick der Königin auf die Stadtmauer gefallen. Eher könnten die Gärten auf dem gewaltigen Vorwerk errichtet worden sein, das zur Umlenkung der Flussströmung

Bibelzitate, Babylon und der Beginn der abendländischen Zivilisation | 89

Aus über 120 000 Puzzlestücken im Berliner Pergamonmuseum wiedererrichtet – die Fassade des legendären Ischtar-Tors aus Babylon.

in den Euphrat erbaut wurde. Zum Symbol von Babylon wurde jedoch sein Zikkurat, das von den Babyloniern Etemenanki, Tempel des Grundsteines von Himmel und Erde, genannt wurde und eines der größten Bauwerke der Alten Welt war. 90 mal 90 Meter umfasste sein Grundriss und die Höhe erreichte, Stufe für Stufe schmaler werdend, ebenfalls 90 Meter. Der Tempel war auf der obersten Stufe errichtet, damit der Gott Marduk eine Wohnstätte direkt unter den Menschen hatte.

Einen weiteren Grabungsakzent hatte Koldewey dahingehend gesetzt, dass er von Anfang an die zahllosen farbigen Ziegelbruchstücke sammeln ließ, von denen er vermutete, dass sie einst die Prozessionsstraße und das Ischtar-Tor zierten. Bis 1902 hatten die Archäologen 300 Kisten mit über 20 000 nummerierten und 100 000 unnummerierten dieser Puzzlestücke gesammelt. Dann überzeugten die Deutschen die Osmanen davon, dass die aufwendige Rekonstruktion der Tor- und Straßenfassade nur in den Laboren des Vorderasiatischen Museums in Berlin (Pergamon-Museum) möglich sei – und sie erhielten die gewünschte Sonderausfuhrgenehmigung. Doch davon abgesehen, erbrachte die aufwendige Grabung nur wenige in Berlin vorzeigbare Funde, weshalb man sich in Deutschland für eine zweite Grabung entschied. Ab 1903 wurde auch in Assur unter der Leitung von Walter Andrae, ebenfalls Architekt, gegraben. Auch hier trugen rund 200 Arbeiter über Jahre tonnenweise Erde ab, doch dieses Mal mit sichtbarerem Erfolg: neben vielen Fundobjekten wurden erstmals die Frühgeschichte Assurs und die mittelassyrische Epoche archäologisch erschlossen.

Doch die Ursprünge Mesopotamiens lagen weder in Assur noch in Babylon, sondern viel weiter südlich im Wüstensand nahe dem Persischen Golf. Bis Rawlinson die Keilschrifttexte von Behistun übersetzte, galten ihre Urheber als semitische Völker und mit den Israeliten verwandt. Doch Rawlinson erkannte, dass das semitische Akkadisch nur die Übersetzung einer älteren, nichtsemitischen Sprache war. 1869 schlussfolgerte der französische Archäologe und Sprachforscher Jules Oppert, dass die Erfinder der Keilschrift und Vorgänger der Akkader ein Volk wären, das bei dem Ort Sumer gelebt habe – also: die Sumerer. Zehn Jahre später wurde diese These durch die ersten großangelegten Grabungen in Südmesopotamien bestätigt, als der französische Archäologe Ernest de Sarzec in Tello (Girsu), das zum Gebiet von Lagasch gehörte, Kunstwerke fand, die der Blütezeit der sumerischen Kultur (4000–2500 v.Chr.) entstammen, darunter zahlreiche Reliefs, Inschriften, neun große Statuen aus Diorit und die sogenannte Geierstele, das Dokument des Sieges von Lagasch über Umma.

Es folgten Ausgrabungen amerikanischer Archäologen ab 1889 in Nippur, der Stadt des sumerischen Gottes Enlil. Sie legten bis 1900 sowie 1948 bis 1963 Teile der Stadt frei, die den in Mesopotamien einzigartigen Vorteil besitzt, dass sie während ihrer rund 5300 Jahre Besiedlung (4500 v. Chr.–800 n. Chr.) nicht einmal zerstört wurde und somit die Langlebigkeit der sumerischen Stätten dokumentiert. Doch diese Pionierarbeiten wurden in den 1920er-Jahren völlig verdrängt von Charles Leonard Wooleys Ausgrabungen in Ur.

Luxusgräber und Sintflut-Schichten – Ur

Schon Rawlinson hatte mithilfe von Inschriften den Tell el-Muqajjar südwestlich des Unterlaufs des Euphrats als den Ort identifiziert, wo einst das legendäre „Ur der Chaldäer" lag. Doch abgesehen von kleinen Grabungen des englischen Konsuls John George Taylor blieb der Ort bis nach dem Ersten Weltkrieg von Archäologen unberührt. Erst 1922 rückte ein amerikanisch-englisches Gemeinschaftsteam unter der Leitung von Wooley an und legte in 13 Jahren einen Großteil der ehemaligen Stadt frei, wobei es umsichtige Planung mit neuartigen Konservierungsmethoden verband. Doch bekannt wurde diese Grabung durch den Fund der sogenannten „Königsgräber", die Woolley keine 50 Meter südöstlich der Zikkurat von Ur freilegen ließ. Auch wenn gar nicht sicher ist, ob in den Gräbern tatsächlich königliche Herrscher bestattet waren. Das Areal wurde von 2600 bis 2000 v. Chr. von den Dynastien als Friedhof genutzt und die freigelegten Grabbeigaben machten mit einem Schlage deutlich, über welch eine Hochkultur die bis dahin weitgehend unbekannten Sumerer verfügten. „An dem einen Ende lag auf den Resten einer Holzbahre die Leiche der Königin, neben ihrer Hand ein goldener Becher", schrieb Woolley über seine Entdeckung. „Ihr Oberkörper war gänzlich unter einer Menge Perlen aus Gold, Silber, Lapislazuli, Karneol, Achat und Chalzedon verborgen (…). Über dem eingedrückten Schädel lagen die Reste eines Kopfputzes, der ein sorgfältiger gearbeitetes Gegenstück zu dem der Hofdamen war. Als Unterlage diente ihm ein Goldband, das mehrfach um das Haar geschlungen war. Die Abmessungen dieser Windungen zeigen, dass es sich nicht nur um das natürliche Haar, sondern um eine zu fast grotesker Größe aufgepolsterte Perücke gehandelt haben musste."

Doch gleichzeitig waren die Gräber auch Dokumente des Grauens. So fand Wooley in einer bereits geplünderten und von ihm „Großer Totenschacht" genannten Grabanlage Skelettreste von 68 Frauen und sechs Männern, die scheinbar ihren Herrschern ins Jenseits gefolgt waren. Zu dieser Zeit scheint das Land um Ur so fruchtbar und der Handel so erfolgreich gewesen zu sein, dass die privilegierte Klasse der Stadt in wahrem Luxus leben und sterben konnte. Unter den Grabbeigaben befand sich jedoch auch ein Kunstwerk, das einen unvergleichlichen Einblick in Gesellschaft und Alltag der Sumerer in der Mitte des 3. Jahrtausends bietet: die so genannte Standarte von Ur. Auf dem

Der vermutlich ältesten Stadtplan der Welt – das ungefähr um 1300 v. Chr. entstandene und von den amerikanischen Ausgräbern gefundene Tontäfelchen aus Nippur gibt nahezu maßstabgetreu den Grundriss der Stadt sowie die Lage der wichtigsten Bauwerke wieder.

Oasenidylle dank des Tigirs – nur sein Wasser und sein fruchtbarer Schlamm ermöglichen diesen Grünstreifen in der Wüste.

Mesopotamien: Sumerer, Assyrer, Babylonier

Nachfolgende Doppelseite: Mit der aus den Königsgräbern stammenden „Standarte von Ur" (ca. 2600–2400 v. Chr.) erreichten die Einlegearbeiten (Lapislazuli, Kalkstein und Muscheln auf Holz) ihren Höhepunkt – der hier abgebildete Friedensteil des Mosaiks zeigt einen Querschnitt durch die Gesellschaft vom König bis zum Bauern.

Grundlage aller mesopotamischen Kulturen bildeten Land- und Viehwirtschaft an den durch Dämme regulierten Ufern von Euphrat und Tigris. Bereits im 5. Jahrtausend v. Chr. konnten sich im Süden die ersten Stadtkulturen entwickeln: (Obed-Kultur 4900–3500 v. Chr. und Uruk-Zeit 4000–3100 v. Chr.). Im 3. Jahrtausend v. Chr. gab es eine Vielzahl von konkurrierenden Stadtstaaten wie Eridu, Girsu, Lagasch, Nippur, Umma, Ur und Uruk. Daraus entwickelten sich die ersten Reiche in Sumer und Akkad (darunter die Ur-Dynastien und das Reich des Sargon von Akkad). In der Folgezeit verlagerte sich die Herrschaft, vermutlich verursacht durch die Versalzung der Böden im Süden, in die Mitte, dann in den Norden Mesopotamiens. Das altbabylonische wurde vom altassyrischen Reich abgelöst, nach der Fremdherrschaft von Hurritern und Kassiten entstanden das mittel- und das neuassyrische Reich mit Ninive und Nimrud als prunkvolle Hauptstädte. Der Untergang Assyriens schließlich bot Babylon die Möglichkeit, nach einer Zeit des Verfalls und der Machtkämpfe nomadisierender Stämme, zum Reich aufzusteigen. Es erreichte unter Nabupolassar (626–605 v.Chr.) und dessen Sohn Nebukadnezar II. (604–562 v. Chr.) seine größte Ausweitung. Doch schon dessen Nachfolger Nabonid (555–539 v. Chr.) konnte sich nicht gegen die angreifenden Perser behaupten, womit die Zeit ununterbrochener Fremdherrschaften begann. Während Babylon als Stadt auch in den folgenden Jahrhunderten das kulturelle Zentrum an Euphrat und Tigris blieb, wurden Nimrud und Ninive nicht wieder aufgebaut.

Selten gezeigter Schmuckdekor aus dem Grab der Königin Puabi in Ur (2600 – 2400 v. Chr.) – er diente vielleicht einmal zur Verschönerung einer Harfe oder einer Leier.

Vermutlich wurden Würfel oder Stöckchen geworfen, bevor die Spielsteine auf den Brettspielen aus den Königsgräbern von Ur bewegt werden durften (unten).

45 Zentimeter breiten Holzkasten sind auf der Längs- und auf der Stirnseite auf sechs Ebenen Sumerer aller Gesellschaftsschichten abgebildet. Die Kriegsseite zeigt einen Kriegszug, die Friedensseite eine Prozession zum Hof: Bauern führen ihr Vieh mit (Schafe, Rinder, Ziegen); andere schleppen Kornsäcke und gefangenen Fisch heran. Männer mit gefüllten Traggestellen verweisen auf den Handel, den die Sumerer mit ihren Nachbarn führten, um Rohstoffe einführen zu können. Der König und seine Beamten lauschen mit einem Becher Wein in der Hand sitzend einem Harfenspieler und einer Sängerin. Unter den Soldaten des Kriegszuges befinden sich sowohl Kämpfer mit Kurzspeeren und Kupferhelmen als auch solche mit Langspeeren sowie eine ganze Reihe von Kriegswagen, die von Eseln gezogen werden.

Auch geologische Untersuchungen bestätigten inzwischen, dass Ur einst direkt am Euphrat lag und über zwei Häfen verfügte. Das im 3. Jahrtausend befestigte Stadtgebiet selbst hatte die Form eines Ovals und maß der Länge nach 1300 Meter, in seiner Mitte erhob sich das große Heiligtum. „Die Bibel hat doch recht", urteilten Zeitgenossen und Medien, als Wooley in einem Suchgraben auf eine mehrere Meter dicke Überschwemmungsschicht stieß. Sie lag unter einem Gemisch aus zerfallenen, ungebrannten Ziegeln, Asche und zerbrochenen Tongefäßen: „An Stelle der Scherben und Aschen fanden wir nur noch reinen, vom Wasser abgelagerten Lehm." Seine Hilfskräfte glaubten, sie hätten jungfräulichen Boden erreicht und beendeten die Arbeit – doch Wooley ließ sie weitergraben. „Er tat es, aber recht unwillig, und grub im Ganzen 2,5 Meter tief hinab, dann erschienen plötzlich wieder Feuersteingeräte und Scherben der bemalten El-Obed-Keramik." Über diesen Befund diskutierte er mit seinen Mitarbeitern, als seine Frau vorbeikam und beiläufig sagte: „Nun, das ist natürlich die Flut!" Obwohl schließlich nur zwei von fünf Schächten diese Ablagerungen aufwiesen, reißen

Ur – wenig erinnert heute noch an die legendären Ausgrabungen von Wooley und seinem Team.

die Spekulationen, bis heute darüber nicht ab. Ob die Berichte über die Sintflut auf ein historisches Ereignis zurückgehen. Ursache für die Sintflut-Erzählung könnte auch die sogenannte Transgression des Persisch-Arabischen Golfs sein. Denn nach dem eiszeitlichen Tiefstand der Ozeane stieg der Meeresspiegel wieder an und überflutete große Teile Südmesopotamiens.

Die eigentliche Katastrophe für Mesopotamiens Kulturen war dagegen von Menschen gemacht und betraf die Fruchtbarkeit der Felder an den Ufern von Euphrat und Tigris, die auf die verschleppten Israeliten wie der Garten Eden gewirkt haben muss. Während der rund 6700 Kilometer lange Nil die schlammreichen Frühjahrshochwasser aus dem äthiopischen Hochland erst im Sommer ins obere Niltal brachte, lange nach der Aussaat und zur Zeit des Pflanzenwachstums, überfluten die nicht einmal halb so langen Flüsse Euphrat und Tigris ihre Ufer im Frühling, und ohne Gegenmaßnahmen würden sie die Aussaat weggespült haben. Es folgen sommerliche Hitze und Trockenheit, ohne Dämme, die das Wasser zurückhalten, würde alles Leben zerstört.

Hochkulturen wuchsen mit den steigenden Ernten – und fielen mit ihnen, denn das Stauen und Verdunsten des Wassers in den Sommermonaten ließen Salze im Boden zurück. „Die Versalzung, der bereits die sumerischen Stadtstaaten zum Opfer gefallen waren, breitete sich gen Norden aus und löste zwischen 1300 und 900 v. Chr. auch den Zusammenbruch der Landwirtschaft Zentralmesopotamiens aus", urteilt der US-amerikanische Geologe und Landwirtschaftsexperte David R. Montgomery. Die Folge: Mesopotamische Reiche wie Assyrien und Babylonien verwandelten sich in aggressive Eroberstaaten.

Zwei Heiligtümer und Berge von Mosaikstiften – Uruk

Der sich rund 50 Kilometer nordwestlich von Ur erstreckende Ruinenhügel Warka ließ mit seinen 550 Hektar Umfang und den Unmengen an freiliegenden Scherben, Ziegeln und Keramikstiften sogleich ehemalige Größe und Bedeutung erahnen. „Seine Siedlungsfläche wird nur noch von dem wesentlich jüngeren Babylon übertroffen", sagt die heutige Grabungsleiterin Margarete van Ess. Schon sein Entdecker, der Engländer William Kenneth Loftus, war fasziniert. Obwohl er 1849 nur einige Tage in Warka verbrachte und lediglich kleinere Grabungen vornehmen ließ, erkannte er die etymologische Bedeutung des Ortsnamens: Warka war das in der biblischen Genesis unter der Völkertafel aufgeführte Erech (Genesis 10,10). Mit den ersten Grabungen 1912/13 und dann ab 1928 kontinuierlich folgenden wurde die wichtige Rolle dieses Ortes immer deutlicher: Uruk, von den Sumerern selbst Unuk („Wohnstatt") genannt, war die erste Großstadt der Menschheit mit Stadtmauer, Palmengärten und großen Heiligtümern. Sie galt als Sitz des legendären Königs Gilgamesch und war vom 5. Jahrtausend v. Chr. bis etwa um 500 n. Chr. durchgehend besiedelt. In einem 20 Meter tiefen Suchgraben konnten die Archäologen insgesamt 18 Siedlungsschichten unterscheiden. Dabei stießen sie auf für die jeweilige Zeit so bedeutsame Funde, dass die Schichten IV bis hinunter zu XIII zur Grundlage der für ganz Südmesopotamien geltenden „Uruk-Zeit" (4000–3100 v. Chr.) definiert wurden.

Aus der frühen Uruk-Zeit (4000–3600 v. Chr.) ist vor allem eine Keramik signifikant: ein „Glockentopf" genannter Napf, der produziert wurde, indem Lehm in eine Hohlform gepresst wurde. Da er massenhaft gefertigt wurde und rund 0,8 Liter fasst, spricht alles dafür, dass er als Maßbecher für die tägliche Gerstenration der Einwohner diente. Es muss also folglich große Vorratsspeicher gegeben haben, die wiederum ein Indiz für eine Zentralwirtschaft sind. Während mit der Einführung der Töpferscheibe Keramik als Massenware hergestellt wurde, konnten die Bewohner ihren Stil und ihren Status mehr und mehr in Statuen, Reliefs und in Rollsiegeln zum Ausdruck bringen. Rollsiegel sind kleine Steinwalzen, in die Motive eingeschnitten wurden, die beim Abrollen auf weichem Ton einen Negativabdruck hinterlassen: abstrakte Muster, Abbildungen von Menschen, Tieren, Pflanzen und schließlich ganze Bilderzählungen. Die in jüngeren Schichten steigende Zahl an gefundenen Rollsiegeln zeugt davon, dass die Zahl der Personen, die ein unverwechselbares Siegel tragen mussten, stieg, Autoritätspersonen, die mit ihren Siegeln den Verschluss von Gütern unterstrichen.

Hier wurde nicht nur gesiegelt, sondern auch die Schrift erfunden, zunächst als Hilfsmittel der Bürokratie. In Uruk, davon sind die Archäologen

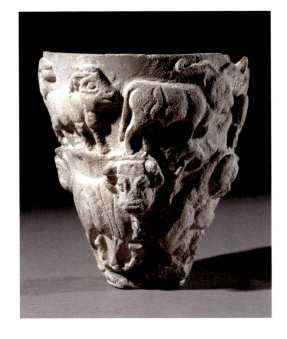

Diese mit Tiermotiven versehene Steinvase wurde im Ruinenhügel von Warka freigelegt und stammt aus der späten Uruk-Zeit (3400–3200 v. Chr.).

Bibelzitate, Babylon und der Beginn der abendländischen Zivilisation | 97

Rollsiegel waren in der späten Uruk-Zeit (3600–3150 v. Chr.) weit verbreitet. Die kleinen Steinwalzen mit eingeschnittenen Motiven hinterlassen beim Abrollen auf weichem Ton einen Negativabdruck: abstrakte Muster, Abbildungen von Menschen, Tieren, Pflanzen und schließlich ganze Bilderzählungen. Autoritätspersonen nutzten sie zum Versiegeln.

überzeugt, lebte eine straff organisierte Gesellschaft mit komplexer politischer Ordnung und straffer Verwaltung. Ihre wirtschaftliche Macht steigerte sich bis in die letzte Phase der späten Uruk-Zeit (3600–3100 v. Chr.), als sich die Stadt über 2,5 Quadratkilometer erstreckte und gut 50 000 Einwohner zählte.

Auch im westlichen Zentrum führte die Freilegung eines vielfach überbauten Tempelberges in die Frühgeschichte der Stadt. Bereits im 5. Jahrtausend v. Chr. war hier ein erstes Heiligtum errichtet worden – im 4. Jahrtausend v. Chr. hatten die Bewohner an dieser Stelle ein weiß gestrichenes Gebäude, deshalb auch „Weißer Tempel" genannt, auf einer zwölf Meter hohen Terrasse errichtet. Die Uruk-Archäologen werten dies als die älteste Zikkurat, wenn auch nur mit einer einstufigen Terrasse. Ebenfalls schon aus dem 4. Jahrtausend v. Chr. stammt Uruks zweiter sakraler Bezirk, das im östlichen Zentrum gelegene Heiligtum für Eanna (auch Inanna) und später Ischtar genannt, die Göttin des Krieges und der Liebe. Es wurde im folgenden Jahrtausend laufend um- und neugebaut. Da die zahlreichen neben-, über- und ineinander verbauten Tempel, deren älteste Vertreter nur noch als zehn bis 20 Zentimeter hohe Lehmschichten erhalten waren,

nicht durch Urkunden oder Statuen identifiziert werden konnten, erhielten sie Namen nach den vorgefundenen Eigenschaften: „Kalkstein-Tempel", „Roter Tempel" nach dem Innenanstrich oder schlicht Tempel A, B, C und D. Alle Tempel bildeten im Grundriss mit ihren immer kleiner werdenden Seitenräumen und Nischen und ihren zackenförmigen Pfeilern und Mauern fraktalähnliche Muster, während ihre Außenwände mithilfe von schwarzen, weißen und roten Tonstiften Zickzack-, Dreieck- und Rautenmuster bildeten.

Eine besondere politische Rolle besaß die Stadt offenbar nur am Ende des 4. und in der 1. Hälfte des 3. Jahrtausends v. Chr., als sie mit fünf Quadratkilometern innerhalb einer Stadtmauer ihre größte Ausdehnung hatte. Die archäologische Forschung vor allem im Bereich der Heiligtümer zeigt, dass die Stadt mit ihren zwei bedeutenden Kultzentren – dem Heiligtum des Himmelsgottes Anu und das der Liebes- und Kriegsgöttin Inanna/Ischtar – auch in der Folgezeit religiöse und wirtschaftliche Bedeutung behielt. Und große Mengen an Tontafeln verweisen darauf, dass Uruk in hellenistischer Zeit (6. bis 2. Jahrhundert v. Chr.) eine wichtige Rolle als Wissenschaftszentrum spielte, bevor dann seine Besiedlung mit der beginnenden Sassaniden-Herrschaft endete.

Stonehenge am Euphrat

Als in den 1990er-Jahren etliche antike Stätten in den Fluten des Atatürk-Staudamms versanken und sich Archäologen nach Ersatz umsahen, suchte der Deutsche Klaus Schmidt nach dem bereits in den 1960er-Jahren als neolithischer Fundort beschriebenen Göbekli Tepe (Nabelberg). Mithilfe Einheimischer fand er ihn nahe der heutigen Stadt Sanliurfa auf der höchsten Erhebung der Tektek-Bergkette, und als das

Nach der Nutzung zugeschüttet – die Kultanlage von Göbekli-Tepe erinnert viele Besucher an Stonehenge, ist allerdings 6000 Jahre älter.

Die Tempelanlagen von Göbekli Tepe entstanden noch vor der Erbauung von Jericho, wo sich keinerlei Kultanlagen fanden. Der Pfeilertyp „Göbekli Tepe" zeichnet sich durch Reliefzonen auf dem Pfeilerkörper aus. Im älteren ovalen Schlangengebäude (9500–8800 v. Chr.) finden sich fünf Schlangenreliefs auf den Pfeilerkörpern. Später wurden die zentralen Tierdarstellungen in den Pfeilerkopf verlagert. Ein springender Löwe gab dem jüngeren rechteckigen Löwenpfeilergebäude seinen Namen (8200–7600 v. Chr.). Auf den Reliefs der bisher freigelegten Tempelräume spielen Schlangen, Löwen und Füchse eine wichtige Rolle, es tauchen aber auch Enten, Stiere, Eber und selten schemenhafte Menschendarstellungen auf.

Diese Kultanlagen erinnern an das mindestens 6000 Jahre später erbaute Stonehenge. Auch hier wurden lediglich mit Feuersteinwerkzeugen die zehn bis 50 Tonnen schweren Steinmonumente aus benachbarten Steinbrüchen geschlagen und herantransportiert, wozu nach Schätzungen der Wissenschaftler bis zu 500 Menschen notwendig waren. In den bisher freigelegten zwei Prozent des Hügels haben die Archäologen vier solcher Kultanlagen ausgegraben, weitere 16 konnten durch geomagnetische Untersuchungen ermittelt werden. Unter den gefundenen Alltagsgegenständen befinden sich neben zahlreichen Wildtierknochen, die beweisen, dass die Erbauer von Göbekli Tepe eigentlich noch Jäger waren, auch eine große Zahl an Schüsseln aus hartem Basalt und Samenkörner des Einkorns. Der norwegische Molekularbiologe Manfred Heun hat nachweisen können, dass die Nutzpflanze in der Region um die Kultstätte das erste Mal kultiviert wurde. Vermutlich wurde an diesem Ort die zuverlässige Kohlenhydratquelle erschlossen, weil sich 500 Kultplatzerbauer mit Anhang nicht mehr

türkisch-deutsche Team 1995 zu graben begann, stieß es schnell auf sensationelle Funde: Monolithische, mit Tierfiguren verzierte Pfeiler von bis zu sechs Metern Höhe kamen zum Vorschein, die mit Steinmauern zu Kultanlagen verbunden sind, aus der Zeit um 9600 bis 8000 v. Chr. stammend.

Äußerst erfolgreiche üble Nachrede

Das Volk der Israeliten übernahm nicht nur die Vorstellungen von Prophetie und Heiliger Schrift, sondern auch die Erzählungen über die Vertreibung aus dem Paradies und der Sintflut aus mesopotamischen Mythen. Doch als Assyrien sich Israel und Juda einverleibte, deuteten ihre Propheten diese Schwäche in Stärke um: „Fürchtet Euch nicht vor dem König von Assur und dem großen Heer, das bei ihm ist; denn bei uns ist mehr als bei ihm."(2. Chr. 32,7)

Als Nebukadnezar 598 v. Chr. Jerusalem eroberte und einen Teil der Bevölkerung nach Babylon verschleppte, wollte Jahwe die Israeliten bestrafen. Trotzdem verteufelten sie die Kulturhauptstadt Vorderasiens kurzerhand zum Sündenbabel. Das vor allem dank des Christentums verbreitete Alte Testament verhinderte für gut zwei Jahrtausende jede vorurteilsfreie Sicht auf Mesopotamien.

Die Bibel hat ihre eigene Vorstellung von der „Entstehung" der Sprachen. Eine ihrer bekanntesten Erzählungen, der „Turmbau zu Babel" (Gen 11, 1-9), weiß zu berichten, dass die Menschen einst nur eine gemeinsame Sprache besaßen. Dann forderten sie mit eben jenem Großprojekt Gott heraus, der daraufhin strafend ihre Sprache „verwirrte" und sie über die ganze Erde zerstreute. Pieter Bruegel der Ältere (um 1525–1569) malte wohl mindestens drei Versionen des Turmbaus von Babel, von denen zwei erhalten sind. Diese hier (Detail) ist im Kunsthistorischen Museum in Wien zu bewundern.

nur durch die Jagd ernähren ließen. Dass die Neolithisierung mit dem Sesshaft-Werden begann und dann zu Ackerbau und der Errichtung von Kultstätten führte, diese Vorstellung stellen die Funde von Göbekli Tepe in Frage. Auch das Ende überrascht: Die ältesten Kultanlagen der Welt wurden nicht etwa zerstört oder erodierten langsam, sondern ihre Erbauer schütteten die gesamte Anlage nach Jahrhunderten der Nutzung wissentlich zu. Obwohl der Berg noch Jahrhunderte weiter genutzt wurde, blieb der Platz der ehemaligen Tempel tabu.

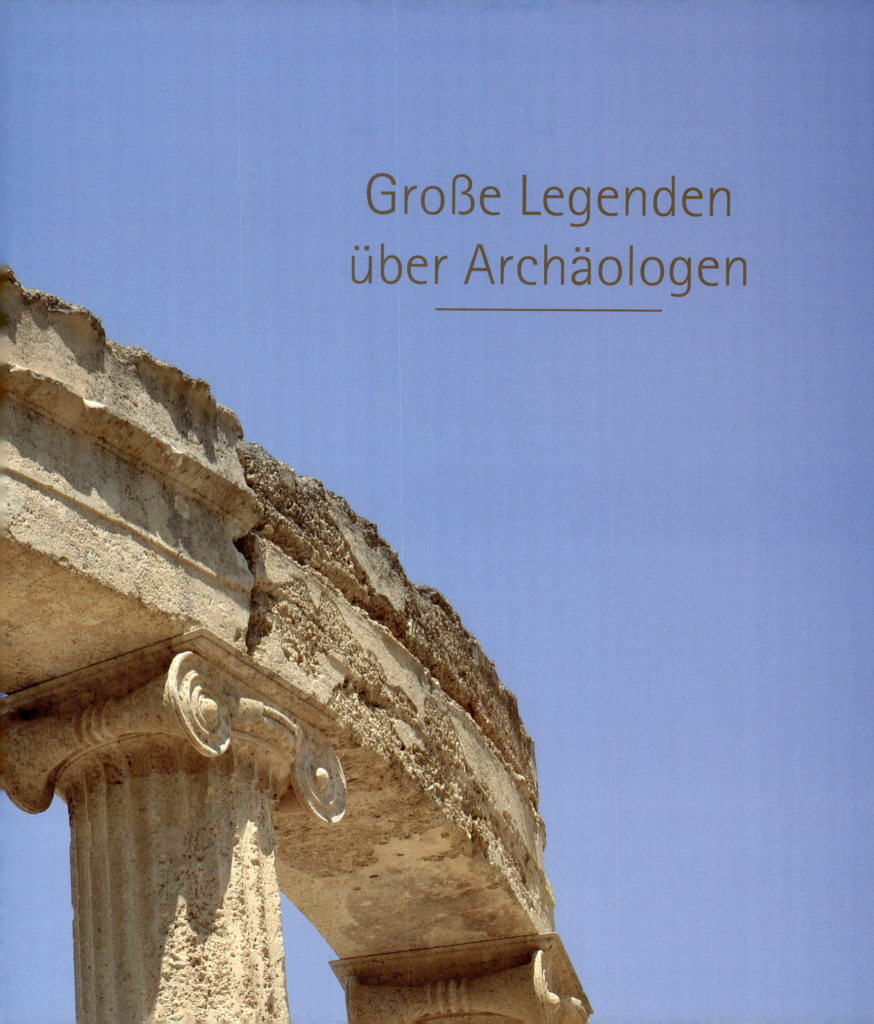

Große Legenden über Archäologen

„Vergehen ist Leben (...) Den besten Beweis dafür liefern alte griechische und römische Tempel. Irgendwie strahlen drei umgestürzte Säulen mehr Würde aus als eine vollständig erhalten gebliebene Basilika, die noch genutzt wird."

Midas Dekkers (*1946)

Retter oder Räuber

Wurden die griechischen Antikenstätten durch ihre neuzeitlichen Entdecker gerettet oder ausgeraubt?

Vorangehende Doppelseite: Säulen und Gebälk (Detail) des Philippeions von Olympia.

Sechs überlebensgroße Mädchenfiguren trugen das Dach der Korenhalle, die Teil des Erechtheions ist, des jüngsten klassischen Heiligtums auf der Akropolis von Athen – eine Figur steht heute in London.

Wer den berühmten Altar von Pergamon sehen will, der reist nicht etwa zu dessen einstigem Standort nach Bergama an die türkische Ägäis, sondern auf die Berliner Museumsinsel, denn dort ist er mit einem Großteil der Original-Marmorfriese nachgebaut. Und die Schönheit der Parthenon-Friese der Athener Akropolis lassen sich nicht etwa in der griechischen, sondern in der englischen Hauptstadt, im British Museum studieren.

Auch in der so verehrten Heimat der Klassik, in Hellas und Kleinasien, begann die Archäologie als Wettstreit in nationalen Beutezügen; was an Kunstwerken aus der antiken Zeit geborgen wurde, gelangte in die Museen von Paris, London und Berlin, Wien und Mailand. Doch Archäologen und Museumsdirektoren begründeten ihr vermeintlich hehres Vorgehen damit, dass das Entwenden der Antiken häufig der einzige Weg sei, sie vor Zerstörung zu bewahren. Eine weitere Rechtfertigung für den Raub war der viel beschworene „Geist der Freiheit". „Es ist Zeit, dass alle diese genialen Monumente der Griechen den Boden verlassen, der ihrer nicht mehr würdig ist", erklärte das Gründungsmitglied des Louvres, Jaques Lebreton, voller Überzeugung. „Sie wurden in einem freien Land geschaffen, und nur in Frankreich können sie sich heimisch fühlen." Ähnlich dachten natürlich die Engländer über England, die Deutschen über Deutschland und die Italiener über Italien. Waren die ersten Archäologen in Hellas nur „Räuber" oder doch auch „Retter"?

Ein klarer Fall brutalen, jedoch legalen Raubes: die Elgin-Marbles

Thomas Bruce, besser bekannt als Lord Elgin, war zu Beginn des 19. Jahrhunderts britischer Bot-

Sie wurden zum Sinnbild des Raubes antiker Kunstwerke: die „Elgin Marbles" – benannt nach ihrem Entwender Lord Elgin – umfassen nicht nur die hier ausschnittsweise abgebildeten Panathenäen-Friese, sondern auch einige Metopen vom Ost- und Westgiebel des Parthenon sowie eine der Mädchenfiguren der Korenhalle. Ihr Verbleib im British Museum ist heftig umstritten.

schafter in Istanbul. Damit die Russen nicht zu stark wurden, übernahm England zu dieser Zeit die Beschützerrolle des „Kranken Mannes am Bosporus". Die Osmanen herrschten über den Balkan und hatten als Muslime wenig Interesse an antiken Monumenten. So erlangte Elgin ohne große Anstrengung vom Sultan ein Ferman (eine Grabungserlaubnis), der ihn auf der Athener Akropolis nach Lust und Laune rauben ließ.

Im Juli 1801 rückte sein Bautrupp an: 400 Arbeiter rüsteten das Parthenon ein, um 56 der 96 Friesplatten sowie 17 Giebelfiguren zu entfernen. Außerdem raubte er Platten vom Fries des kleinen, aber feinen Nike-Tempels und bei manchen größeren Objekten ließ er nur das Gesicht oder andere markante Einzelheiten heraushauen. Aus der Korenhalle des Erechtheions schließlich, der Kulthalle für verschiedene Götter und Helden, ließ er eine Mädchenstatue entfernen. Das Gebäudedach drohte daraufhin einzustürzen und musste durch einen Ziegelpfeiler gestützt werden.

Was Elgin auch immer angetrieben haben mag, ob es Gier war oder der Wunsch, der Heimat einen Dienst zu erweisen, sein Handeln löste nicht die Reaktionen aus, mit denen Elgin in England gerechnet hatte. Denn unter den Augenzeugen, die mit ansehen mussten, wie die Beute auf Schiffe verladen wurde, war auch der romantische Dichter und Vorkämpfer für die griechische Unabhängigkeit Lord Byron, der daraufhin erbost zur Feder griff:

„Aber welcher war es von all den Plünderern Deines Heiligtums dort auf den Höhen, auf denen Pallas Athene allein zurückblieb (...) Schande über dich Kaledonien, denn dieser Mann war dein Sohn."

Was heute die Medien-Schlagzeilen im Internet bewirken, das löste damals Byrons Gedichte-Sammlung „Junker Harolds Pilgerfahrt" (1811/12) aus. Die Verurteilung als Raub der „bedauernswerten Reste" eines „blutenden Landes" und zahlreiche weitere Proteste zeigten Wirkung. Erst nach langen Debatten und für einen Hungerlohn übernahm das British Museum das Raubgut. In den gebildeten Kreisen wurde das Verhalten Elgins aufs Äußerste missbilligt, was die Menschen natürlich nicht davon abhielt, in großen Scharen die ausgestellten Friese zu bewundern. Ähnlich ambivalent war der Umgang der westlichen Kulturnationen mit ganz Hellas: Sie unterstützten den Unabhängigkeitskampf der Griechen, versuchten aber gleichzeitig möglichst viele Antiken von dort fortzuschaffen – wie in Olympia.

Wettkampfstätte weggeschwemmt – Olympia

Für rund 1000 Jahre lag im Südwesten der Peloponnes die berühmteste Wettkampfstätte aller Zeiten, bis 394 n. Chr. Kaiser Theodosius der Gro-

Retter oder Räuber | 105

Büste von Ernst Curtius im Archäologischen Museum in Olympia. 1875 begannen unter Curtius' Leitung die Ausgrabungen in Olympia, bei denen ein Hermes von Praxiteles und viele andere Skulpturen gefunden wurden (oben).

Das in Teilen wiederaufgerichtete Philippeion in Olympia. Der Rundbau wurde 338 v. Chr. von Philipp II. gestiftete und von seinem Sohn Alexander den Großen vollendet.

ße die Olympischen Spiele als heidnisch verbot. Die Stätte geriet in Vergessenheit, wurde durch Erdbeben zerstört und vom Fluss Alphaios überschwemmt. Erst 1766 konnte der Engländer R. Chandler mithilfe von Pausanias' Beschreibungen den Ort des antiken Olympia lokalisieren und Teile des Zeus-Tempels finden.

Im Jahr 1829, als die Griechen ihre nationale Unabhängigkeit von den Osmanen erstritten, aber noch bevor sie den Export von Antiken ganz verbieten konnten, rückte eine französische Expedition an, grub sechs Wochen im Bereich des Zeus-Tempels und brachte die dabei geborgenen Metopen (Kunstwerke in den Zwischenfeldern der Friese) nach Paris. Erst der Deutsche Ernst Curtius, der als junger Gelehrter 1840 nach Olympia gekommen war, hatte ernstere Absichten, allerdings dauerte es von der Idee bis zu den Ausgrabungen noch weitere 35 Jahre und inzwischen hatte die griechische Regierung dazugelernt. Die deutschen Olympia-Ausgräber mussten alle Unkosten tragen, durften keine Originale ausführen und ein Aufsichtsbeamter wurde ihnen zur Seite gestellt. Außerdem bot sich ihnen ein wenig erfreulicher Anblick: Felder und Weinberge zu beiden Seiten des Flusses, nur eine kleine Ruine aus Ziegelstein deutete auf vergangene Größe, alles andere hatten Überschwemmungen begraben. Auch ihnen dienten die Beschreibungen Pausanias zur Orientierung, ohne diese wären die meisten der antiken Stätten in Hellas wohl nie so treffsicher gefunden und freigelegt worden.

Pausanias – Reiseführer in die griechische Antike

Wie Athen, Olympia und die anderen Stätten in Griechenland im 2. Jahrhundert n. Chr. aussahen, wissen wir heute vor allem dank Pausanias' „Beschreibungen Griechenlands" (im Original „Periegesis"), dem einzigen antiken Reiseführer, der vollständig überliefert wurde. Pausanias, der als Adliger in Kleinasien geboren wurde und ungefähr von 110 bis 180 n. Chr. lebte, hatte bereits in seiner Jugend die gesamte Mittelmeerwelt des damaligen Römischen Reiches besucht – Kleinasien, Italien, Ägypten und den Nahen Osten. Doch seine besondere Liebe galt Griechenland, der Heimat der Homerischen Helden und der klassischen Antike. Viele römische Touristen hatten Pergamentrollen mit seinen Reisebeschreibungen im Gepäck.

Die berühmte Marmorstatue des Hermes (um 330 v. Chr. von Praxiteles geschaffen) fanden Archäologen 1877 an der Stelle, die Pausanias beschrieben hatte – in der Cella des Hera-Tempels. Ein Erdbeben im 3. Jahrhundert n. Chr. ließ die Lehmziegel der Cellawände so auf die Statue stürzen, dass sie anderthalb Jahrtausende bewahrt blieb (Olympia, Archäologisches Museum).

Ausgangspunkt war auch hier die Ruine des Zeus-Tempels. Um nicht direkt in dessen Fundament hineinzustoßen, gruben die Arbeiter östlich der vermuteten Position mit Schaufeln und Handkarren ein großes Loch. Und tatsächlich wurden dabei Fragmente eines Giebels, das Oberteil einer Statue der Siegesgöttin Nike sowie viele einzelne Gebäudesteine geborgen. Mit den Funden trat allerdings ein neues Problem auf: die einstigen Bauwerke waren von den vielen Überschwemmungen auseinandergerissen worden. Aus dem Material und der Lage der Steine musste jemand rückschließen, welches Bauelement zu welchem Gebäude gehörte und wie diese einmal zusammengesetzt gewesen waren. Welche Gebäude standen zeitgleich und welche wurden erst später aus den Steinen und auf den Fundamenten älterer errichtet? Diese Aufgabe übernahm der junge aus Barmen stammende Architekt Wilhelm Dörpfeld, der für seine Abschlussprüfung eine so exzellente Bauzeichnung des Propyläens der Athener Akropolis angefertigt hatte, das ihm der Prüfer, Friedrich Adler, eine Stelle anbot. Denn dessen Büro hatte die Aufgabe übernommen, die Grabungsberichte und Skizzen aus Olympia in professionelle Zeichnungen zu übertragen. Auch diese Aufgabe löste Dörpfeld brillant und ihm wurde daraufhin die Stelle eines Bauleiters direkt in Olympia angeboten.

Als das Fundament des Zeus-Tempels freigelegt war, wurden von dort aus Suchgräben in alle Richtungen angelegt. So stießen die Ausgräber im Norden auf den Hera-Tempel, der lange vor dem Zeus-Tempel errichtet worden war. Identifiziert wurde das Heiligtum natürlich mit Pausanias' Beschreibung, wie auch der ganze heilige Bezirk „Altis" („Wäldchen" oder „Hain"), denn er war einst ein friedlicher, von Platanen und Olivenbäumen gesäumter Ort. Nur alle vier Jahre strömten Athleten und ihre Fans aus der ganzen griechischen, später sogar aus der ganzen römischen Welt, zum Wettstreit zusammen. Und deshalb war in hellenistischer und römischer Zeit der Platz zunehmend von Gebäuden überbaut worden: die Echohalle, mehrere Thermen, ein Gymnasium und etliche Villen für olympiasüchtige Herrscher wie Kaiser Nero.

Durch den Säulengang des spätgriechischen Gymnasiums geht es ins Zentrum von Olympia: Hier befindet sich das Grab des Pelops, des mythischen Olympia-Gründers und Namensgebers der ganzen Halbinsel, ein schlichter Erdhügel, der seit dem 5. Jahrhundert v. Chr. von einer Mauer und einem Säulentor umfriedet wird. Nordöstlich davon reihen sich am Fuße des Kronos-Hügels die sogenannten Schatzhäuser aneinander, in denen die einzelnen Städte und Kolonien ihre kostbaren Weihgeschenke und Siegestrophäen aufbewahrten. Das Stadion aus hellenistischer Zeit liegt etwas abseits und weist statt steinerner Ränge nur Sitzmulden in der Böschung auf. Mit 200 Metern ist es gerade lang genug für die anfangs einzige und spätere Hauptdisziplin, den Wettlauf über ein Stadion (192, 28 Meter). Erst später kamen weitere Lauflängen, der Fünfkampf (Lauf, Weitsprung, Ringkampf, Diskus- und Speerwurf) und erst in der Spätantike das protzige Wagenrennen hinzu.

Mittelpunkt Olympias blieb jedoch der 457 v. Chr. fertiggestellte Zeus-Tempel mit seinen sechs Mal 13 elfenbeinfarbenen Säulen, deren beiden Dachgiebel bunte Friese aufwiesen, darunter das mythische Wagenrennen. Im Inneren führten zwei Säulenreihen zur Tempelkammer, wo eines der Sieben Weltwunder, die 12 Meter hohe Zeus-Sta-

Am Fuße des heiligen Kronos-Hügel sind noch die Überreste der einst zwölf Schatzhäuser zu sehen, die im Auftrag einiger Städte oder Kolonien der griechischen Welt errichtet worden waren, um kostbare Weihgeschenke und Trophäen aufzubewahren.

Sie galt als eines der Sieben Weltwunder der Antike: Die Zeusstatue im Zeus-Tempel von Olympia. Der berühmte Bildhauer Phidias erstellte die zwölf Meter hohe Sitzstatue des Göttervaters aus Holz, Gips und Ton, die sichtbaren Körperteile fertigte er aus Elfenbein, den Rest bedeckte er mit Gold. Der abgebildete Holzstich aus dem 19. Jahrhundert entstand nach Beschreibungen, vor allem von Pausanias.

tue, stand. Dazu wieder Pausanias: „Der Gott sitzt auf einem Thron und ist aus Gold und Elfenbein gemacht; ein Kranz liegt auf seinem Haupt, der Ölbaumzweige nachahmt. In der Rechten trägt er eine Nike, auch sie aus Elfenbein und Gold; sie trägt eine Siegerbinde und auf dem Kopf einen Kranz. In der linken Hand hält der Gott ein Zepter, das mit lauter Metalleinlagen verziert ist (...). Aus Gold sind auch die Sandalen des Gottes und ebenso sein Gewand; das Gewand ist mit Figuren und Lilien eingelegt. Der Thron ist in abwechslungsreicher Arbeit aus Gold und kostbaren Steinen und Ebenholz und Elfenbein gemacht. Gemalte und plastische Figuren sind an ihm angebracht."

Doch Pausanias hätte sein Olympia sicherlich nicht wiedererkannt, als die ersten Ausgrabungen 1881 endeten. Das Gelände sah aus wie ein Lager für Naturstein, das unter Granatenbeschuss geraten war. Nach keinem erkennbaren Muster oder Plan lagen hier die Bauteile der ehemaligen Tempel, Schatzhäuser, Gymnasien und Statuensockel verstreut. Doch die Archäologen hatten aus der genauen Lage von Statuen und Steinen die wichtigsten Schlussfolgerungen gezogen, und Dörpfeld hatte alles zusammengefasst und auf eine Karte übertragen. Als dann ein gewisser Heinrich Schliemann die Ausgrabungen besuchte, bekam der Architekt einen neuen Job in Kleinasien. Die Mühe, die ganze Stätte von einer dicken Erdschicht freizulegen, rentierte sich für die Ausgräber nur teilweise, denn die kostbaren Funde wie freigelegte Skulpturen und Friese wanderten ins örtliche Museum. Ein Passus im Grabungsvertrag erlaubte jedoch die Abtretung von „Duplikaten oder Wiederholungen von Kunstwerken", und nach zähen Verhandlungen durften schließlich 876 Fundstücke nach Berlin mitgenommen werden.

Griechen und Bildungsreisende aus aller Welt waren vom Mythos dieses Ortes derart begeistert, dass eigens eine Eisenbahnlinie zur Grabungsstätte verlegt und die Idee eines internationalen Wettkampfes neugeboren wurde. Während die Olympischen Spiele der Neuzeit mit der Ausführung in Athen 1896 begannen, zog es deutsche Archäologen immer wieder zum antiken Olympia. 1906 bis 1929 und 1936 unter der Leitung von Wilhelm Dörpfeld und Adolf Furtwängler, 1952 bis 1962 unter Emil Kunze und seit 1987 unter der Leitung des Würzburger Archäologen Ulrich Sinn. Sie erforschten das gesamte Gelände, legten die Grundrisse der meisten Gebäude frei und errichteten einige davon so weit möglich wieder – zuletzt Teile des Zeus-Tempels.

Freigelegter Bauchnabel der Welt – Delphi

Da das einstige Delphi am nördlichen Steilufer des Golfs von Korinth liegt, wurde es nicht von einem Fluss überschwemmt, dafür jedoch im Laufe der Zeit vom Dorf Kastri überbaut. Reisende auf den Spuren Pausanias bekamen bis ins 19. Jahrhundert hinein nur wenig vom einstigen Heiligtum zu sehen, denn erst 1840 unternahm der deutsche Gelehrte Karl Otfried Müller erste bescheidene Versuche, in Delphi zu graben. Französische Archäologen folgten 1861 und 1880 mit Untersuchungen des Apollon-Tempels. Obwohl die Deutschen auf ihre Erstsuche verwiesen, erhielten am Ende die Franzosen den Zuschlag. Die 1892 begonnenen Grabungen wurden jedoch teuer für sie, da das ganze Dorf Kastri mit ca. 1000 Häusern geräumt und weiter unterhalb wieder aufgebaut werden musste, was letztlich nur unter Armeeaufsicht gelang. In den folgenden zehn Jahren wurde unter Leitung des Archäologen Theophile Homolle der ganze Heilige Bezirk systematisch ausgegraben, nun konnte der Besucher wieder das bedeutendste, dem Gott Apollon gewidmete Heiligtum der griechischen Welt bestaunen.

In der Antike passierten die Pilger aus Athen, Theben und Kleinasien zunächst das sogenannte Marmaria-Heiligtum der Athena-Pronaia, der Wächterin des Heiligtums. Der Tholos-Rundbau aus dem vierten vorchristlichen Jahrhundert war einer der wenigen griechischen Rundtempel aus weißem Marmor, der außen 20 dorische Säulen

Wahrzeichen von Delphi – der ehemals marmorne, um 380 v. Chr. errichtete Rundbau (Tholos) war der Athene Pronoia gewidmet.

Der sogenannte Wagenlenker von Delphi, ein knapp überlebensgroßes Weihegeschenk des Polyzalos aus Sizilien, wurde um 470 v. Chr. aus Bronze geschaffen und knapp zweieinhalb Jahrtausende später, im Jahr 1896, im Apollonheiligtum von Delphi wiederentdeckt. (oben)

Das Schatzhaus der Athener in Delphi diente der Aufbewahrung von Weihegeschenken der Stadt Athen. Es wurde zwischen 510 und 480 v. Chr. errichtet. (oben rechts)

und innen zehn korinthische Säulen aufwies. Von dort gelangten die Pilger zur Kastalia-Quelle, wo sie sich rituellen Waschungen unterzogen, bevor sie den von Mauern umschlossenen, auf mehrere Terrassenstufen verteilten heiligen Bezirk betraten. Ruinen aus römischer Zeit füllen heute den Bereich des Marktes, auf dem schon in der griechischen Antike Lorbeerzweige, Opferkuchen, Räucherwerk und Weihegaben aus Ton und Bronze verkauft wurden. Um die erste Biegung des Serpentinenweges gruppierten sich die Schatzhäuser der Stadtstaaten wie Sparta und Athen, in denen wertvolle Weihegeschenke aufbewahrt wurden. Zudem waren an die 3000 Statuen im heiligen Bezirk verteilt. Kurz darauf stand der Pilger vor der Rampe des Apollon-Tempels und dem davor errichteten großen Altar aus weißem und schwarzem Marmor. Dieser langgestreckte Tempel war gleich zweimal hintereinander, Ende des 6. Jahrhundert v. Chr. durch ein Feuer und 373 v. Chr. von einem Erdbeben, zerstört, dank vieler Spender jedoch in kürzester Zeit wieder aufgebaut worden. In seinem Inneren weissagte der Gott Apollon durch sein Medium, die Pythia-Priesterin, die in einem vertieften Raum auf jenem berühmten Dreifuß Platz nahm, der neben dem Omphalos (dem symbolischen Nabel der Welt) und einer goldenen Apollon-Statue stand. Bevor Gesandte großer Mächte das Orakel befragen konnten, unterzog sich die Pythia-Priesterin kultischen Reinigungsbädern, dann wurde ein weißes Zicklein geopfert und die Priesterin in Trance versetzt. Sie antwortete immer in Rätselform, wie Heraklit berichtet: „Der Herr, dem das Orakel gehört, verkündet nichts und verbirgt auch nichts, sondern er zeigt an." Will heißen: Die Auslegung wurde dem Ratsuchenden selbst überlassen.

Westlich des Apollon-Tempels liegt auf der folgenden Terrasse das in den Hang errichtete Theater aus Kalkstein mit Sitzreihen für gut 5000 Zuschauer. Der Serpentinenweg führt dann an weiteren Schatzhäusern und der eingefassten Kerna-Quelle vorbei zum Stadion. Delphi war neben Olympia, Isthima und Nemea einer der vier Austragungsorte der panhellenistischen Spiele, zusätzlich wurden auch musische und schauspielerische Wettkämpfe veranstaltet. Doch vor allem

Rekonstruktion des Trajaneums in Pergamon: Die Säulen des Heiligtums, das zu Ehren des als Gott verehrten Kaisers Trajan hier einst errichtet wurde, scheinen nun wieder in den Himmel zu wachsen.

war Delphi die antike „Orakelstätte". Vor wichtigen politischen oder militärischen Entscheidungen wurde die Pythia befragt, auch hatte Delphi nicht weniger als die Rolle eines panhellenistischen Gerichtshofes inne.

Pergamon – zufällige Rettung eines antiken Weltwunders?

Als der deutsche Ingenieur Carl Humann im Jahre 1873 in der Nähe von Bergama eine Straße baute, fiel ihm ein Bauer auf, der in seiner Karre eine Marmorplatte mit einem Relief transportierte. Er kaufte die Platte, die zu Kalk verbrannt werden sollte, und schickte sie an die königlich-preußischen Museen nach Berlin. Dort erkannte man die Bedeutung des Fundes und setzte alles zur Rettung Notwendige in Bewegung. Dramatische Rettung in letzter Minute? Leider sind es Legenden, welche die eigentliche Entdeckungsgeschichte überwuchern. Wahr ist immerhin, dass der Mann, der den Pergamonaltar fand, der in Ephesos, Priene, Milet, Didyma und Bogazköy forschte, kein Archäologe, sondern Ingenieur war. Ein Lungenleiden zwang ihn dazu, seinem Bruders Franz auf die Insel Samos zu folgen, der dort den Hafen Tigani ausbaute. Humann forschte dort bereits ein wenig an dem teilweise freigelegten Hera-Tempel und da ihm das Mittelmeer-Klima gut tat, blieb er im Osmanischen Reich, in der Hauptstadt Istanbul: „Hier in der Türkei lebt man in der Tat viel freier als in Preußen oder irgendeinem anderen deutschen Vaterlande. Für den Europäer wenigstens existieren Presse-, Versammlungs- und Redefreiheit in vollem Maße. Steuern bezahlt er verhältnismäßig wenige. Mit Pässen und anderer lästiger Aufsicht wird man nicht gequält. Jeder kann sich Geld verdienen, wie er will, ohne dass der Staat sich patriarchalisch ins Mittel legt."

Die Brüder Humann erhielten vom Großwesir persönlich Vermessungsaufträge und schließlich 1867 ein Ferman für den Bau von Straßen in Kleinasien. Bereits 1864 hatte Carl die Akropolis von Pergamon besucht und dank seiner Beziehungen den Kalkbrennern dort das Handwerk legen lassen, lange bevor er die ersten Friesplatten des

Altars fand. In unmittelbarer Gefahr hatten sich diese sowieso nicht befunden, denn sie waren so fest in die byzantinische Stadtmauer verbaut, dass Humann sie während der späteren Grabungskampagne nur mit Hilfe einer Handwinde von zwölf Tonnen Hebekraft freibekam. 1873 endete das Straßenbauprojekt der Gebrüder Humann plötzlich und ein wenig unerwartet, da der Osmanische Staat Bankrott ging, und Carl musste sich eine neue Aufgabe suchen. Als er dem Leiter der Berliner Antikensammlung, Ernst Curtius, die ersten Funde gezeigt hatte, war dieser nicht sonderlich interessiert: Das war keine schlichte griechische Klassik, sondern die viel zu plastische Darstellung eines Götterkampfes.

Curtius begann dennoch in Olympia zu graben, doch erst sein Nachfolger, Alexander Conze, brachte die Friesplatten mit einer Bemerkung des antiken Schriftstellers Lucius Ampelius in Verbindung, der von einem „großen Marmoraltar mit großen Marmorskulpturen" berichtete – für ihn eines der antiken Weltwunder! Bedeutende und noch dazu große Weltwunder-Kunstwerke kamen dem gerade vereinten Deutschen Reich sehr gelegen. Bereits während der ersten Grabungskampagne 1878 konnte Humann 39 Friese freilegen und nach Berlin verschicken. Die Begeisterung über diese überlebensgroßen Götter und Giganten war so groß, dass nach einigem Hin und Her nicht nur eine eigene Halle für den rekonstruierten Altar errichtet wurde, sondern gleich das ganze Museum seinen Namen tragen sollte.

Die Ausgrabungen in Pergamon selbst finden seit 100 Jahren keinen Abschluss. Humanns Nachfolger Wilhelm Dörpfeld und Theodor Wiegand ließen das gesamte Stadtgebiet der Akropolis erforschen. Obwohl sie erste Schutzmaßnahmen für den Erhalt der Bauwerke einleiteten, blieben ihre Arbeiten in erster Linie Suchgrabungen, sodass die Akropolis um die Wende zum 20. Jahrhundert einem Trümmerfeld glich. Erst mit der 1971 einsetzenden Grabungskampagne hat sich die Zielsetzung völlig gewandelt. Unter der Leitung von Wolfgang Radt steht das Bewahren an erster Stelle. Eine umfassende Restaurierung der Anlage kombinieren die Wissenschaftler mit einer Sicherung von Funden wie z. B. Mosaikböden und der Erforschung der Unterstadt.

Doch um die Jahrtausendwende forderten Bürger von Bergama die Altarfriese von Berlin zurück: „Berlin hat den Altar seit 120 Jahren. Ok, sagen wir, das reicht! Wir wollen ihn wieder in der Stadt haben, entweder auf der Akropolis oder wir bauen ein neues Museum." Diesen Wunsch findet Wolfgang Radt durchaus verständlich. „Der Altar ist rechtmäßig nach Deutschland gekommen", entgegnete Grabungsleiter Radt. „Der ursprüngliche Ferman sah zwei Drittel der Funde für das Deutsche Reich vor, das übrige Drittel wurde den Osmanen im Nachhinein abgehandelt." Trotzdem einigten sich die Archäologen mit den türkischen Behörden auf einen Ausgleich: Mit viel Aufwand wurde vom Deutschen Grabungsteam das Tra-

Pergamon-Altar im Berliner Pergamon-Museum – der besterhaltene Teil des 120 Meter langen und 2,30 Meter hohen Frieses zeigt den Kampf der Götter gegen die Giganten.

janeum, ein römisches Heiligtum am Gipfelpunkt des Burgberges restauriert.

Mehr gerettet als erlaubt? Evans in Knossos

Dass seine Heimat anders als das griechische Festland noch zum Osmanischen Reich gehörte, war dem kretischen Kaufmann Minos Kalokerinos höchst bewusst, als er im Jahre 1878 an einer Anhöhe des Kephala-Hügels südöstlich von Iraklion Ruinenteile entdeckte. Er ließ einen Graben anlegen, fand unter anderem Steine mit eingeritzten Doppeläxten – und ließ alles wieder zuschütten. 1886 kam Heinrich Schliemann nach Kreta, besichtigte den Hügel und war bereit sofort zu graben. Doch der Olivenhain, der dort stand und den er hätte erwerben müssen, war ihm zu teuer und so reiste er wieder ab. So wartete die Entdeckung von Knossos und die Erforschung der minoischen Kultur auf den vermögenden englischen Gelehrten Arthur Evans. Der hatte 1884 einen Siegelstein mit Linear-B-Zeichen zugeschickt bekommen und als er 1894 ähnliche Zeichen in den freigelegten Funden des Kephala-Hügels erblickte, war sein Interesse geweckt. Kurz nach 1900 begann er mit den Grabungen, nur knapp unter der Oberfläche kam

Einige der ursprünglich über 400 Vorratsgefäße (Pithoi), die bis zu anderthalb Meter hoch sind, stehen noch in den Magazinen des Westflügels von Knossos.

Minoer auf Kreta

Zwischen 3100 v. Chr. und 2100 v. Chr. entwickelte sich auf Kreta in der sogenannten Vorpalastzeit langsam eine Kultur, von der verschachtelte Gebäudekomplexe, schlanke Gefäße, Schmuck und Siegel zeugen. Zwischen 2100 v. Chr. und 1700 v. Chr. gab es in der sogenannten Alten Palastzeit auf der Insel eine Reihe gleichrangiger Fürstentümer, dominiert von Palästen: Knossos, Phaistos, Malia und Kato Zarkros. Diese sich im Aufbau ähnelnden Anlagen waren weniger symmetrisch, sondern eher clusterförmig angelegt. Um einen Zentralhof gruppierten sich Magazine und Heiligtümer im Westen, Festsäle im Norden, Werkstätten im Osten und verstreute Wohnräume. Die Paläste entsprachen nicht unserer heutigen Vorstellung von der Funktion derartiger Bauten, denn sie hatten zugleich wirtschaftliche, religiöse und politische Bedeutung. Um 1700 v. Chr. kam es zu einer Katastrophe und die Paläste fanden durch Feuersbrünste ein jähes Ende. Die Minoer begannen jedoch sogleich, auf den alten Mauern neue Paläste zu errichten. Doch die Machtverteilung hatte sich geändert, der Großteil Kretas geriet in Abhängigkeit von einem Herrscher und seinem Palast, demjenigen von Knossos.

der Palast zum Vorschein und unter verkohlten Holzsäulen und Balken legten die Arbeiter Wände mit zum Teil gut erhaltenen Fresken frei.

Ein Prozessionsweg leitete die frühzeitlichen Besucher zunächst entlang der Außenmauer Richtung Süden zur Eingangshalle, von deren gewaltigen Säulen noch die steinernen Basen stehen. Durch einen Korridor ging es zu den Südpropyläen, einer gewaltigen Toranlage mit vier Säulen und drei Toren. Der sich anschließende große Zentralhof bildete mit sei-

Auch Evans ließ sich täuschen und schoss mit seinen Rekonstruktionen über das Ziel hinaus. So gibt es keine gesicherten baulichen Hinweise für eine Freitreppe hinter der großen Toranlage. Evans nahm nur an, dass sich dort eine befunden haben müsse – bis heute gibt es keinen Beleg in der bekannten minoischen Architektur dazu. Und handelt es sich bei dem großen Raum im Westflügel tatsächlich um den „Thronsaal"? Indizien wie Naturdarstellungen sowie die Lage zwischen Heiligtümern sprechen eher für einen weiteren sakralen Raum.

Der teilweise rekonstruierte Palast von Knossos biete einen dreidimensionalen Blick in die Welt der Minoer: links der angebliche Königsaal, rechts Blick vom Innenhof auf den Nordeingang.

nen 25 mal 50 Metern den unbestreitbaren Mittelpunkt des Palastes. Während im Ostflügel Knetmulden für Ton sowie Rohmaterial aus Stein noch die Werkstätten verraten, waren im Westflügel vor allem Magazine untergebracht – einige Exemplare der bis zu anderthalb Meter hohen Vorratsgefäße für Wein und Öl sind dort heute noch zu bestaunen. In unmittelbarer Nachbarschaft lagen zahlreiche dezentrale Heiligtümer, in denen Naturphänomene wie Berge, Stiere, Schlangen und Vögel sowie die „Große Mutter" als Erd- und Fruchtbarkeitsgöttin verehrt wurden.

Die Hochkultur der Neuen Palastzeit fand durch zwei aufeinanderfolgende Katastrophen um 1450 v. Chr. und um 1380 v. Chr. ein jähes Ende. Da die meisten Orte auf Kreta durch Feuer zerstört wurden, glaubte die Forschung lange Zeit, dieses stünde in Zusammenhang mit dem Vulkanausbruch auf Thera/Santorin. Doch mittlerweile ist der Vulkanausbruch auf den Zeitpunkt 1644 v. Chr. datiert und Grabungen zeigen, dass über der bis zu zehn Zentimeter dicken Schicht Vulkanasche weiter gesiedelt wurde. Neueste Forschungen machen ein Erdbeben für die fina-

„Das allgemeine vorzügliche Kennzeichen der griechischen
Meisterwerke ist endlich eine edle Einfalt und stille Größe,
sowohl in der Stellung als im Ausdruck."

Johann Joachim Winckelmann (1717–1768)

le Feuerkatastrophe verantwortlich. Nach den Zerstörungen übernahmen Mykener die Herrschaft auf Kreta.

Akropolis adieu?

Trotz der vielen über die Jahrtausende an ihr verübten Zerstörungen wird die Akropolis von Athen immer wieder in Listen der sehenswertesten Plätze weltweit aufgeführt. Denn Athen gilt als Wiege des Abendlandes und Zentrum höherer Kultur. Und so quälen sich im Sommer bei knapp 40 Grad im Schatten Touristen auf Pilgerreise zu ihren kulturellen Wurzeln durch die ansonsten ausgestorbenen Gassen, denn die Öffnungszeiten der Antikenstätten lassen ihnen keine andere Wahl. Verschwitzt und erschöpft erreichen sie die Akropolis – und sind enttäuscht. Der Parthenon ist von einem Baugerüst eingefasst, die Aussicht auf die Stadt ist vom Smog getrübt und das Nationalmuseum liegt an verstopften Durchgangsstraßen. Dass Moderne und Antike hier so völlig unvermittelt aufeinanderprallen, hat historische Ursachen. Zwischen der antiken Glanzzeit und der nationalen Wiederbelebung der Stadt im 19. Jahrhundert war Athen über Jahrhunderte zu einem kleinen Dorf am Fuße der Akropolis verkümmert. Während Athen schon im 4. Jahrhundert v. Chr. seine Selbständigkeit und jegliche politische Bedeutung verloren hatte, wurde gleichzeitig der Mythos geschaffen und verbreitet, Athen sei Wiege und Zentrum nicht nur der abendländischen Kultur, sondern aller höheren Zivilisation. Diese Ansicht wurde von den Römern, später von den Humanisten der Renaissance und dann von den Gründungsvätern des griechischen Nationalstaates weiterverbreitet. Doch warum gleicht die Akropolis seit Jahrzehnten einer Großbaustelle? Obwohl bereits Ende der 1960er-Jahre Zerfalls- und Umweltschäden sowie Fehler älterer Restaurierungen ersichtlich waren, wurde nichts unternommen – und dann dauerte es noch einmal 20 Jahre, bis sich die verschiedenen Expertenkommissionen auf ein Sanierungskonzept einigen konnten. Übrigens: der Parthenon ist keineswegs ein Wahrzeichen für die demokratische Kulturstadt Athen, sondern war der attische Vorläufer der Bankenskyline von London und Frankfurt. „Weniger Gebet und Andacht als Geld und Gold waren Motor des Parthenonprojektes", urteilt der Hamburger Archäologe Lambert Schneider. „Denn was hier entstand, sah aus wie ein Tempel, war tatsächlich aber ein, wenngleich überdimensioniertes, Schatzhaus." Die Kasse des attischen Seebundes war de facto zum Eigentum Athens geworden und bildete die Grundlage für Wohlstand und Bauboom jener Epoche, die als die Klassische zur Grundlage des Mythos „Athen" wurde. Selbst Schutzgöttin Athene weiß vermutlich nicht, wann dem Parthenon sein Restaurierungskorsett wieder abgenommen werden kann.

Raub – Fundteilung – Ausfuhrverbot

Während der längsten Zeit der Menschheitsgeschichte galt: was die Menschen fanden oder ausgruben, behielten sie und nutzten es für ihre Zwecke. Eine besondere Form der Raubgräberei, der Grabraub, war eine schändliche Tat, ein Frevel; zumindest solange alle Menschen daran glaubten, dass die mächtigen Geister der Verstorbenen sich dafür rächen würden. Das galt jedoch nicht mehr für die Gräber Fremder und Andersgläubiger. So ließ der Gotenkönig Theoderich, der das Römische Reich im 6. Jahrhundert n. Chr. endgültig zerschlug, sogar gesetzlich regeln: Schätze von Gold und Silber, die in römischen Gräbern gefunden werden, hätten keinen Herren (dominus) und wären deshalb „die Sachen von Niemandem" (res nullius).

Der „sterbende Gallier" wurde Anfang des 17. Jahrhunderts bei Ausgrabungen in Rom gefunden. Bei der Marmorskulptur handelt es sich wohl um die römische Kopie eines griechischen Originals (vermutlich aus Bronze), das um 230/220 v. Chr. geschaffen und im Athena-Heiligtum von Pergamon aufgestellt war.

„Als ich die Zitadelle (Akropolis) verließ, nahm ich mir
ein Marmorstück aus dem Parthenon mit; auch vom Grab
des Agamemnon habe ich ein Bruchstück an mich genommen;
und schließlich habe ich eigentlich von allen Bauten,
die ich bisher besucht habe, immer ein Andenken gesammelt.
Es sind nicht so schöne Erinnerungsstücke wie die,
die der Graf von Choiseul und Lord Elgin mitgenommen haben,
aber meinen Ansprüchen genügen sie."

Francois René Chateaubriand (1768–1848)

In vielen an Antiken reichen Ländern wie dem Irak oder Ägypten galt längere Zeit das Prinzip der Fundteilung. Was Archäologen an transportablen Fundstücken freigelegt hatten, wurde in zwei etwa gleichgroße Hälften geteilt. Eine verblieb im Land, die andere durften die Archäologen mitnehmen.

Sobald sich diese Nationen stark genug fühlten, verboten sie die Ausfuhr antiker Güter ganz. Trotzdem schafften Raubgräber auch weiterhin kostbare Stücke nach Europa und in die USA, wo Kunstliebhaber viel Geld dafür bezahlten.

International wurde der Handel mit diesen Raubgütern erst 1970 durch die „UNESCO-Konvention über Maßnahmen zum Verbot und zur Verhütung der unzulässigen Einfuhr, Ausfuhr und Übereignung von Kulturgut" geächtet, diesem Abkommen trat die Bundesrepublik Deutschland erst im Jahre 2008 bei. Doch solange eine weltweit wachsende Zahl an Millionären und Milliardären die Nachfrage nach antiker Kunst fördern, können mit modernster Technik ausgestattete Raubgräber ihre Beute immer noch problemlos zu Geld machen.

> „Was geht mich Troja, oder die Ebene Trojas,
> wie sie jetzt sein mag, an, wenn ich den alten Homer lese.
> Schilderte mir dieser Troja und die Ebene nicht vollständig und ganz,
> wie ich sie in seinem epischen Gedicht zu sehen nötig habe,
> so wäre er ein schlechter epischer Dichter."
>
> Johann Gottfried Herder (1744–1803)

Mit Homer in der Hand
Nicht erst Heinrich Schliemann suchte nach Troja

August 1868. Mit der „Ilias" in der Hand durchstreift der Kaufmann Heinrich Schliemann die Troas, das Gebiet südlich der Einmündung der Dardanellenmeerenge in die Ägäis. Als erster vergleicht er akribisch die Ortsangaben Homers mit den dortigen geographischen Gegebenheiten und erkennt: Troja konnte nicht, wie einige Zeitgenossen glauben, landeinwärts auf dem Festungsberg Panbarşi liegen, sondern muss sich zwischen den Flüssen Skamander und Simoeis auf dem Hisarlik-Hügel befinden.

Unter großen Opfern grub Schliemann Troja aus – und finanzierte dieses Projekt selbst. Als Kaufmann war er reich geworden, und dies vermeintlich nur, um später seine kostspieligen archäologischen Unternehmungen finanzieren zu können. Diese Episode sowie der Großteile dessen, was von seiner Tätigkeit und seinem Leben überliefert ist, stammt jedoch von Schliemann selbst. Und heute wissen wir: Der Selfmade-Man hat sich seine Biografie so zurechtgerückt, wie er gesehen werden wollte. Und die Welt folgte ihm nur allzu willig.

Zu den Mythen, die bis heute um Schliemann kreisen, gehört auch die Feststellung, Schliemann habe sich als Erster mit der Ilias in der Hand auf der Troas umgesehen. Tatsache jedoch ist, dass es Bildungsreisende dorthin zog, seit die Menschen im Zeitalter der Aufklärung wieder begonenn hatten, antike Werke wie die Ilias zu lesen. Bereits Ende des 17. Jahrhunderts war sie erstmals ins Deutsche übersetzt worden, zu Beginn des 18. Jahrhunderts von dem Schriftsteller Alexander Pope ins Englische. Dieser ließ für sein Werk eine Illustration der Troas aus der Vogelperspektive anfertigen. Das Schiffslager der Griechen sowie das darüberliegende Schlachtfeld werden fast kreisförmig von den Flüssen Skamander und Simoeis umgrenzt, unterhalb ihrer Quellen thront

Siegesgewiss ziehen die Trojaner das Hölzerne Pferd in ihre Stadt – gesehen aus dem 16. Jahrhundert von dem Italiener Niccolo dell'Abate (ca. 1512–1571).

Die Aufnahme der Ausgrabungen der Jahre 1870–1882 durch Heinrich Schliemann zeigen den Blick vom Turm VI nach Norden zum Tor G der III. Stufe (6. Schicht) mit Mauerresten der Mykenischen Periode, durchsetzt von römischem Mauerwerk (9. Schicht) der Spätzeit. (rechts)

Vorratsgefäße (Pithoi), wie sie beispielsweise für Wein, Öl oder Getreide genutzt wurden, fanden sich in Schicht 2. (links)

das befestigte Troja. Dieses und ähnliche Bilder prägten sich den Reisenden gut ein. Zwar waren viele Gelehrte zu dieser Zeit davon überzeugt, TROIA sei ein von Homer erfundener Ort, der nie existiert habe, doch hinderte das vermögende Bildungsreisende nicht daran, sich im späten 18. und 19. Jahrhundert ganz touristisch auf die Suche nach den Originalschauplätzen ihrer geliebten Dichtungen zu begeben, nach Griechenland, Palästina und nach Kleinasien. Die dort herrschenden Osmanen waren nicht mehr der bedrohliche Feind, sondern Verbündete im Kampf gegen das raumgreifende Russland. Und in der Troas fragten sich die Bildungsreisenden: Wo lag das viel besungene Troja?

von der Dardanellenmeerenge und zehn Kilometer vom Ägäischen Meer entfernt, könnte die Stadt Troja gewesen sein, wird sie doch von zwei Bächen umströmt. Diese entspringen etwas oberhalb, zu Füßen des Festungshügels Bali-Dag. Dort könnte die Burg des Priamos gelegen haben. So stellten sich die meisten Reisenden Trojas Lage vor, steht doch in der Ilias: „Und sie erreichten die beiden schön hinfließenden Brunnen, wo die Quellen entspringen des wirbelreichen Skamandros. Eine nämlich entfließt mit laufwarmem Wasser, und ringsum dampft es aus ihr wie Rauch aus loderndem Feuer. Aber die andere fließt im Sommer so kalt wie der Hagel oder wie kühler Schnee oder Eis, gefroren aus Wasser."

Immerhin gab es einen Anhaltspunkt: Die weite Ebene auf der asiatischen Seite des Ausgangs der Dardanellenmeerenge war als die „Troas" überliefert. Auf den ersten Karten zeichneten die Erkunder Troja nur als einen unbestimmten Ort in der Troas-Ebene ein. Doch dem Bild mit der umströmten Troja-Festung entsprachen vor allem zwei nah beieinanderliegende Siedlungsplätze: die Anhöhe Panbarşi, auch Bunarbaschi genannt, 13 Kilometer

Auch wenn es die nebeneinanderliegenden warmen und kalten Quellen schon seit der Antike nicht mehr gab – wenn es sie denn je gegeben haben sollte –, auch wenn in der Troas mehrere Stellen eine ähnliche Topografie aufweisen, beispielsweise der weiter nordwestlich gelegene Hisarlik-Hügel, die Lokalisierung Trojas wurde von Bildungsreisenden und Gelehrten dankbar angenommen. Vermutlich stammt sie von dem fran-

Mit Homer in der Hand | 121

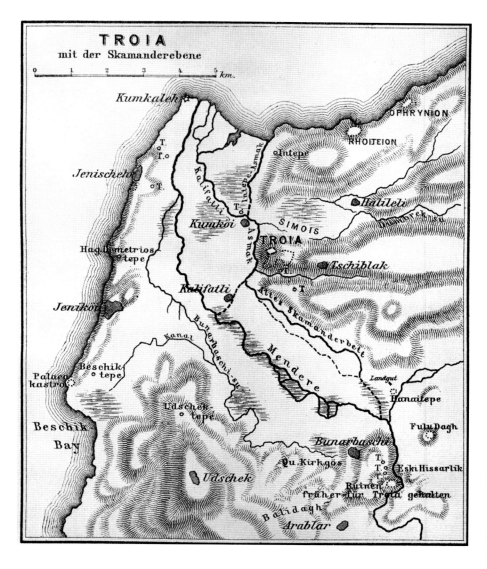

„Troia mit der Skamanderebene", Plan der Umgebung von Troja mit Flusslauf des Skamander aus „Schliemanns Ausgrabungen in Troja, Tiryns, Mykenä (…) im Lichte der heutigen Wissenschaft" von C. Schuchhardt, Leipzig (1891).

zösischen Archäologen Jean Baptiste LeChevalier, der 1785 das erste Mal die Troas bereiste. Auf jeden Fall war er es, der diesen Ort als TROIA in seiner Karte aufnahm. (Es erleichtert das Verständnis, wenn wir ab jetzt zwischen TROIA dem Ort und Troja als literarischem Schauplatz unterscheiden).

Auf den ersten Karten war der Hisarlik-Hügel gar nicht eingezeichnet, er tauchte erst gegen Ende des 18. Jahrhunderts auf – allerdings ohne Bezug zu Troja. Der Hisarlik-Hügel liegt näher am Meer als Panbarşi: fünf Kilometer von der Dardanellen-Meerenge und sechs Kilometer vom Ägäischen Meer entfernt. Hisarlik heißt auf Türkisch einfach nur: Burg-Hügel. Bei der Namensgebung irgend-

wann im Laufe der letzten Jahrhunderte hatten die Menschen der Umgebung scheinbar noch vor Augen, dass hier ein alter Siedlungsplatz war, vielleicht sah man sogar noch Reste alter Burgmauern. Doch im Laufe der Zeit hatte die Natur den Hügel zurückerobert, nur der winterliche Regen legte hier und da Teile antiker Bauwerke und einzelne Funde frei. Diese Geschenke nutzten die armen Bauern der Umgebung für ihre Zwecke: harter Marmorstein eignet sich gut als Amboss, kleinere Säulen als Türpfosten und -schwellen, größere Gefäße wurden als Brunnen benutzt – niemand nahm daran Anstoß.

Nur wenigen europäischen Bildungsreisenden gab dieser Hisarlik-Hügel zu denken. Als dort römische Münzen gefunden wurden, zogen einige Gelehrte den Schluss, dass hier das römische Neu-Illium gelegen haben muss, die Stadt, in der die römischen Kaiser ihren Ahnherren Aeneas verehrten. Noch einen Schritt weiter ging der schottische Zeitungsverleger und Amateurforscher Charles MacLaren, als er 1824 in einem Essay Hisarlik auch mit dem legendären Troja gleichsetzte, allerdings von seinem Schreibtisch in Schottland aus, weshalb seine These von manchem Forscher nicht wirklich ernst genommen wurde.

Doch 1847 konnte MacLaren dann seine These vor Ort überprüfen, war von ihr überzeugter denn je, und veröffentlichte 1863 schließlich eine ausführlichere „Beschreibung der Ebene von Troia". Es fehlte bislang allerdings jemand, der diese Theorie auch mit dem Spaten überprüfen wollte – und dieser jemand kam tatsächlich: Es war jedoch nicht, wie man vielleicht vermuten möchte, Heinrich Schliemann. Nein, es war Frank Calvert. Der entscheidende Verdienst an der Wiederentdeckung des Hisarlik-Hügels als möglichem Standort von Troja kommt neben MacLaren dem Briten Calvert zu.

Große Legenden über Archäologen

Kleiner Mann ganz groß, der gerade reich gewordene Schliemann in Sankt Petersburg im Jahr 1861.

Verdrängte Alpträume

Über 60 000 Briefe und ganze Stapel von Tagebüchern hat Schliemann in seinem Leben geschrieben – und vieles davon wird erst heute gesichtet. Ergänzt durch zeitgenössisches Archivmaterial, tritt eine Geschichte zu Tage, die den Schliemann-Legenden vollkommen widerspricht: die einer unglücklichen Kindheit, eines ehrgeizigen Aufsteigers, eines skrupellosen Kaufmanns und eines ebenso skrupellosen Archäologen. Seit er 1873 sein erstes Buch über TROIA veröffentlichte, pflegte er allen seinen Publikationen eine Autobiografie beizufügen. Diese schrieb und erzählte er so oft, dass er sie vermutlich am Ende sogar selbst glaubte. Demnach habe der Vater dem Knaben gern abends Märchen, Legenden und Geschichten über Homers Helden erzählt. Und als er Weihnachten 1829 „Jerrers Illustrierte Weltgeschichte" geschenkt bekam, habe er dem Vater erklärt, er würde einmal TROIA ausgraben.

Biografen und Historiker folgten beinahe wortwörtlich der Autobiografie Schliemanns. Zu beeindruckt waren sie von dem beispiellosen Wandel des Kaufmanns zum Forscher, der zu einem der größten Vorbilder des deutschen Bürgertums im späten 19. Jahrhundert avancierte. Doch mit diesen Mythen und eitlen Selbstdarstellungen versuchte Schliemann eine schlimme Wahrheit zu verdrängen. Obwohl der Vater Pastor in Ankershagen war, lebte er ausschweifend: er betrank sich ständig, und trieb sich mit anderen Frauen herum, selbst der jungen Magd im eigenen Haus. Seine Frau misshandelte und schwängerte er pausenlos. Sie war gerade einmal 36 Jahre alt und hatte neun Kinder geboren, als sie erschöpft und willenlos starb. „Nervenfieber" attestierte der Arzt, doch Heinrich, zu diesem Zeitpunkt gerade einmal neun Jahre alt, war sein Leben lang überzeugt, dass der Vater die Mutter systematisch in den Tod getrieben habe. Die Erniedrigung hätte größer nicht sein können: Die geliebte Mutter tot, der Vater ein Trinker und Ehebrecher, dem die Gemeinde das Pastorenamt entzog. Die Kinder wurden von ihren Altersgenossen gemieden, Heinrich musste die Schule abbrechen und bei einem Krämer in die Lehre gehen. Psychologen sind sich einig: Diese Schande, gepaart mit seiner kleinen, unscheinbaren Statur, erzeugte einen gewaltigen Minderwertigkeitskomplex, der Schliemann sein Leben lang verfolgte. Doch eben dieser Komplex spornte ihn auch an, der Welt zu zeigen, was in ihm steckt. Und um das zu erreichen, war ihm beinahe jedes Mittel recht.

Skrupelloser Emporkömmling

Der kleine, eher hässliche Mann aus der Provinz arbeitete sich zunächst in Handelskontoren in Hamburg und Amsterdam verbissen empor, abends paukte er Sprachen. Dank dieses Sprachtalents wurde er 1846 nach Sankt Petersburg geschickt. Doch kaum sah er eine günstige Gelegenheit, schnell zu Geld zu kommen, nahm er sie zu seinem eigenen Nutzen wahr. Er kündigte seinem Arbeitgeber, gründete ein eigenes Kontor und verdiente ein kleines Vermögen. Dann hörte er von einer Möglichkeit, noch schneller Geld zu verdienen. In Kalifornien wurde Gold gefunden, ganz Amerika befand sich im Goldrausch. Mit 30 000 Dollar im Gepäck reiste Schliemann 1850 nach Amerika, wo er jedoch nicht selber nach Gold grub, sondern eine Goldgräberbank gründete. Weit unter Marktwert kaufte er Gold, zahlte aber in bar und verkaufte das Gold zu Marktpreisen weiter. In kurzer Zeit verdoppelte er so sein Vermögen. 1853 brach der Krim-Krieg aus – Russland kämpfte gegen die Türken, die von England und Frankreich unterstützt wurden, um die Herrschaft über das Schwarze Meer und die Dardanellenmeerenge. Schliemann unterlief Ein- und Ausfuhrverbote kriegswichtiger Waren und lieferte das Salpeter für die Feuerwaffen an Russland. Er hatte keine Skrupel, sondern bedauerte nur eines: den Friedensschluss nach drei Jahren. Inzwischen war er mehrfacher Millionär, konnte von den Zinsen leben und sich der eigenen Bildung widmen.

Also auf nach TROIA? Keineswegs! Er reiste durch den Nahen Osten und durch Kleinasien, ohne sich für die Stätten Homers zu interessieren. In Sankt Petersburg löste er 1864 endgültig sein Geschäft auf und begab sich auf eine zweijährige Weltreise, die ihn nach Indien, Indonesien, China, Japan und wieder nach Amerika führte, nur nicht in die Ägäis. Mit 44 Jahren schrieb sich Schliemann 1866 an der Pariser Universität als Student ein: Sprachen, Philosophie und Ägyptologie – aber keine Archäologie. Alle diese Tatsachen beweisen: Schliemann dachte bis zum Jahr 1868 überhaupt nicht daran, Archäologe zu werden. Erst mit 46 Jahren wandte er sich Homer zu. Um die Stätten der Schlachten Achills und Agamemnons gegen Hektor und Aeneas zu besichtigen, brach er 1868 zu einer Bildungsreise in den Ägäisraum auf. Als „gewöhnlichen Touristen", der einen „pleasure trip" machen wolle, bezeichnete er sich selbst zu Beginn seiner Reise, da ihm die für wissenschaftliche Untersuchungen notwendigen Kenntnisse fehlten. Vier Monate nach seiner Rückkehr jedoch veröffentlichte er sein Reisetagebuch mit dem anmaßenden Untertitel „Archäologische Untersuchungen". Darin behauptete er, eigene Beobachtungen und seine genaue Auslegung von Homers „Ilias" hätten ihn TROIA entdecken lassen. Doch wie konnte sich Heinrich Schliemann in nur vier Monaten von einem Bildungsreisenden ohne Antiken-Wissen in einen Archäologie-Kundigen verwandeln? Lässt sich die Wahrheit nach so langer Zeit überhaupt noch herausfinden?

Das geheimnisvolle Tagebuch

Unter dem Großteil des schriftlichen Nachlasses von Heinrich Schliemann, der in der Athener Gennadius-Bibliothek aufbewahrt wird, befinden sich auch die Schliemann-Tagebücher aus den 1860er-Jahren. Obwohl Schliemann als Vielschreiber bekannt ist, füllen seine Aufzeichnungen von dieser wichtigen Reise nur gerade einmal die Hälfte eines kleinen gebundenen Kladdenheftes. Der Berichtzeitraum reicht vom 5. Mai (Rom) bis zum 30. August (Athen). Fast vier Monate war Schliemann unterwegs, und nur wenige Tage davon in der Umgebung TROIAS, der Troas. Kann es also stimmen, dass diese Region sein „eigentliches" Reiseziel war?

Während seines Aufenthaltes in Italien beschreibt er in italienischer Sprache auf gut 100 Seiten antike Stätten und Kulturdenkmäler; der griechische Teil umfasst nur knapp 20 Seiten. Den größten Teil seines siebenwöchigen Griechenland/Türkei-Aufenthaltes verbringt er auf Ithaka und der Peloponnes-Halbinsel. Nur eine knappe Woche ist der Troas zugedacht, und davon verbringt er die meiste Zeit auf Panbarşi, lässt von einheimischen Arbeitern kleine Probegrabungen vornehmen und begeht immer wieder das Gelände. Vom Hisarlik-Hügel ist die ganze Zeit über nicht die Rede, weil er ihn nicht besichtigt hat, sondern höchstens im Vorbeireiten gesehen haben kann! Als Schliemann am 14. August von Çanakkale aus, der Hafenstadt am Ausgang der Dardanellenmeerenge, nach Istanbul reisen will, verpasst er sein Schiff. Er muss zwei Tage warten und trifft in dieser Zeit mit dem britischen Diplomaten Frank Calvert zu-

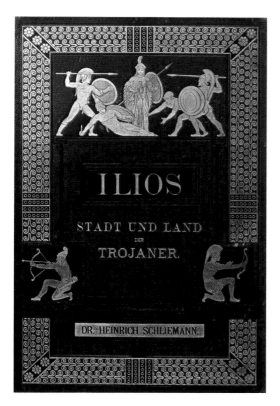

Überwiegend Trümmer zieren den Gang durch den Ruinenhügel von Hisarlik – hier sind es Teile des griechischen Athene-Tempels (TROIA VIII).

sammen. Der Hobbyarchäologe und ausgezeichnete Kenner der Troas weist ihn auf Hisarlik hin. Er lädt Schliemann in sein Haus ein, zeigt ihm Karten von der Troas und schwärmt von den Grabungsmöglichkeiten dort. In sein Tagebuch notiert Schliemann über diese Begegnung: „Er [Calvert] rät mir nachdrücklich, dort zu graben. Er sagt, der ganze Hügel besteht aus Siedlungsschichten. Er zeigte mir seine große Sammlung von Vasen und anderen Funden, die er dort während seiner Grabungen entdeckte." Als Schliemann schließlich am 16. August zunächst nach Istanbul und dann weiter nach Paris reist, hat er auf dem Dampfschiff viel Zeit und in seinem Kopf reift eine Idee. Und das macht Schliemanns eigentliche Größe aus – als Kaufmann und als Ausgräber: Er erkennt eine Chance, wenn sie sich bietet, und greift sofort zu. Er, ein in Ausgrabungen völlig unerfahrener Mann ohne große Bildung, bekommt vielleicht die Möglichkeit, das sagenumwobene Troja zu finden.

In Paris macht er sich sofort an die Arbeit und schreibt sein Reisetagebuch: Seine Detailkenntnisse entnimmt er fremden Reisebeschreibungen und den Ausführungen. Denn während er in Paris sein Buch schreibt, nimmt er gleichzeitig per Briefwechsel archäologischen Nachhilfeunterricht bei dem Briten Calvert: „Wann ist es am günstigsten, mit der Arbeit zu beginnen? Bitte senden Sie mir genaue Angaben über sämtliche Gerätschaften und alle notwendigen Dinge, die ich mitnehmen soll (...) Kann ich genug Arbeiter bekommen? Wie lange wird es dauern, bis ich den künstlichen Hügel abgetragen habe?" Außerdem liest er Unmengen kulturgeschichtlicher und archäologischer Bücher. All das Wissen, das er sich in nur vier Monaten aneignet, fließt in sein Buch „Ithaka, Peloponnes und Troja – Archäologische Forschungen". Dieses zeugt aber nicht nur von Wissen, sondern auch von Fantasie, denn einige Szenen sind frei erfunden, wie beispielsweise seine Beschreibungen des Hisarlik-Hügels: „Gegen zehn Uhr morgens kamen wir auf ein weit ausgedehntes hochgelegenes Terrain, welches mit Scherben und Trümmern von bearbeiteten Marmorblöcken bedeckt war. Vier einzelnstehende, zur Hälfte im Boden vergrabene Säulen zeigten die Stelle eines großen Tempels an. Die weite Ausdehnung des mit Trümmern besäten Feldes ließ uns nicht bezweifeln, dass wir auf

Sich ins Dunkle der Geschichte hineinbuddeln – der Schliemanngraben wurde in einer zeitgenössischen Illustration etwas übertrieben zerstörerisch dargestellt.

dem Umkreise einer großen, einst blühenden Stadt standen, und wirklich befanden wir uns auf den Ruinen von Neullium, jetzt Hisarlik genannt, welches Wort Palast bedeutet."

Noch schwerwiegender jedoch ist eine Tatsache: Heinrich Schliemann begann seine Archäologie-Karriere mit einer Lüge. Der alleinige Verdienst an der Entdeckung TROIAS kommt Frank Calvert zu. Der britische Diplomat wuchs im Osmanischen Reich auf und nahm bereits mit 21 Jahren (1849) an einer ersten Exkursion in die Troas teil. Spätestens 1860 identifizierte er Hisarlik als die Stätte TROIAS. Er erwarb Grundstücke, führte Probegrabungen durch und publizierte seine Erkenntnisse in kleinen Beiträgen. Aber die Ausgrabungen überforderten seine finanziellen und organisatorischen Möglichkeiten. Diese Aufgabe verlangte einen Mann vom Format Schliemanns. Es zeichnet Schliemanns Spürsinn aus, dass er die Chance sofort erkannte, mit der Freilegung TROIAS Ruhm in der Welt der Kultur zu ernten. Parallel zu den Grabungsarbeiten, die er seit 1871 leitete, setzte sich Schliemann selbstgerecht in Szene, versorgte die europäischen Zeitungen mit seinen Grabungsberichten und drängte Calvert immer mehr in den Hintergrund. Als Calvert sich später wehrte, indem er in einem Artikel seine früheren Grabungsergebnisse zusammenfasste und Schliemanns Arbeiten als Fortsetzung seiner eigenen titulierte, kam es zum offenen Streit zwischen den beiden. Außer sich vor Wut geriet Schliemann, als Calvert in einem offenen Brief an den „Guardian" 1875 das längst Verdrängte aussprach: „Als ich den Doktor [also Schliemann] im August 1868 zum ersten Mal traf, war ihm der Ort Hisarlik als Platz von Troja neu." Nun behauptete Schliemann, schon vor seiner Reise in die Troas 1868 TROIA lokalisiert zu haben. Der Größenwahn stieg ihm zu Kopf, doch die bewundernde Öffentlichkeit folgte ihm – und vergaß Frank Calvert.

Ungeduldiger Ausgräber mit erkauftem Doktorhut

Noch vor der Abreise nach TROIA hatte Schliemann seinen Reisebericht „Ithaka, Peloponnes und Troja" zusammen mit einer üppigen Schenkung als Habilitation an der Universität Rostock eingereicht. Angenommen! Manche sprechen deshalb offen davon, er habe sich den „Doktor" einfach erkauft. Und bereits vor dem ersten Spatenstich in TROIA im Herbst 1871 berichtete er in zahlreichen Zeitschriften von seinen erfolgreichen Grabungen. Doch in Wirklichkeit verließ ihn der Mut beinahe schon nach drei Wochen. „Ich glaube jetzt nicht mehr, jemals Troja hier zu finden", schrieb er in sein Tagebuch. Um so mehr Übereifer entwickelte er – gegen alle Ratschläge Frank Calverts: Weil er den Palast des Priamos auf dem Urboden vermutete, zog er einen gewaltigen Graben (heute Schliemanngraben genannt) durch den Hisarlik-Hügel und ließ den „ganzen künstlichen Teil", alle Spuren nachfolgender Kulturen, achtlos an die Seite räumen. Sämtliche Funde in den tieferen Bereichen stellte er in den Zusammenhang mit der „Ilias". Obwohl er nur eine kleine schäbige Burganlage fand, erklärte er sie zum „Palast des Priamos". Als er kurz vor Grabungsschluss 1873 einen Schatz fand, konnte es nur der „Schatz des Priamos" sein. Heute werden diese Funde der frühen Bronzezeit zugeordnet – mehr als 1000 Jahre älter als das von Homer besungene TROIA!

Schliemann hatte keine Skrupel, seinen „Schatz des Priamos" an den türkischen Behörden vorbei aus dem Land zu schmuggeln. Dank Schliemanns Propagandafeldzug nennt die ganze Welt bis heute diesen Schatz, der nach dem Zweiten Weltkrieg für fünf Jahrzehnte verschwunden war, bis er 1995 in Moskau wieder auftauchte, fälschlicherweise den „Schatz des Priamos". Im Jahr des

Sophia Schliemann (1852–1932), ab 1869 zweite Ehefrau Schliemanns, mit Goldschmuck aus dem großen Schatzfund von Troia.

Katalog des Schatzfundes, den Schliemann als den „Schatz des Priamos" weltberühmt (rechts oben).

Schatzfundes verkündete Schliemann, es gebe nichts mehr zu erforschen, er habe alles gefunden, was überhaupt zu finden sei – nicht nur darin sollte er sich täuschen. Doch Schliemann hatte schon das nächste Objekt seiner Begierde auserwählt: Mykene, die alte Festung aus Zyklopenmauern im Südosten der Peloponnes. Um die Grabungslizenz zu bekommen, zögerte er nicht, Teile des TROIA-Fundes gegenüber der griechischen Regierung als Pfand einzusetzen.

Die 1874 begonnenen Grabungen in Mykene verliefen nicht so chaotisch wie in TROIA, Schliemann konnte sich auf ein kleines, vielversprechendes Areal auf dem Burgberg konzentrieren. Allerdings überschritt er immer wieder die strengen Auflagen, die ihm die griechische Regierung gemacht hatte. So grub er nicht nur wie vereinbart auf dem Burgberg, sondern legte auch Gräber unterhalb der Akropolis frei. Nach einer Pause 1875 stieß er im Folgejahr – wieder auf dem Burgberg – auf das Gräberrund A mit seinen reichen Grabbeigaben. Und wieder triumphierte Schliemann – und irr-

te sich dabei kolossal. Dieses Mal wollte er nicht mit Homer, sondern mit Pausanias' Beschreibung („Reisen in Griechenland") in der Hand die Gräber der Helden des Trojanischen Krieges finden. Doch was er fand, war 300 Jahre älter als die Zeit seiner geliebten Helden im 13. Jahrhundert v. Chr. Denn nur der obere Teil der Grabanlage mit seiner Kultanlage gehört zur späten Bronzezeit (der Zeit des Trojanischen Krieges). Schliemann hatte wieder unwissend durch diesen Zeithorizont hindurch in die anonyme Vorgeschichte graben lassen. Doch als er dort Totenmasken freilegte, meinte er, eine davon könne nur die von Agamemnon sein. Und wieder landete er einen PR-Coup, bevor Experten ihm widersprechen konnten. Er telegraphierte an den griechischen König: „In höchster Freude melde ich Euer Majestät, dass ich die Gräber aufgedeckt habe, welche die von Pausanias vertretene Überlieferung als die Grabstätten von Agamemnon, Kassandra, Eurymedon und ihren Gefährten bezeichnete (…) die sämtlich ermordet wurden." Seitdem ist die „Totenmaske des Agamemnon" in aller Welt bekannt, allen Widerrufen zum Trotz. Nach diesem Fund verlor Schliemann das Interesse an Mykene, veröffentlichte jedoch ein Buch über seine Ausgrabungen, um seine Sicht der Dinge zu verewigen.

Kommen, gezielt ausgraben und einen Schatz abräumen, den man einem antiken Helden zuordnen kann – nach dem gleichen Muster wie in TROIA und Mykene wollte Schliemann auch noch in Delphi, Olympia und auf Kreta graben. Doch das eine Mal (in Olympia) bekam er keine Grabungserlaubnis, das andere Mal (auf Kreta) war ihm das Grundstück, das er erwerben sollte, zu teuer. Er fuhr dorthin und zählte die Olivenbäume, obwohl er sie ohnehin hätte fällen müssen. Es waren weniger, als auf dem Papier standen, der Kaufmann in ihm zürnte und er reiste wieder ab. 20 Jahre später grub Arthur Evans genau an dieser Stelle den Palast von Knossos aus.

Mit Homer in der Hand | 127

Die in Mykene geborgene Goldmaske konnte für Schliemann nur von Agamemnon selbst stammen, tatsächlich ist sie viel älter.

Eingang zum sogenannten Schatzhaus des Atreus, tatsächlich die Grabkammer eines unbekannten mykenischen Herrschers (unten).

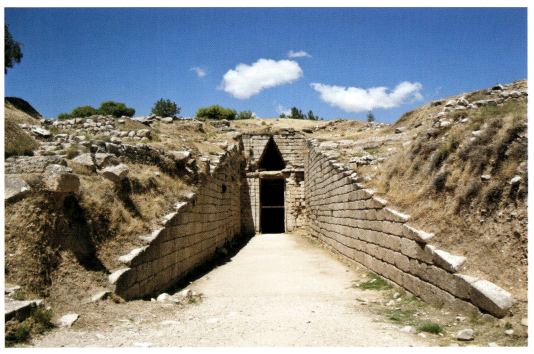

Schliemann war nun 55 Jahre alt und hatte sich in nicht mal zehn Jahren vom harmlosen Bildungsreisenden zum Ausgräber gemausert, über den jeder sprach. Doch nicht zuletzt wegen dieser anmaßenden Art blieb seine Arbeit in Fachkreisen lange Zeit umstritten und die Gelehrtenwelt versagte ihm die Anerkennung. Deshalb blieb ihm nichts anderes übrig, als doch noch einmal in TROIA zu graben. 1878 begann er mit einer zweiten Kampagne – und dieses Mal ging er schon etwas professioneller vor. An seiner Seite hatte er nun zum einen den Arzt und Gelehrten Rudolf Virchow, der ihm zu umsichtigem Vorgehen riet und auch das Pflanzen- und Knochenmaterial untersuchte. Vor allem aber hielt Schliemann jeden Grabungsschritt schriftlich fest. Diese lückenlose Dokumentation ermöglicht es den Archäologen heute nachzuvollziehen, wie die Stätte einmal ausgesehen haben muss.

Doch sein dogmatischer Anspruch blieb bestehen: Er allein war „Mr. TROIA"! Als sein Intimus und bester Berater Virchow in Berlin eine Abhandlung über Skelettfunde der zweiten Grabungskampagne auf der Troas herausgeben wollte, schickte ihm Schliemann ein Telegramm in die Reichshauptstadt und erklärte kurz und knapp: „Nichts veröffentlichen, sonst Freundschaft ruiniert und Liebe zu Deutschland." Die erste Konsequenz war klar formuliert, die zweite jedoch etwas rätselhaft. Mit der „Liebe zu Deutschland" meinte er seinen Entschluss, die TROIA-Funde dem Berliner Museum zu vermachen. Daran war Virchow gelegen und er zog sein Anliegen zurück. Schliemanns Methoden, seine Ziele zu erreichen, blieben allerdings die eines windigen Spekulanten. Doch für die dritte Grabungskampagne in TROIA 1882 hatte Schliemann von den Ausgrabungen in Olympia den begabten Architekten Wilhelm Dörpfeld abwerben können. Ein einmaliger Glücksfall für die Erforschung der Stätte, denn als Dörpfeld sich die Grabungsstätte ansah, hatte er sofort einen Verdacht: Schliemann hatte am TROIA der Ilias vorbei in viel frühere Zeiten graben lassen. Deshalb untersuchte Dörpfeld die von Schliemann verachtete 20 Meter dicke Schicht von Siedlungsresten genau: Was kommt vorher, was kommt nachher? Wieviele Schichten gibt es? Wo wurde die Abfolge der Schichten durch Erosion verändert?

Schliemann war jedoch nicht interessiert an dieser Detailarbeit, er ließ es bei der einen Grabungskampagne bewenden. Stattdessen unternahm er mit Dörpfeld an seiner Seite in den kommenden Jahren Ausgrabungen an der mykenischen Burg von Tiryns sowie Reisen nach Ägypten. Doch während dieser Zeit wurden Schliemanns Grabungsergebnisse in TROIA immer wieder in Zweifel gezogen. Zwei Konferenzen 1889 und 1890 mit internationalen Wissenschaftlern vor Ort brachten ihm nicht die entscheidende Anerkennung seitens der Gelehrten, die er auf seine

Posieren fürs Fotoalbum rund um das Löwentor von Mykene: Heinrich Schliemann mit Frau und Mitarbeitern – darunter auch der Experte für die Entschlüsselung von Grabungsschichten Wilhelm Dörpfeld.

Kosten hatte anreisen lassen. Schliemann musste seinen großen Irrtum erkennen: Bei der Grabung 1882 hatten seine Arbeiter eine Mauer durchstoßen, die, wie er notierte, „in höchst solider Weise aus großen lagerhaften Steinplatten ohne Mörtel besteht". Dieses monumentale Bauwerk wollte er bei der vierten Grabungskampagne, die gleich nach der Konferenz 1890 startete, unter der Führung von Dörpfeld freilegen lassen. Doch ein altes Ohrenleiden kam ihm dazwischen. Er beendete die Grabungen schon im August, ließ sich aber wegen vieler Termine erst im November in Halle operieren und reiste gegen den ärztlichen Rat in Richtung Athen ab, wo er mit seiner Familie Weihnachten feiern wollte. Auf dem Weg dorthin legte er mehrere Zwischenstopps ein, um unter anderem seinen Verleger in Leipzig zu sprechen und in Neapel neue Funde aus Pompeji anzuschauen. Das Ohr schmerzte wieder, doch Schliemann achtete nicht darauf. Mitten in Neapel brach er zusammen. Da er keine Papiere bei sich hatte, wollte das Krankenhaus diesen unscheinbaren Mann nicht aufnehmen. Nur ein italienischer Arzt, dessen Rezept er bei sich trug, konnte ihn identifizieren. Schliemann, aus der Ohnmacht erwacht, wollte unbedingt wieder ins Grand Hotel. Als er dort durch das Foyer getragen wurde, erklärte der Besitzer einem Gast: „Das ist der berühmte Schliemann!"

Heinrich Schliemann starb am 26. Dezember 1890, bevor er seinen letzten TROIA-Plan realisieren konnte. Erst 1893/94 legte in seiner Nachfolge Wilhelm Dörpfeld die Verteidigungsmauer aus der TROIA-VI-Phase frei. Die Mauer bestätigte auch Dörpfelds Vermutung, dass der Hisarlik-Hügel einer Zwiebel gleicht. Die neuen Siedlungen stülpten sich, einer nach der anderen, wie die Schalen einer Zwiebel über die älteren. Das hieß aber auch, dass sich im inneren Bereich nur die ältesten Siedlungsschichten finden ließen, weiter außen nur die jüngeren. Auf dem Hügel und um ihn herum fand sich die jüngste Bebauung aus römischer Zeit, die gewaltige Verteidigungsmauer umfasste den gesamten Hügel und stammte ohne Zweifel, das bewiesen die Gefäßfunde, aus mykenischer Zeit. Alle anderen Siedlungsschichten im Hügel mussten folglich älter als die mykenische Periode sein.

Ausgehend von diesen Eckpunkten ordnete Dörpfeld die neun Schichten, die er entdeckt hatte, in fünf Perioden zusammen und markierte sie auf seiner Karte: Die ersten beiden Schichten nannte er die „Uralten Schichten" TROIA I und II. Es waren die Gebäudereste, die Schliemann auf dem Urgrund seines Grabens entdeckt hatte und zunächst als „Palast des Priamos" ausgab. Dörpfeld war sich bewusst, dass sie nicht nur älter als das homerische TROIA waren, sondern auch deutlich älter als andere Schichten darüber. Zwischen den

Nicht ein, sondern etliche TROIAS

Als Heinrich Schliemann 1871 mit der ersten Grabung auf dem Hisarlik-Hügel südöstlich der Dardanellenmeerenge begann, verfolgte er nur eine Idee: Er wollte den Palast des Priamos finden, die Wahrheit der „Ilias" beweisen. Im Übereifer ließ er sämtliche Spuren anderer Kulturen achtlos beiseiteräumen und grub um mehr als 1000 Jahre am TROIA der Ilias vorbei in die frühe Bronzezeit. Statt der Paläste fand er nur eine kleine Burganlage. Die von Schliemann verachtete 20 Meter dicke Schicht von Siedlungsresten wertete der langjährige Grabungsleiter Manfred Korfmann dagegen als „Glücksfall für die Archäologie". Die TROIAner bauten ihre Häuser mit nicht wiederverwertbaren Lehmziegeln. Eine aufgegebene Stadt wurde vor dem Neubau eingeebnet. Im Laufe der Jahrhunderte lagerte sich so Schicht auf Schicht, TROIA auf TROIA ab. Diese 20 Meter dicke Hügelkuppe unterteilen die Archäologen mittlerweile in neun Hauptperioden mit 46 einzelnen Bauphasen. Angefangen mit der untersten, TROIA I, das ungefähr in der Zeit von 3000 bis 2500 v. Chr. gestanden haben muss, werden die Perioden nach oben bis zu TROIA IX durchgezählt.

Uralt-Schichten und der mykenischen Zeit konnte er noch drei weitere Schichten ausmachen, die er die „Praehistorischen Schichten" (TROIA III bis V) nannte. Nun erst kam die „Mykenische Schicht" (TROIA VI), dann folgte die eigentliche griechische Zeit, die Dörpfeld als vorrömische Schichten in zwei Phasen unterteilte TROIA VII und VIII). Den Abschluss bildete die römische Bebauung, die römische Schicht (TROIA IX).

Heutige Ausgrabungen haben Dörpfelds Schichtenmodell bestätigt und nur noch weiter differenziert. Genauso wurde bestätigt, dass es sich bei der Festungsmauer um die des mykenischen, heute sagt man: spätbronzezeitlichen „Troias" handelt. Das heißt: die Burg, die Homer als Vorbild für seine Dichtung diente, hat Schliemann, der Ausgräber von TROIA, nie mit eigenen Augen gesehen.

TROIA-Grabungsleiter Manfred Korfmann erläutert den Bebauungsplan des Burgbergs; die „Dörpfeld-Karte" gilt weitgehend noch heute.

> „Langfristig kommt es uns viel billiger zu stehen,
> wenn wir Archäologen damit beauftragen,
> herauszufinden, was beim letzten Mal geschah,
> als wenn wir die gleichen Fehler wiederholen."
>
> Jared Diamond (*1937)

Von Angkor Wat bis zu den Maya-Tempeln von Palenque

Dem Dschungel entrissen, vor dem Vergessen bewahrt?

Im Jahre 1814 auf Java. Nachdem die Männer der Holländischen Ostindien-Kompanie den indonesischen Archipel 200 Jahre lang ausgebeutet haben, hat drei Jahre zuvor das aufsteigende britische Empire die Herrschaft dort übernommen und Thomas Stamford Raffles zu seinem Gouverneur ernannt. Während seine Vorgänger nicht nur Javas sondern die gesamt südostasiatische Vergangenheit als barbarisch abtaten und ignorierten, übernimmt der 30-jährige bildungshungrige Leutnant außer der Verwaltung auch das Amt des Präsidenten der „Batavian Society of Arts und Sciens" und lässt nun das Land und seine kulturellen Reichtümer intensiv erforschen. Ausgerechnet einer von Raffles holländischen Offizieren, H. C. Cornelius, macht 25 Kilometer nordwestlich von Yogyakarta den erstaunlichsten Fund.

Wie solch eine Entdeckung abläuft, beschreibt der Archäologe John Miksic: „Ich stelle mir vor: Als Cornelius diese Stätte zum ersten Mal sah, stieß er auf ein von wilden Pflanzen und Gestrüpp zugewuchertes Areal, deutlich dichter bewachsen als die Umgebung. Hier und dort muss er einzelne Statuen gesehen haben, die aus dem Boden herausragten. Nur diese Figuren erregten anfangs seine Aufmerksamkeit, denn ganz offensichtlich hatte ihm niemand erzählt, dass der gesamte Hügel ein menschengemachtes Bauwerk war. Erst nach und nach, denke ich, begann er zu begreifen, dass es sich hier um etwas sehr viel Größeres handelte als ein paar Statuen auf einem urwüchsigen Hügel. Ich selbst habe zwei oder drei ähnliche Erfahrungen gemacht mit kleineren, nicht so bedeutenden Bauwerken wie Borobudur."

Cornelius fertigte etliche Skizzen des Ortes an und eilte zurück nach Jakarta. Raffles war von der Nachricht begeistert, doch er steckte bis über beide Ohren in Arbeit. Denn kaum zum Gouverneur

Idyllische Zerstörung – In der kleinen Tempelanlage Ta Prohm, zwei Kilometer nordwestlich von Ankor Wat, kann sich der Urwald weiter ungehindert entfalten.

Thomas Stamford Raffles (1781–1826) kümmerte sich als Gouverneur von Java nicht ausschließlich um die Verwaltung des Archipels, vielmehr interessierten ihn auch die kulturellen Hinterlassenschaften.

ernannt, hatte Raffles sogleich mit einer umfangreichen Neugestaltung der Kolonie begonnen: Er setzte eine Landreform durch, die den Bauern das Land zurückgab, reduzierte die Beamtenschaft, schränkte den Sklavenhandel und die Einfuhr von Opium ein und wollte sogar eine kostenlose medizinische Versorgung einführen. Aber auch das Land interessierte ihn; so oft er konnte, erkundete er Flora und Fauna der Insel, bestieg die Vulkane und ließ sich die Kultur der Einwohner erklären.

Erst ein Jahr nach Cornelius' Entdeckung startete eine Expedition und legte die rund 400 Kilometer von Jakarta aus durch den Dschungel auf Pferden zurück. Am 18. Mai 1815 stand Raffles dann endlich vor diesem seltsamen Hügel – und war wie elektrisiert. Er ahnte verborgene Größe und ließ in nur zwei Wochen das Bauwerk durch 200 Einheimische von Unterholz und Erdreich befreien – und nicht nur Raffles, alle Anwesenden wurden von dem Anblick überwältigt. „Dem Bauwerk haftet etwas Sogartiges an, ja Zwanghaftes. Jeder Teil ist auf das Ganze ausgerichtet." So fasst Raffles Biograf Nigel Barley die Wirkung zusammen. „Man kann sich gar nicht dagegen wehren, auf dem Weg der Erleuchtung immer weiter nach oben fortzuschreiten." Denn dieses 115 Meter lange und ebenso breite, 33 Meter hohe, angeblich von Barbaren errichtete Bauwerk verkörpert nicht weniger als eine Meditation aus Stein. Streng genommen ist Borobudur eine Stufenpyramide, die massiv über einem natürlichen Hügel errichtet wurde. Sie besteht aus ansteigenden und dabei kleiner werdenden Terrassen, sechs quadratischen und drei runden, und gipfelt in der Mitte in einer steinernen, glockenförmigen Stupa.

Auf den obersten drei runden Terrassen wird Arupadhatu, die Sphäre der Formlosigkeit dargestellt. Da das Formlose nicht darstellbar ist, soll die auf der obersten Terrasse in einer abgebrochenen Spitze auslaufende große Stupa den vollkommen vergeistigten Zustand der Leere, des Nirvanas, symbolisieren. Auf den sie umgebenden drei runden Ebenen stehen 72 kleinere, gitterförmige Stupas, in denen Buddhastatuen in unterschiedlichen Haltungen ruhen. So vereint

Ansicht des Tempels von Borobudu aus der Feder des niederländischen Ingenieurs H. C. Cornelius. Die Zeichnung fertigte er ein Jahr vor Raffles Expedition an.

Von Angkor Wat bis zu den Maya-Tempeln von Palenque | 133

Eigentlich waren alle Buddhastatuen der oberen Terrassen von Stupas eingeschlossen und konnten nur durch die Öffnungen berührt werden, was Glück bringen sollte.

Borobudur Lehrpfad, Stupa und Mandala in einem einzigen kunstvollen Bauwerk.

Je nach der Perspektive des Betrachters ändert das Bauwerk seine Erscheinungsweise: Von fern sieht Borobudur wie eine große Stupa aus, beim Näherkommen verwandelt es sich jedoch in eine mit Buddhafiguren geschmückte Stufenpyramide. Von oben gar, das konnte Raffles noch nicht sehen, gleicht es einem Mandala, dessen Muster eine geheime Botschaft trägt. Wer den Tempel schließlich begeht, da war Raffles wohl der Erste, der dies nach Jahrhunderten wieder bewusst tat, macht eine Lehrreise durch die drei Seinsformen gemäß des buddhistischen Weltverständnisses: Die unterste Ebene Kamadhatu, die Welt der Begierden, wird in 160 Steinreliefs voller Leidenschaft und Leid in Alltagsszenen dargestellt. Die darüberliegenden fünf quadratischen Terrassen bilden Galerien, auf deren Reliefs der Lebensweg Buddhas, aber auch seine Vorleben und das Nachwirken in der Welt erzählt wird.

Wenige Monate nach seiner Expedition erreichte Rattles die Anweisung, dass er im Auftrag der englischen Regierung die Kolonie an die Holländer zurückzugeben hatte. Nachdem dies geschehen war, reiste Raffles über Umwege nach England und verfasste dort seine „History of Java". Mit diesem Sammelsurium seiner Erlebnisse und Erfahrungen machte er Borobudur in der westlichen Welt bekannt. Aber er war kein ruhiger Schreibtischforscher: Nach einem kurzen Auf-

Borobudur

Aus der Vogelperspektive hat Borobudur die Struktur eines Mandalas.

Der Name Borobudur leitet sich vermutlich von Bharabuddha ab, was „erhabener Buddha", aber auch „viele Buddhas" bedeuten kann. Erst seit 1983 erstrahlt das Bauwerk wieder in seiner ursprünglichen Pracht. Rund 2500 Meter umlaufende Reliefdarstellungen, 504 Buddhafiguren und 72 Stupas sprengen nahezu das Vorstellungsvermögen der Besucher.

Borobudur entstand ungefähr zwischen 780 und 850 n. Chr., als die buddhistische Shailendra-Dynastie in Zentraljava die hinduistischen Herrscher vorübergehend verdrängt hatte. Der Reichtum der Region lag schon damals in den fruchtbaren Vulkanböden. Der Bau von terrassenförmigen Reisfeldern und Wasserkanälen ließ eine gut organisierte Gesellschaft entstehen, die auch dazu in der Lage war, aus Millionen Steinen über Jahrzehnte lang Borobudur zu errichten. Das gesamte Bauwerk war einmal – wie bei Stupas üblich – weiß verputzt und leuchtete wie eine Lotusblüte. Spätestens 1006, beim schwersten Ausbruch des Vulkans Merapi seit Menschengedenken, wurde Borobudur von Lavaasche bedeckt. Das Bauwerk wurde beschädigt, doch da es massiv auf einem Hügel errichtet ist, brach es nicht ein.

enthalt in Bengkulu gründete er 1819 den Kolonialposten „Singapur".

Die Holländer indes setzten nicht nur die von Raffles begonnenen Reformen in Indonesien fort, sie führten 1817 auch die Freilegung von Borobudur weiter. Allerdings schützten sie dieses auf der Welt einmalige Bauwerk nicht weiter gegen Wind, Wetter und Raub – mit bösen Folgen. Borobudur wurde, scheinbar ganz so wie es die zentrale Archäologie-Legende will, dem Dschungel entrissen. Aber kann auch von einem echten Wiederentdecken der Anlage gesprochen werden? Der Hügel mit seinen vielen freiliegenden Skulptur-Resten war auch von den Einheimischen noch als ein ehemaliges Bauwerk zu erkennen gewesen, als Muslime hatten sie jedoch kein Interesse an diesem Platz der Ungläubigen, sie mieden ihn.

Aber im Fall von Kambodschas Angkor Wat scheint diese Legende zu stimmen, denn kennt nicht jeder die Bilder seiner Tempelwände, die von Wurzeln der Dschungelbäume wie von Tintenfischarmen in den Würgegriff genommen werden?

Angkor ist mehr als Angkor Wat

Schon Ende des 16. Jahrhunderts erwähnte der portugiesische Kapuzinermönch Antonio da Magdalena in den Berichten seiner Missionsreisen durch den Fernen Osten über einen Tempel in Kambodschas Dschungel, den die Einheimischen „Angar" nannten: „Er ist von solch außerordentlicher Bauweise, dass es unmöglich ist, ihn mit der Feder zu beschreiben (...), er ist wie kein anderes Bauwerk auf der Welt. Er hat Türme und Verzierungen und alle Finessen, die menschlicher Schöpfergeist ersinnen kann." Auch den anderen Europäern, die in den folgenden Jahrhunderten Südostasien erkundeten, erschien es, als ob die Tempelanlage vollkommen in Vergessenheit geraten, vom Dschungel überwuchert und erst von ihnen wiederentdeckt worden wäre. Dies trifft tatsächlich auch für einen Großteil der benachbarten Tempel wie Bakong oder Phnom Bakheng zu. Nicht jedoch für Angkor Wat selbst, es blieb verschont, weil es nach dem Untergang der Khmer-Reiche als buddhistisches Kloster bewohnt blieb – „Wat" heißt nichts anderes als „Sitz einer buddhistischen Gemeinschaft".

„Angkor" dagegen heißt eigentlich „Königsstadt" und unter diesem Begriff wurden mittlerweile vier verschiedene Bedeutungen zusammengefasst: Angkor bildet geografisch das Gebiet zwischen Kambodschas großem See, dem Tonle Sap, und dem Phnom-Kulen-Gebirgszug, in dem die Städte und Tempel der Khmer-Könige lagen. Auch die Zeit der Großreiche von 802 bis 1431 n. Chr. wird als Angkor bezeichnet. Ebenso werden die ehemaligen Hauptstädte der bedeutenden Khmerkönige Yasovarman I., Suryavarman I. und II. und Jayavarman VIII. Angkor genannt. Und inzwischen dient Angkor als Name für die Stilrichtung der konzentrisch gebauten Tempelberge mit ihren individuell gestalteten Skulpturen und Reliefs.

Den ersten Reiseberichten wurde in Europa allerdings wenig Beachtung geschenkt; man tat die Beschreibungen als Übertreibung ab, in dem Vorurteil, dass niemand außer Griechen oder Römern zu solchen Bauwerken fähig gewesen sei. Erst als der französische Botaniker Henri Mouhot um das Jahr 1860 mit Berichten von seiner Forschungsreise die gesamte Khmer-Kultur in Europa bekannt machte, erwachte das Interesse. Und es dauerte noch einmal gut 30 Jahre, bis 1908 der Franzose Jean Commaille erster Beauftragter zum Schutz der Bauwerke Angkors wurde. Er widmete sich als erstes dem noch gut erhaltenen Angkor Wat, ließ Bäume fällen, Erosionsschichten abtragen und erste Touristenwege anlegen.

Das eigentliche Angkor Wat stellt eine 1500 mal 1300 Meter große Tempelanlage dar, deren fünf symmetrisch angeordnete Tempeltürme ein Zentrum bilden, um das sich fünf rechteckige, immer größer werdende Umgrenzungsbauwerke gruppieren, die wiederum von einem rund 200 Meter breiten ummauerten Wassergraben eingefasst werden. So symbolisiert die eigentlich Krishna geweihte Tempelanlage die kosmische Ordnung nach Vorstellung des Hinduismus: Das Weltmeer (Wassergraben) umringt den Kontinent Jambudvipa (Galerien), in dessen Zentrum sich das Göttergebirge Meru erhebt. So besteht die Galerie, welche die Kontinente darstellt, auf ihrer gesamten Länge, immerhin 700 Meter aus zwei Meter hohen Flachreliefs, die Szenen aus dem Mahabharata- und dem Ramayana-Epos, aber auch aus der Khmer-Geschichte sowie eine Himmel-Hölle-Vision wiedergeben. Das Göttergebirge wird von den unterschiedlich hohen, versetzt stehenden Türmen in der Gestalt geschlossener Lotusblüten symbolisiert. Das Allerheiligste schließlich, der Schrein,

Die im 19. Jahrhundert wiederentdeckte und seit 1973 unter UNESCO-Hilfe restaurierte Anlage (Welterbestätte seit 1991) zieren Hunderte Reliefs und Buddhafiguren (links).

Nachfolgende Doppelseite: Der von Suryavarman II. (1113–1152) erbaute Tempel Angkor Wat ist das größte Bauwerk in ganz Südostasien, seine Umfassung misst 1500 mal 1300 Meter, der Graben darum ist 200 Meter breit. Der eigentliche Tempel erreicht fast 200 Meter im Quadrat.

Khmer-Reiche

Um ca. 800 n. Chr. begann in Südostasien der Aufstieg des Khmer-Reiches, das zeitweise die Gebiete des heutigen Kambodschas, Thailands, Laos und Südvietnams umfasste. Beherrscht wurde dieses Großreich von den weiträumigen Tempelstädten, die die Herrscher in der Ebene Kambodschas errichten ließen. Das erste Angkor ließ Yasovarman I. Ende des 9. Jahrhunderts im Süden rund um das Heiligtum Phnom Bakheng errichten, Anfang des 11. Jahrhunderts verlagerte Suryavarman I. das Stadtzentrum rund um den Königspalast Angkor Thom. Erst in der 1. Hälfte des 12. Jahrhunderts ließ Suryavarman II. sein Stadtzentrum rund um das neue Angkor Wat aufbauen. Nach dem Überfall durch die benachbarten Cham im Jahre 1177 ließ Jayavarman VIII. seine Hauptstadt wieder rund um Angkor Thom anlegen. Warum jedoch immer wieder dort?

Nach dem Monsun schwollen der Mekong sowie Bäche, Kanäle und der Binnensee Tonle Sap an und versorgten die Reisfelder mit fruchtbarem Schlamm – später wurde dann das langsam wieder abziehende Wasser mit Dämmen für den Reisanbau zurückgehalten. Während der Zeit des Hochwassers hatten die Bauern in der Landwirtschaft keine Beschäftigung, wohingegen sich die vollen Flüsse und Kanäle zum Transport der schweren Sandsteinblöcke aus dem Kulen-Bergmassiv eigneten. Für diese Arbeit wurden allerdings auch Sklaven herangezogen, wie aus Tempelinschriften in Sanskrit zu erfahren ist.

Zwischen Mitte des 14. und Mitte des 15. Jahrhunderts wurde die Königsstadt mehrmals von den Siamesen erobert und gebrandschatzt, wovon sich das Khmer-Reich nicht mehr erholte. Es ging unter und die großen Tempelanlagen wurden allmählich vom Dschungel überwuchert – nur Angkor-Wat nicht.

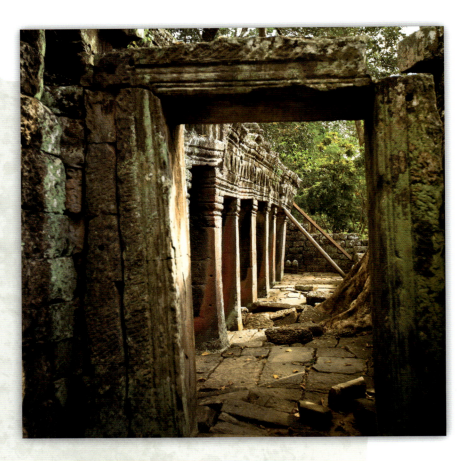

Über fünf Jahrhunderte hatten die Kräfte des Dschungels Zeit, die Palast- und Tempelanlagen von Angkor zurückzuerobern. Heute versucht man ihr weiteres Vordringen mit teilweise simplen Mittel zu verhindern.

Mächtige, mit erstaunlicher Feinheit gearbeitete Skulpturen an den Resten von Tempelanlagen und Palästen weisen die Ruinenstätte Angkor als Residenzstadt der Khmer-Könige aus, deren Macht einst weit nach Thailand reichte.

hat lediglich die Ausmaße eines kleinen Zimmers und wurde vor langer Zeit vollständig geplündert. Bis heute ist nicht geklärt, ob die Hauptfunktion von Angkor Wat die eines Tempels oder die eines Mausoleums für Suryavarman II. war.

Commailles Nachfolger, der Architekt Henri Marchal, ließ in den Jahren 1916 bis 1933 den baulichen Zustand der Gebäude erfassen und sichern und fertigte Lagepläne an. In den folgenden Jahrzehnten, selbst während des Zweiten Weltkriegs, wurden die Restaurierungsarbeiten fortgesetzt. Als letzter Franzose wurde im Jahr 1959 Bernard Philippe Groslier Leiter des Denkmalschutzes und des Nationalmuseums in Angkor. Er ließ unter anderem den Königspalast von Angkor Thom ausgraben und erforschte die künstlichen Seen und Becken. Groslier glaubte, die großen künstlichen Seen (Bayans), die wie Flügel rechts und links von den einander überschneidenden Angkor-Arealen abstehen, dienten zur Stauung und Regulierung der Monsunhochwasser. Gleich hinter dem Wassergraben beginnt heute der dichte Dschungel.

Einzig von den Stadtteilen, die Ende des 12. Jahrhunderts rund um den Staatspalast Angkor Thom errichtet wurden und nur 1,5 Kilometer nördlich

von Angkor Wat lagen, stehen heute noch Stadttore, von Statuen gesäumte Straßen, Heiligtümer und der Palast aus Sandstein. Während in Angkor Wat selbst die Darstellungen von Folterszenen filigran und sanft erscheinen, wird der Besucher in Angkor Thom fast von der Monumentalität der Kolossalstatuen und -köpfe erschlagen, denen er auf Schritt und Tritt begegnet.

Geplantes Abenteuer: die Entdeckung der Maya-Tempel

Als der amerikanische Diplomat und Schriftsteller John Lloyd Stephens den englischen Architekten und Zeichner Frederick Catherwood 1836 in London kennenlernte, wurde schnell klar: die beiden teilten die Leidenschaft für Abenteuer und beide hatten die Ruinen in Ägypten und im östlichen Mittelmeerraum erkundet. Sie suchten neue Herausforderungen, die sie als illustrierte Reisebücher unter die Leute bringen konnten.

Drei Jahre später, Stephens hatte sich inzwischen als Diplomat nach Mittelamerika versetzen lassen, konnten sie ihr Projekt verwirklichen. Sie starteten von der Karibikküste der Yucatan-Halbinsel aus, wo ihnen einheimische Führer vollständig vom Dschungel überwucherte Stätten wie Copan zeigten. Doch Stephens und Catherwood steuerten ganz bewusst Palenque auf der gegenüberliegenden Seite der Halbinsel an, denn diese Stätte war eben nicht völlig vom Dschungel überwuchert, sondern zum Teil schon zugänglich. Außerdem hatte sie den Ruf, geheimnisumwittert zu sein. Bereits ein Jahrhundert zuvor war dieser Ruf bis zur spanischen Kolonialverwaltung vorgedrungen, die den Artilleriehauptmann Antonio del Rio 1786 beauftragte, lohnenswerte Objekte aus Palenque zu beschaffen. Mit Äxten und Brechstangen ließ er Kunstschätze „bergen", darunter auch die „Stele von Madrid", das Flachrelief eines späten Herrschers von Palenque. Nur Mexikos Unab-

Der Bayon zählt mit seinen Türmen, in die meterhohe Gesichter aus buddhistischer und hinduistischer Mythologe gemeißelt sind, zusammen mit Angkor Wat zu den bedeutendsten Tempelanlagen in Angkor (linke Seite).

hängigkeitskrieg (1810-1821) verhinderte weitere Plünderungen, und so fanden Stephens und Catherwood 1839 eine scheinbar vor Jahrhunderten vergessene, gleichzeitig gut zugängliche Stätte vor. „Städte wie zerschmetterte Barken in einem grünen Ozean, ihre Masten fort, ihre Namen verloren, ihre Mannschaft zugrunde gegangen und niemand, um zu berichten, woher sie kamen", so romantisierte Stephens dann ihre Erkundungen.

thartige Ruine, die aus zahlreichen Gängen, Räumen, Galerien und Innenhöfen besteht. Zweifelsohne diente sie als Palast, vermutlich besaß sie jedoch auch eine religiöse Bedeutung, denn viele seiner Stützpfeiler sind mit Stucktafeln verziert, die Götter- und Herrschergestalten darstellen.

Auch diese Besichtigung verklärte Stephens in seinem Reisebericht: „Zum ersten Mal betraten wir ein von den Ureinwohnern des Landes errichtetes

Ein Schwerpunkt der Maya-Kultur lag im südlichsten Mexiko im Bundesstaat Chiapas. Die Ruinenstätte von Palenque stellt den mächtigsten Beleg dafür dar. Schon im 3. Jahrhundert v. Chr. besiedelt, blühte die Metropole vor allem zwischen 600 und 750 n. Chr. und bedeckte damals ein Areal von gut acht Quadratkilometern.

Tatsächlich mussten sie nur einen bereits ausgetretenen Dschungelpfad nehmen, um vor der grandiosen Kulisse der Plaza dieser einstigen Mayastadt zu stehen, die Catherwood auch in einer Skizze festhielt: Majestätisch erhebt sich im Zentrum ein halb freigelegtes Bauwerk, der „Tempel der Inschriften", eine Art Stufenpyramide, die von einem überdachten Tempelaufbau gekrönt wird. Gleich daneben erhebt sich dessen kleiner Bruder, heute schlicht „Tempel XIII" genannt, da er nicht zugeordnet werden kann. Und genau im rechten Winkel zu diesen beiden Stufentempeln erstreckt sich das mit einer Grundfläche von rund 100 mal 80 Metern größte Bauwerk in Palenque. Eine breite Treppe führt in die labyrin-

Gebäude, welches schon stand, ehe die Europäer von dem Dasein dieses Kontinentes wussten. Wir trafen Anstalten, unter einem Dache unsere Wohnung aufzuschlagen und wählten den vorderen Korridor dazu. Da eine abergläubische Furcht die Indianer nicht zur Nachtzeit in den Ruinen bleiben ließ, waren wir des Nachts die einzigen Bewohner dieses Palastes unbekannter Könige."

Derlei Schilderungen waren es, welche die Welt der Maya in Europa bekannt machten. In den folgenden Jahrhunderten wurden lediglich einzelne Forschungsprojekte abwechselnd von Franzosen, Engländer, Deutschen und Dänen in Palenque durchgeführt. Beispielsweise wurden die hinter

142 | Große Legenden über Archäologen

Palenque bietet Archäologen ein buchstäblich uferloses Untersuchungsfeld. Kultbauten wie der „Tempel der Inschriften" mit dem Sarkophag eines Maya-Herrschers in der Krypta geben interessante Aufschlüsse über Leben und Glaube des altamerikanischen Volkes.

dem Palast liegenden „Tempel der Kreuzgruppe" teilweise freigelegt: Der Tempel der Sonne, der Tempel des Kreuzes und der Tempel des Blattkreuzes, in dessen Mitte sich ein Altar befindet. Diese Bauwerke verdeutlichen den eigenwilligen Baustil Palenques: Im Gegensatz zu anderen Maya-Stätten wie beispielsweise dem kolossalen Tikal wurde hier mit wenig Material elegant gebaut. Die Pyramiden sind nur mittelgroß, zeichnen

ten einen bis dahin verdeckten Gang, der in den Bauch der Pyramide führte. Dort stieß sein Team auf die unversehrte Grabanlage von Pakal dem Großen: auf dem Deckel des Sarges ist der König abgebildet, eine umlaufende Inschrift gibt über seine Lebensdaten Auskunft. Sein Gesicht war mit einer Jade-Mosaikmaske bedeckt und der Körper mit kostbarem Schmuck ausgestattet. Inzwischen wissen wir, dass Pakal zur Glanzzeit Pa-

sich dafür jedoch durch schöne Stuck- und Steinskulpturen aus. Und das macht wohl bis heute ihren geheimnisvollen Reiz aus: Türpfosten-Steinplatten sind mit Reliefs und Hieroglyphen versehen, selbst die abgeschrägten Tempeldächer sind mit Figuren geschmückt und von Dachkämmen gekrönt.

Die ersten systematischen und bis dahin umfangreichsten Grabungen leitete 1945 bis 1952 der mexikanische Archäologe Alberto Ruz Lhuillier. Er entdeckte 1949 an der Pyramide der Inschrif-

lenques im 7. Jahrhundert fast 70 Jahre über die Stadt herrschte. Wie gut etabliert seine Adelsfamilie war, zeigt sich daran, dass vor Pakals Amtszeit seine Mutter die Herrschaft für einige Zeit übernommen hatte. Anhand der gefundenen und mittlerweile entzifferten Hieroglyphen ist fast die ganze Thronfolge der Pakal-Dynastie bis zu Palenques ungeklärtem Untergang im 9. Jahrhundert nachvollziehbar. Auch wenn Archäologen immer wieder Teile der Tempelstätte freilegten, entdeckt wurde Palenque schon im frühen 18. Jahrhundert.

Wer waren die Maya?

Unter dem Begriff „Maya" fassen wir eine Kultur zusammen, die von ca. 300 v. Chr. bis 1200 n. Chr. im Gebiet des heutigen Südmexikos, Guatemalas, Westhonduras' und Belizes verbreitet war. In der sogenannten Präklassik (350 v. Chr. bis 250 n. Chr.) entstanden Tempelstätten wie El Mirador und Tikal mit Streusiedlungen. Nach dem Ausbruch des Vulkans Ilopanog im heutigen Salvador (um 250 v. Chr.) verlagerten sich die Siedlungen auf die Yucatan-Halbinsel. In der klassischen Mayazeit (300 bis 900 n. Chr.) herrschten erbliche Königtümer in großen Stadtzentren wie Tikal, Chichen Itza und Palenque. Es gab Vorherrschaften, Bündnisse, jedoch zu keiner Zeit ein einheitliches Reich. Die Maya bauten für ihre Felder Bewässerungssysteme und stellten künstlerisch vielfältige Wandmalereien, Skulpturen und Fresken her. Priester und Gelehrte entwickelten mathematisches und astronomisches Wissen sowie eine eigenständige Hieroglyphen-Sprache.

Weihrauchgefäß (in Gestalt von K'inich Janaab'Pakal I., auch Pakal der Große genannt, Herrscher von Palenque 603-683.

Nicht erst entdeckt und dem Dschungel entrissen werden mussten die vielleicht beeindruckendsten Bauwerke aus alter Zeit in Mittelamerika, die bis heute uns Unbekannte auf einem Hochplateau in Zentralmexiko errichteten.

Wo die Götter gemacht werden – Teotihuacán

Als Alexander von Humboldt Anfang des 19. Jahrhunderts hier, rund 50 Kilometer nordöstlich von Mexiko-Stadt, entlang reiste, waren die Pyramiden zwar noch zugewachsene Hügel, doch dass sie menschengemacht waren, war nicht zu übersehen. Die Azteken, die erst 500 Jahre nachdem die Stätte aufgegeben worden war, das Hochland besiedelten, hatten die schon zu ihrer Zeit überwucherten Pyramiden für riesige Grabhügel gehalten und dem Platz einen Namen gegeben, den er mangels Alternativen bis heute trägt: „Teotihuacán", was übersetzt heißt: „Ort, wo die Götter wohnen oder (...) gemacht werden".

Allein das kultische Zentrum mit seinen Tempeln und Pyramiden umfasst mehrere Quadratkilometer und wird von einer breiten, von

Süden nach Norden verlaufenden Straße halbiert, geeignet für die Prozessionen zigtausender Bewohner. Nach Norden mündet sie in einen kleinen Platz, zu Füßen der auf einer Anhöhe errichteten Mondpyramide, die viel höher als ihre eigentlichen 45 Meter wirkt. Auf dem Plateau dieser durchgängig genutzten Kultstätte stand einst ein Höhentempel, der jedoch zusammen mit der Pyramidenspitze Anfang des 20. Jahrhunderts weggesprengt wurde. Forscher hofften, so ins Innere des Bauwerks zu gelangen – aber nur auf eine überbaute Vorläuferpyramide stießen.

Weiter südlich erstreckt sich ein ausladender Gebäudekomplex, der wahrscheinlich den Herrschersitz darstellte. In dessen Zentrum erhebt sich ein Tempel, der aus zwei Stufenpyramiden besteht, die durch den Talud-Tablero-Fassadenstil eine eindrucksvolle Plastizität erhalten: die schrägen Böschungsmauern werden immer wieder von kastenartig vorspringenden Doppelsimsen unterbrochen. An vielen Stellen wurde er außerdem mit dem in Stein gemeißelten Kopf des gefiederten Schlangengottes verziert, der sich im Laufe der weiteren Geschichte über ganz Mittelamerika verbreitete und unter seinem Aztekennamen „Quetzalcoatl" bekannt wurde.

Überragt werden sämtliche Bauwerke jedoch durch die gewaltige in vier Stufen untergliederte „Sonnenpyramide". Die rund eine Million Kubikmeter Füllmaterial sind von Stein- und Mörtellagen ummantelt. Mit 70 Metern ist sie zwar nur halb so hoch wie die Cheopspyramide in Gizeh, doch ihr Fundament (225 mal 222 Meter) kann sich mit dem ihrer ägyptischen Schwester messen. Eine Treppe führt auf das obere Plateau, von dem aus die Ruhe und strenge Ordnung der gewaltigen Anlage erlebbar werden: Ja, hier könnten die Götter wohnen!

Die Anfänge von Teotihuacán liegen im 2. Jahrhundert v. Chr., die größte Machtentfaltung erreichte Teotihuacán im 3. Jahrhundert n. Chr., spätestens im 7. Jahrhundert ging die rätselhafte und märchenhafte Kultur unter.

Was brachte den antiken Stätten die Befreiung vom Dschungel?

Borobudur blieb nach seiner Freilegung nicht nur schutzlos den jährlichen Monsunstürmen ausgesetzt, sondern das Bauwerk wurde auch in den folgenden 100 Jahren geplündert und zahlreiche Statuen und Reliefs über die Welt verstreut. Ein großer Teil der fehlenden Artefakte befindet sich heute in Bangkok – ein Geschenk des holländischen Gouverneurs an den Thaikönig 1873. Erst 1907 bis 1911 wurden unter der Leitung des Holländischen Ingenieurs Theodor van Erp die oberen drei Terrassen mit der Zentralstupa restauriert. Doch die Restaurierungen hatten nicht verhindert, dass Regenwasser durch Ritzen in den Hügel drang, ihn aufschwemmte und die Mauern von Borobudur verschob. Die Reliefs vermoosten und Beutejäger schlugen Arme und Nasenspitzen der Buddha-Statuen als Trophäen ab. Erst 1973 startete die indonesische Regierung, beraten von der UNESCO, die rund zehn Jahre dauernden Restaurierungsarbeiten. Ein Großteil der Steine, Reliefs und Statuen – über eine Millionen Einzelteile – wurde abgetragen, damit Böden aus Stahlbeton unter das Mauerwerk der einzelnen Terrassen eingezogen und ein Regenabfluss-System eingerichtet werden konnten. Dann wurden die Originalsteine mit Hilfe von Computern wieder an die ursprünglichen Stellen gesetzt und Lücken mit neutralen Steinen aufgefüllt. 1983 wurde Borobudur zur Besichtigung freigegeben und kurze Zeit später wieder zum buddhistischen Pilgerziel geweiht.

Gleiche Erfolge lassen sich auch für Angkor Wat anführen: Einmal im Jahr feiert die buddhistische Bevölkerung Kambodschas wieder ihr Neujahrsfest in Angkor Wat und drängt dabei für einige

Von Angkor Wat bis zu den Maya-Tempeln von Palenque | 145

Teotihuacán: Großstadt der ersten mesoamerikanischen Hochkultur

Als Nachbarstädte im 2. Jahrhundert von einem Vulkanausbruch zerstört wurden, erlebte Teotihuacán seinen Aufschwung von einer kleinen Siedlung zur Metropole. Das Zentrum wurde in eine Kultstätte verwandelt, Wohnhäuser ausgelagert und die gesamte Stadt im Schachbrettmuster angelegt. Bis zu 200 000 Menschen leben zur Hochzeit im 6. Jahrhundert auf rund 22 Quadratkilometern Stadtfläche in über 2000 Wohnkomplexen mit Höfen und bis zu 160 Räumen. Die Wände wurden mit Gips verputzt und mit Fabelwesen, pflanzlichen Ornamenten und geometrischen Figuren in kräftigen Farben bemalt, bevorzugt in rot und grün. Die Bewohner webten Stoffe und töpferten, sie verarbeiteten Türkis und Jade zu filigranen Schmuckstücken und zu aufwendigen Totenmasken. Da harte Metalle unbekannt waren, wurden Messer und Waffenspitzen aus dem harten Lavaglasstein Obsidian hergestellt. Für seinen Abbau und seine Verarbeitung hatte die Stadt über Jahrhunderte eine Art Monopol inne.

Der Einfluss, den diese Zivilisation auf den gesamten mesoamerikanischen Raum ausübte – von der Architektur über die Kunst bis zu religiösen Vorstellungen – ist kaum zu überschätzen. Zahlreiche kriegerische Szenen in den Ruinen von Teotihuacán zeigen jedoch auch, dass die Stadt nicht nur eine Wirtschafts-, sondern auch eine Militärmacht bildete, die um das Jahr 700 aus bisher ungeklärten Gründen unterging.

Eine der vielen rätselhaften Wandmalereien, die von den Archäologen in den weitverzweigten Gebäudekomplexen von Teotihuacán freigelegt wurden und die später für Kultzwecke von den Azteken weiter genutzt wurden.

„Tief ist der Brunnen der Vergangenheit.
Sollte man ihn nicht unergründlich nennen?"

Thomas Mann (1875–1955)

Tage die Touristenströme an die Seite, die sich inzwischen über die Tempelanlage ergießen. Dessen Bestand war lange Zeit äußerst gefährdet: „Ein wildes und baufälliges Durcheinander von Leben und Verwesung, von zügellosem Grün", beschrieb ein britischer Zeitzeuge 1939 die Lage vor Ort. Nach dem Zweiten Weltkrieg geriet Kambodscha in den Strudel des Indochinakriegs. Kurz darauf wurde das Land von einem Bürgerkrieg zerrissen, der 1975 in den Terror der Roten Khmer mündete. Sie funktionierten Ankor Wat zu einem Waffenlager um und vernichteten die Bauaufzeichnungen des Baphoung-Tempels, der wegen statischer Probleme in den Jahren davor von französischen Archäologen in seine rund 500 000 einzelnen Steine zerlegt worden war. Auch nachdem vietnamesische Truppen den Khmer-Terror beendeten, herrschte bis in die 1990er-Jahre Bürgerkrieg.

So blieb Angkor lange nicht hinreichend erforscht und restauriert; es herrschte große Unklarheit über die Stätten, ihre Funktionen und ihren Zustand. Der Durchbruch kam, als 1991 alle Bürgerkriegsparteien einen Waffenstillstand unterzeichneten, Angkor Wat und Angkor Thom 1992 zum UNESCO-Weltkulturerbe ernannt wurden und die Tempelanlagen als Kulissen für einen „Lara Croft"-Film mit Angelina Jolie diente.

Von Palenque kehrten sich die Archäologen nach den großen Entdeckungen ab und wandten sich immer neuen Grabungsstätten zu – die Zahl der Stätten mit steinernen Zeugnissen der Maya-Kultur in Südmexiko, Guatemala, Honduras und Belize wird auf rund 70 000 geschätzt. So wurde lediglich das heilige Zentrum, das sich zu einem Magneten für Touristen aus aller Welt entwickelte, vor Verfall und erneutem Überwuchert-Werden geschützt. Erst in den 1990er-Jahren wurde in Palenque wieder systematisch geforscht und 1994 entdeckte und öffnete der mexikanische Archäologe Arnoldo González Cruz an der Stufentreppe der „Pyramide der Inschriften" einen ins Innere führenden Gang, der zu einer Gruft mit Steinsarkophag führt. Dem fehlten jegliche Inschriften, doch die Nähe zu dem Grabmal Pakals lässt auf das Grab seiner Gemahlin Ahpo-Hel oder seiner Mutter Säk-Kuk schließen.

Tonskulptur eines maskierten Gottes aus der Xolalpan-Epoche (500–650 n. Chr.). Farbpigmente deuten darauf hin, dass sie einst farbig gefasst war.

Von 1998 bis 2002 wurde das breit angelegte, überwiegend privat finanzierte „Proyecto Grupo

148 | Große Legenden über Archäologen

Neues Leben zwischen alten Mauern: Die hinduistisch-buddhistischen Tempelanlagen von Angkor werden nach und nach wieder von Mönchen und Pilgern in Dienst genommen.

de las Cruces" unter der Leitung des mexikanischen Archäologen Alfonso Morales durchgeführt. Erstmals haben die Wissenschaftler den Baubestand in dem gesamten ehemaligen, rund 20 Quadratkilometer großen Stadtgebiet aufgenommen und rund 1000 Gebäudestrukturen lokalisiert. Außerdem entrissen sie dem Unterholz Schritt für Schritt weitere Tempel. So entpuppte sich ein rund 20 Meter hoher, überwucherter Erdhügel als Tempel XX, in dem die Archäologen eine ungeöffnete Grabkammer entdeckten. Auf der Pyramide des ebenfalls erst kürzlich freigelegten Tempels XIX wurde der Tempel-Thron mit Hieroglyphen und Bilderszenen restauriert: auf zwei Seiten sehen wir Maya-Herrscher, eine zeigt eine vollständige Zeremonie. Heute fügt sich die Tempelstätte von Palenque immer noch so harmonisch in die dschungelbewachsene Berglandschaft, dass sie gar nicht von Menschenhand zu stammen scheint.

Auch Teotihuacán hat seine anfänglich brachialen Erforschungen gut überstanden. Zwar wissen wir auch nach über 100 Jahren archäo-

Von Angkor Wat bis zu den Maya-Tempeln von Palenque | 149

Heute arbeiten Archäologen aus aller Welt unter kambodschanischer Aufsicht an Projekten, um Angkor gleichzeitig zu erforschen und zu retten. Besondere Schwerpunkte dabei sind die Statik der Gebäude und die Restaurierung und Konservierung der zahllosen Reliefs aus Sandstein. Und inzwischen werden erstmals die wahren Ausmaße der einstigen Khmer-Königsstätte erforscht.

logischer Tätigkeit immer noch wenig über die Menschen und Götter dieses Ortes, doch zwei interdisziplinäre Erkundungen der Siedlungsflächen rund um den heiligen Bezirk, gefolgt von Grabungen in den ehemaligen Wohngebieten, geben erstmals Einblicke in die soziale Welt Teotihuacáns. Und seit dem Jahr 2000 wagt man sich auch wieder an die Mondpyramide, wobei das Grabungsteam unter der Leitung des japanischen Archäologen Saburo Sujiyama erheblich behutsamer vorgeht als sein Vorgänger Batres. Von der Westseite aus trieben er und seine Mitarbeiter 1,20 Meter unter dem Steinfundament einen Gang ins Innere. Dabei entdeckten sie, dass die Pyramide aus mehreren Schichten besteht – sechs Bauphasen haben die Archäologen unterschieden. Auf halbem Weg zum Zentrum der Pyramide stießen die Forscher auf das Grab eines Adeligen mit Beigaben aus grüner Jade und Obsidian sowie dem Skelett eines Jaguars. Unter dem Zentrum der Pyramide stießen sie auf eine Grabhöhle mit vier Skeletten, deren Hände auf den Rücken gebunden waren. Auch die mexikanischen Archäologen, die seit 2008 die Sonnenpyramide untersuchen, stießen unter dem Bauwerk auf Opfergaben aus Keramik, Obsidian und Jade, auf Tierknochen – und auf sieben Menschengräber, einige davon von Kindern. Nicht nur der kostbare Obsidian und der symbolträchtige Quetzalcoatl, auch grausame Menschenopfer-Rituale haben hier ihren Ursprung.

Vom Spaten zum Spektrometer – die Archäologie als Wissenschaft

„Ich sehe wundervolle Dinge – Gold, wohin das Auge blickt."

Howard Carter (1873–1939)

Keramik, Königslisten und ein wenig High-Tech

Von den Pharaonengräbern zum Alltag der alten Ägypter

Vorangehende Doppelseite und links:
Die Pyramiden von Gizeh standen nicht als
isolierte Grabmale am Rande der Wüste,
sondern waren eingebunden in komplexe
Totenkultanlagen mit Empfangstempeln,
langen Aufwegen und den eigentlichen
Totentempeln, die zusammen mit den vielen
Gräbern des Pharao-Gefolges heute nur noch
aus der Luft zu erkennen sind.

Wenige Kulturen scheinen uns heute ferner als die der alten Ägypter. Deren Welt sah schon der griechische Geschichtsschreiber und Geograph Herodot als das genaue Gegenteil seiner eigenen: „Wie in Ägypten (…) der Strom anders ist als andere Ströme, so sind auch die Sitten und Gebräuche der Ägypter fast in allen Stücken denen der übrigen Völker entgegengesetzt. So gehen in Ägypten die Frauen auf den Markt und treiben Handel, und die Männer sitzen zu Hause und weben (…) Die Frauen lassen ihr Wasser im Stehen, die Männer im Sitzen." Auch schrieben die Ägypter in die falsche Richtung, ihre Priester rasierten sich intensiv statt die Haare wild wachsen zu lassen – und: „Die Entleerung macht man im Hause ab, essen tut man auf der Straße!"

Diese Gegensätzlichkeit scheint auch vor den ägyptischen Grabungen nicht Halt zu machen: Was tiefer im Boden liegt, ist hier nicht immer unbedingt älter, die Archäologen kommen mit ihrer Logik der Schichtenfolgen nicht weiter. Das liegt zum einen daran, dass in Ägypten Tempel, Pyramiden und Grabkammern nur einmal am selben Ort erbaut wurden, sie stehen nebeneinander, nicht übereinander. Zum anderen errichteten die Ägypter ihre Wohnhäuser aus vergänglichem Lehm zwar immer wieder neu und übereinander, aber da die Nutzfläche entlang des Nils stark begrenzt ist, sind die meisten antiken Städte überbaut. So erstreckt sich heute über der einstigen Hauptstadt des Alten Reiches, Memphis, die Metropole Kairo. Und wo in Oberägypten einst die mächtige Hauptstadt des Neuen Reiches „Weset" lag, von den Griechen ehrfurchtsvoll „hunderttoriges Theben" genannt, steht nun das moderne Luxor. Wie können die Ägyptologen trotzdem zu einer Chronologie kommen? Ende des 19. Jahrhunderts kam ein englischer Forscher auf eine weitreichende Idee.

Mathew Flinders Petrie (dritter von links; 1853 –1942) führte nicht nur während seines langen Lebens immer wieder Ausgrabungen in Ägypten durch, sondern war auch erster Inhaber eines Lehrstuhls für Ägyptologie in England, Gründer der „British School of Archaeology in Egypt" und begann noch im Alter von 73 Jahren mit Ausgrabungen in Palästina – hier 1930 mit Mitarbeitern und seiner Frau Hilda (Mitte).

Pyramiden, Petrie und das System der Pötte

William Matthew Flinders Petrie, der 1853 in der englischen Grafschaft Kent geboren wurde, begann bereits im Teenageralter die vielen vorgeschichtlichen Erdwälle seiner Heimat zu vermessen und zu skizzieren. Gemeinsam mit seinem Vater, einem genialen aber armen Erfinder, vermaß er später unter anderem Stonehenge. Die beiden beschlossen, auch die Pyramiden von Gizeh zu vermessen – doch der Vater verschob dieses Projekt stets wegen irgendeiner neuen Erfindung.

Schließlich reiste Flinders Petrie 1880 allein nach Ägypten, wo er äußerst bescheiden lebte und arbeitete. Vermessungsinstrumente und eine Strickleiter hatte er sich selbst angefertigt, als Quartier bezog er in Gizeh ein leeres Grab. Er kletterte durch die Pyramiden und vermaß Steinreihe um Steinreihe, was bei der Hitze so anstrengend war, dass er meist in Unterwäsche arbeitete, wie er später kommentierte: „War sie rosafarben, hielt sie einem die Touristen vom Leib, da ihnen das Geschöpf zu sonderbar vorkam, um es näher in Augenschein zu nehmen."

Doch die Messungen dieses „sonderbaren Geschöpfes" waren so genau, dass sie bis heute als Grundlagen dienen. Mit seiner ungewöhnlichen Vorgehensweise untersuchte er in den folgenden Jahren zahlreiche antike Stätten wie Tell el Amarna, die Stadt des Ketzerkönigs Echnaton, Gräber im Tal der Königinnen und schließlich einen Friedhof nahe der Stadt Naqada mit seinen weiten, frühgeschichtlichen Gräberfeldern. Petrie wollte die bis dahin unbekannten Anfänge der Ägyptischen Hochkultur während der 1. bis 3. Dynastie erforschen. Doch in den mehreren hundert Gräbern lagen kaum Herrscherfamilien, sondern vor allem Menschen aus dem Volk begraben, meist in seitlicher Hockstellung, ohne Särge und vor allem ohne Schrift. Trotzdem dokumentierte Petrie sechs Jahre lang Grab für Grab – jeweils auf einem Blatt Papier. Die Beigaben bestanden vor allem aus

Teilzerstörte Pharaonen-Statue (vermutlich Ramses II.) vor einem mit Hieroglyphen versehenen Obelisken im Tempel von Karnak.

Keramikgefäßen, in der Regel nur noch Scherben. Häufig stehen die Archäologen vor dem Problem, dass von Gräbern und ganzen Siedlungen nur gebrannte Keramikscherben als unverwüstliche Kulturspuren zurückgeblieben sind. Denn seit ca. 7000 v. Chr. begann der massive Gebrauch gebrannter und fast immer auch verzierter Tongefäße im Nahen Osten: Sie waren aus Ton einfach herzustellen und gingen häufig zu Bruch, weshalb sie in großer Zahl und mit ständigen stilistischen Veränderungen produziert wurden.

Petrie begann, die Stiländerungen zu beschreiben und zu ordnen: Naqada I – Naqada II – Naqada III. Dann zog er auch Keramik anderer Fundorte hinzu, bis er schließlich ein System mit neun aufeinander folgenden Perioden entwickelt hatte: Es reicht von der „Schwarzen-Oberrand-Keramik" (1. Phase) über die „Gekreuzte-Linien-Keramik" (4. Phase), die „Dekorierte Keramik" (7. Phase) bis zur „Späten Keramik" (9. Phase), die als einzige kein typisches Merkmal aufweist.

Durch neue Funde leicht abgewandelt verwenden die Archäologen Petries Tabelle noch heute, denn überall auf der Welt wurde die Keramik zu einer der wichtigsten und aussagekräftigsten Fundtypen. Ausgräber vergleichen deshalb die Entwicklung der Keramikstile gern mit der von Automarken: Wie die Karosserien der Pkw sich von ausladenden über zweckmäßigen zu aerodynamischen Formen wandelten, so kennt die Frühgeschichte ihre Keramikmoden. Jede Epoche hat in Bezug auf Form, Muster und Farben ihre eigenen Vorlieben und Stilrichtungen hervorgebracht. Doch die jeweilige Herstellungszeit konnte nur in Fundreihen als älter, gleich alt oder jünger eingeordnet, nicht aber absolut bestimmt werden. Die einzige Rettung: In Ägypten und Mesopotamien, wo die Abfolgen der Herrscher in langen Listen aufgeführt sind, erlaubten diese „Königslisten" zusammen mit historischen Berichten und Münzen eine ungefähre zeitliche Einordnung. Für Funde früherer Zeiten und anderer Regionen galt: zusammen hingen sie wie ein riesiges Mobile in der Luft. Es gab keine wissenschaftlich korrekten Zeitangaben – bis das Atomzeitalter begann.

Königslisten

Als die zuverlässigste Chronik der altertümlichen Geschichte gelten die ägyptischen Königslisten. Jeder Herrscher ließ die lange Folge seiner Vorgänger aufschreiben. Für über 3000 Jahre ägyptische Geschichte sind so mehr als 200 Herrscher namentlich genannt. Der Priester Manethos, der um 300 v. Chr. lebte, unterteilte diese Liste in 31 Dynastien. Doch für die Dynastien bis ins Neue Reich (um ca. 1300 v. Chr.) sind die Datierungen sehr ungenau: beispielsweise wurde Namer 1. König der 1. Dynastie zwischen 3100 und 2950 v. Chr. (150 Jahre). Bei der Schlacht von Kadesch schwanken die Datierungen „nur noch" zwischen 1297 und 1275 v. Chr. (22 Jahre).

Diese Königsliste aus der 19. Dynastie (1295–1186 v. Chr.) ist eine von fünf bis heute erhaltenen – der Ausschnitt zeigt Namen und Symbole der Pharaonen der 18. Dynastie.

Eins zu eine Billionen

Bei der Entwicklung der Atomuhr, die sich auf das streng rhythmische Pulsieren von Cäsium-Atomen stützt, stieß der amerikanische Chemiker und Geophysiker Willard Frank Libby mit seinem Team in den 1940er-Jahren auf eine weitere rhythmische Strahlung, für deren Erforschung und Nutzung er 1960 den Chemie-Nobelpreis bekam: die C-14 oder Radiocarbon-Methode. Mit ihr lässt sich das Alter von organischen Materialien messen, die zum großen Teil aus Kohlenstoff bestehen: normalem (C-12), aber auch radioaktivem (C-14). Letzterer entsteht, weil kosmische Strahlung, die in der Erdatmosphäre auf Stickstoffatome trifft, dafür sorgt, dass jeweils zwei Elektronen auf ein Kohlenstoffatom überspringen. Allerdings nicht besonders viel: auf eine Billion nichtaktiver C-12-Atome kommt ein einziges C-14-Atom! Und genau wie der normale Kohlenstoff wird C-14 als Kohlendioxid von den Pflanzen aufgenommen und in ihre Zellen eingebaut – und landet schließlich über die Nahrungskette auch im Menschen. Nun zerfällt das C-14 im Organismus und setzt radioaktive Strahlung frei, in jedem lebenden menschlichen Körper geschieht das pro Sekunde rund 16 000 Mal. Und da wir durch Nahrung und Atmung ständig neues C-14 aufnehmen, bleibt der Anteil an C-14 relativ konstant.

Dieser Kreislauf endet mit dem Tod eines jeden Organismus; Libby nennt diesen Moment sehr sachlich: „Die Radiocarbon-Uhr beginnt zu ticken." Es zerfällt nur noch das im Körper vorhandene C-14 und zwar mit einer Halbwertzeit von ca. 5730 Jahren, d. h. nach dieser Zeit ist nur noch die Hälfte des C-14 vorhanden.

Nimmt man ein Gramm von einer 22 000 Jahre alten Kohlenstoffprobe, tickt es nur noch einmal pro Minute, ab einem Alter von 40 000 Jahren wird die Messung unzuverlässig. Die Methode wäre hervorragend für archäologische Funde bis in die mittlere Steinzeit hinein geeignet, doch die skeptischen Forscher verlangten eine Überprüfung. Als Probe wählten die Archäologen ein Holzstück aus dem Grab eines ägyptischen Herrschers, dessen Lebensdaten bekannt waren. Die Atomforscher maßen den C-14-Gehalt und ihr Ergebnis – bei rund 5000 bis 7000 Jahren entstand eine Ungenauigkeit von +/- 330 Jahren – überzeugte die Archäologen. Bald kam jedoch Kritik aus dem Lager der Naturwissenschaftler selbst, denn die abgehende Strahlung zu messen, sei durch störende Umgebungsstrahlung, besonders durch die Atombombenversuche in den 1950er- und 1960er-Jahren, zu ungenau. Deshalb werden die kleinen Proben nun unter hermetischen Bedingungen verdampft und die dabei freigesetzte Menge an C-14 bestimmt. Doch die Menge der in der Atmosphäre gebildeten C-14-Atome steigt und fällt mit der Intensität kosmischer Strahlung, die durch die Sonnenaktivitäten ausgelöst wird. Um diese Schwankungen zu berücksichtigen, versuchen die Wissenschaftler, möglichst viele C-14 Daten und immer öfter auch Vergleichsmaßstäbe hinzuzuziehen, d.h. im Fachjargon: die Daten werden kalibriert. Häufig wird ein weiterer radioaktiver Zerfallsprozess herangezogen, bei der Jungsteinzeit beispielsweise eignet sich zur Altersbestimmung von Keramik das Thermolumineszenz-Verfahren. Dabei wird die Lichtenergie aus radioaktiven Elementen gemessen, die beim Brennen der Keramik frei wird. Mit Hilfe der Keramik konnten die ägyptischen Gräber der 1. bis 3. Dynastie zuverlässig auf den Zeitraum 2950 bis 2575 v. Chr. (+/- 150) datiert werden.

Sobald sich unter den Funden ein etwas größeres Stück Holz befindet, tritt die Dendrochronologie auf den Plan. Da die jährlichen Wachstumsringe der Bäume je nach Klima ganz individuell ausfallen, haben Forscher Baumringchroniken der einzelnen Baumarten angelegt; die der Kiefern beispielsweise reicht bis zu 14 000 Jahre zurück. Und zur Ortsbestimmung eignet sich die Strontiumisotopen-Analyse, denn die Isotope dieses Metalls kommen in unterschiedlichen Regionen der Welt in verschiedenen Verhältnissen vor. Weil sie in den menschlichen Körper eingebaut werden, ergibt sich daraus eine verräterische Signatur; während aus den Knochen der Aufenthaltsort in den letzten Lebensjahren ermittelt werden kann, verraten die Zähne die Region der Kindheit.

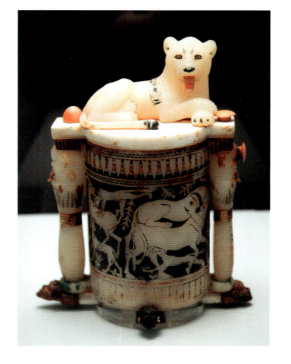

Grabschätze aus dem Tal der Könige: ein Hundehalsband (oben) aus dem Grab des Maiherperi und ein mit einer Löwenfigur verziertes Salbgefäß (rechts) aus dem Grab des Tut-anch-amun, beide aus der 18. Dynastie.

Der sogenannte „Säulenwald" im Tempel von Karnak ist eine von Sethos I. und Ramses II. gestiftete Vorhalle hinter dem zweiten Pylon, die 134 verzierte Säulen umfassten, deren Mittelreihe 21 Meter hoch ist.

Einer für alle – alle für einen!

Seit der Entzifferung der Hieroglyphen im frühen 19. Jahrhundert konnten die Forscher anhand der zahllosen, wenn auch idealisierten Quellen das Leben im Alten Ägypten so gut erschließen wie kaum einer anderen fernen Zivilisation. Denn die Schreiber der Pharaonen hatten nicht nur sämtliche Verwaltungsvorgänge notiert, sondern auch wissenschaftliche Texte, Nachrufe auf Verstorbene, Lieder und Mythen verfasst. Für die Mehrzahl der einfachen Ägypter hatte sich das Leben am Nil über drei Jahrtausende hinweg wenig geändert, denn sie lebte von der Landwirtschaft, wohnte in Lehmhäusern und nutzte ihre überschüssigen Ressourcen, um ihre Götter und deren Mittler, die Pharaonen, in Bauwerken zu verehren. Die meisten Einwohner, deren Zahl während des Neuen Reiches auf rund vier Millionen Menschen geschätzt wird, arbeiteten als Bauern auf eigenen kleinen Gütern, privaten Landgütern oder auf Ländereien der Tempelanlagen oder des Königshofes. Arbeiter wurden in Naturalien bezahlt, geprägtes Geld war in der Pharaonenzeit unbekannt. Gearbeitet wurde mit einer hölzernen Hacke und einem ebenfalls hölzernen Pflug, vor den ein Ochse gespannt war. Die Ägypter bauten vor allem die Getreidesorten Weizen, Emmer und Gerste an, aus denen Brot gebacken und Bier angesetzt wurde. In kleinen, intensiv bearbeiteten Gemüsegärten wurden Zwiebeln, Knoblauch, Linsen, Bohnen, Wassermelonen, Kichererbsen, Sellerie, Petersilie und Koriander gezogen. Weintrauben rankten Gitter hinauf, an Palmen gediehen Datteln. Die Ägypter domestizierten und züchteten Esel, Rinder, Schafe, Ziegen, Schweine, Enten und Gänse, aus Bienenstöcken gewannen sie Honig und sie fischten im Nil. Das Pferd wurde erst im Neuen Reich gehalten, und es diente nur als Zugpferd für Parade- und Streitwagen. Neben Getreide wurde auf den großen Feldern auch Flachs angebaut. Aus seinen langen Fasern gewannen die Ägypter durch Spinnen und Weben hochwertige Leinenstoffe, die im ganzen Mittelmeerraum gefragt waren. Die Schurze und Gewänder der Könige und Adligen sowie die Trägerkleider der Frauen waren aus diesen feinen Leinen gemacht, die Kleidung der einfachen Leute bestand aus grobem Leinen oder Leder. Mittelpunkt des ägyptischen Lebens bildete die Familie, viele Nachkommen hoben das Ansehen der Eltern. Frauen wurden den Männern rechtlich gleichgestellt, sie konnten ihre Männer auch beerben.

An der Spitze der ägyptischen Gesellschaft thronte einsam der Pharao, auf den alle politische und religiöse Macht ausgerichtet war. Die zweitmächtigste Person im Land war der Wesir: Der oberste Beamte an der Spitze der Verwaltung sorgte für die Ausführung aller königlichen Anweisungen. Dazu gehörte das Schatzhaus, das

Keramik, Königslisten und ein wenig High-Tech | 159

In der Gestalt eines Falken wurde Horus schon in der Frühzeit Unterägyptens als Hauptgott verehrt, später soll er sich in der Person des jeweiligen regierenden Königs neu offenbart haben (links).

Übersät mit Hieroglyphen und Relief ist eine der Säulen im Vorhof des Tempels von Kom Ombo, der in der Spätzeit des ägyptischen Reiches errichtet und gleich zwei Göttern gewidmet war: dem Wasser- und Fruchtbarkeitsgott Sobek und dem Licht- und Kriegsgott Haroeris (rechts).

für die Steuereintreibung zuständig war und die Lagerung aller kostbaren Rohstoffe beaufsichtigte (Gold, Silber, Metalle, Edelsteine, Öle, Salben, Papyri und Waren aus fremden Ländern wie Elfenbein, Leopardenfelle und Hölzer). In der „Scheune" wurde das Getreide gelagert – es gab aber nicht nur eine, sondern im ganzen Land verteilt viele kleine „Scheunen". Dort wurde unter anderem der Lohn für die Beamten und für die Arbeiter des Pharaos ausgezahlt, in Form von Getreide. Zur Verwaltung gehörte auch die Rechtsprechung; sie sorgte dafür, dass sich alle an die Gesetze hielten und im Falle eines Vergehens bestraft wurden. Um die Gemeinschaft zu lenken, gab es eine straff organisierte Verwaltung mit bis zu 1600 Ämtern und Rangtiteln. In den „Hauptstadtbüros" saßen die hohen Beamten, die im Auftrag des Pharaos in die Provinzen reisten. Zur Verwaltung gehörten auch die einflussreichen Hohepriester, welche die großen Tempel und Grabanlagen führten. Am unteren Ende der Hierarchie standen zusammen mit den Bauern die vielen Handwerker, die für den Pharao Palast-, Tempel- und Grabanlagen erbauten und instand hielten. Eine ähnliche Stellung genossen erstaunlicherweise Sklaven, die nicht zu Tode geschunden, sondern gesellschaftlich integriert wurden.

Verschwundene Städte

All diese Details sind jedoch überwiegend aus idealisierten Quellen wie Literatur und Grabbildern, kaum aus archäologischen Grabungen bekannt. Umso erfreuter sind schweizerische und deutsche Archäologen, weil sie die einmalige Chance nutzen können, eine Stadt auszugraben, die über 4000 Jahre bis in die frühe islamische Zeit (7./8. Jahrhundert n.Chr.) hinein bewohnt war und heute zum großen Teil nicht überbaut ist. Elephantine liegt knapp unterhalb des 1. Kataraktes, der nördlichsten Stromschnelle des Nils, und

Von Elephantine aus kontrollierten die Ägypter den Schiffsverkehr auf dem Nil an der Grenze zu Nubien. Am Ostufer des mit Uferbefestigungen aus griechisch-römischer Zeit geschützten Eilands hat sich ein Nilometer, eine zum Fluss führende Treppe, an der der Nilstand abgelesen werden konnte, erhalten.

wurde auf zwei Granitfelsen im Fluss errichtet. „Wir stoßen auf Tempelanlagen, Verwaltungsbauten, Wohn- und Wirtschaftsquartiere, die über eine Dauer von 4000 Jahren entstanden sind", erklärt der Grabungsleiter Günther Dreyer. Die ältesten Siedlungsreste reichen in die Zeit um 3500 v. Chr. zurück, unklar ist nur, ob damals Nubier oder bereits Ägypter die kleine Inselsiedlung bewohnten.

Als sich Ober- und Unterägypten vereinten, wurde Elephantine zur befestigten Grenzstadt. Sowohl der Name „Elephantine" als auch der ältere „Abu" (Elefant oder Elfenbein) weisen auf eine der wichtigsten Handelswaren hin, die zusammen mit dem laufend benötigten Gold von den südlichen Nachbarn, den Nubiern, bezogen wurden. Aus dieser Frühzeit des Alten Reiches haben die Archäologen einen Teil der starken, später erweiterten Festungsmauer freigelegt, die die Inselstadt umgab. Ein Hinweis darauf, dass nicht nur Handel, sondern auch immer wieder kriegerische Auseinandersetzungen den Kontakt mit den unberechenbaren Nubiern bestimmten.

Südwestlich der Mauer stießen die Forscher auf eine Steingefäß-Werkstatt aus der späten 3., frühen 4. Dynastie (2600–2550 v. Chr.). In einer größeren Zahl von Räumen, die sich über 100 Quadratmeter erstreckten, fanden sie Spuren der einzelnen Schritte der Steinbearbeitung.

Nördlich davon haben Archäologen den Tempel der Schutzgöttin des Kataraktgebietes Satet aus der 6. Dynastie freigelegt sowie Spuren seiner baulichen Vorläufer und Nachfolger. Die Wissenschaftler fanden heraus, dass in rund 3000 Jahren das Tempelheiligtum rund 30 Mal um- oder gleich neugebaut wurde. „Möglicherweise befand sich dort einmal ein heiliges Strudelloch, das als heilige Stelle betrachtet wurde", sagt Dreyer. „Denn die Ägypter glaubten ja, der Nil entspringe am 1. Katarakt und fließe von dort in zwei Richtungen, nach Süden und Norden."

Die Archäologen legten auch eine Palastanlage frei, die von ca. 2300 bis 1950 v. Chr. genutzt wurde. Im Schutt geborgene Fragmente von Siegelabdrücken belegen, dass hier wichtige Verwaltungsaufgaben erledigt wurden. Mit dem Verfall des Alten Reiches änderte sich auch die Nutzung von Teilen des Palastes, zum Beispiel als Bäckerei: In Schutt und Abfall fanden die Archäologen zerbrochene Brotformen. „Vermutlich eine zentrale Großbäckerei aus der 1. Zwischenzeit (2200–2033 v. Chr.), in der für große Teile der Insel Brot hergestellt wurde", so Dreyer.

Die Räume konnten nicht wie üblich nach der Nutzung eingeebnet werden, da in ihnen zerbrochene Brotformen und andere Abfälle entsorgt und Schicht für Schicht mit den Füßen eingestampft worden waren – ein einzigartiges Archiv. Darüber fanden die Archäologen eine Art Puzzlespiel: Aus rund 500 Bausteinen, die größtenteils in späteren Gebäuden verbaut waren, haben sie Teile des ursprünglichen Satet-Tempels zusammengesetzt – Pharaonin Hatschepsut hatte ihn um ca. 1480 v. Chr. errichten lassen.

Gewohnt wurde auch im Neuen Reich weiter in einfachen Häusern aus Lehm, der leicht verfügbar und billig zusammen mit zerkleinertem Stroh in rechteckige Formen gepresst und getrocknet wurde. Damit wurden in den Städten mehrstöckige, schlichte Wohnhäuser für einfache Leute, aber auch Paläste und Villen für Höhergestellte erbaut. In Elephantine konnten die Archäologen in Ufernähe Fundamente und Mauersockel ganzer Lehmhausreihen freilegen. Doch im Laufe der Zeit siedelten Händler und Handwerker dann mehr und mehr ins heutige Assuan um.

Ausgrabungen in Elephantine (links). Einmalig für Ägypten sind diese Fundamente und Mauersockel ganzer Lehmhausreihen. Relikte einer Statue und einer Säule, die einmal den Eingang zu einem der zahlreichen Tempel auf der Nilinsel bildeten (rechts).

Als sich das ptolemäisch-römische Ägypten ab 332 v. Chr. noch einmal zu hoher Blüte aufschwang, wurden auf Elephantine große repräsentative Tempelanlagen mit dazugehörigen Wirtschaftsgebäuden errichtet, die schließlich zusammen mehr als ein Drittel der Fläche der Stadt einnahmen.

Tempel statt Pyramiden

Seit dem Neuen Reich wurden mit Hilfe dieser Gemeinschaftsarbeiten nicht mehr gewaltige Pyramidengräber für die Pharaonen, sondern riesige Tempelanlagen errichten. Wie zum Beispiel der gut erhaltene und restaurierte Tempel von Karnak, nördlich von Luxor gelegen. Mehr als zwei Jahrtausende (von 1900 v. Chr. bis ins 4. Jahrhundert n. Chr.) ließen die jeweiligen Pharaonen hier zu Ehren des Gottes Amun bauen, anbauen, zubauen und überbauen. Die für ägyptische Tempel typische Anordnung – Pylon (Eingangstor), Säulenhalle, dunkles Heiligtum – wurde in Karnak in verschwenderischer Weise variiert. Umgeben von einer zwei Kilometer langen Tempelmauer sind die Baukomplexe entlang zweier Achsen errichtet, welche die ägyptische Weltsicht symbolisieren: Von Ost nach West verläuft die göttlich-himmlische Achse (Sonnenauf- und -untergang, Diesseits/Jenseits), während die irdische Achse parallel zum Lauf des Nils von Süd nach Nord verläuft. Auf der göttlichen Ost-West-Achse ließen im Laufe der Jahrtausende Pharaonen sechs Eingangs-Pylone errichten, so wuchs die Anlage stetig nach außen. Demzufolge ist das Erste das Jüngste; es stammt von Pharao Nektanebos I. (30. Dynastie). Es wurde nie vollendet und an seiner Innenseite erhebt sich noch ein Lehmberg, der als Baurampe diente. Der sich anschließende Innenhof führt zu einem Tempel Ramses' III. Hinter dem zweiten Pylon erstreckt sich der von den Pharaonen Sethos I. und Ramses II. erbaute größte Säulensaal Ägyptens: 134 verzierte Säulen, deren Mittelreihen 21 Meter hoch sind.

Statuette des Horus, ägyptischer Himmelsgott und Beschützer der Kinder.

Vom monumentalen Heiligtum Amenophis' III. in Theben-West, dessen Mauern ein Areal von 700 mal 500 Metern umfassten, blieben aufgrund von Erdbeben und Steinraub nur die aus monolithischen Quarzitblöcken herausgearbeiteten Memnonskolosse übrig. Sie bewachten einst den Eingang zum Totentempel des Königs.

Keramik, Königslisten und ein wenig High-Tech | 163

Der sogenannte Säulenwald im Tempel von Karnak ist eine von Sethos I. und Ramses II. gestiftete Vorhalle hinter dem zweiten Pylon, die 134 verzierte Säulen umfassten, deren Mittelreihe 21 Meter hoch ist.

Nachfolgende Doppelseite: Der riesige Amun-Tempel von Karnak machte Theben zum religiösen Zentrum des ganzen Landes.

Eigentlich hatten Götter im Alten Ägypten lokale Bedeutung. Doch die neuen starken Herrscher in Theben machten Amun zum Gott des ganzen Reiches und ließen ihn mit dem Sonnengott Re zu Amun-Re verschmelzen. Zu Hauptzeiten des Tempels waren allein in Karnak 20 000 Priester mit der Aufgabe betraut, die Gunst der Götter zu erringen. Zum wichtigsten Kult avancierte das Opet-Fest, das gegen Ende des Sommers gefeiert wurde, wenn die Nilüberschwemmung ihren Höhepunkt erreichte. Es führte die zweieinhalb Kilometer lange Prozessionsstraße (Nord-Süd-Achse) von Karnak nach Luxor entlang. Diese wurde auf der ganzen Strecke flankiert von Reihen steinerner Sphinxe in Widdergestalt, der bildlichen Darstellung des Gottes Amun. „Opet" bedeutet im Altägyptischen „Frauenhaus, Harem"; Amun-Re reist zu seinem Harem in den Luxor-Tempel. Bevor die Kultstatue Amuns, die das ganze Jahr über im Allerheiligsten stand, in seiner Prozessionsbarke den Tempel verließ, mussten zahlreiche Rituale vollzogen werden, dazu zählten Rauch-, Trank- und Speiseopfer. Anfangs erfolgte die Prozession über Land, später wurden eigens Kanäle angelegt, um Amun über den Nil nach Luxor zu fahren. Menschenmassen, Kapellen und junge Tänzerinnen säumten den Weg. Im Allerheiligsten des Luxor-Tempels jedoch wurde es wieder still, denn die heilige Hochzeit fand im Verborgenen statt. Amun-Re vollzog die Vereinigung mit der Göttin Muth und zeugte gleichzeitig mit der jungfräulichen Gemahlin des jeweiligen Pharaos dessen Thronfolger.

Durchleuchtet von Osiris und dem CT

Zu höchster Blüte trieben die Ägypter die Kunst des Einbalsamierens, aber warum wurden die Leichen so aufwendig behandelt? In vorgeschichtlichen Zeiten wurden die in einfachen Gruben Beigesetzten vom heißen, trockenen Wüstensand auf natürliche Weise mumifiziert, woraus die Vorstellung entstand, der Körper müsse unversehrt bleiben für das Leben im Jenseits. Mit dem Aufkommen von steinernen Grabkammern und Sarkophagen, in denen die Leichen verwesten, wurden künstliche Maßnahmen zur Mumifizierung notwendig.

Anfangs wurden die Leichen nur gewaschen und mit in Harz getränkten Leinen umwickelt. Erst gegen Ende des Neuen Reiches gelangte die Mumifizierungstechnik zur Perfektion: Die Prozedur (inklusive der vollzogenen Rituale und Totenfeierlichkeiten) dauerte rund 70 Tage, die eigentliche Mumifizierung des Körpers nur vier Wochen. Dazu wurden das Gehirn sowie die Eingeweide entfernt und der Körper mit Natronsalz gefüllten Säckchen entwässert. Dann wurde der Leichnam mit Salbölen eingerieben und die Körperhülle mit verschiedenen Materialien wie Sägespänen oder Leinen wieder ausgefüllt. Anschließend umwickelten sie den Toten mit Leinen, schmückten ihn und setzten ihm eine Totenmaske auf.

Wundermittel Mumia

Im Mittelalter verwendeten manche Ärzte eine Art Wundermittel, das angeblich Abszesse, Husten, Prellungen, Geschwüre, Übelkeit, ja sogar Lähmungen und Epilepsie heilen konnte: Mumia – zermahlene Mumien. Der Bedarf in Europa war so groß, dass einige Ägypter Leichen von den Friedhöfen entwendeten, in der Wüste trocknen ließen und dann als Mumien verkauften, eine Art neuzeitlicher Kannibalismus. Als man im 19. Jahrhundert erkannte, dass Mumienpulver doch keine wirksame Medizin war, bedeutete das noch nicht die Rettung für die Mumien. Nun wurde es Mode, Mumien bei öffentlichen Veranstaltungen zu enthüllen. Menschen- und Tiermumien wurden unter den neugierigen Blicken zahlender Zuschauer ausgewickelt.

Tierkulte gehen in Ägypten auf vorgeschichtliche Zeiten zurück. Es waren wohl die Fähigkeiten, über die manche Tiere verfügen, die sie als übermenschlich erscheinen ließen. In der Ptolemäerzeit wurden Kultgemeinschaften gegründet, deren Mitglieder eine Gebühr entrichteten, die auch zur Mumifizierung von Hunden und Katzen verwendet wurde. Je höher der finanzielle Einsatz, desto aufwändiger die Versorgung der Tiere im Leben und ihre Behandlung im Tod.

Dass sich einfache Leute die Einbalsamierung nicht leisten konnten, war nicht entscheidend für das Weiterleben im Jenseits, da die Seele als unsterblich galt. Ob die Toten ins Reich der Glückseligen eingehen würden, darüber entschied ein Gericht des Unterweltgottes Osiris, der das Herz der Verstorbenen wog. Bei diesem Test helfen sollten negative Schuldbekenntnisse, die in den Totenbüchern gesammelt wurden. War das Herz durch Sünden belastet und schwer, wurde es der Fresserin (ein Mischwesen aus Krokodilkopf, Löwenvorderteil und Nilpferdhinterteil) zum Fraß vorgeworfen – der Verlust des Herzens führte zu ewiger Verdammnis.

Einen Gewinn stellen die guterhaltenen Mumien auf jeden Fall für die Erforschung des ägyptischen Alltaglebens dar; Hunderte von Mumien und Knochenfunden, besonders aus den Grabanlagen von Theben-West, sind inzwischen endoskopisch und mikrobiologisch untersucht sowie mit dem Computertomographen durchleuchtet worden. Häufig haben die Mediziner Hinweise auf chronische Blutarmut, Blutbildungsstörungen sowie Vitamin-C-und Vitamin-D-Mangel feststellen können. Vor allem jedoch konnten mit Hilfe der modernen Molekularbiologie Krankheitserreger nachgewiesen werden, die auf Tuberkulose hinweisen. In den Wintermonaten wurde es in den unbeheizten Lehmhäusern recht kühl und feucht. Tuberkulose war im Alten Ägypten wohl verbreiteter als bislang angenommen und kann mit ein Grund dafür sein, dass die Lebenserwartung in dieser Hochkultur so niedrig blieb – sie lag im Durchschnitt nur zwischen 20 und 30 Jahren. Es gab, wie in allen frühen Kulturen, eine hohe Kindersterblichkeit und nur wenige einfache Leute erlebten ihren 40. Geburtstag. Doch wenn ein Mensch aus der Oberschicht das Erwachsenenalter erreichte, hatte er auch gute Chancen, älter als 40 zu werden. Gerade bei diesem Personenkreis fanden die Mediziner jedoch Anzeichen für bösartige Krebsgeschwüre, und zwar in einer Häufigkeit, die mit der heutigen vergleichbar ist. Litten etwa schon die alten Ägypter unter Zivilisationskrankheiten? Diese Frage wollte im Jahr 2011 ein internationales Forscherteam klären. In der sogenannten „Horus-Studie" sollten bei 52 Mumien mit Hilfe eines Computertomographen die Blutgefäße untersucht werden. Bei 44 Mumien konnten sie noch hinreichend erkannt werden, 20 von diesen, fast die Hälfte, litten zu Lebzeiten unter Verkalkung der Gefäße. „Wir Menschen neigen offenbar grundsätzlich zur Arteriosklerose", urteilt der US-Mediziner Randall Thompson. Als mögliche Ursachen kommen neben einer falschen Ernährung – gerade die Oberschicht konnte sich viel Butter, Käse und Fleisch leisten – auch eine genetische Veranlagung für diese Erkrankung, die dann in den Adelsfamilien weitervererbt wurde, oder eine Parasiteninfektion in Frage, die chronische Entzündungen im Körper auslöst und dann die Kalkablagerungen in den Gefäßwänden begünstigt. Die auslösende Ursache lässt sich nicht mehr klären – ganz anders im berühmtesten „Mordfall" am Nil.

Das wohl radikalste Ereignis des Neuen Reichs war die Einführung eines neuen Glaubens. Auf Geheiß König Echnatons sollte nur noch Aton, dargestellt als Sonnenscheibe, verehrt werden. Das Familienbildnis zeigt den Pharao mit seiner Gemahlin Nofretete und ihren Kindern.

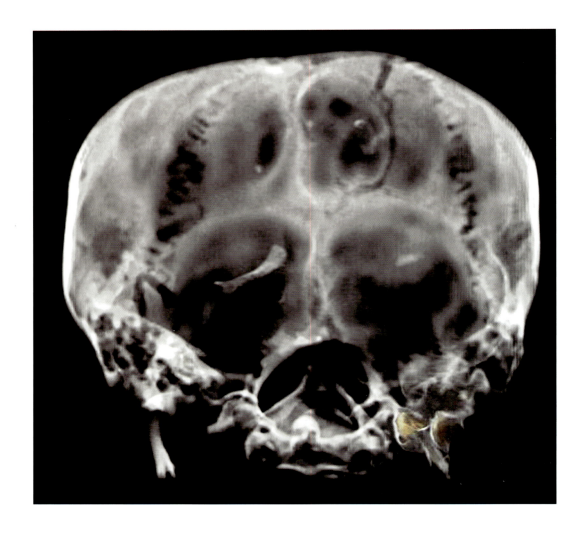

Auch Wissenschaft schafft gelegentlich Mythen – eine Röntgenaufnahme des Schädels von Tut-anch-amun aus dem Jahre 1968 zeigte angeblich Spuren von Gewaltanwendung. Das konnte zwar mit der hier abgebildeten Computertomografie aus dem Jahr 2005 widerlegt werden, doch dafür entstanden neue, ebenfalls bis heute nicht vollständig bewiesene Theorien über das frühe Ende des Pharaos.

Wurde unser „Tuti" nun ermordet oder nicht?

Neue High-Tech-Methoden können aber auch Verwirrung bringen. Das zeigt der berühmte Fall von Tut-anch-amun, dessen goldene Totenmaske so berühmt wurde, dass er von Ägypten-Fans liebevoll „Tuti" genannt wird. Weniger bekannt ist seine dramatische Lebensgeschichte: Sein vermutlicher Vater, Pharao Amenhotep IV. (1351–1334 v. Chr.), beendete den Kult um Amun-Re und die vielen anderen Götter und machte den Sonnengott „Aton" zum König der Götter. Ihm zu Ehren nannte er sich fortan „Echnaton". Um den Amun-Priestern jede Macht zu entziehen, ließ er zwischen Theben und Memphis die neue Hauptstadt Achet-Aton („Horizont des Aton") gründen, wo Aton als Sonnenscheibe ohne jegliche Kultbilder verehrt wurde.

Doch das Volk hing an seinen alten Göttern und der Art, sie zu verehren. Nach Echnatons Tod übernahm Tut-anch-aton die Herrschaft, zunächst vielleicht zusammen mit einem weiteren Sohn Echnatons. Tut-anch-aton änderte nicht nur seinen Namen in Tut-anch-amun, um Amun zu ehren, sondern ließ auch den Aton-Kult verbieten. Beraten wurde der junge Pharao von seinem Wesir Eje und dem General Haremhab – hatten es beide selbst auf die Macht abgesehen? Als Tut-anch-amun mit nur 20 Jahren

„Ich begnüge mich damit die Tatsache anzumerken, dass der Orientale auf die eine oder andere Weise im Allgemeinen genau entgegengesetzt zum Europäer handelt, spricht und denkt."

Evelyn Baring Earl of Cromer, als britischer Generalkonsul in Ägypten bestimmt er Ende des 19. Jahrhunderts maßgeblich die Politik dort.

starb, beerbte jedenfalls Wesir Eje den kinderlosen Pharao und ließ sich zum Pharao krönen. Sein hohes Alter erlaubte ihm nur drei Regierungsjahre, danach errang General Haremhab das höchste Amt im Reich und ließ die letzten Reste des Aton-Kultes entfernen. Die politischen und religiösen Wirren und der frühe Tod Tut-anch-amuns sorgten schon lange für Spekulationen: Wurde Tut-anch-amun ermordet?

1968 machten britische Forscher Röntgenbilder von der Mumie und entdeckten einen Bluterguss und eine Schädelfraktur. Wurde Tuti Opfer einer Gewalttat oder handelte es sich um eine Missbildung, die auch die beiden Föten in seinem Grab aufwiesen? Untersuchungen, die zudem eine Nackenverletzung belegten, stärkten den Mordverdacht. Fast vier Jahrzehnte wurde munter drauflos spekuliert.

2005 bewies eine Computertomografie jedoch, dass der junge Pharao kein gewaltsames Ende fand. Ein schwerer Oberschenkelbruch könnte auf einen Unfall hinweisen. Und im Februar 2010 schließlich ergab die Untersuchung einer Gewebeprobe der Mumie: Tut-anch-amun litt an einer Knochenauflösung im Fuß und starb vermutlich an Malaria.

Nicht nur die moderne Forschung, auch schon Herodot hatte sich mit seinen Mutmaßungen zur ägyptischen Kultur aufs Glatteis begeben. Einige richtige Beobachtungen hatte er mit seiner Fantasie gemischt. Tatsächlich schwillt der Nil mitten im Sommer gewaltig an, während alle anderen Flüsse, die ins Mittelmeer strömen, im Sommer zusammenschrumpfen, und tatsächlich schreiben die Ägypter von rechts nach links und die Priester unterzogen sich regelmäßig einer Ganzkörperrasur. Aber bei den meisten von ihm aufgelisteten Andersartigkeiten der Ägypter hatte Herodot nicht so genau hingeschaut, stattdessen schlussfolgerte er: Wenn so wichtige Dinge bei den Ägyptern verkehrt herum ablaufen, dann wird es bei allem anderen auch so sein. Damit steht er am Anfang einer ganzen Reihe von Denkern, die einen unüberwindbaren Gegensatz zwischen Abendland und Morgenland sehen.

> „Obwohl die Zinnbronze einer ganzen Epoche ihren Namen gegeben hat, besteht inzwischen mehrheitlich die Meinung, dass die großen gesellschaftlichen Veränderungen, die Ende des 4. Jahrtausends v. Chr. zuerst in Südmesopotamien fassbar werden und zu einer mehrschichtigen Siedlungshierarchie mit urbanen Zentren führten, nicht ursächlich mit der Einführung der Zinnbronze zusammenhängen"
>
> Ernst Pernicka (*1950)

Von der ersten Bronze zur Himmelsscheibe von Nebra

Eine eurasische Spurensuche nach dem ersten globalen Handel

Luftaufnahme neolithischer und bronzezeitlicher Grabhügel im Downland Wiltshires, Großbritannien..

„Bronzezeit" – dieses Stichwort lässt die meisten sogleich an die frühen Hochkulturen des östlichen Mittelmeerraums sowie des angrenzenden Nahen Ostens und deren großartige Funde denken, die in archäologischen Museen weltweit ausgestellt sind: Speerspitzen aus Kreta, Streitäxte aus Ägypten, Messer und Schwerter aus Mesopotamien und Gefäße und Schmuck aus Troia – all diese herrlichen Funde stammen aus dem 3. Jahrtausend v. Chr. und sind überwiegend aus Bronze gefertigt. Doch inzwischen lenken sensationelle Funde wie die Himmelsscheibe von Nebra den Blick in Sachen Bronzezeit auch auf Mitteleuropa. Und selbst auf den größten jemals in Europa gefundenen Goldschatz der Bronzezeit stießen Archäologen nicht unter mediterraner Sonne, sondern bei der Verlegung einer Gaspipeline quer durch Norddeutschland im Jahr 2011: 117 Ringe, Spiralarmbänder und Ketten, zusammen 1,8 kg reines Gold waren vor 3300 Jahren im Erdreich beim heutigen Gessel im Landkreis Diepholz deponiert worden.

Gold und Kupfer werden von den Menschen schon seit dem 5. Jahrtausend v. Chr. verarbeitet, im neolithischen Çayönü am Oberlauf des Euphrat nutzten Jäger schon im 7. Jahrtausend v. Chr. Kupfer um Nägel, Haken, Alen und Perlen zu fertigen. Doch Kupfer und Gold sind zu weich, um daraus effektive Waffen oder Werkzeuge herstellen zu können, erst mit der Bronze wechselten die Menschen von Stein- zu Metallwerkzeugen. Gegenüber dem reinen Kupfer besteht die Bronze aus einer Kupfer-Zinn-Legierung, dazu werden vier bis zehn Prozent Zinn dem Kupfer beigefügt. Dieses Kupfer-Zinn-Gemisch weist zwei entscheidende Vorteile auf: weil es viel härter als Kupfer wird, eignet es sich gut zur Herstellung von Waffen und Werkzeugen, hat aber trotzdem einen niedrigeren Schmelzpunkt.

Mit der Entwicklung der Bronzeverarbeitung entstanden Arbeitsteilung, Fernhandel und zahlreiche Hochkulturen. Denn die Metallverarbeitung verlangte Spezialisten wie Bergleute oder Schmiede, und die ungleiche geographische Verteilung der Erzlagerstätten ließ die ersten Kulturen durch Handel reich werden. Doch wo wurden die ersten Bronzegegenstände hergestellt, woher stammen Kupfer und Zinn dazu? Und welche Rolle spielte Mitteleuropa in der Bronzezeit?

Heimat bis zu den frühen Metall- und Salzstollen der Menschheit hatte er Bergwerke jeder Art untersucht, und gern hätte er noch die Frage geklärt, woher Kupfer und Zinn der frühen Bronzefunde stammten. Denn lange Zeit glaubten die Archäologen einfacherweise, die ersten Bronzehersteller hätten sich aus lokalen Minen versorgt. Die geo-

Die sogenannte Blockbergung des Goldschatzes im niedersächsischen Gessel, dem größten jeweils in Europa gefundenen Goldschatz der Bronzezeit. Bei einer Blockbergung werden die Funde zusammen mit dem sie umgebenen Erdreich „geborgen", um anschließend im Labor unter idealeren Bedingungen als am eigentlichen Fundort gesichert und detailliert dokumentiert zu werden.

Angefangen mit der Suche nach der Herkunft der ersten Zinnbronze, hat die Forschung das bisherige Wissen über die Bronzezeit völlig umgekrempelt. Die Spur der neuesten Erkenntnisse führt über Fundorte in ganz Europa, Kleinasien und den Nahen Osten bis ins innerste Zentralasien und wieder nach Deutschland zurück – zu den Fundstätten mehrerer Goldschätze und der Himmelsscheibe von Nebra. Die Geschichte begann in einem äußerst nüchternen Büro des Bochumer Bergbaumuseums, wo Anfang der 1990er-Jahre einer der weltweit erfahrensten Bergbau-Archäologen, Gerd Weisgerber, seiner nahen Pensionierung entgegensah. Von den Kohleschächten seiner

logische Erforschung der Lagerstätten weltweit hat jedoch gezeigt: Jein! Während Kupfer in vielen Lagerstätten reichlich vorhanden ist, findet sich weit und breit kein Zinn. Inzwischen haben die Wissenschaftler die mögliche Quelle für das 3. Jahrtausend v. Chr. auf drei Regionen einschränken können: Cornwall auf den britischen Inseln, auf der Iberischen Halbinsel im heutigen Portugal und in Zentralasien. Zu dieser Zeit gab es jedoch keine gut funktionierenden Handelswege zwischen dem ägäischen und dem westeuropäischen Raum: Portugal und die Britischen Inseln scheiden also aus. Demgegenüber führte eine eindeutige Spur nach Zentralasien: Unter den Funden aus der frühen Bronzezeit befinden sich Prunkäxte aus Lapislazuli – dieser Schmuckstein kommt jedoch nur im damals unerreichbaren Chile und in Zentralasien vor.

Weisgerber versuchte, Hinweisen von russischen Wissenschaftlern auf vorgeschichtliche Zinnbergwerke in Mittelasien nachzugehen, doch das war schwierig: „Nicht einmal anständige Karten gab es von Mittelasien – es lag halt weit jenseits des eisernen Vorhangs." Doch Anfang der 1990er-Jahre öffnet sich der Ostblock allmählich und 1991 klopfte es wieder einmal an Weisgerbers Tür. Völlig überraschend standen usbekische Geologen und Archäologen davor. Er führte sie durch das Bergbaumuseum und erhielt im Gegenzug eine Einladung nach Mittelasien. Bereits 1992 unternahm er zusammen mit dem Metall-Archäologen Ernst Pernicka und dem Eurasien-Experten Hermann Parzinger eine erste Stippvisite, 1993 bis 1996 folgte ein Expeditionsprogramm zu ausgewählten Lagerstätten ins zentralasiatische Tal des Zeravschon. Dieser wilde Fluss frisst sich durch das Turkestan-Gebirge und schlängelt sich durch die usbekische Steppe, dabei durchquert er die Seidenstraßen-Stadt Samarkand und versickert, bevor er Buchara erreicht, im Sand. Dort, in der südöstlichen Wüstensteppe Usbekistans, fanden die Wissenschaftler nahe dem Ort Karnab eine völlig zerfurchte Landschaft vor. Auf der fieberhaften Suche nach Zinn- und Uranerz hatten die Russen dort im 20. Jahrhundert in regelmäßigen Abständen Gräben angelegt, die nun von den Archäologen für ihre Suche genutzt wurden. Prompt fanden sie historische Abbaustrecken, die den Erzschichten folgten. Sie verliefen teilweise senkrecht im Boden und sahen aus wie breite Risse im Erdgestein. „Hätte ich da tief geatmet, hätte ich

Schmuck statt Waffen

Die erste Bronze wurde nicht für Waffen, sondern für Schmuck und Zierat verwendet. 3000 dieser Objekte hat der Archäometallurge Ernst Pernicka mit seinen Mitarbeitern untersucht: Landwirtschaftliche Geräte wie Sicheln bestehen weiter aus Kupfer, Schmuck und Möbelbeschläge hingegen aus Bronze. „Gegenstände, an denen die Werkstoffeigenschaften eigentlich nicht zum Tragen kommen," urteilt Pernicka. Der Grund: Die Bronzegegenstände, die heute durch die Oxidation eine grüne Patina haben, glänzten zur Zeit ihrer Herstellung verführerisch golden.

In einem unversehrten Grab einer Mecklenburger Fürstin aus der Bronzezeit in der Nähe von Teterow (Mecklenburg-Vorpommern) wurde u. a. diese über 3000 Jahre alte und mehr als 500 Gramm schwere Beinberge, ein Schmuckring für die Waden, entdeckt. (oben)
Nahe Winklarn (Österreich) wurde dieser Bronzegürtel aus der mittleren Bronzezeit (um 1600 –1250 v. Chr.) gefunden, der sich heute im Naturhistorisches Museum in Wien befindet. (unten)

Diese sogenannte Tüllenaxt aus dem 2. Jahrtausend v. Chr. stammt aus einem Gräberfeld im georgischen Brili.

festgesteckt", erklärt Weisgerber. Deshalb hält er es für wahrscheinlich, dass nur Kinder oder Frauen die Arbeit an den engsten Stellen der Strecken verrichten konnten. Im Umkreis fanden die Wissenschaftler das Werkzeug: Tausende von Steinschlägel – so zurecht geschlagene Steine, dass sie als Hammer dienen konnten. Außerdem zeigen geschwärzte Areale an, dass die Bergleute „Feuer setzten", denn durch die Hitze bersten Gesteins- und Erzkrusten und lassen sich leicht abschlagen. Vom Feuer blieb Holzkohle erhalten, die mit Hilfe der C-14-Methode die Zeit des Abbaus preisgab: Das Zinnbergwerk in Karnab war von 1600 bis 800 v. Chr. in Betrieb. Das war schon sehr alt, doch für die erste Zinnbronze immer noch mehr als 1000 Jahre zu jung.

Noch weiter in die Vergangenheit führen Bergwerke bei Muschiston, den Zeravschon weiter flussaufwärts, im benachbarten Tadschikistan, rund 150 Kilometer östlich von Samarkand. Dort liegen in 3000 Metern Höhe Zinnlagerstätten, die zwar von russischen Geologen untersucht, aber noch nicht ausgebeutet wurden. Auf Anhieb fand Weisgerbers Mannschaft Spuren bronzezeitlichen Bergbaus – Keramikscherben, Holzkohle und einige Holzstempel wurden freigelegt und zeitlich bestimmt. Das Ergebnis: die Bergwerke von Muschiston wurden von 2400 bis 800 v. Chr. genutzt, wahrscheinlich mit Unterbrechungen. Vielleicht handelt es sich nicht um das Allererste, aber mit Sicherheit um eines der ersten Zinnabbaugebiete.

Metall im Massenspektrometer

Mit den Erzfunden im Gepäck reiste Pernicka in eine deutsche Bergwerkregion. An der traditionsreichen sächsischen Bergakademie in Freiberg wurde er 1998 zum ersten Inhaber des Lehrstuhls für Archäometallurgie berufen. Pernicka ließ einen Teil der Erzfunde aus Tadschikistan verhütten, und es entstand genau die goldglänzende Bronze, die von Mesopotamien bis an die Adriaküste so begehrt war. Dadurch löste sich auch das Rätsel der Erfindung der Bronze, denn die Lagerstätte von Muschiston enthält Erze, in denen Kupfer und Zinn zusammen vorkommen. „Dies könnte auch erklären, wie die erste Bronze hergestellt wurde", so Pernicka. Sie wurde nicht als Rezept erfunden, sondern kam als natürliche Legierung vor." Die Menschen erkannten deren Vorzüge und Zusammensetzung und übernahmen die Legierung als Technik – ein folgenreicher Schritt für die Menschheit.

Die Wissenschaftler in Freiberg verfügten über die neueste Technik, das Massenspektrometer. Mit ihm lässt sich die Herkunft von Metallen bestimmen. Zum einen analysiert es die chemische Zusammensetzung der Metalle und Erze, denn die enthaltenen Spurenelemente unterscheiden sich von Lagerstätte zu Lagerstätte. Zum anderen bestimmt es die jeweiligen Anteile der vier Bleiisotope, die in kleinsten Mengen in jedem Erz vorkommen. Stimmen nun chemische Zusammensetzung und Bleiisotope unterschiedlicher Proben exakt überein, lassen sich Fundgruppen einzelnen Lagerstätten zuweisen. Das gelang den Wissenschaftlern bei der Kupferverarbeitung, und so hoffte Pernicka bei der frühen Zinnbronze auf einen ähnlichen Erfolg. Als Vergleichsobjekte hatte er einige Bronzegeräte aus Troia herausgesucht. Bei einem Teil dieser Objekte stimmten die Bleiisotope mit denen der gefundenen Erze überein, die chemische Zusammensetzung passte jedoch nicht: die Troia-Objekte haben höhere Nickelanteile als die Erzfunde aus Innerasien. Doch die Archäologen sind sich sicher, dass sie irgendwann einen 100-prozentigen Treffer landen, schließlich warten allein aus dem Mesopotamien des 3. Jahrtausend v. Chr. rund 10 000

Entlang des wilden Tales des Zeravschon-Flusses im heutigen Tadschikistan fanden die Archäologen etliche Spuren antiken Bergbaus, wo vermutlich aus Kupfer-Zinn-Legierungen die erste Zinnbronze gewonnen wurde.

Bronzeobjekte in den Museen und Magazinen weltweit auf eine Untersuchung.

Denn die Indizien stimmen, so die drei Metall-Detektive: sie haben die weltweit ältesten Zinnbergwerke gefunden. Auch die weiten Transportwege bedeuteten kein Problem, denn bereits seit dem frühen 2. Jahrtausend v. Chr. berichten assyrische Keilschrifttexte über Nomaden-Karawanen, die das Zinn regelmäßig durch Persien nach Mesopotamien transportierten. Und Eurasien-Experte Parzinger hat im Zeravschon-Tal archäologische Beweise dafür gefunden, dass Nomadenvölker das Zinn auch abgebaut und verhüttet haben. Darüber hinaus fanden russische Wissenschaftler weiter nördlich ein neues Verbindungsglied zur Bronzeproduktion. Eine heiße Spur führt in die innerasiatische Steppe, wo gegen Ende des 3. Jahrtausend v. Chr. wie aus dem Nichts eine ganze Anzahl großer Siedlungen entstand. Entdeckt wurden sie nur durch Zufall, denn die Steppen sind groß und die Siedlungsspuren längst wieder überwuchert. Doch auf militärischen Luftbildaufnahmen, die der russischen Geologin Ija M. Batanina nach dem Untergang der Sowjetunion in die Hände fielen, entdeckte sie die typischen Spuren systematisch angelegter Siedlungen, genau dort, wo eigentlich die letzten 6000 Jahre keine hätten stehen sollen: im Trans-Ural, der sich als Hügellandschaft südöstlich an die Uralgebirgskette anschließt. Die Spuren zeigen, dass sich dort an den Ufern der zahlreichen Wasserläufe im Abstand von jeweils 25 bis 30 Kilometern Städte wie Perlen an einer Schnur aufreihten. 22 solcher Städte haben russisch-deutsch-amerikanische Forscherteams mittlerweile identifiziert, mit geomagnetischen Methoden untersucht und einige wie Ol'gino auch teilweise ausgegraben. Zwar schwanken sie in ihrer Größe zwischen einem und vier Hektar und können rund, oval oder auch rechteckig angelegt sein, doch sie ähneln sich sehr in ihrem Aufbau und in der Lebensweise ihrer Bewohner: Die Siedlungen wurden von einer mächtigen Holz-Erde-Mauer umgeben, die meist nur von zwei Toren unterbrochen war. Die dicht stehenden Häuser im Inneren waren sämtlich viereckige Holzhäuser, die durchweg nicht nur zum Wohnen dienten, worauf große Öfen, Schlackereste, zerbrochene Gussformen und zahlreiche Metallfunde schließen lassen. „Die überraschenden Belege für metallurgische Tätigkeit in nahezu jedem ausgegrabenen Gebäude deuten darauf hin, dass diese Städte Zentren der Metallverarbeitung waren", so der New Yorker Archäologe David Anthony. Nicht nur ihr plötzliches Entstehen sondern auch ihr nach 200 bis 300 Jahren ebenso plötzlicher Untergang stellt die Forscher vor Rätsel: War vor allem das Klima, neu entstandene Konflikte oder der Zusammenbruch des gerade erst entstandenen Metallhandels Schuld?

Massenspektrometer zeigen den „Fingerabdruck" der Metalle

Obwohl der Sonnenwagen von Trundholm aus der ältesten nordischen Bronzezeit (14. Jahrhundert v. Chr.) stammt, weist die Herstellung seiner Einzelteile im Gussverfahren auf einen hohen Stand der Metallverarbeitung hin. Ob die mit einem Goldblech belegte Skulptur überhaupt einen gezogenen Wagen, der die Sonne trägt, darstellt, ist ebenso umstritten wie die Bedeutung der vielen auf beiden Scheibenseiten eingravierten Symbole. Der „Sonnenwagen" wurde 1902 in der Moorlandschaft von Trundholm im dänischen Seeland geborgen. (heute Nationalmuseum Kopenhagen)

Erze kommen in der Natur als ganz unterschiedliche Gemische aus Metall- und Mineralverbindungen wie Kalk oder Quarz vor. Heute reicht eine Probe von ein paar Tausendstel Gramm, um ihre genaue Zusammensetzung zu bestimmen. Dazu lösen die Wissenschaftler diese in Säure auf und lassen sie verdampfen. Eine Kathode (ein kräftiges elektronisches Feld) im Massenspektrometer spaltet die Moleküle in ihre Bestandteile, Ionen, auf. Diese werden dann beschleunigt und über ein Magnetfeld geführt. Die einzelnen Ionen-Typen zeigen unterschiedliche Abweichungen, das Gerät zeichnet das so entstehende Spektrum als fortlaufende Kurve auf. Daran lässt sich die Zusammensetzung der Proben ablesen. Für die Herkunftsbestimmung von Metallen hat sich die Bleiisotopen-Methode als ideal erwiesen. Denn erstens finden sich kleinste Spuren von Blei in jedem Erz und zweitens bestehen diese Bleispuren aus bis zu vier verschiedenen Isotopen, die sich nur in der Anzahl ihrer Neutronen unterscheiden. Denn sie sind Zerfallsprodukte der natürlich vorkommenden radioaktiven Elemente Thorium, Uran 235 und Uran 238. Der Clou bei der Sache ist nun: Da die Erz-Lagerstätten unterschiedliche geologische Entstehungsgeschichten haben, weist jede von ihnen eine nur für sie charakteristische Isotopenzusammensetzung auf. Die Metallkundler sprechen in diesem Zusammenhang von einem „Fingerabdruck." Als Ende der 1980er-Jahre noch einmal versucht wurde, die Zinnquelle der Frühbronzezeit in Anatolien zu orten, verglichen die Wissenschaftler die „Fingerabdrücke" zwischen Bronzezeitfunden und Lagerstätten – doch sie stimmten nicht überein.

Das Klima verschlechterte sich in der Tat während des 3. Jahrtausend v. Chr. in der eurasischen Steppe und erreichte zwischen 2200 und 2000 v. Chr. mit einer kleinen Eiszeit seinen Tiefpunkt. Da natürliche Ressource wie Holz knapp wurden, kam es zu kriegerischen Auseinandersetzungen, was die Archäologen an der Aufrüstung der Siedlungen ablesen können. Unklar bleibt jedoch, ob die Siedlungen nur für sich und ihr nomadisches Umfeld oder auch für den Fernhandel Bronzegegenstände herstellten. Aber der deutsche Archäologe und Kooperationspartner im Trans-Ural-Bronzezeit-Projekt Rüdiger Krause ist sich sicher: „Die bronzezeitliche Sintašta-Kultur zählt zu den prominentesten Kulturerscheinungen im eurasischen Steppengürtel und hat eine weite Ausstrahlung bis an die untere Donau entfaltet." Dort, zwischen der südwestlichen Schwarzmeer- und der Adriaküste, grenzten im 3. Jahrtausend v. Chr. kleine Fürstentümer aneinander, zwischen denen die begehrten und knappen Güter getauscht wurden. Gold, Lapislazuli und auch Bronze galten als Statussymbol. Doch reichte das Netzwerk kleiner Fürstentümer auch über die Alpen bis nach Deutschland? Und erreichte die Bronze aus Asien selbst oder lediglich das Wissen um die Metallherstellung Ende des 3. Jahrtausends v .Chr. Mitteleuropa?

Fürstengräber und wehrhafte Siedlungen

1877 auf einer Anhöhe in Nordthüringen unweit der Unstrut. Als Arbeiter den acht Meter hohen Hügel von Leubingen angruben, um ihn als Lehmgrube zu nutzen, stießen sie auf alte Gräber. Der aus dem nahen Jena herbeigerufene Frühgeschichtler und Universitätsprofessor Friedrich Klopfleisch erkannte darin die Gräber slawischer Vorfahren aus dem Frühmittelalter, die in dem Hügel angelegt worden waren. Doch als er vorsichtig weitergraben ließ, stießen die Ausgräber auf eine unversehrte Grabanlage, über die der Hügel eigentlich aufgeschüttet worden war. Unter einer sogenannten Totenhütte, ein aus Holzbalken geformtes Satteldach von vier Metern Länge, lagen die Überreste eines Verstorbenen in vornehmen Gewändern und mit wertvollen Beigaben: Dolche, Beile, Meißel und die Klinge eines Stabdolches aus Bronze. Am Leib trug der Bestattete ein goldenes Schmuckensemble: einen Armring, zwei Noppenringe und eine kleine Spirale sowie zwei zum Ende hin gebogene Nadeln, die in seinem Gewand steckten. Da außerdem die Steine, mit denen die Totenhütte ummantelt war, aus verschiedenen Materialien bestanden und aus ganz unterschiedlichen Regionen der Umgebung herbeitransportiert worden sein mussten, schlussfolgerte Klopfleisch: Es muss sich um eine sehr wichtige Persönlichkeit gehandelt haben, einen Fürst vielleicht. Spätere Forscher korrigierten nur leicht: ein

Goldene Beigaben aus der Grabanlage von Leubingen: ein Armring, zwei Noppenringe, eine kleine Spirale sowie zwei zum Ende hin gebogene Gewandnadeln.

Der Rekonstruktionsversuch eines gut 3000 Jahre alten bronzezeitlichen Dorfes bei Unteruhldingen am Bodensee. Allein am Bodensee sind inzwischen über 100 Siedlungsstandorte mit gut 400 ehemaligen Pfahlbausiedlungen bekannt.

Kriegsherr, ein hoher Priester, ein Schmied oder jemand der das Recht besaß, Metalle verarbeiten zu lassen. Denn unter seinen Grabbeigaben befanden sich drei Meißel, und bei einem der früher weniger beachteten „Steingegenstände" handelt es sich um einen kleinen kissenförmigen Amboss.

Eine Holzprobe des Hügelgrabes von Leubingen konnte mit Hilfe der C-14-Methode auf die Zeit um 1940 v. Chr. datiert werden, die Menschen in Ostdeutschland besaßen also schon zu Beginn des 2. Jahrtausends v. Chr. die Fähigkeit Bronze zu verarbeiten. Doch woher stammten die Rohstoffe? Darüber gibt die nicht weit entfernte Fundstelle von Dieskau/Bennewitz nahe Halle an der Saale Auskunft, wo 300 bronzene Beilklingen aus der Bronzezeit geborgen wurden. Allein die Menge der Klingen legt nahe, dass zumindest das Kupfer aus Lagerstätten der ostdeutschen Mittelgebirge stammte. Da der Zinnanteil der Beilklingen zwischen 0,5 und 7,6 Prozent schwankt, gehen die Archäologen davon aus, dass die ersten Metallurgen experimentierten, bis sie die optimale Zusammensetzung der Bronze fanden. Doch wieder bleibt die Herkunft des Zinns ein Rätsel.

Enträtseln dagegen konnten die Kollegen der Archäologen – Anthropologen und Botaniker – den Alltag dieser Epoche, in dem sie die organischen Reste dieser Zeit bargen und auswerteten. Die meisten Menschen waren und blieben Bauern, die mithilfe von Ackerbau und Viehzucht die Nahrungsmittel der Gesellschaft erwirtschafteten. Vor allem wurden verschiedene Getreidesorten (Emmer und Einkorn, Gerste, Dinkel, Hafer und Hirse) angebaut. Neben Getreidebrei und Brot standen nur Früchte und Beeren der Saison auf dem Speiseplan, ganz selten Fleisch. Als einzige Neuerung kam in der späteren Bronzezeit erstmals Käse hinzu, der aus Kuhmilch hergestellt wurde. Die Untersuchung vieler Grabskelette ergab, dass die Lebenserwartung im Schnitt bei unter 40 Jahren lag und die Menschen fast ohne Ausnahme an Mangelerscheinungen, schlechten Zähnen und Arthrose litten. Die Bevölkerung lebte in Einzelgehöften oder in Dörfern mit bis zu 30 Häusern, die in der Regel aus Holz, gelegentlich mit Steinfundamenten erbaut wurden. Unter den ausgegrabenen Bauwerken der frühen Bronzezeit sind keine, die sich gegenüber ihren Nachbarn in Größe, Baumaterial oder Ausstattung herausheben. Führer dieser Gemeinschaften lassen sich nur an ihren Grabhügeln erkennen, unter denen sie in gestreckter Rückenlage und mit üppigen Beigaben bestattet wurden. Alle anderen Menschen fanden in Hockstellung in flachen Gräbern ihre letzte Ruhe.

Erst in der mittleren Bronzezeit (ca. 1600–1250 v. Chr.) wurden zunehmend auch die „kleinen" Leute unter flachen Grabhügeln beigesetzt, die in der Nähe der Siedlungen bald ganze Grabhügelfelder bildeten. Zu dieser Zeit befand sich so viel Bronze im Umlauf, dass auch die Geräte des Alltags, Werkzeuge und Waffen, aus Zinnbronze hergestellt werden konnten. Bronze und Gold boten außerdem erstmals in der Geschichte die Möglichkeit, Reichtümer anzuhäufen. Diese wiederum führten zu Raub und Plünderung, wofür die Archäologen zwei untrügliche Hinweise fanden: Bronzeschwerter und mächtige Wehranlagen.

Neben den Dolch tritt ab dem 16. Jahrhundert v. Chr. das Schwert, das eine bis zu 70 Zentimeter lange, beidseitig geschliffene Klinge aufweist. Es ist weder zum Jagen von Wild noch für handwerkliche Tätigkeiten geeignet, lediglich zum effektiven Verletzen anderer Menschen. Das Mitführen dieser Waffen wurde für Männer zum Kennzeichen eines gehobenen Sozialranges und signalisierte Wehrbereitschaft. Zur gleichen Zeit entstanden in Süddeutschland, im sächsisch-thüringischen Raum, in Oberösterreich und in der Schweiz befestigte

Ein reich verziertes, außergewöhnlich gut erhaltenes Hängebecken aus Bronze. Das etwa 2900 Jahre alte Stück wurde von Archäologen in der Altmark entdeckt.

Die aus Bronze mit Goldauflagen gefertigte gut 3600 Jahre alte Himmelsscheibe von Nebra ist die älteste bekannte konkrete Nachthimmeldarstellung der Welt.

Siedlungen auf Anhöhen wie die von Bernstorf bei Allershausen im bayrischen Landkreis Freising. Rund 40 000 Eichen wurden um 1360 v. Chr. (C-14-Messung) gefällt, um ein etwa 1800 Meter langes Holzgerüst zu errichten, das anschließend mit Lehmwänden ummantelt wurde. Die so entstandene Wallanlage umgab ringförmig eine Siedlung, die wie das bronzezeitliche Troia oder Mykene aus einer Burg mit Unterstadt bestand. Am westlichen Rand des Bergplateaus vermuten die Archäologen die „Zitadelle" der Anlage. Geomagnetische Untersuchungen des Untergrundes zeigen eine sehr breite Schutzzone, die auf viel größere Gebäude hinweist als an den übrigen Stellen. Hier könnte der Wohnbereich der Oberschicht gelegen haben.

Lokalarchäologen und Mitarbeiter der Prähistorischen Sammlung Bayern untersuchten den Fundort drei Jahre lang eingehend, doch erst als 1998 die Erweiterung der benachbarten Kiesgrube vorbereitet wurde, entdeckte der Hobbyarchäologe Manfred Moosauer in der von einer Planierraupe abgetragenen Erdschicht ein Goldblech – eingebettet in Wurzelwerk. Die Erdarbeiten wurden gestoppt und die Archäologen fanden bei ihrer systematischen Suche unter anderem eine goldene Nadel und verzierte Goldbleche in Form einer Krone, eines Diadems und eines Goldbandes, das um einen Holzstab gewickelt war. Die dünnen Goldbleche haben einst ein Kultbild geschmückt und zeigen eine erstaunliche Ähnlichkeit zum mykenischen Totenkult, beispielsweise der „Totenmaske des Agamemnon". Darüber hinaus fanden die Archäologen im Jahre 2003 zwei kleine, dreieckige Bernsteingegenstände, die sich als kleine Gesichter entpuppten. Eines trägt auf seiner Rückseite Zeichen der Linear-B-Schrift, die im Ägäisraum von der minoisch-mykenischen Kultur verwendet wurde, datierbar auf die Zeit um 1360 v. Chr. Die Funde beweisen, dass die Menschen in Süddeutschland direkte Kontakte zu den Mykenern einerseits und den Ostseekulturen andererseits hatten.

Während Kupfer an vielen Stellen in Europa und Kleinasien gewonnen werden konnte, waren die Lagerstätten von Zinn, Gold, Lapislazuli und Bernstein recht ungleich verteilt. Nur Fernhandel konnte diese knappen Güter verbreiten. Bernstorf spielt dabei wohl eine Schlüsselrolle: Bernstein, Felle und Salz wurden aus dem Norden in den Süden transportiert, Keramik und Metalle in die entgegengesetzte Richtung. Doch diese Entdeckungen wurden gleich in den folgenden Jahren von einem neuen Fund verdrängt, der unser bisheriges Bild dieser Zeit in ein neues Licht rückt: die Himmelsscheibe von Nebra.

Vom „Deckel" zum Jahrhundertfund

Sommer 1999, auf dem Mittelberg nahe dem ostdeutschen Nebra. Zwei Männer schleichen mit einem Metalldetektor durch den Wald, der als archäologisches Gebiet geschützt ist. Es sind Raubgräber, die nach Resten alter Schlachten und Gräbern suchen: Pfeilspitzen, Waffen, Munition, Münzen, selbst Uniformknöpfe würden sie nicht verschmähen. Doch als sie fündig werden, hacken sie mit ihrem Beil in eine große Bronzescheibe. Die hielten sie zunächst für einen unbedeutenden Deckel, den sie achtlos beiseite werfen. Doch dann finden sie noch zwei Beile, zwei Spiralarmreifen, einen Meißel und zwei Kurzschwerter – alles aus Bronze. Nun erst sehen sie sich den „Deckel", der als die Himmelsscheibe von Nebra berühmt werden sollte, etwas genauer an.

Der Fundort auf dem Mittelberg der 3600 Jahre alten Himmelsscheibe von Nebra in einer Luftaufnahme. Die Himmelsscheibe ist die älteste genauere Sternenabbildung der Welt.

In den folgenden zwei Jahren erfuhren die Archäologen von ihrer Existenz auf dem Schwarzmarkt. Einem Berliner und einem Münchener Museum sowie dem Landesdenkmalamt Sachsen-Anhalt wurde das Fundstück für rund eine Millionen D-Mark (500 000 Euro) angeboten, sie lehnten den Kauf der „heißen Ware" ab. Die Preisentwicklung zeigt, dass die Schwarzmarkthändler mittlerweile wussten, was sie in den Händen hielten. Die Raubgräber hatten die Scheibe 1999 kurz nach dem Fund für 31 000 D-Mark (rd. 16 000 Euro) verkauft. Auf dem Schwarzmarkt wechselte die Scheibe nach der Euroeinführung für 117 000 Euro den Besitzer (Gewinn: 100 000 Euro). Bevor der einmalige Fund nun vielleicht in der Privatsammlung eines Millionärs verschwand, mussten die Archäologen handeln. In Zusammenarbeit mit der Kriminalpolizei ließ sich der Landesarchäologe von Sachsen-Anhalt, Harald Meller, zum Schein auf die Forderung der Hehler ein. Man traf sich in der Kellerbar eines Baseler Hotels, Meller prüfte, ob er die echte Scheibe vor sich hatte, musste kurz auf die Toilette – und die Polizei schlug zu.

Doch mit dem Besitz der Scheibe begann die eigentliche Arbeit: Wie konnten die Wissenschaftler sicher sein, dass die Scheibe überhaupt echt ist? Dazu wurde das Metallforscher-Team um Ernst Pernicka eingeschaltet. Auffälligstes Merkmal alter Bronze ist ihre grüne Patina, sie entsteht, weil die Kupfer- und Zinnmoleküle im Laufe der Zeit mit anderen Stoffen reagieren und dabei Kristalle bilden. Dieser Prozess lässt sich auch künstlich beschleunigen, doch dann entstehen kleinere Kristalle. Die Scheibe jedoch weist grobe Kristalle auf, wie sie nur in Jahrtausenden heranwachsen. Exakter lassen sich Metallfunde jedoch nicht datieren. Mit den am gleichen Fundort geborgenen Bronzeschwertern fanden die Wissenschaftler dennoch eine Möglichkeit zur zeitlichen Bestimmung. Die Prunkschwerter sind sehr sorgfältig gegossen und geschmiedet und verfügen über einen Schalengriff; d.h. nur die äußere Hülle besteht aus Bronze, das Griffinnere aus Birkenholz. Holz wiederum lässt sich mit der C-14-Methode bestimmen. Ergebnis: der Bronzeschatz stammt aus der Zeit um 1600 v. Chr.

Doch woher wollen die Archäologen wissen, dass die Scheibe wirklich in Mitteldeutschland gefertigt und auch benutzt wurde? Die Materialanalyse mit Hilfe des Massenspektrometers ergab, dass das Kupfer für die Bronze der Himmelsscheibe aus dem Ostalpenraum stammt. Die Herkunft des Zinns zu bestimmen, dauerte

Das eindrucksvollste prähistorische Denkmal Nordwesteuropas steht bei Salisbury im englischen Wiltshire. Die Stonehenge genannte Anlage besteht aus fünf Trilithen (zwei hohen Steinen mit einem Überlieger) in Hufeisenform und einem Trilithen-Kranz. Die sehr sauber bearbeiteten Sandsteinblöcke sind bis sieben Meter hoch und bis zu 50 Tonnen schwer. Zwischen ihnen stehen Kreise aus kleineren, aber auch bis vier Tonnen schweren „Blausteinen". Alle Achsen laufen auf den Sommer-Sonnenwend-Punkt zu. Ein in den Kalkuntergrund geschlagener Graben umzieht die 110 Meter durchmessende Anlage, die nachweislich in mehreren Jahrhunderten errichtet worden ist und um 2100 v. Chr. fertig war.

wesentlich länger. In einem extra eingerichteten Forschungsverbund arbeiten 14 Gruppen unterschiedlichster Wissenschaftsdisziplinen zu den Funden von Nebra und ihrer Bedeutung für die Frühbronzezeit in Europa. Die Gruppe „Petrologie und Lagerstättenkunde" konnte dabei die möglichen Quellen des Zinns auf drei Lagerstätten zurückführen: das Erzgebirge, die Bretagne und Cornwall. „Die Zinnisotopenverhältnisse der Himmelsscheibe stimmen gut mit denen des Kassiterits (wörtlich: Zinnstein, ein Kristall mit hohem Zinngehalt, W.K.) aus Cornwall überein und bestätigen somit wiederum enge Kontakte zwischen Mitteleuropa und England während der Bronzezeit", berichten die Wissenschaftler. Mit „wiederum" meinen sie, dass beim Vergleich von Siedlungen, Gräbern, Hortfunden und Kreisgrabenanlagen Ähnlichkeiten immer wieder auf die kulturelle Verbindung dieser beiden Regionen hinweisen. Dies gilt besonders für die astronomische Funktion der Kreisgrabenanlagen wie der in die Frühbronzezeit datierten Anlage von Pömmelte-Zackmünde, der Steinkreis-Stätten wie Stonehenge und der Himmelsscheibe von Nebra, die als die weltweit älteste anschauliche Darstellung des beobachtbaren Nachthimmels gilt.

Auf der Bronzescheibe sind verschiedene Symbolelemente aus Goldverbindungen angebracht: ein Vollmond, ein zunehmender Sichelmond und 32 Sterne, von denen zwei durch die später aufgebrachten beiden Horizontstreifen überdeckt werden. Außerdem befindet sich im unteren Teil ein weiterer Goldbogen. „Die Scheibe ist eine Festplatte", erklärt der Archäoastronom Wolfhard Schlosser, der sich ausgiebig mit ihr beschäftigt hat, „sie ist eine Art Datenspeicher der Bronzezeit, ihrer Kultur und ihrer religiösen Vorstellungen." 25 Sterne sind wahllos über die Scheibe verteilt und sollen den Sternenhimmel repräsentieren. Sieben der Sterne jedoch gruppieren sich so zu einem fast kreisförmigen Haufen, dass sie das Sternenbild der Plejaden wiedergeben. Wenn dieses Sternenbild nach dem 9. März am Nachthimmel (zur Zeit des Neumondes) verschwand, kam die Zeit der Aussaat. Tauchte es Mitte Oktober (zur Zeit des Vollmondes) wieder auf, mussten die Bauern sich auf den nahenden Winter einstellen. Die Horizontbögen mit ihrem Winkelumfang von 82 Grad dagegen geben den Jahreslauf der Sonne wieder, denn der Abstand des Sonnenuntergangs der Wintersonnenwende zu dem der Sommersonnenwende bildet in Sachsen-Anhalt genau 82 Grad – ein zusätzlicher Hinweis darauf, dass die Scheibe tatsächlich für den Mittelberg angefertigt worden sein muss. Nur bei den Goldbogen im unteren Teil der Scheibe rätseln die Archäologen noch immer: Soll er ein Boot darstellen, das symbolisch durch den Himmel segelt? Ähnliche Zeichnungen finden sich auf kultischen Felsbildern in Skandinavien.

Die Detektivarbeit wurde auch am Fundort selbst fortgesetzt, der mit Hilfe der Polizei und den geständigen Raubgräbern genau lokalisiert werden konnte. Den ursprünglichen Fundzusammenhang hatten die Diebe natürlich zerstört, doch die Archäologen haben begonnen, das Gebiet großräumig zu untersuchen. Der genaue Fundort der Scheibe befindet sich auf einer natürlichen Erhebung innerhalb einer Kreisgraben-Anlage, die einen Durchmesser von ca. 160 Metern hat. Sie wird in östlicher und westlicher Richtung von zusätzlichen Wällen abgeschirmt. Vom erhöhten Fundplatz aus kann man sehen, wie die Sonne am 1. Mai genau hinter dem Kyffhäuser untergeht und am 21. Juni hinter dem Brocken verschwindet. Die Funde innerhalb des Kreisgrabens reichen vom frühen Neolithikum bis in die frühe Eisenzeit. Nichts spricht dagegen, dass es sich hier um ein zentrales Heiligtum handelte, das über Jahrtausende in Betrieb war. Doch die Archäologen haben gerade erst begonnen, die Zusammenhänge zu erkunden und zu verstehen.

Bronzezeit

In Deutschland währte die Bronzezeit ungefähr von 2200 bis 700 v. Chr. – mit regionalen Unterschieden. Als *frühe Bronzezeit* (BZ A1) wird die Periode von 2200 bis 2000 v. Chr. bezeichnet, obwohl Waffen und Geräte überwiegend noch aus Kupfer bestanden. Der älteste Bronzefund, eine Gewandnadel aus der Umgebung von Singen, stammt aus der Zeit um 2100 v. Chr. Erst in der Zeit zwischen 2000 bis 1650 v. Chr. (BZ A2) setzte sich die Bronze als hauptsächlich verwendetes Metall durch, vor allem in der Aunjetitzer-Kultur (östliches Mitteleuropa), die durch Fürstengräber wie das von Leubingen bekannt ist. In der *mittleren Bronzezeit* (1650 bis 1300 v. Chr.) wurden auch einfache Menschen unter Hügelgräber bestattet. Die Spätbronzezeit (1300 bis 800 v.Chr.) ist für die Archäologie vor allem durch die neuen Bestattungsrituale der Urnenfelder gekennzeichnet.

Eine Bronzeamphore aus der Zeit um ca. 900–800 vor Christus. Gefunden wurde sie bei Ausgrabungen im Jahr 1991 im brandenburgischen Herzberg (Prignitz).

> „Es hat mit Sicherheit nicht nur einen,
> sondern viele Kriege um TROIA gegeben."
>
> Manfred Korfmann (1942–2005)

Findet die Unterstadt unter der Unterstadt!

Zu welchem Kulturkreis gehört das Bronzezeit-TROIA?

Am Ausgang der Dardanellen in einer heute verlandeten Bucht kontrollierte Troia den Handel zwischen Ägäis und Schwarzmeer in exponierter Lage. Nur aus der Landschaft heraus ist die Bedeutung des über 3500 Jahre besiedelten Siedlungshügels TROIA zu verstehen.

Die Troas im Sommer 1992. Gleich unterhalb des Hisarlik-Hügels beginnen die Felder der Bauern, die in den umliegenden Dörfern leben. Südlich der TROIA-Grabungsstätte beginnen zwei Männer ein Ritual, das Einheimische und Touristen anfangs argwöhnisch beobachten. Systematisch laufen die beiden die abgeernteten Weizen- und Baumwollfelde ab und führen dabei eine merkwürdige Holzkonstruktion mit sich.

Helmut Becker und Hans-Günther Jansen sind Vermessungsingenieure, die ohne einen Spatenstich mit ihrem Magnetometer Marke Eigenbau vom Menschen bearbeitete Materialien noch im tieferen Untergrund aufspüren wollen. Die Technik ist noch neu und die Troas eine der ersten archäologischen Stätten, an der sie ausprobiert wird. So wollen die Forscher das Rätsel lösen, an dem Schliemann verzweifelte. Der hielt Homers örtliche Angaben für zuverlässig und zeigte sich deshalb schwer enttäuscht, als er sein „Troja" ausgegraben hatte. Priamos' Stadt war gefunden, schrumpfte in seiner Größe und Bedeutung jedoch zu einem kleinen Seeräubernest. Und für rund 100 Jahre blieb es auch bei diesem Dilemma: Der Widerspruch zwischen der Bedeutung des literarischen Trojas und der Größe des entdeckten TROIAS (wir behalten die Unterscheidung zwischen dem Ort TROIA und Troja als literarischem Schauplatz bei). Gleichzeitig verfiel TROIA-Hisarlik in einen langen Winterschlaf, unterbrochen nur von den Ausgrabungen eines Teams um den amerikanischen Archäologen Carl William Blegen in den Jahren 1932 bis 1939. Blegen hatte mit einem größeren Hintergrundwissen über die Bronzezeit und neuen Forschungsmethoden Dörpfelds Schichtenmodell weiterentwickelt: Er konnte insgesamt 46 Bauphasen in neun Hauptschichten unterscheiden (Hauptschichten heißt: eine ganz neue Stadt mit neuer Kultur entstand; Bauphasen heißt: die Stadt wurde ganz oder teilweise zerstört, wiederaufgebaut oder Stadtteile angebaut).

186 | Vom Spaten zum Spektrometer

In der Besik-Bucht fanden die Archäologen Hinweise auf ein griechisches Gräberfeld.

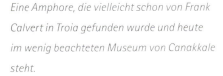

Eine Amphore, die vielleicht schon von Frank Calvert in Troia gefunden wurde und heute im wenig beachteten Museum von Canakkale steht.

Angefangen mit der untersten, TROIA I, das in grauer Vorzeit gestanden haben muss, werden die Perioden nach oben durchgezählt bis zu TROIA IX, der hellenistisch-römischen Kult- und Badestätte. Zur jüngsten Siedlungsschicht TROIA IX fand Blegen auch Spuren einer Unterstadt und schlussfolgerte daraus, dass, sollte es eine Unterstadt in der Bronzezeit gegeben haben, diese dann für immer unter der römischen Bauschicht verschwunden war. Anschließend blieb die Stätte wieder für ein halbes Jahrhundert sich selbst überlassen, die türkischen Behörden errichteten ein Kassenhäuschen am Eingang, doch in den Ruinen konnte jeder Besucher tun und lassen, was er wollte. Die Grabungsstätte erodierte, Wind und Regen im Winter und Touristenströme im Sommer ebneten den Schliemanngraben fast vollständig ein, an anderen Stellen stürzten Mauern ein oder wurden von Gräsern und Sträuchern überwuchert.

Anfang der 1980er-Jahre tauchte ein junger deutscher Forscher mit seinem Team auf der Troas auf, der Tübinger Ur- und Frühgeschichtler Manfred Korfmann. Sie begannen nicht auf dem Hisarlik-Hügel, sondern an der weiter südlich liegenden Besik-Bucht mit Geländebegehungen und Ausgrabungen. Dabei fanden sie nicht nur Hinweise auf einen bronzezeitlichen Hafen, sondern auch Gräberfelder, deren Beigaben aus ganz unterschiedlichen Kulturen stammten, eine Art „internationaler Seemannsfriedhof der Antike".

Die türkischen Behörden fassten Vertrauen zu dem jungen Deutschen, der fließend Türkisch sprach, und so erhielt Korfmann die persönliche Grabungslizenz für TROIA-Hisarlik. Doch seine Ausgrabungen begannen im Sommer 1988 höchst unspektakulär: die älteren Freilegungen wurden mit neuer Technik vermessen, gründlich gereinigt

Insgesamt überlagern sich in dieser 20 Meter dicken Hügelkuppe Siedlungen aus 3500 Jahren und jede dieser bereits von Blegen unterschiedenen 46 einzelnen Bauphasen in neun Hauptperioden ist angefüllt mit Spuren untergegangener Zivilisationen: in den Lehmresten finden sich Tausende von Keramikscherben, Knochen, aber auch kleinste Schmuckstücke sowie als neue wichtige Informationsträger Holzkohle, Pollen und Samenkörner.

Denn im Unterschied zu Blegens Zeit lässt sich mittlerweile jeder kleine organische Fund – zeitlich genau einordnen mithilfe der C-14-Methode. So

Die Burgmauer von Troia VI. – sie gehört zur spätbronzezeitlichen Stadt, die Homer in seiner Dichtung meinte (links).

Torrampe der Burg Troia II, in deren Mauer versteckt Schliemann seinen Schatz fand (rechts).

und instandgesetzt. Nun ließ sich das TROIA-Labyrinth wieder bestaunen. Die Mauer von TROIA VI/VIIa bildet den größten zusammenhängenden Komplex, der einen Teil der Grabungsstätte umgrenzt, dann geht es über steinerne Treppen ins Innere. Von einzelnen Marmorfragmenten des griechisch-römischen Athena-Tempels fällt der Blick auf die Befestigungsmauer TROIA I, eine Differenz von gut 2000 Jahren. Von der Steinrampe TROIA II, neben welcher Schliemann seinen „Schatz" fand, geht es über eine Treppe zum Megaronhaus (TROIA VI), eine Zeitreise von gut 1000 Jahren.

werden die TROIA-Schichten chronologisch immer genauer eingegrenzt: Angefangen mit TROIA I, dessen älteste Bauphase auf die Zeit um 3000 v. Chr. datiert wird, stülpen sich die 45 nachfolgenden Bauphasen wie Zwiebelschalen über diese Urschicht. Denn vor einem Neubau planierten die Bewohner die Lehmziegel ihrer alten Häuser ein, und da die Siedlung auf dem Hügel ständig wuchs, wurde der Schutt über die Hügelränder hinaus verteilt, um eine größere Grundfläche zu erhalten. Die jüngeren Schichten umschlossen die älteren folglich wie Schalen einer halbierten Zwiebel.

Immer wieder musste Grabungsleiter Manfred Korfmann seine Sicht auf Troia angereisten Wissenschaftlern, Journalisten und anderen Besuchern erklären.

Das heißt aber auch, dass jedes Freilegen einer bestimmten Epoche andere darüberliegende zerstört hätte. So ließ Korfmann keine neuen Gräben à la Schliemann anlegen, sondern im Wesentlichen nur vorhandene weiterführen. Auf diese Weise wurden in der Verlängerung des genannten Schliemanngrabens TROIA II-, III-, IV- und V-Siedlungsschichten freigelegt, die zum Teil übereinanderliegen, zum Teil aber auch ineinander verschoben sind.

Das Ziel der neuen Grabungen bestand eben nicht darin, wie Korfmann nicht müde wurde, jedem Mitarbeiter, jedem Besucher und jedem Journalisten immer wieder geduldig zu erklären, wissenschaftliche Beweise für die historische Existenz von Priamos und Hektor zu finden, denn ihre Kultur (TROIA VI/VIIa) bildet nur einen kleinen Teilbereich des historischen Spektrums. Die bis zu 95 am TROIA-Projekt beteiligten Wissenschaftler und Techniker hatten in den folgenden 25 Jahren Größeres vor: Die Archäologen, Architekten, Bauingenieure, Geologen, Biologen, Zoologen, Numismatiker (Münzenkundler), Historiker und Philologen wollten hier, wo sich Orient und Okzident berühren, die Verbindungen der unterschiedlichen Kulturen während der Frühzeit in größtmöglicher Breite erforschen. So ließen die Geologen in gleichmäßigen Abständen Bohrungen in der gesamten Troas vornehmen und analysierten die abgelagerten Erdschichten: TROIA I lag demnach einst direkt am Meer, genauer gesagt bildete es ein Felsplateau, das in eine Meeresbucht hineinragte – ein idealer Siedlungsplatz. Die Bucht verlandete in der Folgezeit immer mehr, sodass TROIA VI schon gut einen Kilometer von der Bucht entfernt lag, die aber immer noch groß genug für einen Hafen gewesen wäre. Zu Lebzeiten von Homer (TROIA VIII) war die Bucht schon arg geschrumpft und lag vier Kilometer von der Stadt entfernt, heute ist sie ganz verschwunden.

Die Geologen fanden jedoch eine noch gewichtigere Antwort auf die Frage, warum die Menschen während dreieinhalb Jahrtausenden nach jeder Zerstörung wieder genau an dieser Stelle eine

Blick in den sogenannten Schliemann-Graben (Troia I und II), den Schliemann ohne Gespür in den Hisarlik-Hügel hineintreiben ließ. Er war Ende der 1980er-Jahre fast vollständig zugewuchert und wurde aufwendig restauriert und konserviert.

„Der einzige Zweck meiner Ausgrabungen war ja von Anfang an nur, Troja aufzufinden, über dessen Baustelle von hundert Gelehrten hundert Werke geschrieben worden sind, die aber noch niemals jemand versucht hat durch Ausgrabungen ans Licht zu bringen."

Heinrich Schliemann (1822–1890)

Stadt aufgebaut haben. Sie haben die Wind- und Strömungsverhältnisse am Ausgang der Dardanellen-Meerenge gemessen, vor allem für das Sommerhalbjahr (Mai bis September); nur in dieser Jahreszeit machten größere Schiffsexpeditionen Sinn, denn im Winterhalbjahr stürmt die See zu oft. Das Ergebnis: Den einfahrenden Schiffen weht fast immer ein kräftiger Nordostwind entgegen, und nur an rund 14 Tagen weht ein günstiger Südwest-Wind – und das war in den vergangenen 4000 Jahren auch schon so. Da die Schiffe in der Antike noch nicht gegen den Wind kreuzen konnten, stellte Gegenwind zusammen mit starker Strömung, die in Richtung Ägäis verläuft, ein allzu großes Hindernis dar, um in die Meerenge einzulaufen. Wer den Hisarlik-Hügel besetzt hielt, kontrollierte die Zufahrt zur Meerenge und zum Schwarzen Meer und konnte von den Schiffen, die auf günstige Winde warteten, Wegezoll verlangen.

Der Eingang zur Meerenge zwischen Schwarzem Meer und Ägäis, zwischen Orient und Okzident, war immer umkämpft, bis hin zur Dardanellen-Schlacht des Ersten Weltkriegs. Von diesen Kämpfen erzählen auch TROIAs Ruinen. Alle TROIAs waren befestigt, alle TROIAs gingen trotzdem unter. „Es hat mit Sicherheit nicht nur einen, sondern viele Kriege um TROIA gegeben", schlussfolgerte Korfmann.

Die Zollstation TROIA büßte ihre strategische Sonderstellung erst ein, als die Seefahrer um die Zeitenwende lernten, mit ihren Segelschiffen gegen den Wind zu kreuzen, sie steuerten direkt die Meerenge außerhalb der Reichweite von TROIAs Waffen an. Für die Römer war der Standort TROIA-Hisarlik nur noch interessant als Erinnerungsort an die trojanischen Helden, allen voran Aeneas, der ja angeblich nach dem Untergang Trojas Rom gegründet haben soll. Es war hauptsächlich Kaiser Augustus, der Tempel und Gräber restaurieren und den Bade- und Kultort Novum Ilium zu Füßen des Hisarlik-Hügels errichten ließ.

Die Unterstadt unter der Unterstadt

Gut 2000 Jahre später waren auch die römischen Ruinen von Novum Ilium im Erdreich versunken und über ihnen wurde Baumwolle und Weizen angepflanzt. Doch mit viel Eifer und Experimentierfreude gelang es den beiden Geophysikern Becker und Jansen im Sommer 1992 bauliche Spuren noch unter dieser römischen Unterstadt zu erfassen. Mit der jeweiligen Feineinstellung ihres Cäsium-Magnetometers können sie den Magnetisierungsgrad der einzelnen Bodenschichten messen. Abweichungen vom lokalen Normalzustand weisen auf Reste menschlicher Spuren im Boden hin, denn behandelte Materialien wie verbrannte Lehmziegel oder Keramikscherben sind stärker magnetisch als die sie umgebende Erde. So erfassten sie Planquadrat für Planquadrat eine Unter-Unterstadt – die zum spätbronzezeitlichen TROIA VI/VIIa gehört.

Homer, dem Schliemann vorwarf, er habe wohl etwas mit der Größe und Herrlichkeit Trojas angesichts des kleinen Burgbergs übertrieben, wurde so gerettet, denn mit einer Ausdehnung von 270 000 Quadratmetern ist sie fast achtmal so groß wie der eigentliche Grabungshügel Hisarlik. TROIA VI/VIIa wäre damit eine der größten Städte Kleinasiens in der Bronzezeit, in der bis zu 8000 Menschen leben konnten. Doch um auch Teile der Unterstadt ausgraben zu können, mussten die Wissenschaftler die entsprechenden Felder für eine Saison von den Bauern pachten, was im darauffolgenden Jahr geschah. Dabei stellte sich heraus, dass sich die Geophysiker nur in einem Punkt geirrt hatten: Eine siedlungsumringende Mauer hatten sie geschlussfolgert, aber die Archäologen gruben in den folgenden Jahren an mehreren Stellen keine Mauer, sondern Abschnitte eines drei Meter breiten und anderthalb Meter tiefen Grabens aus, der in den Fels hineingemeißelt worden war: drei Meter breit und eineinhalb Meter tief.

Immer wieder musste Korfmann während dieser Sommerkampagnen Forscher und Journalisten zu dem freigelegten Graben der Unterstadt führen. Dort deutete der Grabungsleiter mit der Hand den weiteren Verlauf an: die Ausschachtungen wurden nicht auf gleichem Niveau gehalten, sondern folgten den Höhenschwankungen des Hügels – mal rauf mal runter. „Weiter westlich", erklärte Korfmann „wird der Graben für eine Durchfahrt unterbrochen." Wasser konnte sich hier also nicht halten, geschweige denn Boote hier verkehren. Das

Die Archäologen, die am Fuße des Hisarlik-Hügels im Areal eines Heiligtums der Troia-VIII- und IX-Phase graben, suchen dabei auch nach der Anschlussstelle zur Unterstadt Troia VI.

Korinthisches Weinmischgefäß aus dem 2. Viertel des 6. Jahrhundert v. Chr. mit der Darstellung des Aufbruchs Hektors. Paris, Museé du Louvre.

war kein Kanal, sondern alles spricht dafür, dass es sich um eine Stolperfalle für Streitwagen, der „Superwaffe des zweiten Jahrtausends", handelte: Die Ausschachtungen sind nicht besonders tief, damit sie Angreifern keine Deckung boten. Außerdem ist der Graben zur Stadt hin abgeflacht, damit die Verteidiger mit ihren Bogen hineinschießen konnten. Homer beschreibt im Zwölften Gesang der Ilias den Graben sehr genau, ordnet ihn jedoch nicht der Verteidigungsanlage Trojas, sondern dem umwehrten Schiffslager der Griechen zu.

Es fehlte nur noch die von Homer als gewaltig beschriebene Schutzmauer. Diese hinterließ, da sie aus sich zersetzenden Lehmziegeln bestand, nach drei Jahrtausenden allerdings kaum Spuren, weshalb die Archäologen an der möglichen Anschlussstelle der Schutzmauer zum Burgberg suchten – und fündig wurden: Das Mauerfundament verbarg sich unter einer großen Menge zusammengepresster Lehmziegel.

„Und Hektor trieb die Gefährten, den Graben zu durchschreiten.
Und die Pferde wagten es nicht, die schnellfüßigen,
sondern standen laut wiehernd am äußersten Rand,
denn der Graben schreckte sie ab.
Nicht leicht war er aus der Nähe zu überspringen noch zu durchqueren,
denn er war mit Pfählen und Spitzen gefügt."

Ilias XII, 48-56

Schatz: ja, Königreich: ja, Priamos: nein!

In den folgenden Jahren stieg Korfmann immer wieder mit Journalisten und Kollegen auf den Hisarlik-Hügel und zeigte auf den noch existierenden Abschnitt der Befestigungsmauern des frühbronzezeitlichen TROIA II (2500 bis 2350 v. Chr.). Dort, unweit der berühmten TROIA II-Torrampe, hatten die damaligen Herrscher vor dem Untergang ihrer Stadt Goldschätze im Mauerwerk versteckt, wo sie über 4000 Jahre später von Heinrich Schliemann entdeckt wurden. Doch bis dato war über die TROIA II-Kultur kaum etwas bekannt. Mitten in dem aufgewühlten TROIA-Hügel gab es noch einen unberührten Erdkegel, der bis in die TROIA VI-Periode hinaufreicht. Hier legten die Archäologen in den Sommerkampagnen 1998/99 ein unter mehreren Metern Lehm verborgenes Megaron aus der frühen Bronzezeit frei, ein Langhaus mit Zentralbau und Vorhalle. Was diesen Fund so bemerkenswert macht: in dem immer wieder für Neubauten eingeebneten Burgberg blieben die verputzten Wände noch bis zu einer Höhe von 1,50 Meter erhalten, und das Inventar scheint intakt zu sein. An zentraler Stelle findet sich eine runde Feuerstelle, daneben steht eine Art Altar. Auch die vielen Gegenstände, welche die Archäologen aus dem Inneren bargen, weisen auf eine Kultfunktion hin. Neben zahlreichen Gefäßen fanden die Forscher ein Kultgefäß mit Griffen in Form von Menschen in Anbetungshaltung, kleinere Bronzegegenstände, Karneol- und Fayenceperlen, ein Stück Bergkristall, einen verzierten Ring aus Geweih und eine Art Keulenkopf aus Fayence, vermutlich aus Ägypten stammend, der einst grünlich-blau schimmerte und als Zepter diente. Vor allen Dingen letzterer erfreut Korfmann: „Mit diesem Fundstück, das um 2500 v. Chr. sehr kostbar war, befinden wir uns mit Sicherheit im Umfeld der ‚Schatzfunde'."

Eine weitere frühbronzezeitliche Spur verfolgten die Archäologen im südlich angrenzenden Umland. TROIA-II-Häuser außerhalb der Burg waren ihnen schon bekannt, doch nur vereinzelt und direkt an der Burgmauer gelegen. Die Wahrscheinlichkeit, weitere Bauspuren aus dieser Epoche zu finden, war gering, da die TROIA-VI-Unterstadt in diesem Bereich direkt auf dem felsigen Untergrund errichtet wurde. Dennoch, mit detektivischem Spürsinn lokalisierten die Wis-

Blick auf die Ausgrabungen im hellenistisch-römischen Tempelareal Troia VI - IX.

Das kleine Odeon aus der Troia-IX-Phase ist vollständig restauriert und wird wieder für kleine Aufführungen genutzt, dahinter wird ein Hügel angegraben.

senschaftler Hinweise auf ein Bollwerk aus der TROIA-II-Phase. Sie legten auf 40 Metern Länge dessen Verankerungen im felsigen Untergrund frei, die mit Kalkstein und Keramik verfüllt waren. Das Bollwerk samt Toranlage war ehemals mit Pfosten gespickt; das Holz ist naturgemäß längst vermodert. Doch vom Füllmaterial liegen inzwischen C-14-Daten vor, die belegen, dass es aus der Zeit um 2600 v. Chr. stammt, der TROIA-I- und -II-Perioden.

Mit der datierten Befestigungsanlage 200 Meter südlich des Hisarlik-Hügels kannte Korfmann nun die Ausmaße der Unterstadt TROIA II: „Bereits Mitte des 3. Jahrtausends erstreckte sich TROIA weit über den Burgberg hinaus." Dabei zeugt die Stadtanlage mit Burgberg und Untersiedlung eindeutig von orientalischem Einfluss: „Was die Schatzfunde nahelegten, dass sich hier ein überregionales kulturelles und wirtschaftliches Zentrum befand, wird nun aus der Größe der Stadt heraus nachvollziehbar."

Der östliche Mittelmeerraum Mitte des 3. Jahrtausend v. Chr.: Die Stadtstaaten Mesopotamiens wurden von einzelnen Herrschern zu einem Reich geeint. Unter Sargon I. weiten die Sumerer ihr Reich bis nach Kleinasien aus. Zu dieser Zeit wird viel Handel getrieben – 1000 Kilometer Transport bringen rund 100 Prozent Gewinn. Es ist deshalb wohl kein Zufall, dass die aus Zentralasien stammende Zinnbronze zum ersten Mal

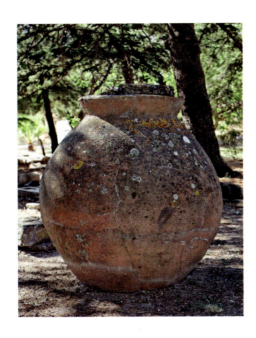

Vorratsgefäße (Pithoi), wie sie beispielsweise für Wein, Öl oder Getreide genutzt wurden, fanden sich in Schicht TROIA II.

zeitgleich in TROIA-Hisarlik und in der 1100 Kilometer entfernten mesopotamischen Hafenstadt Ugarit auftaucht. Zur gleichen Zeit entwickelten sich, wie Funde aus dieser Epoche dokumentieren, weit verzweigte Handelskontakte: zum Vorderen Orient (Töpferscheibe), nach Osteuropa (Steinaxt), ins Baltikum (Bernstein) und für Gold zum Kaukasus. „TROIA war bereits im 3. Jahrtausend am äußersten Rande der mesopotamisch-anatolischen Kulturen eine Zwischenstation für den Handel mit der Schwarzmeerregion und Europa", urteilt Korfmann.

Auch die Nachfolgestadt TROIA III war nach dem Untergang des reichen TROIA II keine ärmliche Siedlung, wie die Archäologen lange dachten. Die Freilegungen in dieser Siedlungsschicht beweisen, dass es weiterhin eine Stadt mit befestigter Burg und Unterstadt gab. Und Gefäße und Werkzeuge aus dieser Zeit erklären: Es waren die Nachkommen der TROIA-II-Bewohner, sie verbesserten sogar deren Handwerkstechniken. Nur wurden beim Neuaufbau der Stadt an Stelle der großen Megaron-Bauten viele kleine Wohnhäuser errichtet. Die Abschaffung der Paläste kann sogar ein Hinweis darauf sein, dass es keinen mächtigen Herrscherclan mehr gab. Und Brandschichten zeigen den Forschern, dass mindestens zwei große Feuer in der Stadt gewütet haben. Doch der Untergang kam um 2200 v. Chr. wohl durch ein Erdbeben, worauf verschobene Fundschichten hinweisen. In der folgenden TROIA-IV- und -V-Zeit (2200 bis 1750 v. Chr.) gilt das einprägsame Zwiebelmuster nicht mehr. Diese Siedlungen gaben die alte Unterstadt auf und dehnten sich zum Teil weiter über den Hisarlik-Hügel aus als ihre Nachfolgerin TROIA VI.

Diese Neuen waren Zuwanderer aus dem Inneren Kleinasiens und ließen sich auf dem Hisarlik-Hügel nieder. Sie errichteten sich wie schon die TROIA-II-Siedler langgestreckte Häuser, deren Lehmziegelwände auf Steinfundamenten standen. Doch sie benutzten Gefäße, die kunstvolle Henkel, breite Ausgüsse und reiche Verzierungen aufwiesen. Und sie bauten kuppelförmige Öfen in ihre Höfe, in denen sie unter anderem Fladenbrot backen konnten. Außerdem änderte sich der Fleischverzehr: Über die Hälfte stammte von Schweinen, die sich ja schnell vermehren, und ein Drittel von gejagtem Wild. Offenbar konnten die Menschen kaum als Bauern und Viehzüchter arbeiten. Viele Brandspuren in den Siedlungsschichten bestätigen den Verdacht, dass TROIA IV und V häufig von Feinden angegriffen wurden. Waren diese Angriffe, Missernten oder Krankheiten der Grund dafür, dass die Siedlung um 1750 v. Chr. dann plötzlich verlassen wurde? Die Archäologen können diese Frage bis heute nicht beantworten. Fest steht aber: Gut 50 Jahre später kamen neue Siedler, die mit TROIA VI wieder eine große Siedlung mit Burg und Unterstadt errichten sollten, und diese TROIA-VI/VIIa-Kultur rückte immer mehr ins Zentrum der Ausgrabungen.

Vasallenstadt der Hethiter

„Es war nie unser Ziel, Homer zu bestätigen oder zu widerlegen", bekräftigte Grabungsleiter Korfmann immer wieder, „aber wir Archäologen finden zumindest die Kulisse für einen TROIA/Ilios-Schauplatz, wie ihn Homer um 720 v. Chr. im Sinne hatte, als er sein Epos mit dem damals in Ruinen liegenden Ort verband."

Zwar sind Paris, Agamemnon und Odysseus mit Sicherheit literarische Gestalten, aber es verdichtet sich immer mehr der Eindruck, dass Homer den historischen Hintergrund, vor dem er seine Helden auftreten lässt, sehr genau beschrieben hat: Das Aussehen der Stadt, ihre Lage an der Grenze zur griechischen Welt, ihr Untergang –

alles passt. Das spätbronzezeitliche TROIA VI wuchs seit 1700 v. Chr. ständig an zu einer gut befestigten Burganlage mit einer großen Unterstadt, die wiederum von einer Verteidigungsanlage umgeben war. Dann kam es zu einem, schon von Blegen erkannten, schweren Erdbeben um 1300 v. Chr. Dabei wurden aber nur Teile der Stadt zerstört, die Bevölkerung blieb und baute wieder auf. Deshalb gehören TROIA VI und VIIa zusammen. Erst um 1200 v. Chr. ging diese Stadt unter; Brandspuren beweisen, dass sie niederbrannte, was gut im Kampf geschehen sein konnte.

Wer waren die Hethiter?

Nach dem Stand der Forschung waren die Hethiter ein indogermanischer Volksstamm, der im 3. Jahrtausend v. Chr. von der Schwarzmeer-Region ins zentralanatolische Hochland einwanderte und dabei die alteingesessenen Hatti verdrängte und deren Namen und einen Teil ihres Wortschatzes übernahm. Die Keilschrift lernten sie von den Assyrern, wandelten sie ab und schufen etwas Neues: die Geschichtsschreibung. Das Hethiter-Reich hatte expandierenden Charakter; mit dem Streitwagen eroberten die Hethiter ein Gebiet, das in der Blütezeit von Smyrna an der Ägäisküste bis zum Euphrat in Syrien reichte.

Um 1200 v. Chr. ging das Hethiter-Reich unter bis heute nicht geklärten Umständen unter. Erst Ende des 19. Jahrhunderts, nach gut 3000 Jahren, wurde ihre Kultur wiederentdeckt.

Hethitisches Flachrelief mit der Darstellung eines Bogenschützen und Wagenlenkers in einem Streitwagen, der schlagkräftigsten Waffe des 3. vorchristlichen Jahrtausend. Fundort: Tor der Festung von Senjirli. Istanbul, Archaeologisches Museum.

Doch welcher Kultur gehörten diese TROIAner eigentlich an? In der Ilias werden sie mehr oder weniger wie Griechen dargestellt, sie sprechen die gleiche Sprache und teilen sich einen Götterhimmel. Deshalb wurde lange angenommen, dass die Trojaner ebenfalls Griechen gewesen seien. Doch das ist die Darstellung aus Sicht der Sieger, der Griechen. In der Ilias wird der Ort Ilion und Troja genannt. Aber war dieser Name wirklich über Jahrhunderte überliefert worden? Oder wie nannten sich diejenigen selbst, die wir Trojaner nennen? Und mit welchen Mächten waren sie verbündet?

etwas zu „besiegeln", wie wir das heute mit unserer Unterschrift tun. Das Siegel trägt jedoch nicht, wie viele erwarteten, griechische Linear-Zeichen, sondern hethitische Hieroglyphen. Sie wurden benutzt, um „Luwisch" zu schreiben, eine Sprache, die weit über die Hethiterzeit hinaus in Anatolien verbreitet war. Auf der einen Seite ist der Name einer Frau, auf der anderen Seite der Name ihres Ehemannes eingraviert, sein Beruf wird als Schreiber angegeben. Und das – so ergab die Datierung – im 11. Jahrhundert v. Chr., als die Ägäiskulturen angeblich über keine Schriftkulturen verfügten.

Archäologen bei der Arbeit – während im „Scherbengarten" (links) Keramikfunde gewaschen, sortiert und untersucht werden, erfassen die Archäologen an der Grabungsstelle selbst (rechts) zeichnerisch jeden freigelegten Mauerstein.

In der Sommerkampagne 1995 geschah dann, womit das Ausgrabungsteam schon nicht mehr gerechnet hatte: Der Engländer Donald Easton fand in einem Gebäude auf dem Burgberg einen kleinen Metall-Gegenstand. Nachdem er von seinen Verschmutzungen gesäubert war, stellten die Archäologen fest, dass er die Form eines runden Minikissens hatte und merkwürdige Zeichen aufwies. Es handelt sich um ein nur fünf Zentimeter großes Siegel aus Bronze, dass dazu benutzt wurde, um

Daraus lassen sich nun weitreichende Rückschlüsse ziehen: TROIA hat mit großer Wahrscheinlichkeit zum anatolisch-hethitischen Kulturkreis gehört. In hethitischen Urkunden des 12. Jahrhundert v. Chr. wird ein Vasall des Königs genannt: Alaksandus, Herrscher von Wilusa. Aus Wilusa könnte im Griechischen Ilios, aus Alaksandus Alexandros geworden sein. Alexandros aber wurde auch Paris, der Entführer Helenas, genannt. Als Homer 400 Jahre nach den kriegerischen Ereignissen im 8. Jahrhundert

v. Chr. sein Epos schuf, konnte er möglicherweise nicht nur aus mündlichen Überlieferungen, sondern auch aus luwischen Chroniken und Epen schöpfen. Im Bund mit einigen Historikern und Altphilologen vermutet der Homer-Experte Joachim Latacz schon länger, dass TROIA mit Wilusa identisch sein muss: „Das Bronze-Siegel bildet als Beweis den letzten Stein des Puzzels, das TROIA in den spätethitischen Kulturkontext einordnet."

Der Aufstieg TROIA VI/Wilusas im 17. Jahrhundert v. Chr. fiel mit einem einschneidenden Ereignis im Hethiterreich zusammen: Die Hethiter verloren zu dieser Zeit ihren Landweg zum Kaukasus. Um auf dem Seeweg an die begehrten Metalle dieser Region zu kommen, gingen sie ein Bündnissystem mit den Küstenländern der Ägäis ein. So gedieh TROIA als Handelsposten und Vasallenstadt der Hethiter mehrere Jahrhunderte, bevor es um 1200 v. Chr. zusammen mit der mykenischen Welt und dem Hethiterreich aus bis heute nicht geklärten Gründen unterging. Brandspuren in der Schicht VIIa lassen zumindest auf eine Zerstörung durch einen Krieg schließen. Für das Korfmann-Team stellte sich TROIAs Vergangenheit also so dar: TROIA II und TROIA VI/VIIa waren Außenposten orientalischer Großreiche, der Handel machte sie reich, und rief Neider auf den Plan. Beide Städte, darauf verweisen die Brandspuren, wurden bekriegt, besiegt und vom Feuer verwüstet.

Müssen wir Abendländer uns damit abfinden, dass unser heißgeliebtes TROIA in seinen zwei frühzeitlichen Blütephasen Außenposten asiatischer Großmächte, Mesopotamiens und Hethitiens, war? Korfmann war davon überzeugt: „Aus der Sicht des Orients war TROIA eine Kolonie." Diese Vorstellung gefiel manchem Gelehrten, der die Ilias seit seiner Schulzeit auswendig hersagen konnte, gar nicht.

Ist der TROIA-Ausgräber Korfmann ein zweiter Schliemann?

Auch die umfangreiche Ausstellung „TROIA – Traum und Wirklichkeit", die in den Jahren 2001/2 in drei großen deutschen Städten gezeigt wurde, zielte darauf, TROIA-Hisarlik als einen über 3500 Jahre lang umkämpften Siedlungsplatz an der Nahtstelle zwischen Ost und West darzustellen. Und dies vor allem aus anatolisch-orientalischer, nicht aus griechisch-abendländischer Sicht. So stammten die rund 500 präsentierten Funde zu TROIA und der anatolischen Bronzezeit sämtlich aus türkischen Museen. Absichtlich hat der Grabungsleiter die alten Schliemann-Funde des 19. Jahrhunderts ausgeklammert. Diese Ausstellung, die das Fundament für eine TROIA-Dauerausstellung in der Türkei darstellte, sollte bewusst die alten „Priamos-Schliemann-Mythen" hinter sich lassen. Auch wenn Korfmann dabei seinen Anteil an der Ausstellung herunterspielen wollte, sie trug eindeutig seinen Stempel. Jahrzehntelang schien er auf diese Situation hingearbeitet zu haben. Und die Ausstellung war ein großer Erfolg, wurde in Stuttgart ab- und in Braunschweig wieder aufgebaut, begleitet von zahllosen Medienberichten.

Nun holte der Althistoriker Frank Kolb, der an der Universität Tübingen ein Kollege von Korfmann war, zum ersten Gegenschlag aus. Listig wie Odysseus begann er nicht mit einer fundamentalen Kritik an Korfmanns TROIA-Konzept, seinem Hang zur Türkei und zum Orient. Nein, er begann mit einem kleinen Detail. Für die große Ausstellung hatten die Wissenschaftler ein Modell der spätbronzezeitlichen Stadt TROIA VI/VIIa (1700 bis 1200 v. Chr.) aus Holz bauen lassen. Unterhalb des Burgbergs bildeten kleine Holzhäuser eine

Wie real muss virtuell sein? Ein virtuelles Modell der spätbronzezeitlichen Stadt wurde erstmals in der Ausstellung „Troia – Traum und Wirklichkeit" 2001 in Stuttgart gezeigt. Die darin dichte Bebauung der Unterstadt löste eine heftige Kontroverse aus.

dicht bebaute Unterstadt, die von einer Stadtmauer und einem Graben umgeben war, welche zu TROIA VI und VIIa gehören soll. „Dieses Modell ist keine Rekonstruktion sondern eine Fiktion", konterte Althistoriker Kolb, womit er ausdrücken wollte, dass es nicht bewiesen sei, dass die Stadt tatsächlich so ausgesehen habe.

Allerdings ist dieser Einwand ziemlich belanglos: Bei den meisten archäologischen Ausgrabungen wird nur ein Teil der alten Stätten freigelegt, der Rest wird nach bestem Wissen rekonstruiert. Um sich in den Medien Gehör zu verschaffen, musste Kolb deshalb noch eins draufsetzen und sprach von „Vernebelungstaktik" und „Irreführung der Öffentlichkeit" und nannte Korfmann einen „Däniken der Archäologie". Kolb nahm diese schwere Beleidigung zwar wieder zurück, aber der Rufmord war bereits gelungen. Wie seinerzeit Hektor fühlte sich Korfmann zu Recht in seiner Ehre verletzt und herausgefordert. Um zu verstehen, wieso der Streit um TROIA fast schon homerische Dimensionen annahm, müssen wir die verschiedenen Streitpunkte auseinander halten: Zunächst ging es um den Streit, wie groß das spätbronzezeitliche TROIA tatsächlich war? Kolbs Hauptvorwürfe: Die bis dahin publizierten Pläne zur Unterstadt TROIA VI/VIIa zeigten außerhalb des Burgbergs nur kärgliche Mauerreste. Die entdeckten Gebäudereste stammen nicht aus einer einzigen Stadt, sondern aus verschiedenen Epochen. Der sogenannte Verteidigungsgraben um die Unterstadt war nur am Südhang nachgewiesen, deshalb konnte er auch einfach nur zur Entwässerung gedient haben. Importwaren aus dem Hethiterreich und ein Hafen, beides wichtige Indizien für eine Handelsstadt, fehlten bisher. Deshalb beharrte Kolb auf seiner These: „TROIA war eine kleine Siedlung und keine Stadt."

Dagegen verwiesen Korfmanns Mitarbeiter und der für die Unterstadt verantwortliche Archäologe, Peter Jablonka, auf die Schwierigkeiten der Grabung an dieser Stelle: „Da die griechische und römische Stadt an derselben Stelle lag und es außerdem immer wieder zu starker Bodenerosion kam, ist das bronzezeitliche TROIA schlecht erhalten." Sofort fügte er jedoch hinzu: „Schlecht erhalten heißt keineswegs: nicht vorhanden." In der Unterstadt TROIA VI und VIIa gab es eine befestigte Unterstadt mit einer geregelten Verbauung mit Häusern aus Stein und Lehmziegeln – auch 200 Meter von der Burg entfernt. „Der Ort ist deutlich größer als zeitgleiche Siedlungen in der Umgebung. Die Bauten und die Raumaufteilung deuten auf eine hierarchische soziale Gliederung der Bevölkerung hin. Die Architektur von der Gesamtanlage bis zum Detail (Steinmetzarbeit) ist im östlichen Mittelmeerraum in dieser Art während der Bronzezeit nur in den Zentren zu finden." Auch den fehlenden Hafen konnten die Korfmann-Mitarbeiter erklären, denn der Ver-

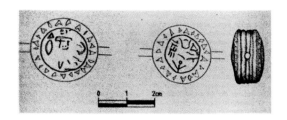

Erste Schriftzeichen aus Troia: Siegel mit luwischen Hieroglyphen (oben).

lauf der sandigen Küsten der Troas hat sich in dreieinhalb Jahrtausenden stark verschoben, die alten Spuren sind deshalb wahrscheinlich unwiederbringlich zerstört. Und von der Handelsware aus der Spätbronzezeit blieb nach Zerstörung und Plünderung nicht viel zurück, sodass keine großen Funde zu erwarten waren.

TROIA gegen Troja

Doch der Streit zwischen den Historikern, Archäologen und Urgeschichtlern ging weiter um die Fragen: Welche Epoche der Vorgeschichte meinte der Dichter oder handelt es sich um erfundene Geschichten? Meinte Homer die mindestens 400 Jahre zurückliegende mykenisch-hethitische Welt oder das näherliegende sogenannte Dark Age – was sagt die Homer-Wissenschaft? Geben seine Schilderungen überhaupt Wertmaßstäbe und Vorstellungen früherer Epochen wieder oder stammten sie aus der Zeit, in der Homer seine Texte abfasste (also um 750–720 v. Chr.)?

Der Kölner Althistoriker Karl-Joachim Hölkeskamp stützt sich auf die neuen Erkenntnisse aus der Erforschung der Oral-History, der mündlichen Geschichtsschreibung: „Alles, was wir bislang über die Entwicklung von Gedächtnisschichten in oralen Gesellschaften wissen, sagt uns, dass eine konkrete Erinnerung nicht länger als drei Generationen wirklich hält. Wenn wir also davon ausgehen, dass die Ilias und die Odyssee am Ende des 8. oder Anfang des 7. Jahrhunderts verschriftlicht worden sind, können wir allenfalls mit einer Rückerinnerung ins 9. vielleicht auch 10. Jahrhundert rechnen." Damit würde Homers Werk auf die griechisch-archaische Zeit, nicht aber auf die mykenisch-hethitische verweisen.

Dem hält der Schweizer Homer-Forscher Joachim Latacz entgegen, dass die Griechen sich bis ins 8. Jahrhundert v. Chr. nicht ausschließlich auf ihr Gedächtnis verlassen mussten. Sie hatten zwar keine Schrift, aber durchaus Überlieferungsmedien zur Verfügung, wozu beispielsweise Erzählhilfen wie „Formeln" und „typische Szenen" gehörten: Alle wichtigen Orte, Götter und Personen werden in der immergleichen Umschreibung, einer Formel gleich, angeführt: der Fluss Skamander wird zum „hochufrigen Skamandros", Hektor zum „strahlenden Hektor", Waffen zum „kalten Erz" und Troja wird abwechselnd das „heilige Ilios", das „gutummauerte Ilion" oder das „winddurchwehte Ilion" genannt. Und mit „typische Szenen (Type-Szenes)" ist gemeint, dass ganze Szenen wie der Beginn eines Kampfes mit dem immer gleichen Wortlaut beschrieben werden. Vor allem jedoch hilft den Erzählern das Versmaß, das Hexameter. Genauso wie wir uns bis ins hohe Alter an den „Herrn Ribbeck von Ribbeck im Havelland" erinnern werden, haben Menschen in der vorübergehend schriftlos gewordenen Antike kollektive Erinnerungen in Versmaße gebannt und von Generation zu Generation weitergegeben.

> „Ich begreife gar nicht, wie es nur möglich ist, dass man die Lösung des großen Rätsels (...) von jeher so leichtfertig hat behandeln können, und sich, nach einem Besuch von ein paar Stunden in der Ebene von Troja, zu Hause hinzusetzen und voluminöse Werke zu schreiben, um eine Theorie zu verteidigen, deren Nichtigkeit man eingesehen hätte, wenn man nur eine einzige Stunde hätte nachgraben lassen"
>
> Heinrich Schliemann (1822–1890)

Paris raubt Helena – allerdings sah der Maler Luca Giordano im 17. Jahrhundert die mythischen Helden in Rubenskörpern wandeln. (Ölgemalde im Besitz der „Banco di Napoli")

Zeichen für Kampf – in Troia gefundene Kurzschwerter

Außerdem führt Latacz einen schwerwiegenden inhaltlichen Beweis an: In den 29 Kontingenten der sogenannten Schiffskataloge der Ilias sind Ortsnamen aufgeführt, die eindeutig in die mykenische Zeit verweisen. „Diese Orte tragen nicht Allerweltsnamen wie Hochdorf, sondern ausgeprägte Ortsnamen, die die Sänger unmöglich zur Füllung des Hexameters erfunden haben können." Diese Position wird besonders gestärkt durch den kürzlichen Fund eines Tontafelarchivs in Linear-B-Schrift auf der Kadmeia, der alten Burg von Theben im Zentrum der Peloponnes. Dort sind in der von den mykenischen Griechen benutzten Linear-B-Schrift unter anderen drei Orte genannt, die sich auch im Schiffskatalog der Ilias finden, die jedoch später den griechischen Geografen der klassischen Zeit unbekannt waren. „Daraus kann nur der Schluss gezogen werden, dass das Informationsmaterial, auf das sich der Schiffskatalog gründet, mindestens zu einem Teil aus mykenischer Zeit stammt", so Latacz.

Anders verhält es sich mit den Waffen und der Kampftechnik: In der Ilias wird zwar immer nur von Bronzewaffen gesprochen, die jedoch nicht besonders schlagkräftig sein konnten. Das ändert sich erst mit dem Eisen, aus dem starke Waffen geschmiedet wurden. Nur mit solchen Waffen kann es die in der Ilias beschriebenen Kämpfe und Einzelkämpfer wie einen Achill gegeben haben. Doch diese Waffen und die damit verbundene Kampftechnik verbreiteten sich erst in der Zeit zwischen dem Untergang Mykenes und der Zeit Homers, im sogenannten Dark Age. Geschichten und Einsichten aus drei Epochen mischen sich in den Ilias-Erzählungen, die ja, auch als sie schon schriftlich fixiert waren, immer weiter entwickelt wurden. Aus der mykenischen Zeit entlehnt Homer die alten, überlieferten Namen der Fürstentümer und Helden mitsamt ihren mythischen Hintergründen. Aus der Zeit des Dark Age stammt die Beschreibungen der Krieger, ihre Bewaffnung, ihre Kriegstaktik und -rituale. Und aus Homers eigener Zeit stammt der Wunsch, dass sich die griechischen Stadtstaaten dauerhaft miteinander verbünden sollten.

Doch in dem entbrannten Streit ging es um mehr: Ein Teil der Archäologen und Althistoriker befürchtete, dass Korfmann ihnen nicht nur die Grabungsstätte TROIA-Hisarlik, sondern auch das homerische „Troja" als kulturelle Heimat wegnehmen wollte, indem er es immer weiter in die orientalisch-anatolische Geschichte eingliederte. Dass der Handlungsort der Ilias nicht zum griechischen, sondern zum anatolisch-hethitischen Kulturkreis gehörte, ist nur eine seiner archäologischen Schlussfolgerungen, die bei eingefleischten Abendländern heftigsten Widerstand hervorruft. Korfmann sprach der Türkei eine zentrale Rolle in der eurasischen Geschichte zu, als viele in Deutschland einen möglichen Beitritt der Türkei in die EU noch brüsk ablehnten: „Historisch betrachtet gehört die Türkei genauso selbstverständlich zu Europa wie Griechenland." Für den Archäologen liegen vor allem in der Troas starke Wurzeln des Abendlandes, die bis heute wirksam sind: „Der Trojanische Krieg wurde zum Sinnbild aller sinnlosen Kriege – ein Trojanischer Frieden könnte Ost und West wieder zusammenführen." Kein Wunder also, dass ein von der Universität Tübingen im Frühjahr 2002 veranstaltetes Symposium keine Annäherung brachte. Die von den beiden Kontrahenten benannten Experten verteidigten die Ansicht ihrer Kandidaten – mehr hatte das akademische Schlichtungsritual nicht zu bieten.

Oral-History – mündliche Geschichtsschreibung

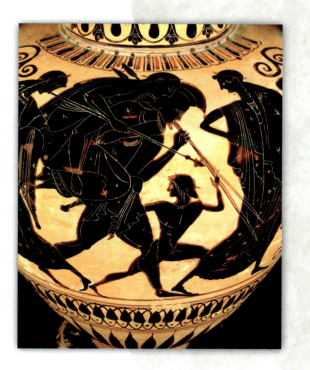

Auch Kulturen, die über keine Schrift verfügen, bewahren ihre Erinnerungen an die Ahnen. Deren ferne Heimat, lange Fluchtwege, große Taten, glorreiche Siege und bittere Niederlagen werden in Geschichten erzählt, die von Generation zu Generation mündlich weitergegeben werden. Bei der Erforschung der letzten dieser schriftlosen Kulturen waren die Ethnologen überrascht über die Gedächtnis-Kunst von Erzählern und Sängern: So umfangreiche und weit zurückreichende Erinnerungen hätten sie nur bei Menschen mit schriftlichen Aufzeichnungen vermutet.

Flucht des Aeneas mit seinem gelähmten Vater und seinem Sohn aus dem brennenden Troja. Ausschnitt aus einer Amphora aus der griechischen Klassik, um 520 v. Chr. (heute im „Château-Musée", Boulogne-sur-Mer).

Nach TROIA-Streit herrscht Stille

Sommer 2003. Manfred Korfmann steht am Rande seines Grabungshügels und zeigt über die Landzunge zwischen Ägäis und Dardanellenmeerenge: „Diese Landschaft gehört zu den weltweit besterforschsten. Wir kennen sämtliche Oberflächenfunde und haben über 250 Bohrungen zu geologischen Untersuchungen anlegen lassen." Die Ergebnisse der Grabungen werden jährlich in der „Studia Troica" veröffentlicht – für eine archäologische Grabung ein unglaublich zügiges und transparentes Vorgehen. Das Grabungsteam hat auch die Substanz der historischen Stätte „TROIA" gesichert. So wurde ein Schutzdach über dem freigelegten Kern des Burghügels errichtet und die große TROIA-VI/VIIa-Mauer gegen weitere Zerstörung gesichert. Darüber hinaus wurde die Landschaft um TROIA zum Nationalpark erklärt; für deren Rettung vor Bauspekulanten und Tourismusindustrie hatten sich Medien, Umweltverbände und eine Unterschriftenkampagne eingesetzt. Unverdrossen arbeitete Korfmann weiter als Grabungsleiter auf der Troas und als Professor für Ur- und Frühgeschichte in Tübingen. Doch wie der einst so von den Medien Umschmeichelte nun mit der ständig währenden Kritik umging, davon erfuhren höchsten seine Angehörigen; und als er schwer erkrankte, weihte er nur seine engsten Mitarbeiter ein. Bis kurz vor seinem Tod arbeitete er weiter und traf Vorkehrungen dafür, dass sein TROIA-Projekt fortlaufen konnte. Im August 2005 starb Manfred ‚Osman' (diesen zweiten Vornamen hatte er noch angenommen) Korfmann für die meisten völlig überraschend.

Die Grabungsleitung wurde zur nächsten Sommerkampagne an Korfmanns Kollegen und Freund Ernst Pernicka übergeben, dem angesehenen Experten für antike Metallfunde. Bis zum Sommer 2013 fanden weitere Grabungskampagnen statt und insbesondere die Arbeiten an der Unterstadt wurden fortgeführt. Dabei entdeckten die Forscher nordwestlich des Burgbergs, zwischen den Fundamenten des griechisch-römischen Tempelbezirkes, auf einem größeren Areal die Fundamente dicht an dicht gebauter Steinhäuser. Außerdem wurde der Verlauf der Verteidigungsanlage durch Grabungen weiter verfolgt. An zwei Stellen ist der Graben unterbrochen – hier befanden sich einst das Süd- und das Südosttor der Unterstadt. Nur dort, wo früher ihr nordöstlicher Bereich lag, verhindert der heutige Parkplatz Grabungen. An dieser Stelle haben sich die Archäologen mit einzelnen Bohrungen beholfen.

Das Fazit: Heute ist die Unterstadt gut bekannt und ihre Größe kann nicht mehr bezweifelt werden. Auch in diesem Punkt hatte Korfmann Recht: es gab eine befestigte Unterstadt. Aber ist deshalb das spätbronzezeitliche TROIA-Hisarlik identisch mit Homers Troja? Eigentlich stellt sich diese Frage gar nicht, da nie geklärt werden kann, ob der Trojanische Krieg überhaupt jemals stattgefunden hat. Es ist sogar sehr unwahrscheinlich, dass sich die Ilias auf ein einzelnes historisches Ereignis bezieht. Aber mit Sicherheit ist TROIA-Hisarlik der Ort, an dem seit der Antike Troja vermutet wird! Herrscher wie Alexander der Große opferten hier der Athena und ließen ihren Helden und Göttern Denkmale und Tempel errichten. Und Homer hatte diesen Ort vor Augen, als er die lange überlieferten Gesänge in eine neue Fassung brachte und als gewaltiges Epos schriftlich fixierte. Falls er wirklich blind war, wurde ihm Ilion zumindest beschrieben. Und dabei verdichtete er, ebenso wie die Erzähler vor ihm, die Ereignisse und Erfahrun-

... und immer wieder das Pferd! Mangels großer Ruinen avancierte dieses „Kunstwerk" aus den 1960er-Jahren zum Publikumsliebling auf dem Grabungsgelände, obwohl nicht gesichert ist, ob Homer mit seiner Bemerkung in der Odyssee (nicht in der Ilias!) überhaupt ein Pferd aus Holz meinte.

gen verschiedener Epochen zu einer einzigen Geschichte. Ende 2012 übergab Pernicka die Leitung der Ausgrabungen in türkische Hände. TROIA-Hisarlik, dessen Ausgrabungen fast 150 Jahre lang hauptsächlich von deutscher Seite betrieben wurden, wird nun türkisch.

Doch die neuen Erkenntnisse und Resultate zu TROIA werden in der Öffentlichkeit wenig beachtet. Es ist still geworden um TROIA-Troja, doch darin gleichen sich der Mythos und der Ausgrabungsort an der Dardanellen-Meerenge auffallend: Zwischen den Schlachten herrscht eine ganz außergewöhnliche Friedlichkeit und Ruhe. Bis zur nächsten Schlacht gerüstet wird, am Handlungsplatz des ältesten abendländischen Epos, am Ort der mehr als symbolischen Begegnung zwischen Orient und Okzident.

Siedlungsschichten Troias

TROIA I (ca. 3000 bis 2600 v. Chr.)
Direkt auf dem Felsboden wurde eine dorfähnliche Anlage errichtet, die schon bald von einer nach innen geneigten steinernen Befestigungsmauer umgeben wurde. Die Bewohner trieben Ackerbau, Viehzucht und Fischfang. Häuser und Stadtmauern bestanden aus Steinfundamenten, auf denen Wände aus Lehmziegeln errichtet wurden. Diese hielten höchstens 20 bis 30 Jahre und wenn sie einstürzten, wurden sie eingeebnet. In der so entstandenen vier Meter dicken Siedlungsschicht werden inzwischen zehn Bauphasen unterschieden.

TROIA II (2600 bis 2350 v. Chr.)
Die Siedlung bestand aus Burg und Unterstadt. Die Burganlage verfügte über große, repräsentative Gebäude: vermutlich eine Residenz oder Palastanlage. Die Unterstadt breitete sich weitläufig südlich und östlich des Hisarlik-Hügels aus. Weitverzweigte Handelskontakte sind für diese Phase nachgewiesen, auch der von Schliemann gefundene Goldschatz stammt aus dieser Periode.

TROIA III (2350 bis 2200 v. Chr.)
Nur rund 150 Jahre dauerte diese Siedlungsphase, in der die befestigte Burg und Unterstadt weiter genutzt, aber keine Herrscher- oder Kultbauwerke mehr errichtet wurden. Die Bewohner lebten weniger von der Landwirtschaft, mehr von der wilden Natur: Fisch und gejagte Wildtiere standen häufig auf dem Speiseplan. Mehrmals brannte die Stadt, vielleicht nach Belagerungen, und um 2200 v. Chr. ging sie durch ein Erdbeben endgültig unter.

Detektivarbeit im Inneren des Burgbergs: Troia-II- bis Troia-IX-Schichten liegen hier übereinander, teilweise sind sie auch ineinander verschachtelt

TROIA IV BIS V
(2200 bis 1750 v. Chr.)

Die zerstörte Siedlung wurde nach und nach von Zuwanderern aus Inner-Anatolien wieder genutzt, die sich auf dem ummauerten Burghügel verschanzten. Die Wohnhäuser standen dicht, die Siedlung dehnte sich ab 1900 v. Chr. ständig weiter aus, auch über den Hisralik-Hügel hinaus, die Häuser wurden immer größer. Bis TROIA V um 1750 v. Chr. ganz plötzlich verlassen wurde.

TROIA VI/VIIA
(1700 bis 1200 v. Chr.)

Um 1700 v. Chr. wurde der Hisarlik-Hügel erneut von Zuwanderern aus Inner-Anatolien besiedelt. Sie verkleinerten die Festungsanlage und legten eine weitläufige Unterstadt an. Diese wurde nach und nach mit Wohnhäusern aufgefüllt. Der Ort entwickelte sich zu einem befestigten Handelsplatz. Bei einem Erdbeben um 1300 v. Chr. wurden Teile der Stadt zerstört, aber bald wieder aufgebaut – TROIA VIIa. TROIA VI/VIIa war vermutlich die hethitische Vasallenstadt „Wilusa". Diese beiden Siedlungsschichten sehen die Forscher als möglichen Ort von Homers Troja.

TROIA VIIB (1200 bis 950 v. Chr.)

TROIA VI/VIIa hatte Kriege verloren und musste Zerstörungen hinnehmen – aber aufgegeben wurde es nicht. Die alten Häuser wurden renoviert und viele Siedler zogen in große Häuser der Burgfestung, darunter Zuwanderer aus Norditalien und dem Balkan. Um 1050 v. Chr. wurde TROIA wieder überfallen und teilweise zerstört, das belegt eine Brandschicht, angefüllt mit Pfeilspitzen. Anschließend lebten deutlich weniger Menschen in TROIA VIIb, der Verzehr von Wild lässt auf karge Lebensverhältnisse schließen. Diese Stadt wurde um 950 v. Chr. endgültig zerstört.

TROIA VIII-IX
(ca. 750 v. bis 500 n. Chr.)

Griechische Siedlung Ilion: Die Griechen verehrten hier ihre trojanischen Helden. Alexander der Große opferte vor seinem Sieg über die Perser hier der Athena. In Verehrung für Homer und seine Helden ließ er die Stadt, die zu einer kleinen Siedlung geschrumpft war, wieder aufbauen. Die Römer schließlich verwandelten den Geburtsort ihres angeblichen Vorfahren Aeneas in eine Kultstätte mit Tempeln, Theatern und Bad.

Moore, Mumien und nordische Mythen

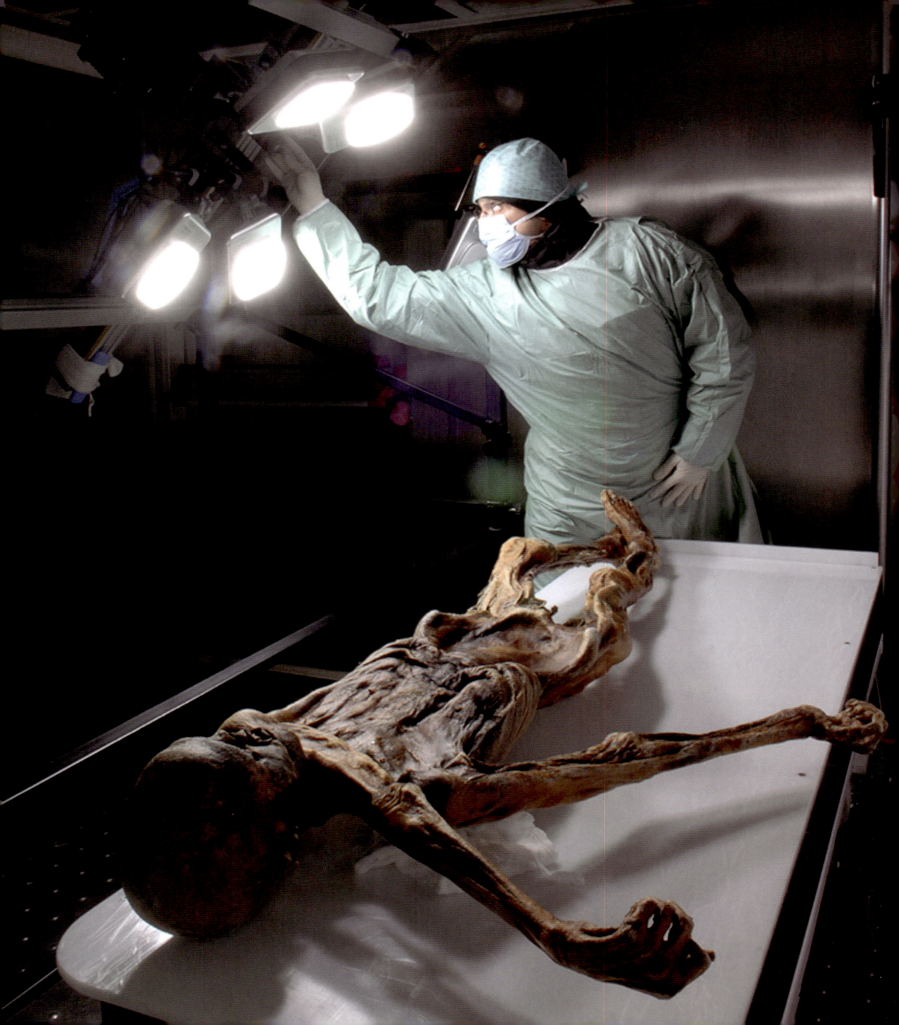

> „Entdeckte in diesem Sommer bei Südfall die Stelle,
> wo früher der Flecken Rungholt gelegen hat. Ging mit
> Felix Schmeißer dorthin – seliges Schweigen."
>
> Andreas Busch (1883–1971)

Vom versunkenen Rungholt bis zur Gletschermumie Ötzi

Watt, Moor und Eis als nordische Fundstellen

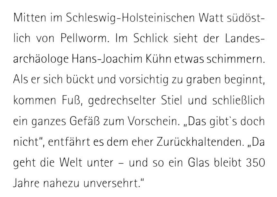

Ötzi wird häufig als Gletschermumie bezeichnet, ist jedoch korrekterweise eine Feuchtmumie, die glücklicherweise in einer Gletschermulde gefriergetrocknet wurde.

Mitten im Schleswig-Holsteinischen Watt südöstlich von Pellworm. Im Schlick sieht der Landesarchäologe Hans-Joachim Kühn etwas schimmern. Als er sich bückt und vorsichtig zu graben beginnt, kommen Fuß, gedrechselter Stiel und schließlich ein ganzes Gefäß zum Vorschein. „Das gibt's doch nicht", entfährt es dem eher Zurückhaltenden. „Da geht die Welt unter – und so ein Glas bleibt 350 Jahre nahezu unversehrt."

Mit Weltuntergang meint Kühn die großen Sturmfluten im 14. und 17. Jahrhundert, bei denen das Festland, das damals noch von St. Peter-Ording bis zur heutigen Insel Sylt reichte, unwiederbringlich zur heutigen Wattenmeer-Landschaft zerstückelt wurde. Hierher strömen seitdem auch bei ruhigem Wetter zweimal am Tag mit der Flut rund zwei Milliarden Kubikmeter Meerwasser und tragen Sedimente an einer Stelle ab, um sie an einer anderen wieder anzustranden. Dabei gibt das Watt auch immer wieder Teile versunkener Kulturen frei, die es vor Jahrhunderten verschlang – und mit ihnen Dörfer, Vieh und Menschen. Deshalb fahren die Landesarchäologen so oft zu dieser Jahreszeit, sofern es Gezeiten und Witterung zulassen, hinaus, um im Watt Stellen näher zu untersuchen, an denen auf Luftbildern freigelegte Kulturspuren zu erkennen sind: Kreise, Rechtecke und parallel verlaufende Graden. Die Sandbank in der Naturschutzzone 1, die sie an diesem Tag mit dem Schlauchboot angesteuert haben, wird nur langsam vom auslaufenden Wasser freigegeben und ist nur für genau zwei Stunden bei Niedrigstwasser betretbar, mehr Zeit haben die Archäologen nicht. Also werfen sie den Anker und schwärmen sogleich aus. Mitten aus dem Wattschlick ragen Bohlen und deutlich sind Ringe zu erkennen: Brunnen, die aus festen Schlickziegeln gemauert wurden. Der trockenliegende Teil der Sandbank ist von parallel verlaufenden Linien durchzogen, „Gräben, die sich mit Sediment gefüllt haben", deutet Kühn. Ein Mitarbeiter hat in einem Abfluss

Scherben entdeckt, die er nun freilegt. Ein zweiter legt eine Abflussrinne aus Holz frei und ein Dritter birgt einen Schuh. Die Archäologen sichern Strukturen von Warften, Brunnen, Gräben und freigelegte Pfosten einstiger Bauernhäuser, deren genauer Position mithilfe des GPS bestimmt und ins zentrale Register des Landesamtes übernommen wird.

Über 400 Jahre lebten die Menschen im Kirchenspiel Bupsee, seit zehn Jahren legt das Wattenmeer die in einer Nacht zerstörte Gemeinde wieder Stück für Stück frei. Und deshalb konnten die Archäologen hier schon kistenweise Keramik und Knochen retten, aber keine Münzen. „Das haben die Leichenfledderer besorgt", erklärt Kühn. „Das Land versank ja nicht über Nacht im Meer. Mit einsetzender Ebbe zog sich auch das Wasser zurück. Das Land ging verloren, weil es nicht mehr mit Deichen geschützt wurde." Über die Schicksalsnacht zum 11. Oktober 1634 hat die Kirchenchronik genau Buch geführt: Die Deiche der Insel waren an 44 Stellen durchbrochen, 30 Mühlen und nahezu alle 1300 Bauernhäuser lagen in Trümmern, nur die festen Kirchentürme ragten noch unversehrt aus dem Chaos hervor. 6123 menschliche Opfer und rund 30 000 Stück Vieh waren zu beklagen.

Da nach nur zwei Stunden Suche das Areal langsam wieder überflutet wird, bohren die Archäologen schnell noch an dem Brunnen und schätzen anhand der Füllungen, wie tief die Schächte einmal waren. Dann sucht sich das Archäologen-Schlauchboot in einer aufziehenden Gewitterfront seinen Weg zurück zum Pellwormer Hafen.

„Heut' bin ich über Rungholt gefahr'n"

Weil das gesamte Rungholt-Gebiet nach der ersten „Großen Mannsdränke" (Sturmflut) von 1362 von der Nordsee nach und nach geschluckt wurde, waren alle späteren Lokalisierungen der legendären Stadt pure Spekulation, wobei mangelnde Fakten durch fantastische Erzählungen ersetzt wurden. Das änderte sich erst, als der Marschbauer Andreas Busch im Mai 1921 südwestlich der Hallig Südfall Kulturspuren im Watt entdeckte: Brunnenringe, die rechteckigen Hügel ehemaliger Warften und sogar noch die Pflugfurchen aus dem 14. Jahrhundert. Das konnte nur der „Flecken Rungholt" sein, eine Entdeckung, die das Leben von Busch verändern sollte. Denn während er so oft es ging bei tiefster Ebbe das Watt rund um Südfall untersuchte, vertiefte er gleichzeitig sein kartographisches und archäologisches Wissen. Weil der verdichtete Unterboden ehemaliger Warften Jahrhunderte lang vom übrigen Wattboden unterscheidbar bleibt, konnte Busch 29 dieser Siedlungshügel identifizieren und in einer Karte aufnehmen. In den ehemaligen Zisternen und Brunnen fanden Busch und einige Helfer haufen-

Jeden Sommer untersuchen Archäologen freigelegte Kulturspuren im Watt wie hier nordöstlich von Pellworm.

Rekonstruktion der Karte von Rungholt aus dem Jahr 1652 von dem Karthographen Johannes Mejer (1606–1674). Trotz großer Ungenauigkeiten lässt die Karte die ungeheuren Landverluste in den Bereichen der norddeutschen Küstengebiete erahnen.

weise Scherben, aber auch ganze Krüge und Töpfe. Diese Funde bestätigen Handelsbeziehungen Rungholts bis ins Rheinland, in die Niederlande und nach Spanien. Auch Bronzetöpfe und Waffen wurden aus dem Wattboden geborgen. Vier mal zwei Kilometer Wattfläche erfasste Busch auf diese Weise genauestens. Etwas weiter südlich des Warftgebietes „Grote Rungholt" (Groß-Rungholt) lagen Deich und Hafenbereich „Lütke Rungholt" (Klein-Rungholt) – hier traten Holzbohlen zutage, die sich als Reste eines Schleusentores entpuppten. Eine angelegte Hafenanlage konnte Busch jedoch nicht entdecken; aber er identifizierte zwei Schleusen, eine frühere kleine und eine spätere von gut 40 Metern Länge. Rungholt verfügte anscheinend nur über einen Sielhafen, dem als Umschlagplatz zwischen dem Schiffs-Fernhandel und dem Hinterland allerdings eine wichtige Bedeutung zukam.

Doch was Busch fand, ernüchterte die Legenden über das reiche, sagenumwobene Rungholt. „Man hat von ganz primitiven Verhältnissen auszugehen", resümierte er. Anhand der gefundenen Brunnen und Warften rechnete er hoch, dass rund 1000 Menschen auf dem Rungholtgebiet gelebt haben mochten. Im Laufe der Jahrzehnte erodierten die Kulturspuren im Watt, sodass Busch 1956 nur noch feststellen konnte: „Es ist nichts mehr zu sehen!"

Acht Quadratkilometer Wattfläche hatte Busch in rund 35 Jahren ehrenamtlicher Forschungsarbeit erforscht und rund 130 Aufsätze darüber veröffentlicht. Heute sind vor Südfall zwar lediglich einige Linien im Watt, Spuren alter Entwässerungsgräben, erkennbar, aber Buschs Erkenntnisse werden bestätigt und ergänzt durch die Ergebnisse einer interdisziplinären Wattforschung, an der sich Archäologen, Geologen, Geografen und Botaniker Anfang der 1990er-Jahre beteiligt haben. Der Schlüssel zum Verständnis der Geschichte Rungholts liegt in dem von den letzten beiden Eiszeiten geschaffenen Untergrund. Die Rungholter hatten ihre Siedlung über einem eiszeitlichen Urstromtal errich-

212 | Moore, Mumien und nordische Mythen

Keramikfunde aus dem Rungholt-Watt. Rungholt wird in Sage und Dichtung als ein reicher Handelsort in Nordfriesland beschrieben.

Die einzigen in den letzten Jahren bei Südfall geborgenen Funde, die Rungholt zugeschrieben werden.

tet. Zwischen den heutigen Inseln Pellworm und Nordstrand, die auf eiszeitlichen Hügeln stehen, hat sich der starke Wattstrom Norderhever seinen Weg gebahnt und dabei das bis zu 20 Meter dicke Sediment fortgeschwemmt. Die Rungholter waren erst Nutznießer, später Opfer der geologischen Verhältnisse. Zunächst bescherte ihnen der Norderhever einen der wenigen anlaufbaren Sielhäfen im nordfriesischen Wattenmeer. Der gleiche Wattstrom überrollte später das Rungholt-Gebiet: 1362 fraß er in der ersten „Großen Mannsdränke" eine Ausbuchtung zwischen die heutigen Inseln Pellworm und Nordstrand und begrub das legendäre Rungholt unter sich. Dreihundert Jahre später riss die zweite „Große Mannsdränke" den Landsockel völlig auseinander – übrig blieb die heutige Insel- und Halligwelt Ostfrieslands. Und der Norderhever zehrt weiter an der Küstenlinie, zusätzlich angefacht durch den steigenden Meeresspiegel ...

Steckbrief für den Roten Franz

Aus dem Untersuchungsbericht: Die Person war männlich, 25 bis 30 Jahre alt, 1,80 Meter groß. Obwohl die Haut des Opfers stark verformt ist, entdeckte der Gerichtsmediziner Detlef Günther Hinweise auf eine Schnittwunde im Halsbereich und eine Verletzung am Schlüsselbein, die von einer Klinge herrühren könnte: „Dem Untersuchten wurde offensichtlich die Kehle durchgeschnitten." Darüber hinaus wurden die Mediziner auf bereits verheilte Veränderungen an den Knochen aufmerksam. Bei der Schädigung des rechten Schultergelenkkopfes muss es sich um eine Kriegsverletzung handeln, die von einem Pfeil oder einer Lanze herrührt. Ein Bruch des Schlüsselbeins könnte auf einen Sturz vom Pferd zurückgehen, denn Verformungen der Oberschenkel deuten da-

Im Bourtanger Moor wurde eine Reihe von Moorleichen gefunden, die bekannteste darunter ist der Rote Franz. Die Moorleiche aus dem 2. Jahrhundert n. Chr., die im Jahr 1900 von einem Torfstecherjungen gefunden wurde, ist möglicherweise Opfer eines Raubüberfalls geworden. Ihren Spitznamen erhielt die Leiche wegen ihrer im Moor rot gefärbten Haare.

Eine Kopfplastik zeigt das rekonstruierte Abbild der Moorleiche „Der Rote Franz".

rauf hin, dass die Person viel geritten sein muss. Bei der beschriebenen Person handelt es um den „Roten Franz" – so der Spitzname von Niedersachsens berühmtester Moorleiche, die im Jahr 1900 im emsländischen Neu Versen entdeckt wurde und sich zum Publikumsmagnet des Landesmuseums in Hannover entwickelt hat. Rot wird er wegen der Haarfarbe genannt, die jedoch auf die Einwirkung des Moores zurückgeht, und eine C-14-Analyse hat ergeben, dass er um 300 n. Chr. gestorben ist. Doch trotz des Einsatzes von C-14-Untersuchungen und Kernspintomographen können die Wissenschaftler das letzte Geheimnis um den Roten Franz nicht lüften: Ein reitender Krieger wird in der römischen Kaiserzeit mit durchgeschnittener Kehle im Moor zur vermeintlich letzten Ruhe gebettet – war er von seinem Gegner tödlich verletzt worden oder von den eigenen Leuten? Wurde er gerichtet oder geopfert? Ein anderes Rätsel dagegen konnten die Wissenschaftler lösen: Wie der Kopf des Mannes tatsächlich aussah. Mit Hilfe einer Computertomographie wurde eine dreidimensionale Simulation erstellt, die in ein Kunststoffmodell übertragen wurde. Erfahrene Plastiker füllten den Schädel mit Wachs als Ersatz für die Weichteile des Gesichts. Das Resultat: Sein Gesicht ist unauffällig, seine Haare waren im Samurai-Stil geschnitten: im Nacken kurz, mit einem Zopf darüber. Der Rote Franz könnte sich heute ohne Aufsehen zu erregen durch die Hannoversche Fußgängerzone bewegen.

Nicht so das Mädchen von Yde, eine 2000 Jahre alte jedoch sehr gut erhaltene Moorleiche aus der niederländischen Provinz Drenthe. Ihr Gesicht wurde bereits 1991 minutiös rekonstruiert, doch waren die Betrachter bei der öffentlichen Präsentation skeptisch: Das lange blonde Haar (nachgewiesen) und die blauen Augen (nicht nachgewiesen) waren vertretbar. Doch kann ein 16-jähriges Mädchen vor 2000 Jahren eine so hohe Stirn gehabt haben? Die niederländischen Archäologen griffen zu einer für sie typischen, unkonventionellen Maßnahme: Sie veranstalteten einen Look-like-Wettbewerb. Siegerin wurde eine junge Frau, die das Mädchen von Yde hätte doubeln können, ohne dass es deren Eltern aufgefallen wäre. Doch mit Sicherheit ist das heutige Mädchen von Yde gesünder als ihre Vorgängerin. Denn die litt, das ergaben Röntgenaufnahmen, an einer starken Verkrümmung der Wirbelsäule, idiopathische Skoliose genannt, die den Brustkorb und das Kreuzbein in Mitleidenschaft zogen. Wahrscheinlich war ihr rechter Fuß beim Laufen nach innen gedreht.

Auch zahlreiche andere Moorleichen weisen an ihrem Skelett Anomalien auf. Eine Frau von 30 Jahren litt bereits unter Osteoporose und die meisten Moorleichen waren zu Lebzeiten von Parasiten wie Spulwurm und Peitschenwurm befallen. Einer der Gründe für die zahlreichen Krankheiten muss die damalige schlechte Ernährung gewesen sein. Ganz handfest gingen die Wissenschaftler dieser Frage beim rund 2400 Jahre alten Tollund-Mann aus Jütland nach. Dessen Körper so gut erhalten war, dass die Torfarbeiter seinerzeit die Polizei riefen, weil sie an ein erst kürzlich geschehenes Verbrechen glaubten. Aus seinem Magen sowie Dünn- und Dickdarm wurden Proben entnommen und untersucht. Dabei fanden die Wissenschaftler Reste von Getreide – Gerste und Hafersorten – und Kräuter, die man vereinzelt auch als Unkräuter titulieren kann: Flachs, Knöterich, Weißer Gänsefuß und Ackerveilchen. Darüber hinaus befanden sich auch Blätter von Torfmoos und Sand im Verdauungstrakt. Zwei mutige englische Archäologen testeten diese Mischung aus Getreide und Unkräutern, den „Tollund-Brei", im Selbstversuch. Nachdem sie den unangenehmen Geschmack mit dänischem Cognac neutralisiert hatten, kommentierte einer von ihnen, der exzentrische Keltenforscher Mortimer Wheeler: „Bei dieser Kost wäre es kein Wunder, wenn er Selbstmord begangen hätte."

Opferkulte im Moor

Der Tollund-Mann wurde erhängt, der dicke Strick befindet sich noch immer um seinen Hals, ebenso wie das Mädchen von Yde, dem zudem der halbe Schädel kahl rasiert worden war, wohingegen dem Roten Franz die Kehle durchgeschnitten wurde. Bei so vielen Spuren von Gewaltanwendung glaubten Wissenschaftler und Öffentlichkeit bis vor kurzem den Berichten des römischen Dichters Tacitus: „Verräter und Überläufer hängen die Germanen an Bäume; Feiglinge, Kriegsscheue und Schandkerle ertränkt man in Moor und Sumpf." Doch finden sich unter den Moorleichen viel weniger Hinweise von Gewalttaten, als häufig dargestellt. Deshalb hat sich in den letzten Jahren in der Wissenschaftler-Welt die Opfertheorie durchgesetzt: „Viele der separaten Moorleichen müssen als Menschenopfer interpretiert werden. Denn die Moore bilden Plätze, an denen man versuchte, Kontakt mit dem Übernatürlichen aufzunehmen und mit der Übergabe kostbarer Opfer, diesen Kontakt zu besiegeln", so der Groninger Moor-Experte Wijnand Van der Sanden.

Eine der bekanntesten Moorleichen, der Mann von Tollund, wurde 1950 im dänischen Jütland gefunden und stammt aus den letzten Jahrhunderten vor Christi. Während Arme und Beine des Mannes stark skelettiert sind, ist sein Kopf nahezu perfekt erhalten – die Schlinge um seinen Hals kann bedeuten, dass er vorher erhängt wurde. (Silkeborg Museum, Jutland)

Im Moorgebiet bei Uchte (Landkreis Nienburg), in der Nähe des Fundorts der sogenannten Moorleiche „Moora", konnten Archäologen einen ungewöhnlich gut erhaltenen Moorweg aus Kiefernholz ausgegraben. Insgesamt haben Archäologen in Niedersachsen bereits etwa 350 historische Moorwege nachweisen können, der Älteste stammt aus der Zeit um 4750 v. Chr.

Denn in 150 Jahren trugen Heimatkundler und Moorarchäologen zusammen, was beim Torfabbau zu Tage trat: haufenweise Gefäße und Schmuck, ganze Waffenarsenale und natürlich zahlreiche Moorleichen. Doch was bewog die Menschen dazu, sich von einem Teil ihrer Ernte, kostbaren Waffen und Schmuck zu trennen? Die Funde aus den Mooren reichen zurück bis in die mittlere Steinzeit (Mesolithikum) vor 15 000 Jahren, als gegen Ende der letzten Eiszeit die späteren Moore Nordeuropas noch seichte Seen waren, in welche die nordischen Jäger und Sammler Tausende von Pfeilspitzen, Beile und Messer aus Feuerstein versenkten. Allein schon die große Zahl der Funde sowie der Zustand einzelner Objekte spricht für Opferhandlungen. So wurde beispielsweise im Moor beim niedersächsischen Wiepenkathen ein Dolch in der Scheide gefunden, ordentlich von der Aufhängeschnur umwickelt. Aus der Übergangszeit zum Neolithikum (4. bis 3. Jahrtausend v. Chr.) finden sich in den Mooren ganze Feuersteindepots, in der niederländischen Provinz Drenthe sind fertige und halbfertige Geräte aus rotem Feuerstein darunter, die eindeutig von den Helgoländer Felsen stammen.

Die flachen Seen versumpften, weil in ihnen Gräser, Röhrichte, Seerosen und andere Wasserpflanzen so üppig gediehen, dass die abgestorbenen Pflanzen nicht mehr von den Mikroorganismen abgebaut werden konnten. Torf lagerte sich Schicht für Schicht am Boden ab.

Während in Dänemark und Schleswig-Holstein vorwiegend kleine Seen zu Kesselmooren verlandeten, verwandelten sich in den nordöstlichen Niederlanden und in Niedersachsen ganze Landstriche in Moore. Anfangs als nährstoffreiche Niedermoore, die vom Grundwasser kontinuierlich feucht gehalten wurden, wuchsen sie über die Umgebungshöhe hinaus zu Hochmooren. „Ein Hochmoor ist eine Art Wassersystem, das von Massen toter, teilweise verrotteter Pflanzenreste gebildet und durch eine lebende Vegetationsdecke in Betrieb gehalten wird", erläutert Van der Sanden. Dabei geht der Kontakt zum Grundwasser verloren – Hochmoore bestehen bis zu 95 Prozent aus nährstoffarmem Regenwasser, das von Torfmoosen als einziger Vegetation gespeichert wird. Sterben diese ab, wird ihr organisches Material dank des eigenen Moorwasserspiegels gespeichert. Dabei wird das Kohlenhydrat „Sphagnan" freigesetzt, das sich langsam zu brauner Humussäure umwandelt. Beide Stoffe haben jedoch die Fähigkeit, Calcium und Stickstoff an sich zu binden, womit sie jeglichen Mikroorganismen die Lebensgrundlagen entziehen. Erst seit kurzem ist klar, dass dieser chemische Prozess, zusammen mit dem vollständigen Fehlen von Sauerstoff die Konservierung organischer Stoffe bewirkt und eine Art Einzuckerung darstellt. Erhalten bleiben auf diese Weise Haut,

Haare, Nägel, Gehirn und Eingeweide, aber auch Wolle, Felle und Leder. Pflanzliche Materialien wie Leinen verschwinden dagegen spurlos.

Zur Nutzung war das Moor weitgehend ungeeignet, daher siedelten die Menschen auf den Sandflächen. Im frühen Neolithikum setzte eine Art Wettrennen ein zwischen den Menschen, die immer mehr Platz für Ackerbau und Viehzucht benötigten und den sich ausbreitenden Mooren. Ist es verwunderlich, dass genau in diese Zeit eine der Hochphasen der Mooropferungen fällt? Neben Feuersteinen, Tier- und Geweihopfern sowie Wagenrädern für die typischen Moorkarren sind besonders die Prachtgefäße aus Ton zu nennen, die Steinzeitbauern auf Rügen über Jahrhunderte im sogenannten Pastoratsmoor deponierten. Vermutlich waren diese Tongefäße mit Getreide gefüllt. Bereits im 4. Jahrtausend v. Chr. quer durch die Moore gebaute Bohlenwege zeigen jedoch auch, dass die öde Landschaft in das menschliche Leben einbezogen wurde. Es war die Zeit der „Trichterbecher-Kultur", benannt nach dem Gebrauch des charakteristischen Bechers in Trichterform. Noch signifikanter: die Menschen im Norden errichten aus Findlingen die sogenannten Megalith- oder Hünengräber.

Die Bewohner dieser Zeit lebten fast ausschließlich von der Landwirtschaft und dem Fischfang an Küste und Seen. Bis zu 100 Menschen wohnten zusammen mit ihrem Vieh in Langhäusern von 25 bis 40 Metern, in Dänemark vereinzelt bis zu 70 oder 80 Metern Länge. Das zeigen im Boden gefundene Verfärbungen der einstigen Pfosten und Spuren verbrannten Lehms, mit dem die Seitenwände ausgekleidet waren. Kleine Gebäude, auf Stelzen gebaut, dienten zur Vorratshaltung.

Im Unterschied zur Steinzeit legten die Menschen der folgenden Jahrtausende beim Opferkult mehr Nachdruck auf leblose, aber sehr kostbare Gegenstände. Metalle spielten in der Bronzezeit (ca. 2200 bis 700 v. Chr.) nicht nur als Werkzeuge, Waffen und Schmuck, sondern auch als Opfergabe eine zunehmend wichtige Rolle. Zu den Metallfunden aus den Mooren gehören auch einige Gießformen für Bronzebeile. Sie beweisen, dass die Bronze vor Ort verarbeitet wurde – vermutlich von herumreisenden Bronzeschmieden. Auch die Kleidung hatte bereits hohe Qualität, Wolle und unterschiedliche Webtechniken waren längst Standard. Lederschuhe und -mützen sowie Prachtmäntel von Moorleichen sagen etwas über die soziale Hierarchie aus, genauso wie Bronzewaffen und -schmuck als Opfergaben. Die wohlgekleideten Moorleichen können nur höher gestellte Personen gewesen sein, die vom Handel mit Salz und Metallen profitierten.

Und es existieren geografische Unterschiede: Südskandinavien war eindeutig reicher als Norddeutschland und die Niederlande. Allein in Dänemark und Südschweden sind für die ältere Bronzezeit (2000 bis 1100 v. Chr.) über 1300 Horte be-

Die typische Form gab ihnen ihren Namen – Trichterbecher aus der „Trichterbecher-Kultur", gefunden im Moorgebiet nahe dem niederländischen Assen.

> „Eure Majestät, nichts ist so dauerhaft
> wie ein ordentliches Loch!"
>
> Carl Schuchhardt (1859–1943) zu Kaiser Wilhelm II.

kannt, gefüllt mit Gold- und Bronzeschmuck, Luren aus Bronze sowie dem berühmten Sonnenwagen von Trundholm. Besonders Südskandinavien, an dessen Küsten die Routen der Seehandelswege verliefen, profitierte vom friedlichen Tausch mit Fellen, Salz, Keramiken und Metallen. Umso erstaunlicher, dass die Archäologen keinerlei sakrale Bauwerke finden. „Während in den südlichen Gebieten Heiligtümer und Tempel an festgelegten Stellen zur Verehrung von Göttern die religiöse Topographie bestimmten," führt der Kieler Ur- und Frühgeschichtler Michael Müller-Wille aus, „waren es im Norden stets ähnliche Situationen – Stelen am oder nahe beim Wasser, die das Bild bestimmten. Von Tempeln können wir jedenfalls nicht sprechen."

So markierten im Wittemoor (Heidekreis) – links und rechts vom Bohlenweg – zwei Figuren eine Gefahrenstelle und sollten zugleich vor ihr schützen, denn um 500 v. Chr. führten diese Stege aus rechteckigen Eichenbohlen teilweise über Hunderte von Metern durch den sumpfigen Grund. Die Forscher fanden auch eine Erklärung, warum manche Bohlenwege im Moor endeten. „Durch die chemischen Prozesse im Moor bildeten sich wie Steine aussehende Klumpen, in denen sich so reichliche Eisenerze sammelten, das ihr Abbau lohnte", erläutert Van Vilsteren. Das würde erklären, wie die Germanen kostbarste Opfergaben wie spiralförmige Halsbänder aus Gold und relativ viele römische Münzen erwerben konnten. Doch der Kontakt mit den Römern hatte auch negative Folgen: Die Ausweitung des Römischen Reiches zog vielfache Verschiebungen von Stammesgebieten und große soziale Spannungen zwischen und in den zahlreichen germanischen Stämmen Nordeuropas nach sich. „Es ist durchaus denkbar, dass die großen sozialen Unruhen in dieser Zeit zu einer Intensivierung der Opferpraktiken geführt haben", urteilt Van der Sanden. Und auch die Opferobjekte änderten sich: es wurden auffallend mehr Waffen geopfert. Manchmal als Beschwörung für einen bevorstehenden Kampf, doch häufig wurden ganze Waffenarsenale versenkt. Im Moor von Hjortspring fanden die dänischen Archäologen über 170 Speerspitzen, elf einschneidige Schwerter und über 64 Schilde. Dazu Kettenpanzer, Werkzeuge und Kupferkessel. Die Waffen und Utensilien eines fremden Heeres, das auf Jütland gelandet und von den Einheimischen besiegt worden war. Über 30 solche Plätze sind allein in Südskandinavien und Schleswig-Holstein bekannt, an denen Waffen unbrauchbar gemacht und im Moor versenkt wurden, eine Art frühgeschichtliche Rüstungskonversion.

Anlässlich des 20. Geburtstags von Ötzis Entdeckung wurde sein Aussehen zu Lebzeiten auf Basis der Befunde rekonstruiert. Sie zeigt den steinzeitlichen Alpenbewohner als einen von Wind, Wetter und den Widrigkeiten seines Lebens tief gezeichneten Menschen.

Von der Wandlungsfähigkeit einer Glechtschermumie

Während die Archäologen Jahrzehnte benötigten, um ihre Funde aus Mooren und Wattenmeer richtig zu beurteilen, sollte dies im Fall der berühmtesten Gletscherleiche aller Zeiten mit High-Tech-Methoden in wenigen Monaten erzielt werden. Ausgelöst von einzelnen wissenschaftlichen Untersuchungsergebnissen gab es immer wieder neue Mutmaßungen um Ötzi. Um den anfänglichen Verdacht, bei Ötzi könne es sich um eine Fälschung handeln, zu widerlegen, wurde die Gletschermumie von Anfang an intensiv erforscht. In den ersten zehn Jahren seit der Entdeckung wurden rund 100 Proben von ihr genommen, immer wieder wurde sie mit modernster Technik durchleuchtet: vieles wurde dabei festgestellt, manches wieder verworfen. Immerhin stand nach der Untersuchung von vier Proben in unabhängigen C-14-Laboren fest, dass Ötzi in der Zeit um 3350 bis 3100 v. Chr. lebte und vermutlich der Welt der Pfahlbau-Siedlungen entstammte.

Doch schon die Frage, warum der Körper 5300 Jahre überdauerte, gibt Rätsel auf. Ötzi wird zwar gern als Gletschermumie bezeichnet, doch ist dies nicht ganz korrekt. Wäre er in eine Gletscherspalte gefallen, hätten ihn die gewaltigen Kräfte des Eises zermalmt. Wäre er jedoch auf dem Eis gestorben, hätte ihn die Gletscherbewegung abtransportiert, er wäre aufgetaut und verwest. Ötzi kam in einer eisfreien Mulde zum Liegen, und dann muss nach Meinung der Wissenschaftler Folgendes passiert sein: Niedrige Temperaturen und starker Wind führten dazu, dass der Körper schnell austrocknete und gleichzeitig langsam gefror, ähnlich wie beim industriellen Gefriertrocknen. Trotzdem blieb in der Leiche noch ein Rest der körpereigenen Flüssigkeit, weshalb die Forscher von einer „Feuchtmumie" sprechen. Während dieser natürlichen Mumifizierung kühlte das Klima in Mitteleuropa um 3300 v. Chr. deutlich ab und es bildete sich eine rund 20 Meter dicke Eisschicht über Ötzis Mulde, die erst in den letzten 100 Jahre langsam wieder abschmolz und im Herbst 1991 den Oberkörper von Ötzi freigab.

Im Jahr 5 der Entdeckung Ötzi, der Jäger und Hirte

Knapp fünf Jahre nach der Entdeckung Ötzis glaubten Wissenschaftler und Medienleute, die Erkenntnisse über den Gletschermann zu einer Gesamtsicht zusammentragen zu können und er wurde in einem lebensgroßen Modell aufwendig rekonstruiert. Ötzi wurde als Hirte und Jäger mit perfekter Ausrüstung zum Überleben im Hochgebirge präsentiert. Neben einer Fellmütze und Leggins aus Schaffell, die mit Strapsen befestigt wurden, trug er unter einem Grasgeflechtumhang einen Mantel aus Ziegenfell. Seine Rinderleder-Schuhe waren mit Heu gefüttert und er führte Zunderschwamm und Pyritkristalle mit sich, die zum Feuerschlagen dienten. Ein Hirte und Jäger des 4. Jahrtausend v. Chr. im Hochgebirge? Die zunächst skeptischen österreichischen Ur- und Frühgeschichtler suchten nach möglichen Lagerplätzen frühzeitlicher Jäger und wurden tatsächlich fündig: Auf dem Ullafelsen beispielsweise, einem geschützten Felsplateau auf 1869 Metern Höhe in den nördlichen Stubaier Alpen, die Jagdgruppen schon lange vor Ötzi in der Mittelsteinzeit nutzten. Doch für Ötzi trifft dies gar nicht zu, wie Forscher dann herausfanden. Sein Bogen war nicht gebrauchsfähig, zehn von zwölf Pfeilen hatten keine Spitzen und keine Federn, gejagt hatte er folglich mit Sicherheit nicht!

Die Entdeckung der Feuchtmumie vom Hauslabjoch,

besser bekannt als „Ötzi" bzw. „Frozen Fritz"

Am 19. September 1991 wanderten Erika und Helmut Simon in den Ötztaler Alpen. Sie passierten gerade das Hauslabjoch am Fuße des Similaun-Gletschers, als sie im schmelzenden Eis eine Leiche entdeckten. Sie benachrichtigten die Bergwacht, die den Körper wegen schlechten Wetters erst vier Tage später bergen und in die Gerichtsmedizin Innsbruck bringen konnte. Dort erkannte man, dass es sich nicht um einen verunglückten Bergsteiger oder einen Weltkriegs-Soldaten handelte. Der herbeigerufene Urgeschichtler Konrad Spindler begutachtete den gesamten Fund, worunter sich auch ein Feuersteindolch und ein Kupferbeil befanden, und urteilte: „Mindestens 4000 Jahre alt."

Nur die Aufbewahrung in dieser Spezialkammer des Bozener Museums gewährleistet, dass die 5300 Jahre alte Feuchtmumie Ötzi keinen weiteren Schaden nimmt.

Nun begann ein Medienrummel ohnegleichen um die Eismumie, die schon bald im deutschsprachigen Raum den liebevollen Spitznamen „Ötzi" bekam, im englischen dagegen „Frozen Fritz" genannt wird. Zunächst blieb der Gletschermann in Österreich und wurde an der Universität Innsbruck weiter untersucht. Doch auch Italien beanspruchte den Mumienfund für sich. So wurde die Grenze zwischen Österreich und Italien an der Fundstelle neu vermessen, und tatsächlich lag Ötzi 92,56 Meter weit auf italienischem Gebiet. Ötzi wurde als Südtiroler von Innsbruck in das italienische Bozen überstellt. Dort wurde nach viel hin und her das Südtiroler Archäologie-Museum für ihn ausgebaut, wo Ötzi seit 1998 in einer speziellen Kammer bei –6 °C und einer Luftfeuchtigkeit von 98 Prozent aufbewahrt wird und nur durch ein kleines Guckloch betrachtet werden kann.

Mittlerweile wurde die Stelle in den Ötztaler Alpen, wo Ötzi 1991 gefunden wurde, mit einem Monument gekennzeichnet.

Und so wurde Ötzi im Jahr 8 seiner Entdeckung zum Handlungsreisenden! Denn nun geriet in den Focus der Forschung, dass der Gletschermann nicht nur für seine Höhenwanderung gut ausgestattet war, sondern auch kostbares Tauschgut mit sich führte. Unter den Gegenständen, die er in seiner Gürteltasche aus Leder bei sich trug, befanden sich auch sechs Klingen aus Feuerstein, in dem winzige Fossilien eingeschlossen sind – dieses Merkmal trifft nur auf eine Mine am Gardasee zu. Dafür sprach auch Ötzis Kupferbeil, denn warum sollte ein einfacher Hirte und Jäger mit Pfeil und Bogen, etlichen Messern und einem wertvollen Kupferbeil unterwegs sein?

Ötzi, so die Mutmaßung, könne einer jener Kuriere gewesen sein, welche die südlichen und nördlichen Alpensee-Siedlungen miteinander verbanden. Denn die Archäologen stoßen nicht nur in Süddeutschland immer wieder auf Funde aus dieser Zeit, die eindeutige Importe aus den Regionen südlich der Alpen sind, sondern auch umgekehrt, auf Keramik aus Süddeutschland, die bis in die Region um Verona verbreitet war. Die Forscher kennen sogar die Fernhandelsroute des 4. Jahrtausend v. Chr: Oberer Donauraum – Bodensee – Alpenrhein – Zentralalpen – Etschtal – Südtirol. Sie führt nahe an Ötzis Fundort vorbei.

Dann, zwei Jahre später, im Jahr 10 der Entdeckung, fand der Radiologe Paul Gastner, was anscheinend alle anderen Forscher bisher übersahen. Auf einem Röntgenbild zeigte sich ein Schatten unter Ötzis linkem Schulterblatt, der sich als eine Pfeilspitze entpuppte, die noch in der Schulter steckte. Nun wurden die Forscher an weiteren Stellen fündig: eine Verletzung der rechten Hand, gebrochene Rippen und Deformationen in der rechten Gesichtshälfte, er wurde geschlagen oder fiel. Außerdem galt er mit seinen rund 45 Jahren für die damalige Zeit als sehr alter Mann, dessen 57 Tätowierungen auf der Haut, hauptsächlich entlang der Wirbelsäule, Rätsel aufgeben. Aus Ötzi wurde kurzerhand ein ermordeter Schamane!

Wie starb Ötzi wirklich?

Es war Frühjahr, als Ötzi seine letzte Wanderung antrat, denn Innsbrucker Forscher haben in seinem Magen und Darm Pollen der Hopfenbuche entdeckt. In rund 3200 Metern Höhe legte der Wanderer eine Rast ein. Darüber waren sich ausnahmsweise einmal alle 100 Mumienforscher, die im Oktober 2011 auf einem Kongress in Bozen über Ötzi diskutierten, einig: Ötzi wurde wahrscheinlich bei einer Rast getötet. Albert Zink, Leiter des EURAC-Instituts für Mumien und den Iceman: „Er hat sich sicher gefühlt, gerastet und ein ausgiebiges Mahl eingenommen." Die Mahlzeit bestand aus Steinbockfleisch, Äpfeln und Getreide. Eine halbe bis zwei Stunden später wurde er plötzlich angegriffen.

Schließlich konnten Mediziner im Jahr 2011 aus einem kleinen Stück Knochen genügend DNA gewinnen, um das gesamte Erbgut von Ötzi zu entschlüsseln. Nun steht endgültig fest, dass Ötzi braune Haare und braune, nicht blaue Augen hatte. Neben seinen vielen anderen Krankheiten – Würmer, Durchfall, Arthritis, Gefäßverkalkung, gebrochene Rippen und diverse Narben – litt er auch unter Laktoseintoleranz. Aus Gensequenz-Vergleichen konnten die Wissenschaftler zudem schließen, dass Ötzis Vorfahren aus dem Nahen Osten eingewandert waren, vermutlich bald nach Ende der letzten Eiszeit.

Im Frühjahr 2013 schockten die Ötzi-Forscher mit einer neuen Erkenntnis: Ötzi hatte sehr schlechte Zähne. Er hatte an den meisten Zähnen, soweit sie noch vorhanden waren, Karies, sein Zahnfleisch plagte Paradontose und eine dreidimensionale Simulation seines Gebisses zeigte, dass vor allem an den Backenzähnen schon die Zahnhälse freilagen. Ötzi war also kein Jäger, sondern ernährte sich hauptsächlich von Getreideprodukten, denn nur der Abrieb der damals verwendeten Mahlsteine, der übrigens auch in Ötzis Darm gefunden wurde, konnte seine Zähne so stark abschleifen. Und eine weitere DNA-Analyse, dieses Mal von mehr als 3000 männlichen Freiwilligen in Tirol, erbrachte im Herbst 2013 die allerneueste Erkenntnis: In Österreich leben noch Verwandte von Ötzi.

Und was ist der letzte Stand zu seiner Todesursache? Neben Ötzis gebrochenen Rippen und der Pfeilspitze in seiner linken Schulter fanden die Forscher noch eine weitere Verletzung. Auf Ötzis Großhirnrinde wurden zwei dunkle Stellen sichtbar, welche die Mediziner eindeutig als schweres Schädel-Hirn-Trauma (innerer Blutergüsse) deuten. Unklar ist, ob die Verletzungen durch einen Sturz oder einen Schlag auf den Kopf entstanden sind. Fazit: Ötzi starb durch äußere Einwirkung, ob als Folge des Schädel-Hirn-Traumas oder aufgrund starken Blutverlustes wird sich nicht mehr ermitteln lassen – aber warten wir die nächsten Fortschritte in der medizinischen Diagnosetechnik einmal ab ...

Das gilt auch für die übergreifende Frage: War Ötzi nun ein Handlungsreisender, ein Schamane oder ein ausgestoßener und schwerkranker Alter? Und wer hat ihn warum ermordet? Während weiter über Ötzi gerätselt wird, hat mit seiner Entdeckung ein neuer Forschungszweig gerade erst begonnen, die Gletscher-Archäologie. Weil der Klimawandel zum Abschmelzen der großen Eisvorkommen nicht nur in den Alpen, sondern auch am Polarkreis führt, werden dort haufenweise menschliche Artefakte freigelegt, so auf Grönland alte Wikinger-Siedlungen und in Norwegen bis zu 5500 Jahre alte Jagd-Ausrüstungen wie Holzpfeile und -bögen.

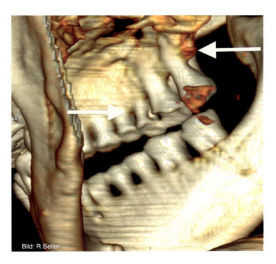

Karies und Parodontitis schon vor 5000 Jahren! Die Computertomografie von Ötzis Gebiss dokumentiert nicht nur, dass die Menschen schon vor der großen Zuckerschwemme unter schlechten Zähnen litten, sondern auch, dass Ötzis Frontzähne abgestorben waren – vermutlich durch einen Unfall.

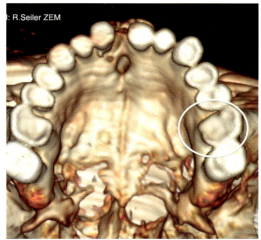

"Jedes Schulkind in England kennt König Knuth und Erich Blutaxt, den letzten Wikingerkönig von York, aber die Chroniken verraten so gut wie nichts über die Gesellschaft, den Handel und das Alltagsleben dieser Zeit."

Richard Hall (1949–2011)

Barbarische Piraten oder kulturbringende Kaufleute?

Wie neue Funde und intensive Forschung unser Bild der Wikinger ändern

Nachbildung eines hochseetauglichen Wikingerschiffs. Dieser Typ wurde weniger für Raubzüge sondern vor allem für Besiedlungs- und Handelsfahrten genutzt.

Eigentlich sollte in Dorset, im Südwesten Englands, im Sommer 2009 eine Umgehungsstraße gebaut werden. Doch bei den Erdarbeiten stieß die Straßenbaufirma auf ein Grab, ein Massengrab, in dem mehr als 50 Skelette lagen. Und es war auch gleich erkennbar, dass die Bestatteten enthauptet worden waren, denn die Schädel lagen ordentlich gestapelt in einer Ecke, während die Skelette einfach verstreut abgelanden worden waren – ein einziges Knochen-Chaos. Doch nach einer C-14-Untersuchung in einem Nottinghamer Labor stand fest: Die Skelette stammten aus der Zeit zwischen 910 und 1030 n. Chr., genau aus der Zeit, als England nahezu jeden Sommer von Wikingern heimgesucht wurde. Aber wer waren die Opfer – Angreifer oder Verteidiger?

„Besprizt mit dem Blut der Priester Gottes, aller Einrichtungen beraubt – so haben die Heiden unsere Kirchen entweiht", klagte der König des nordenglischen Northumbrien im Jahre 793 über das Auftauchen der Wikinger auf den Britischen Inseln, wo sie in den folgenden zwei Jahrhunderten Angst und Schrecken verbreiteten. Lose Stoßtrupps zogen nun jeden Sommer mit ihren Schiffen die britischen Küsten entlang auf der Suche nach Beute, denn nur die Nordsee trennte die unbefestigten Klöster in England und Irland von der Heimat der heidnischen Wikinger. Und schon bald drangen sie mit ihren flachen Booten über Flüsse auch in andere Regionen vor. Um 845 griffen Wikingergruppen Paris und Hamburg an, zwischen 859 und 862 plünderten sie Küstenstädte am Mittelmeer, 861 noch einmal Paris und 862 Köln und andere Rhein-Städte. Nach Jahrhunderten der Legendenbildung sind nun Historiker, Skandinavisten und Archäologen dabei, unterstützt durch unzählige neue Funde aus dieser Zeit, das Bild, das wir uns von den Wikingern machen, zurechtzurücken.

„Die Wikinger ist schon falsch gesagt", klärt uns Frühgeschichtler Michael Müller-Wille auf. „Mit

Ausschnitt aus dem Runenstein von Rök, der im frühen 9. Jahrhundert errichtet worden war und rund 200 Jahr später von Christen in einen Kirchenanbau eingemauert wurde. Die verschlüsselte Runeninschrift der heute wieder freistehenden Stele gilt zwar als entziffert, aber nicht verständlich. Sie beginnt: „Zum Gedenken an Vamund stehen diese Runen."

Glänzendes Strandgut aus der Wikingerzeit. Der Hiddenseer Goldschmuck, ein aus 16 Teilen bestehender Goldschmuck herausragender Handwerkarbeit der Wikingerzeit, wurde zwischen 1872 und 1874 nach und nach an den Strand von Hiddensee gespült und dort gefunden. (Kulturhistorisches Museum Stralsund)

dieser Bezeichnung erfassen wir nicht die skandinavische Bevölkerung des 8./9. Jahrhunderts". Viking – dieses altnordische Wort leitet sich von „wik" (Bucht, Handelsort) ab und bezeichnet keine soziale Zugehörigkeit, sondern einen Zustand: einen Raubzug zu Wasser. Als die Wikingerzeit bezeichnen wir heute die Kriegs-, Handels- und Siedlungsaktivitäten der Skandinavier, zur See und an den Küsten, die von ca. 800 bis 1050 n. Chr. stattfanden. In dieser Weise lebten jedoch nur rund fünf Prozent der damaligen Bevölkerung, die in den Gebieten des heutigen Schleswig-Holsteins, Dänemarks, Schwedens und wie getupft verteilten Arealen Norwegens siedelten und die von den Zeitgenossen nach den geografischen Gegebenheiten in Danen, Götar, Nordmänner und Svea unterteilt wurden. Die Skandinavier selbst definierten sich vor allem über ihre Sippe und ihr Land, gemeinsam waren diesen Volksgruppen jedoch Sprache und Kultur. Sie verständigten sich zu dieser Zeit noch einheitlich in Altnordisch, gliederten ihre Gemeinschaften in Sklaven, Freie sowie gewählte Stammesfürsten und -könige auf. Und sie verehrten die gleichen Götter: Wotan und die untereinander zerstrittenen Götter in Walhall.

Warum jedoch plötzlich, gegen Ende des 8. Jahrhunderts ein kleiner Teil der Skandinavier zu Raubzügen, kaltblütigem Mord und Totschlag sowie verwegenen Expeditionen aufbrach, darüber streiten die Wissenschaftler nach wie vor. „Das Dilemma der Forschung liegt darin, dass uns zeitgenössische Texte nur wenig über die Ursachen der Wikingerzeit berichten, wohl weil dieses Phänomen auch für sie nicht einsichtig war", urteilt der Bonner Experte für Skandinavische Dichtung und Wikingerkultur, Rudolf Simek. Zum Beispiel das Argument „Überbevölkerung": Diese Erklärung fußt auf normannischen Quellen, doch tatsächlich gibt es keine nachweislichen Indizien für Überbevölkerung oder eines der anderen Standardargumente wie Unterernährung, Seuchen oder gar eine Klimaverschlechterung. Auch bei den Aspekten Armut und Freiheitsliebe handelt es sich um Motive, die in Berichten aus späteren Zeiten unterlegt wurden. „Der Wikingermythos überlagerte bereits im frühen Mittelalter die historischen Fakten", so Simek. Kann die Archäologie gemeinsam mit ihren Hilfswissenschaften diesen Schleier durchbrechen?

Nach großräumigen Untersuchungen der Landschafts- und Siedlungsstrukturen steht für die Wissenschaftler heute fest, dass sich im 8. Jahrhundert die große Mehrheit der auf ca. zwei Millionen Menschen geschätzten Skandinavier mit Fischfang und karger Landwirtschaft nur mühsam am Leben hielt. Da es nicht genug bewirtschaftbares Land für alle gab, vererbten die Väter es immer nur an die erstgeborenen Söhne. Für die anderen Söhne bedeutete dies: sie mussten sich durch Jagd, Fischfang oder eben anderen Beutezügen ernähren. Die Raubfahrten waren gleichzeitig auch eine Art Initiationsritus. Wer diese Mischung aus zu bestehender Mutprobe und ritueller Einweihung nicht durchlief, wurde von den Wikingern „heimskr" genannt. Dieses Wort bezeichnet gleichzeitig zwei

Eigenschaften: Einen „Daheimgebliebenen" und einen „Dummen". In der Logik der Wikinger ist einer, der daheim bleibt, dumm; nur Weitgereiste brachten es zu sozialer Anerkennung. Diese Welt-Erfahrung drückte sich in der Dichtung in einer regelrechten Hochstimmung aus: „Angeberisch wurden vergangene und zukünftige Heldentaten, halsbrecherische körperliche Großtaten und todesverachtende Tapferkeit verkündet." Hinzu kam ein wichtiger Grund, auf den die Forscher erst spät stießen: selbstverschuldeter Frauenmangel. Die Wikinger töteten, darauf verweisen Quellen wie die Island-Sagas, nicht selten ihren Nachwuchs, besonders in Zeiten der Nahrungsmittelknappheit, und dann vorzugsweise Mädchen. Später fehlten dann heiratsfähige Frauen, sodass die jungen Männer sie aus fremden Ländern entführen mussten. Für den Erfolg ihrer Beutezüge waren vor allem zwei Faktoren ausschlaggebend: die Schiffe der Wikinger und ihre kriegerische Taktik, eine Art mittelalterliche „Blitzkriegstrategie", die sie „strandhagg" nannten.

„Strandhagg"- Blitzkrieg auf Wikingerart

„Strandhagg" das heißt: Überraschend landen, gewalttätig zuschlagen und verschwinden, bevor der Gegner überhaupt irgendwie reagieren kann. Einziger Trost war, dass die Wikinger ihren „Strandhagg" traditionell nur in den drei Sommermonaten durchführten. Den Rest der Zeit betrieben sie ein wenig Viehzucht und primitiven Getreide- und Gemüseanbau: Gerstenbrei, hartes Roggenbrot, Kohl, Rüben und getrockneter Fisch standen tagein tagaus auf dem Speiseplan. Warum jedoch Menschen, die eine ärmliche Subsistenzwirtschaft führten, so konkurrenzlos gute Schiffe bauten, liegt in der skandinavischen Landschaft begründet. Während die ganze norwegische Küste von Fjorden und Bergen zerklüftet wird, zeigten sich auch die übrigen Gebiete Skandinaviens vor 1000 Jahren wenig wirtlich – undurchdringliche Wälder, Sumpfgebiete und ständig sich verändernde Flussläufe. Reisen ließ sich am besten auf dem Wasser, weshalb die Menschen dort schon früh mit dem Bootsbau begannen. Der Beweis: ein Einbaum aus der Zeit um 5000 v. Chr., gefunden in Lystrup (Dänemark), wurde mit Hilfe von Feuersteinäxten aus Lindenholz geschlagen. Und bereits 2500 v. Chr. erhöhten die Skandinavier ihre Bordwände mit sich dachziegelartig überlappenden Planken, wenig später kamen der schnabelförmige Bug und das Einlassen eines Kiels dazu. Nach 6000 Jahren Entwicklungszeit vollendeten die Wikinger schließlich die skandinavische Schiffsbaukunst in Gestalt dreier verschiedener Schiffstypen: wendige Küstensegler, stabile Meereskreuzer und schlanke Kriegsschiffe, die sogenannten Drachenboote.

Lange Zeit wusste die Nachwelt nur aus historischen Berichten von deren einstigen Existenz – oder war auch dies eine der zahlreichen Wikinger-Legenden? Erst die Entdeckungen eines Schiffsgrabes bei Ladby (1935), das Wrack von Haithabu (1953 entdeckt, gehoben erst 1979) und zwei Langboote, die aus dem dänischen Roskilde-Fjord geborgen wurden, bestätigten die schriftlich überlieferten Angaben, denn sie weisen in der Tat ein extremes Verhältnis von Länge zu Breite auf, das bis zu 11,4:1 betragen kann. Diese Schlankheit des Kriegsschiffes hält den Wasserwiderstand äußerst gering und ermöglicht dadurch hohe Geschwindigkeiten – wichtig für den Überraschungseffekt der „strandhagg". Und der geringe Tiefgang erlaubte es, praktisch alle Gewässer bis ins Landesinnere zu nutzen, die Boote an jedem flachen Ufer zu landen und sie sogar auf Rollhölzern über Land zu ziehen.

Einer von etlichen Bildsteinen aus dem Gotland der Wikingerzeit. Die bis zu drei Meter hohen Kalksteinplatten wurden zwischen 700 und 1100 n. Chr. aufgestellt und mit Runen und Bilder verziert. Das abgebildete Fragment ist immerhin 175 Zentimeter hoch und zeigt innerhalb der Runenumrandung im oberen Teil eine Szene aus Walhall und unten ein Wikingerschiff. (Stockholm, Statens Historiska Museum)

Für die Wikinger waren ihre Schiffe keine reinen Transportmittel, sie investierten auch in deren Schönheit: Vergoldungen am Bug, geschnitzte Drachen- und Tierköpfe als Bug- und Heckspitze sowie farbige oder verzierte Segel waren keine Seltenheit. Über 500 poetische Umschreibungen für Schiffe kennt die skandinavische Dichtung: „faxi byrjar" (Windpferd), „ormr inn langi" (Lange Schlange) oder „hárknífr" (Rasiermesser)! Das Wikingerschiffsmuseum im dänischen Roskilde stellt nicht nur geborgene Wracks aus, dort werden auch Wikingerschiffe nachgebaut. Um ein kleines

Nachbildung eines Wikingerbugs nach einem Fund nahe Haroldswick, das rekonstruierte Schiff segelte im Jahr 2000 von Schweden auf die Shetland Inseln.

Kriegsschiff detailgetreu zu rekonstruieren, verwendeten die dänischen Schiffsbauer nicht einmal eine Säge. Die Holzplanken wurden mit Äxten und Keilen aus den Baustämmen getrieben, eine alte Technik, die die Planken wesentlich stabiler werden lässt. Das Ergebnis, die „Helge Ask", erreicht mit Segeln vor Wind eine Höchstgeschwindigkeit von 14 Knoten (25,9 km/h) und beim Rudern immerhin noch 5,5 Knoten (10,2 km/h). Und mit ihren 28 bis 30 Mann Besatzung hat das Kriegsschiff nur 60 Zentimeter Tiefgang. Doch bei diesen Touren zeigten sich auch die Grenzen der Kriegsschiffe – sie können die offene See zwar überqueren, sind jedoch kaum hochseetüchtig.

Das Wetter war den Wikingern bei ihren Raub- und Erkundungsfahrten über die Nordsee bis in den Atlantik entgegengekommen, denn sie fielen in den Beginn der hochmittelalterlichen Warmzeit, mit wenigen Stürmen und mit ganzjährig eisfreien Passagen nach Island und Grönland. Ihre Überraschungstaktik war fast zwei Jahrhunderte lang erfolgreich. Zumal die anderen Mächte dieser Zeit sich vor allem auf Reiterheere stützten, die den Wikingerschiffen nicht folgen konnten.

Wikinger auf den Britischen Inseln

Doch die Wikinger änderten im Laufe der Zeit ihre Strategie. Zum einen bildeten sie nach und nach ganze Heere, die auf die Britischen Inseln, aber auch in die Normandie übersetzten. Zum anderen ließen sich mehr und mehr von ihnen in den heimgesuchten Gebieten nieder und wurden allmählich zu friedlichen Händlern. So haben zahllose zufällige Funde und etliche systematische Ausgrabungen der letzten Jahrzehnten das Geschichtsbild der Engländer und Iren umgewälzt. Wikinger waren es, die 840 die erste Siedlung auf dem heutigen Stadtgebiet von Dublin errichteten und bis ins 10. Jahrhundert hinein auf den Britischen Inseln ein weitverbreitetes Handelsnetz unterhielten. Als in Dublins alternativem Stadtteil Templebar um die Jahrtausendwende die baufälligen Gebäude nach und nach durch moderne Geschäfts- und Verwaltungskomplexe ersetzt wurden, schlug die Stunde der Archäologen. Wie bei einer Patchwork-Arbeit wechselten sie von einer gerade unbebauten Sanierungsparzelle zur nächsten. Nur wenig unterhalb der alten Hausfundamente hatte der schwere, kaum entwässernde Lehmboden einen Großteil der bis zu 1200 Jahre alten Siedlungsspuren bewahrt. Zum Vorschein kamen so Umpferchungen, Flechtwerk um Pfosten gespannt, daneben Gräben und Löcher, umzäunte Grundstücke mit Brunnen und Latrinen. Die spartanisch eingerichteten Langhäuser dienten als Wohnraum, kleinere Nebengebäude als Werkstätten und Lagerhalle. Die Straßen und Fußwege zwischen den Parzellen waren mit Balken oder zertrampeltem „Sperrmüll" befestigt. Denn der sumpfige Boden

Ein Wikingerschwert, gefunden in einem ausgetrockneten Flussarm des Shannon, wird von Experten des Irischen Nationalmuseums konserviert.

ließ die Wege versinken und beschleunigte die Fäulnis der Holzhäuser. Sie mussten alle 15 bis 20 Jahre erneuert werden, so entstanden im Laufe der rund 250 Jahre dauernden Wikingerzeit 13 Besiedlungsschichten. Die Spuren der allerersten stammten aus der Zeit um 840 bis 860 und nicht, wie überliefert, erst um 915. Freilegen konnten die Archäologen nicht nur Siedlungsareale, sondern auch Teile eines Befestigungswalls, eines Deiches und einer Wellenbrechanlage, Beweise für die ausgeklügelte Technik, die es den Wikingern erlaubte, die überflutungsgefährdete Flussmündung zu besiedeln. Doch war diese Siedlung erstaunlich klein, betrachtet man die Anzahl und Größe der Wikingerboote, die zu dieser Zeit am Ufer anlegten, erklärt Pat Wallace von der Wikingerabteilung im Dubliner Nationalmuseum: „Langschiffe aus England, Skandinavien, Frankreich, den Mittelmeerhäfen und der Nordatlantikroute. Am Ufer stapelten sich die ausgeladenen Wollstoffe aus England, neben Seide aus Byzanz, großen Mengen Wein aus Frankreich, Elfenbein und Pelzen aus der Arktis."

Das Dublin der Wikingerzeit war vor allem Umschlagplatz, an dem die Iren aus dem Hinterland Nahrungsmittel gegen die begehrten Waren aus Übersee tauschten. Und ein Ort des Kunsthandwerks; die Wikinger fertigten nicht nur filigranen Schmuck aus dem Gold und Silber, das sie reichlich erbeutet hatten. Sie verzierten darüber hinaus die meisten ihrer Gebrauchsgegenstände wie Waffen, Werkzeuge oder Schiffsteile mit Tiermotiven, Fabelwesen und Flechtbandornamentik.

Doch dieses erste Dublin, ergänzen die Historiker dieses Bild, war auch ein Ort des Sklaven-Handels. „Die Wikinger entdeckten schnell die Gewinne, die man aus Menschen als Ware herausholen konnte, als Sklaven und als Gefangene gegen Lösegeld", beschreibt der irische Historiker Donnchadh O'Corráin. „Versklavung war ein normaler Bestandteil der frühen Überfälle. Sklaverei in großem Stil folgte später." Dublin wurde dabei zu einer Drehscheibe, wer dort nicht mit Silbermünzen freigekauft wurde, wurde an Händler weiterverkauft und landete, wenn er die Überfahrt überlebte, als Sklave oder Ehefrau in Skandinavien oder Island.

Zur gleichen Zeit in Ostengland: Die Angelsachsen-Chronik berichtet, dass York im Jahre 866 n. Chr. von einem „großen heidnischen Heer" angegriffen und erobert wurde. Demnach siedelten die Skandinavier sich dort an und ihr jeweiliger Anführer regierte die Region als „Königreich Jorvik". „Jedes englische Schulkind kennt König Knuth und Eric Blutaxt, den letzten Wikingerkönig von York", erklärt der Yorker Archäologe Richard Hall die Situation. „Aber die Chroniken verraten so gut wie nichts über die Gesellschaft, den Handel und das Alltagsleben dieser Zeit." Erst in den 1970er-Jahren, während umfangreicher Stadtsanierungen, schlug die Stunde des York Archäological Trust, besonders bei der Neubebauung der

Kostbarer Silberbecher. Rund 200 000 Pfund soll dieser frisch konservierte Silberbecher wert sein, der aus einem erst kürzlich entdeckten Wikingerhort stammt – dem größten und wichtigsten Wikingerhort-Fund seit 1840, den sich nun das British Museum in London und das Yorkshire Museum in York teilen müssen.

Straße Coppergate am südöstlichsten Rande der Altstadt. „Wir hatten anfangs nur ein Areal von einigen Quadratmetern zum Graben, doch bei der Spurensuche gerieten wir tiefer und tiefer. Neun Meter tief, bis zu zehn Siedlungsschichten und gut erhaltenes organisches Material – eine vergleichbare Stelle gibt es in England nicht", so Hall. Die Archäologen legten Pfostenreihen mit Flechtmaterial frei, die rechtwinkligen Fundamente von Langhäusern; ihre Wände bestanden aus Flechtwerk, ihre Dächer aus Stroh und zwischen den Häusern lagen befestigte Fußwege. Die Wikinger hatten gleich nach ihrer Eroberung mit dem Wiederaufbau des seit der Römerzeit verfallenen Yorks begonnen. Sie legten ein neues Straßensystem und Befestigungsanlagen an. Ein Vergleich der Stadtpläne von einst und jetzt zeigt, dass die Routen der großen Straßen und Querverbindungen sowie die Standorte der wichtigsten Plätze wie beispielsweise Markt und Domplatz in der Wikingerzeit angelegt worden sind. In den Hausruinen fanden die Wissenschaftler Unmen-

York: Nicht Geister- sondern Wikingerbahn

Mit der Rolltreppe ins frühe Mittelalter – Aushängeschild des York Jorvik Viking Centre, das unter einem Shopping-Center auf den Originalfundamenten der alten Wikingersiedlung errichtet wurde.

Mit dem Jorvik Viking Centre gingen die Yorker ein archäologisches Ausstellungsexperiment ein. Während sich im Erdgeschoss ein Warenhaus und darüber Wohn- und Büroräume befinden, wurde im Untergeschoss, auf den freigelegten Fundamenten aus dem 10. Jahrhundert, die Wikingersiedlung vollständig rekonstruiert. Ein „Zeittunnel" führt die Besucher vorbei an Kulissen über die Weltkriege und den Englischen Bürgerkrieg ins 10. Jahrhundert. In kleinen Wagen, die an Geisterbahnen erinnern, gleiten die Besucher anschließend zwischen den Häusern aus Flechtwerk und Strohdächern hindurch, vorbei u.a. an einem Fischer, der auf einem Fass sitzt und sein Messer wetzt – die Puppe ist das Resultat einer aufwendigen plastischen Rekonstruktion eines geborgenen Schädels. Aus versteckten Lautsprechern ertönt ein Sprachgemisch aus Altenglisch und Skandinavisch. Es riecht nach gegerbtem Leder und Haustieren. Am Hafen wird gerade ein Langboot entladen. Schließlich gelangen die Besucher zu einem Ausgrabungsareal mit Fundamenten aus Pfosten und Flechtwerk – die Originalmaterialien wurden zur Konservierung mit Wachs überzogen. Die Besucher sehen auch, wie Tierknochen, Keramikscherben und Lederreste analysiert, konserviert und archiviert werden und erreichen schießlich eine Ausstellung mit Grabungsexponaten.

„Wikinger-Euro" mit Rabenmotiv und dem Schriftzug Olaf (eigentlich Anlaf) Guthfrithsson, dem Wikingerkönig von Northumbria (geprägt zwischen den Jahren 939 bis 41). Mit solchen Silberpennies wurde in ganz Europa gehandelt.

gen von Artefakten, darunter Metall und Lederreste, Knochensplitter, Nadeln und Nägel – allesamt Beweise für Handwerkstätigkeiten. Die Wikinger (die nun nach der Eingangsdefinition keine Wikinger mehr waren) hatten das Schwert gegen den Amboss ausgetauscht und ganze Werkstattviertel errichtet, in denen Waffen, Werkzeuge, Schmuck und Lederwaren entstanden. Mit dem Überseehandel, der sich bis nach Byzanz und in den Orient erstreckte, entwickelte sich York zum wichtigsten Umschlagplatz für Mittelengland. Und die neuen Herrscher brachten auch Geld in Umlauf. Unter den Münzen, die in York geprägt wurden, fanden die Archäologen u. a. Silberpennies mit einem Rabenmotiv und dem Namen des Wikingerkönigs Olaf Guthfrithsson sowie ein Schwert, eingefasst von dem Schriftzug „Eric Blutaxt". Er sollte der letzte der Wikinger-Könige von Jorvik sein – während Blutaxt im Jahre 954 von den Angelsachsen vertrieben wurde, konnte die Region um York wieder den angelsächsischen Königreichen zugegliedert werden. Aber die Wikinger waren noch lange nicht mit den Briten fertig.

Mit Handel und Handwerk bescherten die Wikinger den Britischen Inseln einen seit der Römerzeit nicht mehr gekannten wirtschaftlichen Aufschwung. „Diese Erkenntnisse bedeuten nicht weniger als eine Revolution unseres Geschichtsbildes", fasst Hall zusammen. „Jedermann in England hat die Wikinger bisher nur mit Zerstörungen und Plünderungen gleichgesetzt, doch sie waren auch Gründer und Erschaffer." Entsprechend ihrer neuen Tätigkeit benutzten die Wikinger für ihre Reisen im 10. und 11. Jahrhundert vor allem kleine, wendige Küstenfrachter wie das „Roskildewrack 3", das mit tieferem Kiel, breiterem Rumpf und höheren Bordwänden das Potenzial von Mast und Segel wesentlich besser ausnutzte. Sein Nachbau aus Eichenholz kann bei 14 Metern Länge vier Tonnen Fracht an Bord laden und unter Segel acht Knoten Fahrt erreichen. Mit diesem Meeresschiff gelang einem Norweger in zwei Jahren eine Weltumsegelung; besser als mit jedem wissenschaftlichen Experiment wurde somit die Seetüchtigkeit dieser Schiffe unter Beweis gestellt. Mit solchen Booten brachten die Wikinger den Handel in den Küstenregionen der Nord- und Ostsee in Schwung. Beute und Ware wurden bevorzugt zu einem der neu gegründeten Umschlagplätze in der alten Heimat transportiert: „Ribe" im heutigen Dänemark, „Birka" in Schweden und „Haithabu" in Schleswig-Holstein nahe der heutigen Stadt Schleswig.

Haithabu – Meister des Handels oder abstoßende Kreaturen?

Haithabu, um 770 v. Chr. von Dänen als ihr südlichster Vorposten gegründet, entwickelte sich im 9. und 10. Jahrhundert zu einer überregional bedeutenden Handelsstadt. Wo der Landweg vom europäischen Festland nach Skandinavien seine schmalste Stelle passiert, nahe dem Ochsenweg und am östlichen Ende des Danewerks, weit im Landesinneren und trotzdem über die Schlei mit der Ostsee verbunden, hatten die Wikinger ihre Stadt befestigt wie ein Fort der nordamerikanischen Kavallerie. Während auf der Landseite ein bewehrter Wall die Siedlung schützte, wurde das Hafenareal mit einer im Wasser verlaufenden Holzpalisade mit Wehrtürmen gesichert. Obwohl in Haithabu Archäologen seit Beginn des 20. Jahrhunderts graben, wurden bislang nur fünf Prozent der Siedlungsfläche freigelegt, der Rest des 24 Hektar großen Stadtgeländes wurde nach Oberflächenfunden abgesucht und mit dem Magnetometer vermessen. Schon dieses Vorgehen erschloss viele hunderttausend Funde, deren Auswertung Generationen von Studenten und Doktoranden beschäftigte.

Karger Alltag – auf der Basis der Originalfunde wurde ein Teil der Wikingersiedlung Haithabu wieder errichtet. Die strohbedeckten Holzhäuser erzählen von der anderen Seite des Wikingerlebens, der harten Arbeit der Fischer und Handwerker und den gerade in den langen Wintermonaten primitiven Lebensverhältnissen.

Während Handwerk und Handel boomten, wurden in der Stadt schon bald die natürlichen Ressourcen knapp. Die ersten Häuser waren an einem Bach errichtet worden, der jedoch schon innerhalb einer Generation zum Abwasserkanal degenerierte. Alle 15 bis 20 Jahre mussten die Häuser erneuert werden, denn länger konnten sie den Witterungsbedingungen nicht trotzen. Wie ein Kartenhaus ließ man die alten Gebäude zusammenstürzen, zur Freude der ausgrabenden Archäologen, zur Bürde der Haithabu-Einwohner. Während die ersten Häuser vollständig aus Holz bestanden, verfügten die jüngeren Häuser nur noch über geflochtene Wände, denn das Holz der Umgebung wurde im Laufe der Siedlungszeit zusehends knapper. Diese Häuser boten wenig Schutz, wie die Archäologen in experimentellen Nachbauten herausfanden. Sie schützten in erster Linie gegen Wind und Nässe, weniger gegen Kälte. Denn im Schnitt erreichten die Innenräume nur eine Temperatur, die um etwa zwei Grad höher lag als die Außenwerte. Wundert es da, dass nur jedes dritte bis vierte Neugeborene das 10. Lebensjahr erreichte und die Menschen ständig krank waren und im Durchschnitt gerade einmal 30 Jahre alt wurden? Zu diesen Ergebnissen kommt der Osloer Anatom Per Holck, der Tausende von Skeletten aus der Wikingerzeit untersucht hat. Weit verbreitet war Skorbut, eine durch Vitamin-C-Mangel ausgelöste Krankheit. Sie beginnt mit Zahnfleischbluten, Gelenkschmerzen und allgemeiner Schwäche, kann jedoch bis zum Tod führen. Skorbut erkennen die Forscher daran, dass die Knochen von Armen und Beinen schwarz verfärbt und häufig auch die Gelenke verformt sind. Trifft die Verformung die Wirbelsäule, ist das ein sicheres Zeichen für Tuberkulose in weit fortgeschrittenem Stadium. Sehr häufig fanden die Forscher auch Knochenschwund und Spuren von Zysten an den Kieferknochen. Die Ursache: kleinste Steine, die von den Mühlsteinen absplitterten, ins Mehl gerieten und mitverbacken wurden. Diese Steinchen rieben wie Schmirgelpapier den Zahnschmelz ab.

Als Wikinger litt man sein Leben lang an Zahnschmerzen. Gründe für die vielen Krankheiten waren neben der Kälte und schlechter Ernährung die mangelnde Hygiene. Ausgrabungen in Haithabu und anderen Wikingersiedlungen zeigen, dass Schächte für Brunnen und Latrinen häufig so dicht nebeneinanderlagen, dass Krankheitskeime überspringen konnten. Abfälle entsorgten die Wikinger auf den freien Flächen zwischen ihren Häusern. Sie kannten zwar schon die Sauna, doch ansonsten waren sie so wenig reinlich, dass der arabische Diplomat Ibn Fadlan, welcher im 10. Jahrhundert Wikingersiedlungen bereiste, urteilte: „Die abstoßendsten und schmutzigsten Kreaturen Gottes!" Aber auch sehr umtriebige Kreaturen, wie die geborgenen Funde beweisen. Es blühte der Handel mit Walrosszähnen und Bernstein aus dem Nordmeer, Eisenbarren, Specksteinkesseln und Knochenkämmen aus Skandinavien, slavischem Hängeschmuck und irischen Gürtelschnallen, iberischem Quecksilber und byzantinischen Bleisiegeln, Karneol und Bergkristallen aus der Schwarzmeerregion.

Probieren geht über Studieren –
Experimentelle Archäologie

Wie leistungsfähig waren die Wikingerschiffe in der Praxis? Wie schmeckte das Bier der Ägypter? Um auf diese Fragen zuverlässige Antworten zu bekommen, gibt es nur einen Weg: ausprobieren! Die ersten archäologischen Experimente wurden schon im 19. Jahrhundert durchgeführt. 1879 ließ der Skandinavier Frederik Sehested eine Blockhütte nur mittels steinzeitlichener Werkzeugen errichten. Heute erstreckt sich das Feld der Experimentellen Archäologie vom Schlagen der ersten Faustkeile bis zum Nachbau mittelalterlicher Burgen und Belagerungsmaschinen. Doch der Archäologe Christian Maise klagt: „Vieles, was heute im museumspädagogischen Tagesgeschäft ‚Experimentelle Archäologie' heißt, ist wohl eher nur ‚Erlebnisarchäologie'." Etwa wenn im Sommer am Haithabu-Museum Mitarbeiter und Handwerker der Region Fladenbrot in einem rekonstruierten Backofen herstellen, mit Gefäßen der Wikinger und nach ihren Methoden Bier (Met) ansetzen oder Glasperlen nach Wikingerart anfertigen. So wird den Besuchern zwar ein Bild vom Alltag dieser Epoche vermittelt, neue Erkenntnisse gewinnt die Archäologie daraus jedoch nicht mehr.

Stecheisen ja, Hammer nein - das Mitglied einer Reenactmen-Gruppe demonstriert die Wikingermethoden des Holzschnitzens

Der größte erhaltenen Brakteat aus Skandinavien stammt aus der Wikingerzeit und wurde aus Gold gefertigt, das aus der Gegend Asum, Skane, Schweden stammt. Brakteate sind einseitig geprägte Münzen oder Medaillen aus dünnem Blech, die als Amulett getragen werden und häufig religiöse Motive aufweisen. (Stockholm, Statens Historiska Museum)

Das anfängliche Tauschen wurde sehr schnell durch Münzzahlung ersetzt, anfangs waren vor allem Münzen aus arabischen Ländern im Umlauf. Über 60 000 davon wurden bisher allein in Skandinavien in Horten im Erdreich ausgegraben. Erst gegen Ende des 10. Jahrhunderts, mit dem Aufkommen der Königsherrschaften, wurden Münzen auch in den Wikingerstädten selbst geprägt und als Zahlungsmittel akzeptiert. Silbermünzen aus Haithabu wurden vor allem in Skandinavien und Norddeutschland gefunden, denn es bildeten sich zwei verschiedene Währungszonen heraus. Während im Nordseeraum und dem restlichen Westeuropa mit den geprägten Silbermünzen gezahlt wurde, hatte man im Ostseeraum weniger Vertrauen in die hoheitliche Münzprägung. Ob Münzen, Broschen, Ketten oder christliche Symbole, Silber, gleich welcher Herkunft, wurde in bohnengroße Stücke zerkleinert und abgewogen: sogenanntes Hacksilber bildete im Osten das gebräuchlichste Zahlungsmittel.

Untergang und Vermächtnis

Hörten die Wikinger, wie manche Historiker vermuten, mit dem Erstarken des Christentums auf, Wikinger zu sein? Langfristig schon, zunächst aber geschah das Gegenteil. Nach einem halben Jahrhundert Pause nahmen sie die alte Tradition der Raubzüge gen Westen wieder auf. Die Durchsetzung des Christentums erfolgte nämlich mit einer tiefgreifenden Konsequenz. Während bis zu dieser Zeit Könige aus den Reihen der Freien „erhoben" worden waren, jedoch bei Versagen jederzeit wieder „gestürzt" werden konnten, herrschten die neuen Könige nun mit christlichem Segen und vererbten ihren Machtanspruch an ihre Nachkommen. So bekannten sich Mitte des 10. Jahrhunderts die dänischen Herrscher, und mit ihnen das Volk, zum Christentum, die schwedischen und norwegischen folgten. Stammesgruppen und kleine Königtümer wurden auf diese Weise zu den drei Königreichen Dänemark, Schweden und Norwegen zusammengeschweißt – mit Gewalt. Vielerorts führten diese Konflikte den Untergang herbei, auch für Haithabu. Kronzeuge hierfür ist das vor Haithabu geborgene Wrack eines Langbootes mit Brandspuren, das eingehend erforscht wurde. Buchenpollen, aus dem Abdichtungsmaterial des Schiffes geborgen, beweisen, dass das Schiff aus Dänemark stammt. Und die C-14-Analysen des verbrannten Holzes ergaben, das das Ende von Haithabu um das Jahr 1060 kam. Daraus schlussfolgern die Wissenschaftler: mit größter Wahrscheinlichkeit diente das Schiff als Rammbock oder brennende Palisade, die von den Angreifern gegen die Hafenbefestigung getrieben wurde – mit Erfolg. Die Stadt wurde erobert und aufgegeben.

Und kaum hatten die neuen Könige ihre Herrschaft gefestigt, wollten sie, so beschreibt es der Historiker Colleen Batey, „ihre Macht auf einer breiteren europäischen Bühne erproben." So führte im Jahre 991 der spätere Norwegerkönig Olaf Tryggvason 93 Schiffe gegen England, woraufhin sich die Inselbewohner lieber gleich mit 4500 Kilogramm Silber Lösegeld freikauften. Die Angreifer nahmen das Geld, kehrten aber wie alle Erpresser zur nächsten Raubsaison wieder, die Forderungen, bald „Danegeld" genannt, erhöhten sich. Manche

Ihre Schiffe verwandelten sie in Kunstwerke und viele ihrer Kunstwerke weisen Schiffsmotive auf – wie diese Brosche aus einer Kupferlegierung.

Aus einem Grabhügel bei Oseberg am norwegischen Oslofjord bargen Archäologen 1904 ein ganzes Wikingerschiff, die Beigabe für ein dort bestattetes Häuptlingspaar.

Gruppen errichteten Überwinterungslager und vergruben ihre erbeuteten Gold- und Silberschätze, von denen zahlreiche nicht mehr abholt werden konnten. Erst in unserer Zeit stoßen Briten immer wieder durch Zufall auf diese Horte.

Zwischen 991 und 1013 kam es zu regelmäßigen Erpressungs- und Plünderzügen, obwohl die Engländer allerhand dagegen unternahmen. Sie zahlten weiter Lösegelder, Silbermünzen bis zu einem Gegenwert von 72 000 englische Pfund, um die Wikinger zur Umkehr zu bewegen. Oder sie heuerten andere Wikinger als Söldner gegen die Angreifer an. Die Herrschenden verabschiedeten mehrmals einen Gesetzescodex, um die Untertanen zur Gesetzestreue anzuhalten, sie ordneten Büßertage an oder verheirateten ihre Töchter mit dem neuen Wikingeradel. Und sie griffen sogar zu noch drastischeren Maßnahmen, die uns zurück zu den Opfern im Massengrab von Dorset führen. Denn bei ihnen, das hat die Untersuchung des Zahnschmelzes ergeben, handelte es sich nicht um Engländer, sondern um Menschen, die in Skandinavien aufwuchsen. Es waren junge Wikinger, die erst, so die Untersuchungsergebnisse, verstümmelt worden waren, bevor ihnen der Schafrichter vor ihnen stehend die Köpfe abschlug. Entweder waren sie bei einen Beutezug erwischt worden, oder sie waren Opfer des St.-Brice-Day (13. November) im Jahre 1002. An diesem Tag ordnete der englische König Ethelred an, dass alle männlichen Dänen im kampffähigen

Alter, die sich auf englischem Boden aufhielten, auf der Stelle zu töten seien. Mehr als 20 Massengräber, die Zeugnis dieser Maßnahme zu sein scheinen, sind in den letzten Jahrzehnten entdeckt und untersucht worden. Doch die Wende kam erst mit neuen Eroberern: Als die Normannen ab 1066 die Britischen Inseln einnahmen, läuteten sie das Ende der Wikingerzeit dort ein. Doch auch in der Normandie hatten sich die Wikinger bereits erfolgreich etabliert. Der Wikinger Rollo hatte, weil er gegen seine Landsleute kämpfte, 911 vom westfränkischen König Karl dem Einfältigen, Teile der Normandie als Lehen zugesprochen bekommen und sich mit seinem Gefolge dort niedergelassen.

Was blieb von den Wikingern?

Waren die Wikinger am Ende tatsächlich Kulturstifter, wie es der englische Historiker Peter Sawyer in den 1960er-Jahren als Erster formulierte? Dagegen spricht, dass Kunsthandwerk und Handel immer nur eine Seite ihrer Kultur waren, deren andere aus Raub, Erpressung und Sklavenhandel bestand. Eines jedoch waren die Wikinger mit Sicherheit: Wagemutige Entdecker. Bereits 815 waren Wikinger nordwestlich an den Britischen Inseln vorbei auf das offene Meer gefahren und erreichten die Färöer-Inseln, 860 dann Island. Ein halbes Jahrhundert später gab es dort bereits gut 10 000 Siedler, die hauptsächlich von der Weidewirtschaft, dem Fischfang und der Jagd auf Robben und Walrösser lebten. Wikinger-Legenden (genannt: Sagas) überlieferten aber auch die Geschichte von Erik dem Roten und seinem Sohn Leif Erikson. Der eine soll im Jahre 985 mit einer Flotte von 25 Schiffen Grönland („Grünes Land") besiedelt haben, der andere soll es sogar bis an die nordamerikanische Küste geschafft haben.

Ausgehend von diesen Sagas suchten Archäologen seit dem 19. Jahrhundert in Nordamerika nach Spuren der Wikinger; 1961 wurden dann tatsächlich Reste einer Wikingersiedlung auf Neufundland entdeckt. Und auch die Besiedlung von Grönland ist mittlerweile archäologisch erhärtet. Zwei Siedlungsgebiete wurden mithilfe von Ausgrabungen und Surveys erforscht, 450 Bauernhöfe wurden dabei registriert. So betrieben die skandinavischen Siedler von Anfang an durch ihre Weidewirtschaft Raubbau an der kargen Natur, und als sich dann das Klima wieder verschlechterte, passten sie ihre Lebensweise zu wenig an die einsetzende Kälte an.

Langfristig erfolgreicher waren die Expeditionen Richtung Osten, welche die Wikinger entlang der großen russischen Ströme Woldow-Lowat, Dnjepr und Wolga führten. Dort errichteten sie auf ihrer Fahrt zum Schwarzmeer dauerhafte Siedlungen wie beispielsweise das heutige Nowgorod. Den gemeinsamen Nenner aller Wikingeraktivitäten sieht Skandinavist Rudolf Simek in einem anderen Punkt: „Wenn eine Definition überhaupt gewagt werden kann, dann diese: Alle Wikinger waren zunächst Bauern, die versuchten, einer prekären Subsistenzwirtschaft zu entfliehen, sei es durch Raub, Handel oder die Bewirtschaftung ertragreichen Bodens." Männlichkeitsrituale und Raub ließen sie zum Mythos werden, doch ihr historischer Verdienst bleibt die Vernetzung des Handels im frühen Mittelalter. Kolonial-Wikinger haben Nordeuropa von Großbritannien bis in die slawischen Gebiete hinein zu einem großen Wirtschaftsraum verknüpft und den Handel nachhaltig angestoßen. „Die Wikinger bescherten uns die erste Währungsunion", urteilt Frühgeschichtler Müller-Wille, „Hacksilber, zu dem sie einen Großteil ihrer Beute zerkleinerten, war das erste in ganz Nordeuropa gültige Tauschmittel."

> „In jeder Kriegsgeschichte, vor allem aber in einer wahren Kriegsgeschichte, ist es schwierig, zwischen dem, was wirklich geschah, und dem, was nur zu geschehen schien, zu unterscheiden."
>
> Tim O'Brien (*1946)

Die verlorenen Legionen oder wie die Archäologen lernten, Kampfspuren zu deuten

Schlachtfeldarchäologie

Manche Leute sammeln Briefmarken aller Herren Länder, andere Leute bauen auf ihrer Modellbahnanlage ganze Landstriche der Schweizer Alpen nach. Und wieder andere Leute erkunden Schlachtfelder, möglichst solche, an denen römische Soldaten beteiligt waren. Einer der letzteren Sorte steht im Frühsommer 1987 vor dem Schreibtisch des Osnabrücker Stadt- und Kreisarchäologen Wolfgang Schlüter und sagt in einem Deutsch mit leichtem britischen Akzent: „Ich möchte nach römischen Funden hier in der Gegend suchen!" Tony Clunn ist keiner der vielen Heimatforscher, die mit ihren Theorien die legendäre Varusschlacht an über 700 verschiedenen Stellen in Norddeutschland lokalisiert haben. Nein, der Engländer ist von Kopf bis Fuß Soldat, dient seit seinem 15. Lebensjahr in der britischen Armee und interessiert sich in seiner Freizeit für römische Spuren und Schlachtfelder. Als der britische Offizier 1987 an den Royal Army Standort Osnabrück versetzt wurde, suchte er sogleich, seinem Hobby weiter zu frönen.

Clunn studierte nicht die unzähligen Theorien über den Ort der Varusschlacht oder über mögliche Marschrouten der Legionen, sondern er ging ganz pragmatisch vor, indem er sich zu allererst eine Genehmigung für seine Suche einholte. Denn wer ohne Erlaubnis nach antiken Schätzen im Boden gräbt, ist automatisch ein Raubgräber. Tony Clunn wurde also ehrenamtlicher Mitarbeiter der Archäologischen Denkmalpflege Osnabrück. Zweitens holte Clunn seinen sehr empfindlichen Metalldetektor aus einem Umzugskarton und entstaubte ihn. Mit diesem Gerät hat er schon bei Schatzsuchen auf den Britischen Inseln gute Erfahrungen gemacht. Drittens suchte er nach Orten, an denen bereits Funde gemacht worden waren. Gerade in der Archäologie gilt die Regel: Wo etwas ist, kann noch mehr sein. Wolfgang Schlüter riet ihm, 20 Kilometer nördlich von Osnabrück zu suchen, denn bei den erfassten Fundstellen für die Zeit um Christi Geburt taucht eine Region immer wieder auf: die meisten Fundorte liegen nördlich, östlich und westlich des Kalkrieser Berges.

Nördlich des Legionslagers Vetera I bei Xanten wurde der Gedenkstein zu Ehren des Marcus Caelius gefunden, der 9 n. Chr. in der Varusschlacht ums Leben kam. (Bonn, Rheinisches Landesmuseum)

Ganz so heroisch wie in diesem Historiengemälde aus dem 19. Jahrhundert dürften sich die Germanen unter Arminius nicht geschlagen haben. Die Römer-Streitmacht geriet im Teutoburger Wald in einen Hinterhalt und wurde in dreitägigen Kämpfen völlig aufgerieben.

Bevor Clunn jedoch ins Gelände zog, studierte er ausführlich alte Karten und Schriften. Und bald hatte er eine geeignete Stelle entdeckt. Die römischen Münzen, die in den vergangenen 400 Jahren im Umkreis des Kalkriesen gefunden wurden, sind zwar während der Wirren des Zweiten Weltkrieges verloren gegangen, doch Karten und Berichte über ihre Fundstellen konnte Clunn auswerten, und zum allerjüngsten Fund aus dem Jahr 1963 gab es eine exakte Ortsangabe: Ein Feld am Rande der „Alten Heerstraße" bei „Lutterkrug". Die Alte Heerstraße gab es 1987 noch und auch die angeführte Wegkreuzung bei Lutterkrug. Clunn fuhr mit Wolfgang Schlüter dorthin, und gemeinsam machten sie einen Augenzeugen der damaligen Münzfunde ausfindig. Die Münzen selbst waren zwar unauffindbar, doch der Bauer zeigte den beiden Forschern das betreffende Feld und die ungefähre Stelle der Funde. Wenige Tage später begann Clunn genau dort seinen Metalldetektor hin und her zu schwenken. Der Boden wurde hier ständig vom Pflug der Bauern umgewühlt – keine guten Voraussetzungen dafür, dass bodennahe Objekte 2000 Jahre an ihrem Platz bleiben. Seit über 20 Jahren war hier kein römischer Fund mehr gemacht worden und die ersten Wochen barg Clunn vor allem Flaschendeckel und Silberpapier von Zigaretten- und Schokoladenpackungen.

Am 5. Juli 1987, kurz vor 14 Uhr, schwenkte Clunn seinen Metalldetektor über das kleine Loch, das er gegraben hatte und er hörte wieder das klare doppelte Klingeln in seinem Kopfhörer, das auf einen massiven runden Gegenstand hinweist. Jedoch nicht in dem Loch, sondern in dem kleinen Erdhaufen daneben wurde er fündig: ein römischer Denar; die Oberfläche der Silbermünze war zwar im Boden schwarz geworden, doch an einigen Stellen glitzerte sie silbrig. Und in den folgenden Stunden spürte Clunn noch zwei weitere Geldstücke auf. Er steckte die drei römischen Münzen ein, füllte die Löcher wieder mit Erde und Grassoden, notierte die genaue Position seiner Fundstelle und fuhr heim. Dort identifizierte er anhand eines Münzkatalogs seine drei Fundstücke als Silberdenare des Kaisers Augustus, geprägt in Lyon zwischen 2 v. bis 1 n. Chr. Da Kreisarchäologe Schlüter im Urlaub war, suchte Clunn einfach an seiner Fundstelle weiter und barg auf diese Weise nach und nach 105 Denare. Der Kreisarchäologe freute sich über den Fund außerordentlich. Doch für eine Schlacht fehlten immer noch eindeutige Spuren von Waffen – die Münzen schienen zu einem Hort zu gehören.

Frühere Münzfunde bei Kalkriese

Schon einige Sucher vor Clunn waren ganz dicht dran. Als die Gegend um den Kalkriesen im 17. Jahrhundert der Familie des Grafen Heinrich Sigismund von Bar gehörte, belohnte dieser Bauern, die ihm auf den Feldern gefundene Silber- oder Goldmünzen brachten. So entstand eine stattliche Sammlung von römischen Münzen, die bereits 1716 in einem Buch erwähnt wird – allerdings ohne Rückschlüsse auf die Varusschlacht. 1768 bemerkte der Gelehrte Justus Möser: „ ... keine dieser Münzen ist jünger als die Zeit des Kaisers Augustus."

Erst über 100 Jahre später, am 15. Januar 1885, zog der Professor für Alte Geschichte Theodor Mommsen vor der Preußischen Akademie der Wissenschaften in Berlin in seinen Vortrag „Die Örtlichkeit der Varusschlacht" die entscheidende Schlussfolgerung: „Meines Erachtens gehören die in und bei Barenau gefundenen Münzen zu dem Nachlass der im Jahre 9 n.Chr. im Venner Moor (gegenüber dem Kalkriesen) zugrunde gegangenen Armee des Varus."

Mommsen, Autor des fünfbändigen Standardwerks „Römische Geschichte", hatte zuvor alle verfügbaren Informationen zu den zahlreichen römischen Münzfunden im Umfeld des Kalkrieser Berges gesammelt. Doch mit seiner Theorie konnte er die Fachwelt nicht überzeugen. Für einen wissenschaftlichen Beweis reichten die wenigen römischen Münzen nicht aus. Auf die Idee, dort zu graben, kam er allerdings nicht. Die Archäologen waren zudem noch nicht in der Lage, eine so gigantisch große Fläche wie ein Schlachtfeld erfolgversprechend absuchen zu können – 100 Jahre später sah die Sache für Tony Clunn schon ganz anders aus.

Vorderseite eines römischen Denars aus der Zeit um 18 v. Chr. mit dem Kopf des Augustus. Gefunden wurde die Münze bei Kalkriese im Kreis Osnabrück, dem wahrscheinlichen Orte der sogenannten Varusschlacht.

Auch diese Siegelkapsel mit einer figürlichen Darstellung, die einst zum Versiegeln eines Geldbeutels benutzt wurde, gab nach über 2000 Jahren das Erdreich bei Kalkriese frei.

Vier Lanzen- und Geschossspitzen die Archäologen in Kalkriese fanden und die eindeutig Rückschlüsse auf kriegerische Auseinandersetzungen zulassen.

Nicht Münzen, Bleibohnen entzücken die Forscher

Doch Soldat Clunn ließ sich nicht entmutigen und suchte noch den ganzen Herbst hindurch weiter; und ebenso im folgenden Jahr, sobald das Wetter es wieder zuließ. Er fand im Laufe des Frühjahrs neben weiteren Münzen einige kleine Metallobjekte, die Teile römischer Rüstungen sein könnten, darunter drei ovale Bleistücke, die wie zu groß geratene Kaffeebohnen aussahen. Als Clunn kurze Zeit später seinen Fund bei dem Kreisarchäologen ablieferte, starrten die dort versammelten Wissenschaftler wie gebannt auf die Bohnen aus Blei: Schleudergeschosse! Also Wurfmunition der Schleuderer, zumeist römischer Hilfstruppen, die diese Bleigeschosse auf die Feinde schleuderten. Mit dem Fund der ersten Waffen änderten die Experten ihre bisherige Meinung: Hier hatten römische Hilfstruppen mit irgendwem gekämpft – und dabei hatten sie ihre Münzen verloren.

Nun konnte die systematische Suche beginnen, denn die Archäologen waren bereit zu graben. Um ein geeignetes, begrenztes Areal zu finden, begannen die Wissenschaftler gemeinsam mit Tony Clunn mit einem sogenannten Survey. Ein Survey ist eine Geländebegehung – viele Menschen stellen sich im Abstand von wenigen Metern nebeneinander auf und gehen ein Gelände ab – wie bei der Spurensuche eines Kriminalfalls. Nur suchen sie beim Survey nach antiken Gegenständen, die an die Oberfläche gelangt sind, entweder durch Erosion oder durch die Landwirtschaft. Heute werden außerdem häufig Metalldetektoren eingesetzt, so lassen sich auch noch Metallobjekte in der oberen Erdschicht aufspüren.

Die Archäologen gingen das Gebiet um den Kalkriesen in zahlreichen Etappen bis in den Herbst 1989 hinein ab. Dabei fanden sie natürlich nicht nur römische Waffen und Münzen, sondern überwiegend für sie nutzlose Gegenstände wie verrostete Nägel, Hufeisen, Cremedosen, Zylinder, Bierdosen, vor allem jedoch viele Metallteile, die schon so verrostet waren, dass sich ihre ursprüngliche Form oder Funktion nicht mehr ausmachen ließen. Und doch tauchten in mehreren Stellen so viele römische Funde auf, wie sonst nur an den Plätzen früherer Römerlager oder römischer Siedlungen: Münzen, Waffen, Alltagsgegenstände.

Und alle diese Fundstellen liegen im Bereich der Kalkrieser-Niewedder Senke. Sie ist rund sechs Kilometer lang und bildet eine Art natürlichen Trichter. Im Norden wird dieser vom Großen Moor und im Süden vom Kalkrieser Berg begrenzt. An der schmalsten Stelle bildet er einen nur einen Kilometer breiten Engpass. Die Stelle, wo dieser Engpass an den Fuß des Kalkrieser Berges stößt, hat einen besonderen Namen: Oberesch. Hier stießen die Archäologen auf besonders viele römische Funde – damit stand der erste Grabungsort fest. Obwohl die Ausgrabungen erst im Herbst begannen, wurden innerhalb weniger Wochen sechs Grabungsschnitte angelegt, allerdings mit magerer Ausbeute. Ein paar Gewichte aus Blei und einige Spielsteine aus Glas. In einem weiteren Graben traten Tonscherben und Pfostenlöcher zu Tage – ein Gehöft aus vorrömischer Zeit. Zwei Tage vor Weihnachten dann ein gutes Zeichen: eine vollständig erhaltene Pionieraxt der Römer wurde geborgen.

Gleich im Januar, der Boden war frostfrei, kamen weitere bedeutende Funde zutage, darunter ein großer kugelförmiger Rostklumpen. Nachdem er vorsichtig gesäubert und restauriert wurde, entpuppte er sich als das Prachtstück aller Funde: eine Gesichtsmaske aus Eisen mit Silberblechbeschlag, das Silberblech ist allerdings irgendwann

Eines der zahlreichen „Beweisstücke", die für einen Schlachtort bei Bramsche-Kalkriese im Osnabrücker Land sprechen, ist diese dort 1987 gefundene Gesichtsmaske eines römischen Legionärs. Sie lässt gute Rückschlüsse auf das individuelle Aussehen des Trägers zu, der bei der Kavallerie diente.

abgerissen worden. Diese Maske, obwohl eher für Paraden als Kämpfe geeignet, wurde zum Wahrzeichen des Ausgrabungsortes „Kalkriese".

1991 beteiligten sich mehr Mitarbeiter an den Grabungen, in deren Mittelpunkt Erdschichten standen, die als dunkle Schlangenlinie auf den Luftbildern zu erkennen waren. Zum Ausgrabungsende stand fest, dass es sich hierbei um Spuren einer Wallanlage, die aus Sand und Rasensoden errichtet wurde, handelte. Die Ausgräber vermuten, dass sie nicht von den Römern, sondern von den Germanen stammte. 1992 stießen sie auf eine Glocke, die mit 2000 Jahre alten Pflanzenresten gefüllt und als Radkappe über eine Wagendeichsel gezogen worden war. Das Metall der Glocke hatte die Pflanzenreste konserviert.

Weitere Surveys wurden 1993 im Umland durchgeführt und auf einem Areal von rund 30 Quadratkilometer mehr als 1000 Metallobjekte römischer Herkunft geborgen. Die Forscher waren nun sicher, dass am Kalkriesen ein großes militärisches Ereignis stattgefunden haben muss. Mit ihrer Ausgrabung hatten sie Neuland betreten, denn lange Zeit hatte sich ihre Disziplin nur wenig für Schlachtfelder interessiert, denn schließlich gab es dort kaum große Kulturgüter zu finden. Und was konnte schon nach Jahrhunderten oder gar Jahrtausenden der Erosion oder landwirtschaftlicher Nutzung von diesen „Oberflächenspuren" noch erhalten sein? So waren es zunächst vor allem Hobbyarchäologen, Sondengänger und Sammler von Militaria, die an vermuteten Schlachtorten suchten und sich über ihre Funde und Theorien untereinander informierten. Mancher bedeutende Fund blieb so wortwörtlich unerkannt in einer Privatvitrine liegen.

Hortfund aus Kalkriese. Diese insgesamt 19 römischen Münzen (15 Denare, drei Quinare und ein Aureus) aus der Zeit um 110 bis 1 v. Chr. wurden 1993 bei Kalkriese (Niedersachsen), dem wahrscheinlichen Schauplatz der Varusschlacht, entdeckt.

Was ist denn eine Hipposandale?

Im Jahr 2000. Hobby-Archäologen suchen auf dem Harzhorn, einem kleinen Hügelzug westlich des Harzes, nach Überresten einer mittelalterlichen Burg. Und tatsächlich stoßen die Schatzjäger mit ihren Metallsonden auf zahlreiche Funde – auch auf eine Art Leuchte aus Eisen. Diese übergeben sie nicht etwa den Behörden, sondern stellen sie bei sich zuhause aus. Erst acht Jahre später schaut ein kundiger Gast genauer hin und erklärt: „Das ist keine Leuchte, sondern eine römische Hipposandale, ein Hufschutz für Pferde." Daraufhin erst, im Sommer 2008, übergaben die Hobby-Archäologen den „Fall" der zuständigen Kreisarchäologin Petra Lönne. Sie handelte schnell, denn unter Schatzjägern kursierte schon der Tipp: Harzhorn! Also entschlossen sich die Archäologen, die Schatzjäger mit ihren eigenen Waffen zu schlagen. Da die Kollegen in Braunschweig schon länger mit zuverlässigen Sondengängern zusammenarbeiteten, baten sie diese um Mitarbeit. Und so suchte am letzten August-Wochenende des Jahres 2008 eine mit elf Metalldetektoren ausgerüstete Gruppe den Steilhang am Harzhorn ab. Die weit verteilten Metallfunde ließen nur die eine Schlussfolgerung zu, dass hier kein Lager gestanden, sondern eine Schlacht stattgefunden hatte. Und die Fundobjekte selbst bestätigten: hier waren Römer!

In den folgenden Wochen unterteilten Archäologen das Gelände in kleine Felder und freiwillige Helfer suchten diese mit der Hand ab. Denn kleine Metallteile wie beispielsweise Sandalennägel werden nicht vom Detektor erfasst. Rund 600 Objekte legten sie frei und dokumentierten die Fundorte, nachts hielten Helfer vor Ort Wache. Als die Untersuchungen mit Winterbeginn abgeschlossen wurden, veranstalteten die Ausgräber eine Pressekonferenz und die Meldungen über die „Schlacht am Harzhorn" gingen um die Welt. „Wir Archäologen hatten unseren Kampf um das Harzhorn gewonnen", urteilte Lönne.

Was auf den ersten Blick wie ein unscheinbarer Klumpen Erde erscheint, ist in Wirklichkeit der Teil eines Kettenhemdes, das 2013 am Harzhorn bei Kalefeld (Niedersachsen) gefunden wurde. Es handelt sich um Reste der Ausrüstung eines römischen Soldaten, der am Harzhorn gekämpft haben. (links)

Der Hufschutz eines Pferdes, eine Hipposandale, ist einer der spektakulären Funde der germanisch-römischen Schlacht am Harzhorn. (rechts)

Nicht nur Schlachtfelder im Focus

Auch wenn schon früher einzelne Schlachtfelder wie etwa der Endkampf der Gallier gegen die Römer bei Alesia untersucht wurden, als eigentlicher Beginn der Schlachtfeldarchäologie wird die Erkundung der Schlacht am Little Bighorn in den 1980er-Jahren in den USA angesehen – sie begann mit einem Zufall. Als im heißen Sommer 1983 in Dakota eine Grasebene neben dem Highway 212 abbrannte, wurden Patronen, Kugeln, Uniformschnallen und Pfeilspitzen freigelegt: Überreste der berühmten Schlacht am Little Bighorn, bei der sich 1876 Krieger unterschiedlicher Indianerstämme zusammengeschlossen hatten und einen Sieg über die Truppen der US-Army unter Ltd. Col. C.G. Custer erzielt hatten, einen der wenigen Siege der Indianer gegen die weiße Übermacht. Daraufhin wurde das Gelände systematisch erforscht, denn über den Verlauf der Schlacht wird bis heute gestritten. Da es auf Seiten der US-Army keine Überlebenden gab, stammten die einzigen Augenzeugenberichte von Indianern, die die meisten US-Amerikaner aber als unglaubwürdig abtaten.

Schlachtfeldarchäologen erkunden im Wesentlichen die Schauplätze größerer Auseinandersetzungen zwischen militärisch organisierten Gruppen, wobei vor allem Surveys und, da die meisten Waffen aus Metall bestehen, Detektoren eingesetzt werden. Die Auswertung der Funde am Little Bighorn gibt den Indianerberichten weitgehend Recht. Demnach flohen die von der Indianer-Übermacht aufgeriebenen Soldaten in alle Richtungen und schossen dabei einfach ziellos um sich. Die Indianer waren nicht nur in der Überzahl, sondern auch besser bewaffnet. Während die Soldaten vor allem einschüssige Frontlader-Gewehre benutzten, verfügten die Indianer über modernere Waffen wie Repetiergewehre und Colt-Revolver. Aber Mythen sind schwer zu widerlegen – und so werden Custer und seine Männer wohl weiter in der Fantasie der Amerikaner tapfer ihre letzte Stellung halten, bis zur letzten Kugel und zum letzten Mann.

Doch die Schlachtfeldarchäologie macht Fortschritte, sie beschränkt sich inzwischen nicht mehr auf die eigentlichen Tatorte, sondern bezieht auch begleitende Phänomene mit ein: Bestattungen und Massengräber, Heerlager, Befestigungsanlagen, Spuren der Versorgungseinheiten und speziell angelegte Infrastruktur wie Wege. „Die neuen Erkenntnisse der Schlachtfeldarchäologie geben Auskunft zum Schlachtverlauf bzw. zum Ablauf strategischer Verteidigungsanlagen", erklärt Norma Literski, Denkmalpflegerin in Sachsen-Anhalt. „Zugleich werden anhand der Materialisierung durch die Funde das Leid und die Schrecken des Krieges augenfällig und die Schlacht entmythologisiert."

Leiden bei Lützen

16. November 1632 bei Lützen im heutigen Sachsen-Anhalt. Getrennt durch die Straße nach Leipzig, die „Via Regia" (heute die B87), stehen sich das große Heer des protestantischen Lagers unter Führung des schwedischen Königs Gustav II. Adolf und das Heer der katholischen Liga, dessen Führung Kaiser Ferdinand II. nach einigen Niederlagen wieder in die Hände des als gewiefter Stratege geltenden Wallenstein gelegt hat, gegenüber. Zusammen umfassen die beiden Heere rund 35000 bis 40000 Mann, ganz genau lässt sich die Zahl nicht mehr eruieren. Wallenstein hatte das Schwedenheer nach seiner bewährten Ermattungsstrategie von seiner Versorgungs- und Rückzugslinie, der Ostsee, abgeschnitten, dann belagerten sich die beiden Heere in der Höhe von Nürnberg zwei

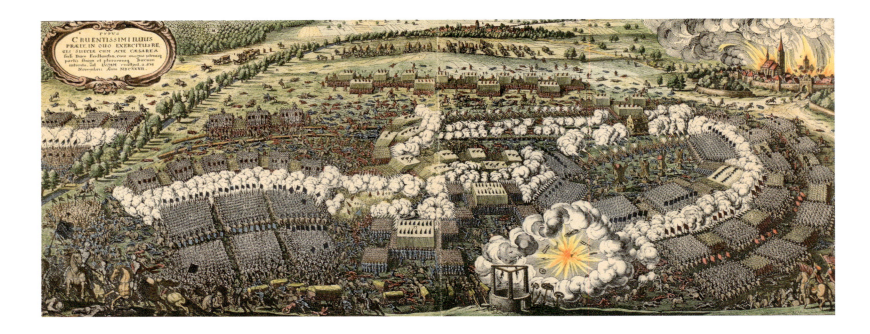

Der seltene Bronzebeschlag zeigt einen Löwenkopf, der eine Schlange im Maul hat und wurde bei Lützen im Burgenlandkreis gefunden. Das Relief wurde in der Schlacht vom 16. November 1632 von einem schwedischen Soldaten oder Offizier des Leibregimentes des Schwedenkönigs Gustav Adolf am Gürtel oder Schwertgurt getragen. Der Löwenkopf symbolisiert König Gustav Adolf, die Schlange den Habsburger Kaiser Ferdinand II.

Monate lang, bevor sie Anfang September dann endlich in einer mehrtägigen Schlacht an der Alten Veste aufeinander prallten. Nach schweren Verlusten auf beiden Seiten zogen sich die Schweden zurück, nur um kurze Zeit später in der für sie strategisch günstigeren Situation bei Lützen in einer neuen Schlacht die Entscheidung zu suchen. Es sollte nicht nur eine der folgenschwersten Schlachten des Dreißigjährigen Krieges, sondern auch eine der verlustreichsten der Neuzeit in Europa werden: 7000 bis 9000 Soldaten verloren in den sechs Stunden Kampf ihr Leben.

Über 350 Jahre später begannen Archäologen des Denkmalpflegeamtes Sachsen-Anhalt mit Hilfe eines Surveys und einiger Metalldetektoren eine Fläche von insgesamt 1,1 Millionen Quadratmeter, schätzungsweise ein Drittel des einstigen Schlachtfeldes, zu untersuchen und stießen dabei auf rund 3500 Fundstücke, die sie in Beziehung zur Schlacht setzen konnten: Knöpfe und Schnallen von Uniformen, Beschläge von Rüstungen und jede Menge Bleikugeln. Gerade die Bleikugeln, die Kaliber von sieben bis 19 Millimeter aufweisen, helfen bei der Rekonstruktion des Schlachtgeschehens. Die kleineren Kugeln wurden von der schweren Reiterei (Kürassiere) mit Pistolen, die größeren von der Infanterie mit Musketen abgeschossen. Aber wie lassen sich Schuss- und Treffort auseinanderhalten? Während die Musketenkugeln meistens von der optimalen Reichweite von bis zu 250 Metern abgeschossen wurden und bis auf eine Entfernung von 150 Metern auch Schutzpanzer durchstießen, feuerten die Reiter ihre Pistolen auf Ziele in ihrer unmittelbaren Umgebung ab.

„Nördlich der (heutigen) Gustav-Adolf-Gedenkstätte zeichnet sich eine Konzentration von Musketenkugeln ab, die nach Osten langsam schwächer wird", erläutert der Archäologe André Schürger. „Hier befand sich wahrscheinlich das östliche Ende des kaiserlichen Infanteriezentrums." Auch die Regel, dass bei einer Feldschlacht die Kavallerie die beiden Flanken der Truppenaufstellung bildet, sahen die Forscher durch die Funde bestätigt. Denn die zwei georteten Konzentrationen von Pistolenkugeln lagen zu beiden Seiten des Musketenkugel-Areals. Die Funde decken sich auch mit den schriftlichen Beschreibungen des weiteren Schlachtverlaufs. Demnach eröffnete Gustav II. Adolf mit seinem rechten

Eine der folgenschwersten und verlustreichsten Schlachten des Dreißigjährigen Krieges fand am 16. November 1632 zwischen den Schweden unter Gustav Adolf und den Kaiserlichen unter Wallenstein bei Lützen im heutigen Sachsen-Anhalt statt. Matthäus Merian d. Ä. (1593-1650) hielt das Ereignis in seinem „Theatrum Europaeum" aus dem Jahr 1637.

Skelette aus einem Massengrab im Landesmuseum für Vorgeschichte in Halle (Saale). Museumsmitarbeiter untersuchen derzeit ein gefundenes Massengrab aus der Schlacht bei Lützen im November 1632.

Kavallerieflügel die Kampfhandlungen, während gleichzeitig auch seine Infanterie vorrückte. Sie schalteten die kaiserliche Geschützbatterie aus und wurden erst von den kaiserlichen Infanterieregimentern Breuners und Comargos gestoppt. Währenddessen fügte das kaiserliche Kavallerieregiment unter Götz den schwedischen Fußsoldaten schwere Verluste zu. Die schwedische Kavallerie griff nicht ein, weil sie zu diesem Zeitpunkt führungslos war, ihren Oberst verloren hatte. Da setzte sich Gustav II. Adolf an die Spitze des Gegenangriffs.

Ein angeblich historisches Faktum konnten die Archäologen bereits widerlegen. Der als großer Stratege noch heute gerühmte Wallenstein hat nicht die Straßengräben zu Schützengräber ausbauen lassen. Jedenfalls nicht so, dass sich Musketiere darin verschanzen konnten und sie als Stolperfalle für Reitergruppen hätten dienen können. Eine derartige Erdbewegung hätten die Archäologen nämlich auch noch nach 300 Jahren deutlich im Boden erkannt (wir erinnern uns an Suchhardts Diktum: Nichts ist so dauerhaft wie ein ordentliches Loch!). Kurz vor Grabungsende gab es dann noch eine kleine Sensation: Die Archäologen stießen gleich neben der Straße auf ein Massengrab.

Damit ihnen keine Spur und kein Hinweis entgehen, haben die Archäologen das Massengrab als Ganzes von einer Spezialfirma bergen lassen, eine Blockbergung nennen das die Archäologen. Doch selten ist der Block so groß. Der sechs Meter mal sieben Meter mal 1,5 Meter große und rund 55 Tonnen schwere Erdblock musste in zwei Teile zersägt werden, bevor er mit Hilfe von Kränen und Tiefladern geborgen und ins Labor des Landesamtes für Denkmalpflege und Archäologie Sachsen-Anhalt in Halle verbracht wurde. Dort lassen sich die Archäologen Zeit mit der Untersuchung. Das Erdreich wird zunächst angefeuchtet und dann mit einem Holzspatel von den Knochen der schätzungsweise 170 bis 180 sehr gut erhaltenen Skelette gekratzt, die mit den Beinen zueinander und in mehreren Schichten übereinander liegend bestattet wurden. Eine Enttäuschung stellte zunächst die Tatsache dar, dass die Leichen fast nackt bestattet wurden. Der Grund: sie waren vorher ausgeplündert worden. Vielleicht sogar von den Lützener Bürgern, denn die hatten die Beisetzung zu erledigen. Man kann darin eine Art kleine Wiedergutmachung sehen, denn während es auf den Schlachtfeldern keine rechten Sieger oder Verlierer gab, stand der eigentliche Verlierer von Anfang an fest, die Bevölkerung. Wo die Heere auch hinzogen, sie hinterließen eine Schneise der Verwüstung, sämtliche Vorräte wurden beschlagnahmt, Häuser und Felder zerstört und aus Rache oder Langeweile wurde gefoltert, vergewaltigt und gemordet. Immerhin hatten die Lützener die Körper mit Sorgfalt bestattet, sodass die Wissenschaftler heute Verletzungen und Todesursachen klar diagnostizieren können: es finden sich gebrochene Knochen, ein Schädel weist klare Hiebspuren auf und im Beckenknochen eines anderen steckt noch die Bleikugel, die ihn vermutlich getötet hat.

„Jammer anstellen und jämmerlich leiden" – Der Dreißigjährige Krieg

Beginn einer Tragödie: Der Prager Fenstersturz 1618, Kupferstich von Matthäus Merian d. Ä. (1593-1650). Handgemenge beim Ergreifen der kaiserlichen Räte und Wurf aus dem Fenster des Hradschin, der Prager Burg.

Nachdem die Reformation die Christen in Europa in zwei sich bekämpfende Lager gespalten hatte, wurde in Augsburg 1555 ein Religionsfrieden gestiftet, der rund ein halbes Jahrhundert hielt. Nach dieser Zeitspanne fühlten sich die Katholiken stark genug für eine Gegenreformation und gründeten einen Kampfbund, die katholische Liga.

Aus begrenzten Konflikten wurde 1617 Krieg, als der katholische Habsburger Ferdinand II. zum König des überwiegend protestantischen Böhmen gewählt wurde und dort die religiösen und politischen Freiheiten beschnitt. Am 23. Mai 1618 schmissen Prager Bürger zwei Beamte des Habsburgers aus dem Fenster und die deutschen protestantischen Fürsten ernannten aus ihren Reihen den Pfälzer Kurfürsten Friedrich V. zum böhmischen König. Darauf hatten alle nur gewartet: Ein 30 Jahre währendes Hauen und Stechen begann, bei dem es längst nicht mehr um den rechten Glauben ging, sondern jeder europäische Herrscher mischte irgendwie mit, um seine Interessen im Zentrum des Kontinents einzubringen. Erst rückten die Dänen, dann die Schweden und schließlich die Franzosen gegen das Heer des katholischen Kaisers aus, das wiederum von den Spaniern unterstützt wurde. Und dann gab es noch „Freiberufler" wie den Feldherrn Albrecht von Wallenstein, der sich mit seinen aus der eigenen Tasche bezahlten Söldnern auf die Seite der Katholiken stellte.

Nach 30 Jahren wechselndem Kriegsglück hatten sich alle Beteiligten so weit verausgabt, dass sie zum Einlenken bereit waren. Nach noch einmal drei Jahren Verhandlungen zwischen den Kriegsparteien (mal in Münster, mal in Osnabrück) wurde der „Westfälische Frieden" akzeptiert und Deutschland glich einem riesigen Flickenteppich: fast 2000 Herrschaftsgebiete (Länder wie Bayern, aber auch kleine Städte) waren nun souverän.

Es wurden bereits Massengräber aus dem Dreißigjährigen Krieg geborgen, aber mit diesem Fund haben die Archäologen eine großangelegte Untersuchung vor. Neben Verwundung und Todesursache wollen sie auch Alter, Gesundheitszustand sowie die Herkunft der Gefallenen erkunden. De facto haben die Schweden die Schlacht gewonnen, denn nach einem unerbittlichen Schlachttag, bei dem sich die beiden Gegner völlig verausgabten, zog Wallenstein seine Truppen ab. Doch für beide Heere wurde die Schlacht zum Schicksalspunkt. Gustav II. Adolf verlor an der Spitze seiner Kavallerie sein Leben, sodass die Schweden führungslos waren. Aber auch für Wallenstein wurde diese Schlacht zum Wendepunkt, er führte Geheimverhandlungen mit den Gegnern. Hatte er die Überzeugung gewonnen, dass der Krieg mit militärischen Mitteln nicht mehr zu gewinnen war? Er widersetzte sich zusehends den Wünschen des Kaisers und schloss eigenmächtig Frieden mit den katholischen Heeren. Diesen scheinbaren Verrat sollte auch er mit seinem Leben bezahlen.

Wer gewann am Harzhorn?

Während bei den Schlachten am Kalkriese und bei Lützen der Ausgang der Kämpfe bekannt war, wurde er bei der Schlacht am Harzhorn zur zentralen Fragestellung. Zur Sensation wurde diese Entdeckung vor allem deshalb, weil der Zeitpunkt der Schlacht so außergewöhnlich war. Denn schon unter den ersten Funden befand sich eine abgegriffene Münze, die das Bild von Kaiser Commodus zeigt, der 180 bis 192 n. Chr. regierte. Demzufolge musste die Schlacht danach stattgefunden haben, also zu einer Zeit, als die Römer angeblich brav hinter ihrem Limes blieben! Die Untersuchung des Schlachtfeldes wurde ab Frühjahr 2009 in üblicher Weise weitergeführt, dabei stießen die Archäologen nach und nach auf über 2500 Funde, vor allem Nägel, mit denen die Römer ihre Sohlen an die Sandalen befestigten, aber auch Rüstungs- und Waffenteile wie Pfeil- und Speerspitzen. Im Jahr 2010 wurde eine 2,5 kg schwere Dolabra aus Eisen geborgen; auf dieser Pionieraxt ist zu lesen: LEG IIII SA. Mit Hilfe der Historiker wurde diese Inschrift entziffert: Die vierte Legion der Flavia Severiana Alexandriana, eine schlagkräftige Legion, die im 3. Jahrhundert n. Chr. in Singidunum (heute Belgrad, Serbien) stationiert war. Auch die Datierungen eines Holzrestes aus einer Speerspitze und der Knochen eines Zugtieres mit Hilfe der C-14-Methode deuten auf den Zeitraum zwischen 200 und 240 n. Chr.

Aber wer gewann diese Schlacht eigentlich? Wieder hatten Germanen Römer in einen Hinterhalt gelockt, wieder in einen natürlichen Engpass. Vom Osten bilden Ausläufer des Harzes, vom Westen das Harzhorn selbst Barrieren, die dazwischenliegende 300 Meter breite Senke ist teilweise sumpfig. Wo das Harzhorn einen Steilhang bildet, hatten sich die Germanen verschanzt. Doch die Auseinandersetzung nahm dieses Mal einen anderen Verlauf. Die Römer ließen sich nicht so erschrecken, dass sie heillos flohen. Nein, ihre leichten Hilfstruppen versuchten zunächst, den Hang zu stürmen – doch ohne Erfolg. Als Beweis dafür fanden die Archäologen auf dem Hang einen Hilfstrupp-Gürtel.

„Als der Angriff fehlschlug, beschossen sie die Germanen aus der Ferne", erklärt der Braunschweiger Archäologe Michael Geschwinde. Und dieser Beschuss hatte es in sich. An der Seite der Infanterie kämpften inzwischen syrische Bogenschützen, mesopotamische Panzerreiter und eine wirkungsvolle Artillerie. Zu Letzterer gehörten kleine Handgeschütze und große Stand-Katapulte. Diese haben die Archäologen in Experimenten nachgebaut. Ihre Projektile durchschlugen noch

LEG IIII SA: Diese Pionieraxt mit Inschrift führte einst ein Legionär der vierten Legion der Flavia Severiana Alexandria.

in 80 Metern Entfernung dicke Eisenbleche. Dieser Artillerie-Beschuss verschaffte den Römern den nötigen Freiraum, um auszuweichen und von der westlichen Seite her eine zweite Front zu eröffnen. Aber auch dort kämpften sie vor allem mit Distanzwaffen – die römischen Profis ließen den wilden Germanen dieses Mal keine Chance zum Nahkampf mit der Streitaxt.

Schon bald war das Schlachtfeld von toten Germanen übersät, zerfetzt von Katapultprojektilen, Pfeilen und Lanzen. Nach der Schlacht suchten die Römer nicht groß das Kampffeld ab, sondern formierten sich neu und zogen ab in Richtung Limes. Zahlreiche Ausrüstungsgegenstände blieben die nächsten 1800 Jahre an Ort und Stelle liegen, da der Waldhang zu steil ist, um dort Landwirtschaft zu betreiben.

Unter Berücksichtigung aller Funde und der historischen Quellen sind sich Archäologen und Historiker dieses Mal einig: Es war der römische Kaiser Maximinus Thrax (er regierte von 235 bis 238 n.Chr.), dessen Legionen 235 n. Chr. eine Strafexpedition gegen die Germanen führten, nachdem diese zwei Jahre zuvor römische Provinzen geplündert hatten. Vermutlich hat der Kaiser selbst die Legionen angeführt – da wir die Zahl der Legionen nicht kennen, können es 1000, aber auch 9000 Römer gewesen sein. Offen bleibt jedoch die Frage, warum die Römer ihre Strafexpedition so tief ins germanische Hinterland führte, mit all den Gefahren eines langen An- und Abzugs?

Schlachten-Ruhm

Ist es bei der Schlacht am Harzhorn der außergewöhnliche Zeitpunkt für die Spuren römischer Soldaten im nordgermanischen Hinterland, so sind es bei den beiden anderen Schlachten wieder einmal die großen Namen und Legenden, die unser Interesse wecken und die Fantasie beflügeln. Bei der Schlacht von Lützen sind es Wallenstein und vor allem der an der Spitze seiner Soldaten gefallene Gustav II. Adolf von Schweden.

Die Archäologen können auf Grund ihrer Forschungen mittlerweile die Begleitumstände seines Todes erstaunlich genau benennen. Weil der Befehlshaber ausfiel, führte Gustav II. Adolf selbst eine Kavallerie-Einheit in die Schlacht. Doch da Bodennebel dem kurzsichtigen König die Sicht erschwerte, geriet er in die vorderste Kampflinie und wurde von einer Kugel in den linken Arm getroffen. Und weil er wegen einer alten Verletzung keinen Brust-Panzer tragen konnte, trafen ihn im folgenden Nahkampf mehrere Degenstiche in die Brust. Gustav II. Adolf stürzte vom Pferd und wurde von einem kaiserlichen Reiter durch einen Kopfschuss getötet. Seine Soldaten fanden den Leichnam des Königs später ausgeplündert auf dem Schlachtfeld.

Auch die mit der Varusschlacht verbundenen Namen erstrahlen nach über 2000 Jahren: Varus und Arminius. Den unglücklichen Varus hat Kaiser Augustus unsterblich werden lassen durch seine überlieferte Klage: „Varus, Varus, gib' mir meine Legionen zurück!" Arminius dagegen wurde zum Nationalhelden erhöht, als aus den vielen deutschen Kleinstaaten (ein Erbe unter anderem des Dreißigjährigen Kriegs) 1871 endlich das geeinte Deutsche Reich hervorging. Da wurden schnell Fakten geschaffen: Der Cherusker Hermann wurde für seine Tat, die Römer aus Germanien vertrieben zu haben, mit dem großen Denkmal im Teutoburger Wald geehrt. Denn dort hatte ja laut Tacitus die Schlacht stattgefunden. Tatsächlich war der Bergrücken Osning erst im 18. Jahrhundert auf Grund von Tacitus' Bemerkung in Teutoburger Wald umbenannt worden. Außerdem stellt sich bei der Varusschlacht bis heute die Frage: Hat die entscheidende Schlacht wirklich dort stattgefunden?

Die Beweislage ist mittlerweile recht gut, aber sie stützt sich nur auf Indizien. Der endgültige Beweis wäre eines der Feldzeichen der 17., 18. oder 19. Legion, da diese Legionsnummern danach nicht mehr vergeben wurden. Doch sie können gar nicht gefunden werden, weil sie damals von Römern oder Germanen garantiert weggeräumt wurden.

Historiker mit Nachbauten römischer Feldgeschütze am Harzhorn. Sie erproben die Geschütze am Originalschauplatz bei Kalefeld. Dort wurden Bolzen entdeckt, die auf einen massiven Beschuss des Vogelsberges schließen lassen.

Der Kampf um die Deutung der Vergangenheit

> „Allmählich wuchs der Bedarf an Ruinen so sehr, dass neue errichtet werden mussten. Anfang des 18. Jahrhunderts träumten britische Landhausbewohner bereits von einem eigenen Tivoli auf dem Land, mit verfallenen Tempeln und allem, was dazugehört."
>
> Midas Dekkers (*1946)

Vom nordischen Atlantis zu „Pompeji – Made in Hollywood"

Neue Mythen überlagern antike Stätten

Vorangehende Doppelseite: Wiedererrichtete Prunkfassade – die Celsus-Bibliothek wurde von Tiberius Julius Celsus Polemaeanus, der von 103 bis 105 Statthalter der römischen Provinz Asia war, gestiftet. Die 120 n. Chr. vollendete Bibliothek konnte 12 000 Schriften aufnehmen, brannte jedoch 262 n. Chr. aus und wurde anschließend zu einem Zierbrunnen umgebaut.

Kein Museumsmagazin, sondern nachgebildete Skulpturen des „DeAngelis"-Workshops, die von den Film Studios in Cinecitta bei Rom genutzt wurden.

Im Sommer 1833. Der Romanschriftsteller Edward Bulwer-Lytton befindet sich zusammen mit seiner Frau auf Bildungsreise in Italien. Als sie in Neapel Station machen, schließt er sich zunächst widerwillig dem Besuch der untergegangenen Städte Pompeji und Herculaneum an. Doch an irgendeinem Moment der Besichtigungen oder kurz danach muss es ihn gepackt haben. Er unterbricht die Arbeit an seinem aktuellen Projekt „Rienzi" und sucht das Gespräch mit dem Leiter der Ausgrabungen im Pompeji, Antonio Bonucci. Noch im Herbst beginnt er einen Roman zu dem ihn das in Mailand gesehene dramatische Historiengemälde von Karl Pawlowitsch Brüllow inspiriert hat: „Die letzten Tage von Pompeji".

Bereits im Herbst des folgenden Jahres erscheint Bulwer-Lyttons „The Last Days of Pompeii" und im gleichen Jahr zwei deutsche Übersetzungen. Pompeji bildet darin nur mehr oder weniger die exotische Kulisse für ein Liebes-Melodram: Der Grieche Glaukus und seine Ione können nicht zueinanderfinden, weil der Isis-Priester Arbaces selbst ein Auge auf die holde Maid geworfen hat und eine Verschwörung gegen den Helden anzettelt. Genau in dem Moment als Glaukus in der Arena den Löwen ausgesetzt werden soll, bricht der Vesuv aus. Und so gelingt es ihm und Ione, unterstützt von der blinden Nydia, die auch in Glaukus verliebt ist, im letzten Moment zu fliehen. Für den Wohnsitz seines Helden nahm Bulwer-Lytton einfach das „Haus des tragischen Poeten" in Pompeji zum Vorbild: „Das Haus des Glaukus aber war zugleich eines der kleinsten und eines der schmuckesten und vollendetsten Privathäuser Pompejis." Seine Beschreibung des Hauses und der Stadt wurde so häufig als Reiseführer von Touristen vor Ort benutzt, dass die Besucher schließlich vom „Haus des Glaukus" sprachen.

Dieses Gemälde inspirierte den Katastrophen-Roman von Bulwer-Lytton. „Die letzten Tage von Pompeji" von Karl Pawlowitsch Brüllov (1799-1852) aus der Zeit um 1830/33 zeigt den Ausbruch des Vesuvs 79 n. (St. Petersburg, Staatliches Russisches Museum).

War es der Handlungsort Pompeji, der den Roman so schnell einem breiten Publikum bekannt und erfolgreich werden ließ? Oder war es der Roman, der Pompeji erst richtig in den Focus der Öffentlichkeit rücken ließ?

Bulwer-Lyttons Roman diente jedenfalls in den folgenden Jahrzehnten als Inspiration für Theaterstücke, Opern und Feuerwerksinszenierungen. Und 1908 drehte der italienische Regisseur Luigi Maggi als einer der ersten Historienfilme „Gli ultimi giorni di Pompeii". Der Film wurde weltweit ein Erfolg und zog weitere italienische Historienfilme nach sich: „Das befreite Jerusalem" (1910), „Der Fall von Troja" (1911) und die erste Verfilmung von „Quo Vadis?" (1913). Italien stellte sich dabei als idealer Drehort heraus. Hier herrscht fast das ganze Jahr über ein trockenes Klima, kein Land bot mehr echte antike Kulissen für den Dreh, und auch die Löhne für technisches Personal und Komparsen waren so niedrig, dass man hier gut Massenszenen drehen konnte. Doch schon bald versuchte ihm die nordamerikanische Filmindustrie Konkurrenz zu machen, obwohl dort für historische Szenen künstliche Kulissen errichtet werden mussten. So ließ D.W. Griffith nach seinem Bibeldrama „Judith von Bethulien" (1914) und dem US-Epos „Birth of a Nation" (1914/15) für seinen Themenfilm „Intolerance", der parallel vier Fälle von Intoleranz der Weltgeschichte erzählt, ein Fantasie-Babylon mit dickbäuchigen Tempelsäulen und aufgerichteten Elefanten-Statuen errichten. Der Film verschlang die für damalige Zeiten unvorstellbare Summe von 2 Millionen Dollar – und wurde in den Kinos ein Flop. Während Hollywood noch nach dem passenden Rezept für einen weltweit erfolgreichen Historienfilm suchte, übertraf die Wirklichkeit alle Drehbuch-Fantasien.

„Nur aus der höchsten Kraft der Gegenwart dürft ihr das Vergangene deuten:
nur in der stärksten Anspannung eurer edelsten Eigenschaften werdet ihr erraten,
was in dem Vergangenen wissens- und bewahrenswürdig und groß ist.
Gleiches durch Gleiches. Sonst zieht ihr das Vergangene zu euch nieder"

Friedrich Nietzsche (1844-1900)

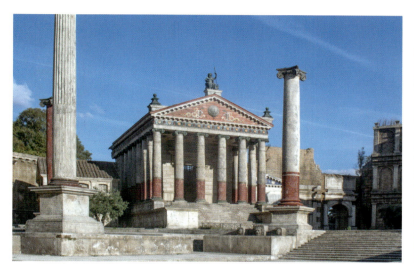 

Filmleute mögen keine Originale! Nachbau des Forum Romanum (links) und Teil einer überlebensgroßen Heraklesnachbildung (rechts) in den Cinecitta-Film-Studios nahe Rom.

Der echte und der mediale Fluch des Pharaos

Die Kinoproduzenten hätten sich damals wohl noch nicht getraut, jemanden wie Howard Carter zu erfinden. Er war ein kränkliches Kind aus armen Verhältnissen mit einer außergewöhnlichen Begabung zum Zeichnen. Weil er die Haustiere reicher Leute brillant aquarellierte, wurde er mit gerade einmal 17 Jahren als Grabungszeichner nach Ägypten vermittelt. Er wanderte von Grabung zu Grabung und ließ sich von Archäologen wie dem inzwischen berühmten Flinders Petrie in Ausgrabungskunde unterrichten, bis er es im Jahre 1899 – mit 25 Jahren – zum Chefinspektor der Denkmäler Oberägyptens schaffte. Doch nach einem heftigen Streit mit lästigen, aber einflussreichen Touristen und seiner Strafversetzung legte Carter sein Amt nieder und wurde Ausgräber. Finanziell unterstützt wurde er dabei von Lord Carnarvon. Als der reiche englische Sponsor die Grabungserlaubnis für das Tal der Könige kaufte, ließ er Carter dort graben. Obwohl das ganze Tal schon etliche Male abgesucht worden war, waren einige Gräber noch immer nicht gefunden worden, u. a. das Grab Tut-anch-amuns. Sechs Jahre lang, von 1917 bis 1922, ließ Carter seine Arbeiter Hunderte von Tonnen Sand und Geröll durchsieben und durchsuchen. Die karge Ausbeute waren ein paar Alabastergefäße. Als Lord Carnarvon schon aufgeben wollte, bat Carter um eine letzte Chance. Unter steinernen Hütten, die für die Arbeiter der Grabstelle von Ramses VI. errichtet worden waren, stießen Carters Arbeiter am 4. November 1922 auf zwölf Stufen im Felsgestein und legten eine versiegelte Wand frei. In den nächsten Monaten arbeitete sich Carters Team unter Aufsicht des aus

Howard Carter musste mit der Öffnung der Tut-anch-amun-Grabkammer warten, bis Lord Carnarvon aus England zurückkehrte. Der Mäzen und Inhaber der Grabungslizenz kontrollierte jeden Schritt der Bergung – und starb bald darauf unter scheinbar mysteriösen Umständen.

England herbei geeilten Lords behutsam vor. Am 26. November schließlich öffneten sie die Vorkammer, doch dort waren schon einmal Grabräuber eingedrungen und hatten ein Chaos aus Möbeln, Statuen, Gefäßen und einem zerlegten Wagen hinterlassen. Am 17. Februar 1923 drangen sie in die eigentliche Grabkammer vor – und diese war weitgehend vollständig erhalten. Erst im Oktober 1925 öffnete Carter den dritten und letzten Sarkophag von Tut-anch-amun mit der berühmten Totenmaske – zu dieser Zeit war Lord Carnarvon schon lange tot. Kurz nach Öffnung der Grabkammer im Februar 1923 hatte sich der Lord eine Blutvergiftung zugezogen, vermutlich ausgelöst durch einen bei der Rasur angeschnittenen und infizierten Mückenstich. Dem Fieber verfallen war er noch nach Kairo gebracht worden, wo er am 5. April starb.

Und sofort titelten die auf Sensationen wartenden Medien: „Die Rache des Pharaos!" Eher könnte von der „Rache der Presse" gesprochen werden, denn Carnarvon hatte kurz nach Entdeckung der Grabkammer die Exklusivberichterstattung über die Ausgrabung an die Londoner „Times" verkauft und damit die anderen Medien praktisch ausgeschlossen. Tatsächlich starben in den folgenden Jahren weitere Mitglieder des Grabungsteams, was jedes Mal ein neues Presseecho auslöste, doch 1934 forschte der Amerikaner Herbert Winlock nach. Von 26 meist älteren Experten, die an der Graböffnung teilgenommen hatten, waren sechs gestorben, von den 22 Beobachtern der Sarkophag-Öffnung nur zwei – so what! Unter den Verstorbenen fand sich auch mindestens ein Selbstmörder, den der angebliche Fluch in den Freitod getrieben haben soll. Natürlich griff auch die Filmindustrie das Thema auf. Der 1932 erschienene Film „Die Mumie", mit Boris Karloff, der durch seinen Frankenstein-Film berühmt geworden war, spielt vor dem Hintergrund der englischen Ausgrabungen im Tal der Könige. Die geborgene Mumie des Hohenpriester Imhotep wird zum Leben erweckt, weil ein Grabungsmitarbeiter die alte Osiris-Geheimformel ausspricht. In Gestalt eines ägyptischen Gelehrten sucht Imhotep nach der von ihm geliebten Tochter des damaligen Pharaos. Als deren Wiedergeburt sieht er die Tochter des englischen Ausgräbers an, die er nun töten will, um sie als Unsterbliche wiederzubeleben. Doch im letzten Moment greift die

Vom nordischen Atlantis zu „Pompeji – Made in Hollywood" | 257

Auferstandene Mumie entführt schöne Frau! Mit dem als Frankenstein berühmt gewordene Boris Karloff in der Hauptrolle spielte Hollywood schon beim ersten Mumien-Film (1932) geschickt mit aktuellen Ausgrabungen, uralten Mythen sowie den Wünschen und Ängsten des Publikums.

Göttin Isis ein, vernichtet die Osiris-Geheimformel und Imhotep zerfällt zu Staub.

Nun, nach der Erfindung des Tonfilms, hatte sich der klassische Hollywoodstil herauskristallisiert: Individuen und ihre psychologische Motivation prägen die vor einem historischen Hintergrund spielende Geschichte. Tatsächlich jedoch hatte Howard Carter weniger mit Göttern oder wiederbelebten Pharaonen-Mumien zu kämpfen, als mit der erstarkten Antikenbehörde. Weil Lord Carnarvon so unerwartet verstorben war, seine Frau als Grabungslizenz-Inhaberin aber nicht akzeptiert wurde, zog die Behörde die Lizenz ganz ein und verhandelte die Bedingungen neu. Von irgendeiner Fundteilung wollte der Antikendienst, dessen Leitung sich ein Ägypter und ein Franzose teilten, nichts mehr wissen. Carter bekam für seine Arbeit nur eine Aufwandsentschädigung, aber nicht einmal den Schlüssel für die Grabkammer, stattdessen wurde seine Tätigkeit von einem Kommissar beaufsichtigt. Während die großartigsten Exponate ins Nationalmuseum in Kairo wanderten, wurde der umfangreiche Rest in ägyptischen Museen und Archiven eingelagert – bis heute sind nicht einmal 30 Prozent davon wissenschaftlich erfasst und publiziert. Carter wiederum nahm seine Aufzeichnungen, über 5000 Seiten, mit nach England, wo sie heute in Oxford archiviert sind. Er veröffentlichte auch kein wissenschaftliches Werk über die Grabung und als er 1939 im Alter von 64 Jahren verbittert starb, fanden die Nachlassverwalter in seiner Antiquitätensammlung etliche kleine Objekte, die aus dem Grab Tut-anch-amuns stammen mussten. Da gerade der Zweite Weltkrieg tobte, dauerte die diplomatische Vermittlung sieben Jahre, bis die Grabbeigaben, darunter der „Kopf auf der Lotusblüte", im Kairoer Museum eintrafen. In dieser Zeit hatte ein ganz anderer Archäologen-Typ von sich Reden gemacht: Nationalisten und Rassisten, die ihre Ideologien mit Ausgrabungsergebnissen zu unterlegen suchten. Am dreistesten gingen dabei die Nationalsozialisten vor.

Das Kolosseum – das Original – wurde im Jahr 80 n. Chr. nach rund acht Jahren Bauzeit vollendet und diente für beinahe vier Jahrhunderte als Veranstaltungsort für Gladiatorenkämpfe, Schlachtennachstellungen, Tierhetzen und öffentliche Hinrichtungen. Da jeder freie Bürger Roms kostenlosen Zutritt hatte, war das Kolosseum Teil des Projektes „Brot und Spiele", mit denen die Bevölkerung der Hauptstadt bei Laune gehalten wurde.

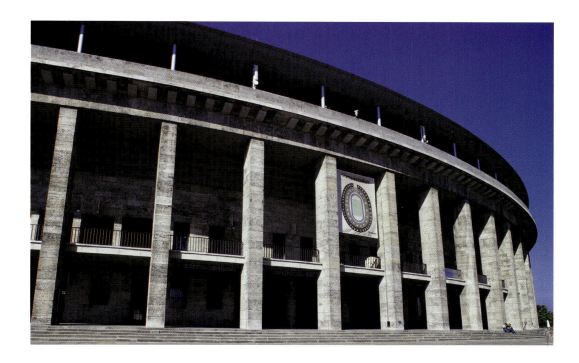

Das Berliner Olympiastadion – die Kopie – ließ Adolf Hitler zusammen mit dem gesamten „Reichssportfeld" innerhalb von nur 34 Monaten errichten, um der Welt und dem eigenen Volk die angebliche Überlegenheit der arischen Rasse zu demonstrieren.

Willige Ausgräber gegen „Römlinge" – 1930er-Jahre

Archäologie sollte im Rahmen der totalen NS-Weltanschauung die Überlegenheit der arischen Rasse und Kultur durch historische Funde und Rekonstruktionen rechtfertigen. So wurden die Externsteine vor allem durch das 1935 von Heinrich Himmler gegründete „Deutsche Ahnenerbe" regelrecht vereinnahmt: sie hatten eine germanische Kultstätte zu sein, darauf wurden alle Ausgrabungen und Forschungen hin ausgerichtet. Viel weiter spekulierte der Architekt und überzeugte Nationalsozialist Hermann Wille mit seinem 1933 erschienenen Buch „Germanische Gotteshäuser". Da in Norddeutschland Großsteingräber aus der Vorzeit und die Sockelmauern alter Bauernhäuser und Ställe aus Findlingen bestehen und in gleicher Art gesetzt wurden, schloss Wille, dass schon in der Frühgeschichte die Steinsetzungen als Sockel dienten – für große Tempel. Aus den anfänglichen Gräbern hätten sich die Germanischen Gotteshäuser entwickelt. Willes Beweisführung: „Ein Volk, das verstand, die Wohnungen der Toten aus riesigen schweren Steinen für die Ewigkeit zu bauen, war sicher bestrebt, für seine Gottheit schönere und größere Häuser zu bauen." Die Germanen, die direkten Nachkommen der arischen Atlantiker, die vor Jahrtausenden aus dem Nordkreis auswanderten, hätten so das Grundprinzip der abendländischen Architektur geschaffen, denn ihre Gotteshäuser wären über die indogermanischen Auswanderungswellen in den Süden auch Vorbild für den antiken griechischen Tempelbau geworden.

Anfangs wehrte sich die Wissenschaft gegen diese Willfährigkeit, denn der etablierte Kern der Althistoriker und Archäologen, der noch aus alten Humanisten bestand, war wenig anfällig für die neuen Ideologien. Doch je mehr sich die Macht der Nationalsozialisten im Reich festigte, desto mehr sahen sich auch die „Römlinge", wie sie von den Nazis verächtlich genannt wurden, zu Kompromissen gezwungen. Während versucht wurde, Forschung und Kultur von jüdischen Wissenschaftlern zu säubern und Himmlers „Studi-

Eiszeittheorie und nordisches Atlantis

Die Vorstellung, das von Platon beschriebene, untergegangene Atlantis habe in nördlichen Breiten gelegen, verbreitete als erster der amerikanische US-Abgeordnete Ignatius Donnelly 1882 in seinem Bestseller „Atlantis – die vorsintflutliche Welt". Ein pseudowissenschaftliches Fundament dazu lieferte dann in den 1930er-Jahren der Gelehrte Hermann Wirth: Durch die Kontinentalverschiebung sei der ursprüngliche Arktis-Kontinent untergegangen, der einst bei einer anderen Lage der Erdachse das ganze Jahr hindurch tropisch warm gewesen sei. Das langsame Sinken der Temperatur und das Auseinanderfallen des Kontinents zwang die von dort stammenden Nordarier, nach Süden auszuwandern. Zunächst auf die atlantische Inselwelt „Atlantis" und nach deren Untergang in den Nord- und Ostseekreis. Hermann Wirth war kurze Zeit als Akademiker tätig: Er gab eine sehr frei interpretierte Runenabschrift als frühzeitliche germanische Quelle aus und wurde für diese Fälschung aus dem Universitätsdienst entlassen. Doch die geistigen NS-Führer spannten Wirth und seine Weltanschauung für ihr „Deutsches Ahnenerbe" ein.

Bis ins 16. Jahrhundert n. Chr. wurde Atlantis häufig von Kartographen, wie hier von Sebastian Munster (1540), als Tatsache in den Atlantik eingezeichnet – wenn auch immer wieder an anderen Stellen.

engesellschaft für Geistesurgeschichte" unter Leitung von Hermann Wirth die „nordische Atlantistheorie" etablierte, arrangierten sich auch die Archäologen weit mehr, als bisher dargestellt.

So hatte der Ausgräber von Milet und Begründer des Pergamonmuseums Theodor Wiegand mit den Nationalsozialisten kooperiert, um das Deutsche Archäologische Institut und seine Mitarbeiter vor Zugriffen zu retten. Doch bei Eröffnung der Olympischen Spiele 1936 in Berlin musste der schon Schwerkranke hilflos erkennen, dass die Nationalsozialisten antike Kunst und Architektur in gröbster Weise für ihre Zwecke vereinnahmt hatten. Gebäude wie das Olympiastadion, für das Korallenkalkstein aus dem Fränkischen he-

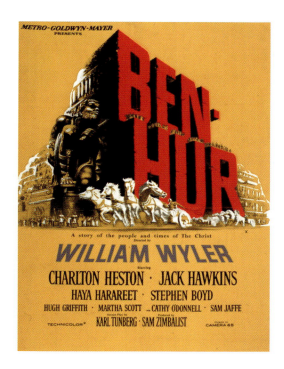

„Ben Hur" (1959) wurde zu dem Klassiker des Historienfilms schlechthin, vor allem, weil das Wagenrennen ganz realistisch nachgestellt wurde.

rangeschafft wurde, sollen antike Vorbilder nachahmen, verfügen aber nicht über deren Finesse wie den leichten Symmetriebruch. Genauso die Statuen von Arno Breker wie zum Beispiel die fast vier Meter hohe „Siegerin", bei denen der Bildhauer nur die großen Gesten und Posen der antiken Vorbilder benutzt hat, um sie seelenlos wieder zusammenzusetzen. Historische Forschung und Darstellung dienten nicht in erster Linie dem reinen wissenschaftlichen Erkenntnisgewinn, sondern zur Rechtfertigung des eigenen brutalen Handelns. Der scheinbare Nachweis einer einstigen germanischen oder keltischen Besiedlung diente auch als Rechtfertigung für den Krieg – „Rückeroberung von Gebieten im Osten" nannten das die Nationalsozialisten.

Doch einige Archäologen gaben sich nicht so leicht geschlagen. So stießen Willes „Germanische Gotteshäuser" weiter auf Widerstand. Unter Führung des Leiters des Staatlichen Museums für Naturkunde und Vorgeschichte, Karl Michaelsen, wurden zwischen 1934 und 1939 die beiden Megalithgräber von Kleinkneten untersucht. Es fanden sich lediglich Belege dafür, dass sie als Grabanlagen in der Jungsteinzeit gedient hatten und nicht der geringste Bezug zu germanischen Altertümern. Doch die Nationalsozialisten setzten im Fall der Germanischen Gotteshäuser auf die Macht des Faktischen. Auf Rügen wurde nach den Vorstellungen Willes eine Kulthalle errichtet, allerdings überlebten weder Kulthalle noch Willes Idee die NS-Zeit – die Kulthalle wurde gleich nach Kriegsende abgerissen.

Was macht den Kolossalfilm eigentlich kolossal?

Nach dem Zweiten Weltkrieg suchte die Filmindustrie zunächst im Zeichen des sogenannten „Neorealismus" nach dem wahren Leben, allerdings erwuchs ihr im schnell sich verbreitenden TV-Progamm eine unliebsame Konkurrenz.

Aufmarsch der Legionäre – Ausschnitt aus der Monumental-Fernsehserie „Rom"(GB/US 2005–2007).

Dem musste die Filmindustrie mit neuen Innovationen wie dem 70-mm-Breitwand-Film in Techni-Color und einem immer ausgefeilterem Sound, die nur im Kinosaal voll zur Geltung kamen, begegnen. Und was lässt sich besser in diesem Format präsentieren als Triumphzüge, Schlachtszenen und Gladiatorenkämpfe vor antiken Kulissen? „Quo Vadis?" (1951), „Im Land der Pharaonen" (1955) mit über 12 000 Statisten zum Teil in Ägypten selbst gedreht, „Ben Hur" (1959) und „Spartakus" (1960) wurden die erfolgreichsten Monumentalfilme, oft auch Kolossalfilme und später dann – als es zur Massenproduktion von Römer-Geschichte kam – auch Sandalenfilme genannt. Diese Filme, vor allem die Außenaufnahmen dazu, wurden nun wieder häufig in Italien gedreht. Aber es waren nicht so sehr die antiken Kulissen, die den Kolossalfilm kolossal werden ließen, erläutert der Medienhistoriker Martin Lindner: „Der Begriff hat seinen Ursprung vor allem in klassischen Schaustücken wie der vergoldeten (und tatsächlich schwimmfähigen) Prunkgaleere aus ‚Cleopatra' (1963, der Film mit Liz Taylor) oder der mehrere Hektar großen Nachbildung des Forum Romanum mit den angrenzenden Bauten zur Zeit des Commodus in ‚The Fall of the Roman Empire'". Neben den Bauwerken und anderen scheinbar historischen Schaustücken sind es vor allem Kleidung und Waffen, eine erfundene typisierende Hintergrundmusik, eine Erzählerstimme (Voice of God) und der „Gemäldevorspann": vor antikisiertem Bildmaterial werden Namen und Funktionen der Beteiligten eingeblendet oder die historische Situation kurz skizziert. So erfahren wir zu Beginn des im Jahr 2000 gestarteten und sehr erfolgreichen Films „Gladiator": „Auf dem Höhepunkt seiner Macht erstreckte sich das Römische Reich von den Wüsten Afrikas bis zur Grenze Nordenglands (...) Im Winter des Jahres 180 A.D. stand der 12-jährige Feldzug des Kaisers Marcus Aurelius gegen die barbarischen Stämme der Germanen kurz vor seinem Ende (...)". Mittlerweile wird dieses Format auch von Fernsehserien bedient wie die mit 100 Millionen Dollar überhaupt teuerste TV-Produktion „Rom" aus den Jahren 2005 und 2007. Der historische Hintergrund – das Ende der römischen Republik und der Anfang der Kaiserzeit – und die Drehorte wurden sehr aufwendig recherchiert und umgesetzt, die menschliche Dramatik von Drehbuchautoren in Szene gesetzt, die sonst für US-Serien wie „Sex and the City" oder „Desperate Housewives" schreiben.

Indiana Jones hat viele Namen und Gesichter

In den 1980er-Jahren entstand ein neues Film-Genre, in dem Archäologen zum Actionstar wurden. In dem 1981 erschienen Actionfilm „Jäger des verlorenen Schatzes" schickt Regisseur Steven Spielberg Henry Walton „Indiana" Jones,

Vom nordischen Atlantis zu „Pompeji – Made in Hollywood" | 263

Archäologie-Professor am Marshall College in Connecticut und gespielt von Harrison Ford, in den Orient der 1930er-Jahre. Dort jagt „Indy" Nazi-Agenten die gerade entdeckte Bundeslade ab, im Verfolgungskampf wird sie zerstört und fällt somit nicht dem Reich des Bösen zu. Dieses Konzept, den Archäologen selbst zur Pop-Ikone zu küren, um den Mythen und historische Schätze kreisen, hatte solch einen durchschlagenden Erfolg, dass Indy in weiteren Filmen kämpfen musste: einmal gegen eine Magie treibende Priesterkaste in Indien („Indiana Jones und der Tempel des Todes", 1983), dann um den Heiligen Gral („Indiana Jones und der letzte Kreuzzug", 1989) und nach längerer Pause um die angeblich uralten Kristallschädel („Indiana Jones und das Königreich der Kristallschädel", 2008).

Ist Indiana Jones eine reine Fantasie-Gestalt? Selbst Archäologen spekulieren, ob sich Hollywood von dem Chicagoer Orientalisten Robert John Braidwood oder vom Machu Picchu-Entdecker Hiram Bingham inspirieren ließ. Während seiner Reise durch Peru hatte der Dozent für südamerikanische Geschichte, Hiram Bingham, von einer nahe der Stadt Cusco gelegenen und noch unerforschten Inkastätte gehört. Als er im Jahr 1911 eine Expedition dorthin führte, wollte er eigentlich das sagenumwobene Vilcabamba finden, Fluchtort und letzte Hauptstadt der Inka. Tatsächlich lag Machu Picchu nicht so vergessen und verlassen in den Anden, wie es Bingham später beschrieb, sondern seine Feldterrassen wurden von Bauern kultiviert, die Bingham bereitwillig dorthin führten. Die Felder der Bauern ließ er verlegen, bevor er seine Grabungen 1912 begann, bei denen er neben 220 Silber-, Kupfer- und Bronzeobjekte sowie 550 Keramiken – die er einfach außer Landes brachte – auch 135 menschlichen Skelette fand. Da 109 davon weiblich waren, muss es sich bei Machu Picchu um die Zufluchtsstätte für Sonnenjungfrauen aus Cusco, also tatsächlich um Vilcabamba gehandelt

Links der „echte" Indiana Jones (Harrison Ford) mit seinen Vater (Sean Connery), rechts der „reale Indiana Jones", der oberste ägyptische Antikenhüter Zahi Hawass, bei der höchstpersönlichen Untersuchung der Mumie Tut-anch-amuns.

Die Inka und Machu Picchu

Rund 200 Jahre beherrschten die Inka als Clan nur die Umgebung ihrer Heimatstadt Cuzco. Erst Pachacuti (1438–1471) ließ sich einer Vision folgend zum König krönen, griff die Nachbarvölker an und eroberte den gesamten Norden Perus. In weniger als 100 Jahren schufen die Inka ein Reich von 4000 Kilometern Länge und 500 Kilometern Breite, in dem mehr als 100 unterschiedliche Völker lebten. Strenge Gesetze und ein Straßennetz von 40 000 Kilometern Länge hielten dieses Reich zusammen. Bei Machu Picchu handelt es sich vermutlich um eine autarke Winterresidenz, die sich der Inkakönig Pachacuti erbauen ließ. Die größte Leistung in Machu Picchu sehen der amerikanische Ingenieur Kenneth Wright und der peruanische Archäologe Alfredo Valencia Zegarra in der Anlage der Stadt selbst. Mit Werkzeugen aus Holz, Stein und Bronze ebneten die Inka das Gelände ein, legten Entwässerungskanäle an und errichteten aus vorhandenen Materialien massive Stützmauern, die die Stadt seit über 500 Jahren vor Erosionen schützen.

Machu Picchu, das von Wolken umhüllt über den Wolken zu schweben scheint, war allerdings kein geheimer Kultort, sondern vermutlich eine königliche Winterresidenz mit eigenem Gartenbau.

haben. Doch nachfolgende Archäologen fanden Hinweise darauf, dass die Inka den Ort zur Zeit der spanischen Eroberungen längst verlassen hatten.

Für Bingham als Vorbild spricht neben seiner Neigung zu Abenteuern und neuen Herausforderungen vor allem sein Äußeres. Auf einem Bild, das ihn während seiner Machu-Picchu-Expedition zeigt, trägt er Feldjacke, Leinenhemd und Schlapphut – wie Indiana Jones. Doch Bingham, der sich während des Ersten Weltkriegs der militärischen Luftfahrt zuwandte und eine Flugschule in Frankreich leitete, fand nicht wieder zur Archäologie zurück. Er suchte die Herausforderung in der Politik, wurde 1922 zunächst zum Vizegouverneur von Connecticut gewählt und 1924 dann für die Republikaner in den amerikanischen Senat berufen. Während des Zweiten Weltkriegs unterrichtete er an verschiedenen Marineschulen und sammelte Material für sein Buch über Machu Picchu, das 1948 unter dem Titel „Lost City of the Inca" erschien, eine romantische Verklärung seiner Ausgrabung.

Der zweite Kandidat, Robert John Braidwood, war zunächst Architekt, bis er während der Großen Depression zur geliebten Archäologie wechselte und als Grabungsassistent erstmals nach Syrien kam. 1948 startete Braidwood, der auch gern Bob genannt wurde, seine erste Expedition ins Grenzgebiet zwischen Syrien, Irak und Iran, um konkrete Spuren für den Beginn der Neolithischen Revolution zu finden, begleitet von seiner Frau Linda und dem Ägypter Abdulla al-Sudani, einem Mann, der in der geheimnisvollen Welt aus Clanherrschaft und Bakschisch alles möglich machen konnte. Nach ersten Probegrabungen fiel ihre Wahl auf den Tell Jarmo, östlich der heutigen Stadt Kerkuk gelegen. In mehreren Grabungskampagnen legten sie einen Schnitt durch die sieben Meter dicke Siedlungsschicht bis in die vorkeramische Frühgeschichte um 6200 v. Chr. Für rund 300 Jahre lebten hier bis zu 150 Menschen in aneinandergrenzenden Häusern aus Stampflehm von Ackerbau und Viehzucht. Ihre Lebensgrundlage bildeten zweizellige Gerste, Einkorn und Emmer, Schafe, Ziegen und erstmals das Schwein, das sich nicht für die Nomadenlebensweise eignet. Nur der zunehmende Bürgerkrieg konnte Braidwood aus dem Irak vertreiben, also suchte er im iranischen Teil des Zagrosgebirges weiter, wo er weitere Stätten aus der Zeit des Übergangs zu Ackerbau und Viehzucht entdeckte. Dann wandte er sich den Oberläufen von Euphrat und Tigris in der heutigen Südwest-Türkei zu, wo er an der Freilegung der neolithischen Siedlung Çayönü beteiligt war. Dort hatten zwischen 7250 und 6700 v. Chr. Menschen in Langrechteckhäusern, vorn der Wohn-, hinten der Vorratsbereich, gelebt – rund 1000 Jahre vor Jarmo.

Bob Braidwood steht für ein abenteuerliches Forscherleben auf der Suche nach archäologischen Spuren, aber nicht für die Jagd nach Schätzen. Immer wieder wurden dem in der Region bekannten Archäologen von Antikenhändlern kostbare Funde angeboten, doch er blieb hart: „Ich schickte die Händler weg mit dem Argument: kein Kontext." Bob war nur an der gesamten Fundsituation interessiert – damit stand er in größtmöglichem Kontrast zu Schatzjägern wie Heinrich Schliemann und Indiana Jones. Was dagegen für seine Vorbildfunktion spricht, ist die Tatsache, dass er einfach nicht von der Feldforschung lassen konnte und noch bis kurz vor seinem Tod mit 81 Jahren die von zahlreiche Staudamm-Projekte bedrohten Oberläufe von Euphrat und Tigris erkundete.

Während Kinofreunde und Archäologen noch über die beiden möglichen Vorbilder spekulierten, schien in umgekehrter Richtung der Film-Held zum Vorbild für die Realität geworden zu sein. Er hatte sich allem Anschein nach in Zahi Hawass verwandelt, den Chef der ägyptischen Altertumsbehörde. Der Ägypter trat, seit er im Jahr 2002 die Leitung übernahm, mit kampfeslustiger Miene und einem Indiana-Jones-Hut auf dem Kopf als omnipräsenter Macher auf. Hawass forderte medienwirksam die Rückgabe von über 5000 entwendeten Fundstücken. Manchmal, wie bei fünf farbigen Fresken aus dem Tal der Könige, die sich im Besitz des Louvres befanden, war er damit erfolgreich. Doch seine Forderung nach Rückgabe der Büste der Nofretete durch die Stiftung Preußischer Kulturbesitz scheint überzogen, denn diese wurde nach dem damals geltenden Fundrecht ausgeführt. Aber vor allem setzte er sich bei jeder der weiterhin zahlreichen archäologischen Entdeckungen in Ägypten mediengerecht in Szene – so als er im September 2002 die Erforschung eines Belüftungsschachtes in der Cheops-Pyramide live übertragen ließ oder als er im Februar 2009 in der Totenstadt von Sakkara eine noch unberührte Grabkammer in Anwesenheit eines Fernsehteams erkundete und persönlich einen Sarkophag öffnete. Darin befand sich jedoch nicht die anhand der Inschrift erwartete Mumie des Priesters des Alten Reiches namens Sennedjem, sämtliche Mumien in der Grabkammer stammen aus der Spätzeit des Reiches. Trotzdem wurde der Fund der Holz- und Steinsarkophage sowie der 22 in Nischen ruhenden Mumien als Sensation gefeiert. Denn die eigentliche Botschaft lautete: Hier geschieht nichts ohne den Mann mit dem Hut!

Zahi Hawass war nicht nur für die Fernsehzuschauer in der Welt, sondern auch für viele Ägypter selbst der Nationalheld der Ägyptischen Archäologie, der letzte Pharao! Doch während des „Ägyptischen Frühlings" beging er einen entscheidenden Fehler: Er ließ sich noch im Januar 2011, als es bereits seit längerem im Volk gährte, vom inzwischen verhassten Präsidenten Mubarak zum Antikenminister ernennen. Daraufhin protestierten die Mitarbeiter seiner eigenen Behörde gemeinsam mit Archäologiestudenten – sie warfen ihm Korruption vor, Hawass musste gehen.

Immer gleich, aber anders

Derweilen drehte sich das Medienrad weiter: „Der Fluch der Mumie", „Troja", Gladiatoren und römische Dekadenz und Korruption, Katastrophen und Untergänge wie der von Pompeji. Doch auch die alten Mythen und Legenden werden immer wieder neu erzählt, in den jeweiligen neuen Medien und häufig auf der Grundlage der aktuellen archäologischen Erkenntnisse. Historische Filme müssen zwei Elemente enthalten, urteilt die Medienwissenschaftlerin Margot Berghaus: „Vor-/Transkulturelles und Kultur-/Geschichtsspezifisches (...) Meine These ist, dass sie nur dann breiten Publikumserfolg haben, wenn der kulturspezifische Plot auf

Trojanisches Pferd vor mykenisch-ägyptischen Palästen – Spielszene aus „Troja" (2003).

vorkulturelle Schemata aufsattelt. Auf dem Rücken dieser archaischen Strukturen lässt sich dann auch historisches Wissen unterbringen."

Aber auch die scheinbar vor- oder transkulturellen Geschichtsmuster, wie Heldensage oder Liebe über alle Grenzen, ändern sich im kulturellen Kontext; die alten Geschichten werden in jeder Neuverfilmung ein wenig anders dargeboten. Wie erzählt man diejenige von Troja, im Grunde der erste Ost-West-Konflikt in der abendländischen Kultur, nach 9/11? Genau zur Zeit des Troia-Streites ließ der deutsche Regisseur Wolfgang Petersen die langwierigen Vorbereitungen zu seinem neuen Hollywood-Film anlaufen: „Troja" sollte äußerst glaubwürdig und realistisch wirken. Dazu machte sich der Produktionsdesigner Nigel Phelps mit dem Stand der Forschung zur Spätbronzezeit vertraut: „In Wahrheit war Troja erheblich kleiner als unser endgültiger Entwurf, alles war dort sehr eng. Es gab aber die Außenmauer und einen Palast im inneren Stadtgebiet." Das spätbronzezeitliche TROIA war ihnen im Gegensatz zu den Korfmann-Kritikern zu klein, doch Phelps fand eine Lösung: „Die Zeit um 1200 v. Chr. war von den vorherrschenden Kulturen in Mykene und Ägypten geprägt. Mein Beitrag bestand darin, die Kunst und die Motive von Mykene mit dem gigantischen Maßstab der Ägypter zu kombinieren, so erfanden wir eine neue Bildsprache, die zwar die Epoche authentisch widerspiegelt, aber auch den Kriterien eines Filmepos gerecht wird."

Monumentalität hieß auch hier das Zauberwort, das ein breites Publikum für die Geschichte interessieren sollte. Die Filmproduktion begann im Frühjahr 2003 mit den Dialogen, Nah- und Innenaufnahmen in Londoner Studios, ein Teil der Außenaufnahmen konnte auf Malta gedreht werden, doch für die großen Kulissen bot das kleine Malta keinen Platz. Das Filmteam hätte wie üblich im weitläufigen Marokko drehen können, doch nach den Anschlägen auf das World-Trade-Center, das Pentagon sowie dem Einmarsch der US-Amerikaner und ihrer Alliierten in den Irak, befürchtete das Filmteam seinerseits Repressalien, die reale Geschichte durchkreuzte sozusagen die Darstellung der idealen. Da kam aus der Türkei der Vorschlag, den Film doch am Original-Schauplatz, auf der Troas, zu drehen! Doch die Produktionsfirma Warner Brothers entschied sich dagegen – angeblich aus logistischen Gründen, vielleicht lag es aber auch daran, dass die Türkei ebenfalls ein islamisches Land ist. Das Filmteam wählte die mexikanische Pazifikküste, trotz der Tagestemperatur von bis zu 38 °C und der beginnenden Hurrikan-Saison. Gleich zweimal zerstörte ein Sturm die aufgebauten Kulissen und so dauerten die Dreharbeiten weit länger als geplant –

Achill in „Troja" (2003): Nur seine eigene Rachsucht und kein göttlicher Zorn treibt ihn zu Heldentaten.

> „Heiraten Sie nur einen Archäologen.
> Je älter sie werden, desto interessanter findet er sie"
>
> Agatha Christie (1890–1976)

als ob sich die aus dem Film verbannten Götter rächten. Als der Film im Jahr 2004 endlich in die Kinos kam, waren sich die Kritiker uneinig über seine Qualität: Überzeugte Brad Pitt wirklich als Achill? Sah Troja wirklich so aus wie in dem Film? Wer auf irgendein Zeichen, eine Interpretation unserer Zeitfragen gewartet hatte, wurde enttäuscht. Petersen hatte es von Anfang an nicht gefallen, dass sich die griechischen Götter ständig in den Verlauf der Handlung einmischten und so viel in der Ilias geredet wird. Die Götter wurden zugunsten eines rein menschlichen Dramas, das alles auslässt, was die Action bremst, gestrichen. Außerdem vermied Petersen, nicht zuletzt weil der Film weltweit laufen sollte, jeden kulturellen Kontext, der als ein Verweis auf die Gegenwart gedeutet werden könnte. Während nur die Kostüme des Films für den Oscar nominiert wurden, entschied das Publikum anders und bescherte dem Film allein aus den Kinoaufführungen Einnahmen von knapp 500 Millionen Dollar.

Es wird sicherlich nicht die letzte Troja-Verfilmung gewesen sein, denn vermutlich ist der Fall von Troja der meist verfilmte Historienstoff, eine genaue Zahl wollen auch Kinoexperten nicht nennen, dicht gefolgt von Pompeji, dessen Untergang im 3D-Format im Frühjahr 2014 in den Kinos startete; einige Filmkritiker sprechen hier von der zehnten Filmfassung überhaupt, andere von der zwölften seit den 1950er-Jahren. Das Handlungsmuster von POMPEII orientiert sich zwar auch an der Romanvorlage „Die letzten Tage von Pompeji", aber es wurde noch unrealistischer: Nun ist es der keltische Sklave Milo, der merkwürdigerweise Gladiator und Pferdeflüsterer zugleich ist, der sich in Cassia, die Tochter des reichen Kaufmanns Lucretius, verliebt. Dies geschieht bei einer zufälligen Begegnung in der Villa des Lucretius, wo die Gladiatoren zur Schau gestellt werden, Milo aber die Möglichkeit bekommt, Cassia gegen den zudringlichen Senator Corvus zu verteidigen und gleichzeitig seine Pferdeflüsterer-Fähigkeiten unter Beweis zu stellen. Glücklicherweise löst sich dieser kitschigste Handlungsstrang fast vollständig in Action, Emotionen und Katastrophen auf.

In einem sind sich die Kritiker einig: Der eigentliche Star des Films sind weder die Hauptdarsteller und die Charaktere, die sie verkörpern, noch die Stadt Pompeji – obwohl von Produktionsseite beteuert wird, dass die 3D-Bilder der antiken Welt rund sechs Jahre an aufwendiger Recherche erfordert hätten. Nein, der eigentliche Star ist der Vulkan selbst. Die vordergründige Liebesgeschichte wirkt merkwürdig antiquiert. Milo kann Cassia zwar vor der Entführung durch Corvus retten, doch dann suchen beide den gemeinsamen Tod in der Lava. Übrig bleibt am Ende nur der Vesuv. Haben wir es hier mit einer unzulänglichen Mischung aus Katastrophenfilm – dessen Regel ja eigentlich lautet: zumindest der Berichterstatter überlebt – und dem bürgerlichen Drama-Tod zu tun? Oder erleben wir hier schon ein posthuman erzähltes Epos, dem noch Relikte des Human Touch anhaften? Auf jeden Fall wird immer häufiger in Erzählungen und Filmen eine Zeit nach unserer Zivilisation denkbar.

„Ruinen bezeugen, wie töricht unsere Angewohnheit ist, unseren Seelenfrieden den unbeständigen Manifestationen irdischer Macht zu opfern. Beim Betrachten von Trümmergestein wird die Angst um unsere eigenen Erfolge – oder deren Ausbleiben – gemildert."

Alain de Botton (*1969)

Verlandung in Ephesos, Klimawandel in Mittelamerika und Nordeuropa

Die Entdeckung der ökologischen Dimension

Protzige Fassade, wenig Inhalt. Die zwei Geschosse der Celsus-Bibliothek sind durch Säulen und Nischen gegliedert. In den vier Hauptnischen des unteren Geschosses sind vier weibliche Statuen aufgestellt, welche die vier Tugenden der Bibliothek und ihres Stifters Celsus verkörpern sollen, darunter die abgebildete „Sophia" (Weisheit). Tatsächlich barg die Bibliothek jedoch nie eine bedeutende Schriftsammlung.

Ephesos im 10. nachchristlichen Jahrhundert. Die verbliebenen Bewohner der Stadt haben sich auf eine enge Fluchtburg zurückgezogen. Um die Johannesbasilika und den angrenzenden Ayasoluk-Hügel, rund drei Kilometer nordöstlich der eigentlichen Stadt, haben sie eine Befestigungsmauer gezogen, wozu sie das nahe gelegene Trümmerfeld des einstigen Artemis-Tempel nutzen.

Doch weder diese Maßnahmen noch die auch von Muslimen anerkannte Heiligkeit ihrer Pilgerstätte konnten die Stadt vor großen Katastrophen und dem nahen Untergang retten. Von den Erdbeben, die große Teile der Ost-Ägäis in den vergangenen Jahrhunderten etliche Male erschütterten, konnte sich die marmorne Stadt noch einigermaßen erholen. Ebenso überstand sie die bitteren Glaubenskämpfe zwischen den Anhängern der Artemis und der Ephesia auf der einen und den Urchristen auf der anderen Seite, den Untergang des Römischen Reiches sowie zwei Plünderungen durch arabische Heere. Als eine der Gemeinden des Urchristentums wurde Ephesos sogar zum Bischofssitz und zur Pilgerstätte, an der die Gottesmutter Maria verehrt wurde sowie die Siebenschläfer (sieben Christen, die in einer Höhle bei Ephesos eingemauert wurden, jedoch nicht gestorben sein, sondern 195 Jahre bis zu ihrer Rettung geschlafen haben sollen). Ihr Schicksal wurde langsam besiegelt, denn unaufhörlich lagerte der Fluss Marnas Sedimente an den Ufern seines Deltas ab. Die marmorne Stadt verlor ihre Funktion als Handelsplatz und Flottenstützpunkt des Oströmischen Reiches, als sie im 8./9. Jahrhundert n.Chr. endgültig vom Meer abgeschnitten wurde, weil die Einwohner es nicht mehr schafften, den Stichkanal zur Ägäis offen zu halten. Die Natur erwies sich als stärker – aber was heißt in diesem Zusammenhang die „Natur"? Trug ein von menschlichem Wirken unabhängiger Wandel des Klimas oder der Vegetation Schuld an den Ereignissen, oder hatte sich Ephesos durch Raubbau an der Natur seinen eigenen Untergang bereitet?

Die säulengesäumte Kuretenstraße verbindet Ober- und Unterstadt von Ephesos.

Ob es vor 2000 Jahren genauso voll hier war? Durch die marmor-gepflasterten Straßen, einst die Hauptverkehrsadern der Stadt, schieben sich im Sommer mehrere Zehntausend Besucher täglich. Ausländische Touristen, die nach einer Woche Hotel-Strand-Dasein Abwechslung suchen, christliche Pilger auf den Pfaden von Paulus und einer der ersten Christengemeinden; aber auch immer mehr türkische Besucher kommen, die zunehmend stolz auf die multikulturelle Geschichte ihres Landes sind. Sie alle bestaunen die seit über 100 Jahren erforschte und restaurierte Ruinenstadt des antiken Ephesos: die wiederhergestellte Frontfassade der Celsus-Bibliothek, die säulenumrahmte Marmorstraße, das Amphitheater, die Agora und die Ruinen der Marienkirche.

Ephesos' Marmor scheint für das prunkvolle Leben der griechisch-römischen Zeit Kleinasiens zu stehen, aber das ist nur die eine Seite. Ephesos' Ruinen stehen auch für eine Welt, die regelmäßig von Naturkatastrophen, Kriegen und Plünderungen heimgesucht wurde. Ephesos wurde erbaut, bald darauf zerstört – und wieder neu, ein klein wenig anders errichtet. So umfasst die heutige Ruinenstätte nur die hellenistisch-römische Zeit, von den Archäologen als Ephesos III klassifiziert, nur eine von mindestens vier Städten an diesem Ort.

Begonnen hat alles anscheinend dort, wo es Jahrtausende später enden sollte: am Ayasoluk-Hügel, der heute am Rande der Stadt Selçuk liegt. Zu dessen Füssen fanden die Archäologen nämlich Siedlungsspuren, die bis ins 4. Jahrtausend v. Chr. zurückreichen. Dass die Forscher auch unterhalb des einstigen Artemis-Tempels auf mykenische Kulturspuren stießen, sehen sie als Bestätigung der antiken Geschichtsschreibung. In der Bronzezeit gab es hier mehrere Siedlungen, die sich an den Panayir-Hügel drängten, damals noch eine von der Meeresbucht umspülte Halbinsel. Eine dieser Siedlungen entwickelte sich vermutlich im späten 2. Jahrtausend v. Chr. zu der aus hethitischen Texten bekannten Stadt Apaša (Abaša), wie Troia/Wilusa ein Außenpos-

Scholastikia-Statue des eigentlichen Varius-Bades. In den öffentlichen Thermen, die Publius Quintilius Valens Varius im 2. Jahrhundert n. Chr. an der Kuretenstraße erbauen ließ, waren zahlreiche Statuen aufgestellt. Die der reichen christlichen Epheserin Scholastikia weist darauf hin, dass sie im 4. Jahrhundert n. Chr. viel Geld für die Renovierung des Bades stiftet, die daraufhin Scholastikia-Thermen hießen.

ten des Hethiter-Reiches mit Einfluss sowohl auf den hethitischen als auch den mykenischen Kulturraum. Und deshalb blieb diese Region mit Sicherheit auch nicht von den Katastrophen der Spätbronzezeit verschont.

Um ca. 1200 v. Chr. ging das Reich der Hethiter in Zentralanatolien unter und riss die angrenzenden Länder mit in das Chaos, Troia/Wilusa wurde zerstört und die mykenischen Burgen zerfielen. Noch zahlreicher als die Belege für die Zerstörungen dieser Zeit, die Archäologen bei Ausgrabungen im gesamten östlichen Mittelmeerraum fanden, sind die Erklärungen, die für diese gehäuften Katastrophen herangezogen werden: Erd- und Seebeben, Vulkanausbrüche sowie Überfälle durch unbekannte Völker. Ägyptische Inschriften berichten von den „Seevölkern", die Kleinasien überrannten. Wer sich dahinter verbirgt, konnte bis heute nicht hinreichend geklärt werden. Denn nicht nur das Hethiterreich und seine Verbündeten im Mittelmeerraum gingen unter, auch die mykenischen Königreiche und orientalischen Herrschaften fanden ein jähes Ende.

Neueste Forschungen sprechen dafür, dass Klimaveränderungen wesentlich zu diesem Showdown beigetragen haben. Auf der Peleponnes, bis zu diesem Zeitpunkt eine grüne Halbinsel, kam es zu einer Dürrekatastrophe, von der sich die Vegetation der Halbinsel nie wieder ganz erholen sollte. Ähnliches muss auch für Anatolien gelten, denn dort führten Hungersnöte unter den Hethitern dazu, dass deren Zentralgewalt zerfiel und das Reich feindlichen Übergriffen hilflos ausgesetzt war. Der letzte Hethiterkönig gab seine Hauptstadt Hattusa auf und flüchtete an einen bis heute unbekannten Ort.

Im Ägäisraum und auf dem anatolischen Hochland bracht das sogenannte „Dunkle Zeitalter" an, für einige Jahrhunderte (ca. 1200–800 v. Chr.) gingen Bevölkerung, Handel und Kunsthandwerk zurück. Für die Natur bedeutete dies jedoch eine wichtige Erholungsphase. Auch wenn im Hinterland von Ephesos nie wieder dichte Eichenwälder wuchsen, so konnte die wildwüchsige Vegetation den Erosionsprozess, den die Rodungen in der Bronzezeit in Gang gesetzt hatten, vorübergehend stoppen – bis mit dem Eintreffen griechischer Kolonialisten um das 9. Jahrhundert. v. Chr. herum die Naturausbeutung wieder zunahm.

Zu Füßen des Weltwunders – Ephesos II

Seinen Namen erhielt Ephesos von der vorgriechischen Göttin Ephesia, die hier von den Einheimischen verehrt wurde. Den Kult der allgewaltigen Muttergottheit übertrugen die Griechen, die neuen Forschungsergebnisse nach ihre Kolonien vielleicht schon im 10. vorchristlichen Jahrhundert gegründet hatten, auf ihre Göttin Artemis.

Die beschützende, aber auch rachsüchtige Schwester des Apollon verwandelte sich in Kleinasien langsam in eine Göttin der Fruchtbarkeit, der unter anderem an einer Kultanlage im Marnas-Tal südwestlich des Ayasoluk-Hügels geopfert wurde. Doch als um 560 v. Chr. der legendäre Lyderkönig Kroisos die Region eroberte, ordnete er an, dass die widerständischen Bewohner der Siedlungen in befestigter Hanglage (Ephesos I – bis heute nicht lokalisiert) ins offene Tal zum Artemis-Tempelbezirk umzusiedeln hatten (Ephesos II). Und anstelle der alten Kultanlagen gab er einen gewaltigen Tempel in Auftrag. Der Tempel, der erst nach 120 Jahren Bauzeit vollendet werden konnte, sollte mit 55 Metern Breite, 115 Metern Länge und 25 Metern Höhe der größte und schönste Tempel der antiken Welt werden. Denn über seine ganze Länge verlief über dem Architrav ein Relief, das Szenen mythischer Kämpfe, Götter und Giganten zeigte. Durch die Ringhalle mit doppelten Reihen ionischer Säulen kam man in den offenen Innenhof mit der Kultstatue der Artemis.

Die Überreste des antiken Weltwunders liegen heute wenig beachtet an der Landstraße, die Ephesos mit Selçuk verbindet. Was Erdbeben und die Nutzung der Ruine als Steinbruch für die Johannesbasilika und die Fluchtburg-Mauer übrig ließen, war von acht Meter dicken Schlammschichten bedeckt worden. Ein ähnliches Schicksal vermuten die Archäologen für Ephesos II, so der Wiener Bauhistoriker Friedmund Hueber: „Die Ruinen der Stadt Ephesos II liegen noch unberührt unter einer im Durchschnitt acht Meter mächtigen Schicht, die vom Marnas angeschwemmt worden ist."

Warum jedoch wurde die Stadt einst im Marnas-Tal errichtet? Die Antwort liefert den Geoarchäologen ein auf zahlreiche Bohrungen gestütztes Profil des Untergrundes. Als die Griechen sich dort niederließen, verlief die Küstenlinie rund sieben bis acht Kilometer weiter landeinwärts als heute, und Ayasoluk-Hügel und Artemis-Tempel lagen an einer Bucht, die als natürlicher Hafen taugte. Doch bereits im 5. Jahrhundert v. Chr. verlandete diese Bucht, deshalb erscheint es nur folgerichtig, dass der spartanische Flottenbefehlshaber Lysandros 407 v. Chr. den Hafen näher zum Meer, westlich des Panayir-Dagi ausbauen ließ. Während in dieser Zeit die Herrschaft über Ephesos ständig zwischen Griechen und Persern wechselte, feierten Bewohner und Besucher dort einen Kybele-Artemis-Kult, in dem griechische und orientalische Elemente zunehmend miteinander verschmolzen.

Doch 334 v. Chr. eroberte Alexander der Große Kleinasien, zerschlug bald darauf das gesamte Perserreich und starb einen mysteriösen Tod in Babylon. Seine Nachfolger, die Diadochen, gliederten Ephesos ins Königreich Pergamon ein. Und bald darauf ordnete der Diadoche Lysimachos an, die ganze Stadt an den Westhafen zu verlagern. Eingebettet zwischen den Hügeln des Bülbül-Dagi und des Panayir-Dagi sowie der Meeresbucht im Norden konnte sich Ephesos III, zunächst hellenistische und dann römische Stadt, in den kommenden Jahrhunderten auf einer Fläche von fast 350 Hektar entfalten.

Die eigentlichen Attribute der Artemis, der griechischen Göttin der Jagd, des Waldes und Hüterin von Frau und Kindern sind goldener Bogen und silberne Pfeile, in Ephesos wird sie als „Artemis-Ephesia" mit einem Oberkörper dargestellt, der mit Brüsten (Fruchtbarkeit) oder mit Stierhoden (Opfertiere) bedeckt ist. (Ephesos-Museum Selcuk)

Rekonstruktion des Artemis-Tempels, eines der sieben Weltwunder der Antike. Auf dieser Illustration aus dem späten 19. Jahrhundert wurden freizügig eine gewaltige Fundamentmauer und ein passende Umgebung angefügt.

Auch wenn Lysimachos in einer Schlacht starb bevor das neue Ephesos errichtet war, glauben die Archäologen inzwischen den Wohnsitz der hellenistischen Könige gefunden zu haben. Das bereits 1929/30 mit einer überbauten Grundfläche von mehr als 4000 Quadratmeter ausgegrabene Peristylhaus oberhalb des Theaters erfüllt alle baulichen Voraussetzungen für eine Basileia als Wohnsitz des Herrschers: eine herausragende topographische Lage, einen monumentalen Eingang, Bretträume für soziale Aufgaben, Kultstätten für religiöse Verpflichtungen, Anlagen zur Verteidigung und Räume für die Verwaltung sowie öffentliche Bauten in der Umgebung wie Bibliotheken, Theater und das Hippodrom. Das Gebäude mit rechteckigem Hof und Säulengang wurde in hellenistischer Zeit erbaut, in römischer und spätantiker Zeit ständig erweitert und umgebaut und diente vielleicht sogar als Bischofspalast, da es über eine Hauskapelle verfügte.

Eine römische Großstadt – Ephesos III

Für Ephesos bedeutete die Eroberung durch die Römer 133 v. Chr. ein Ende des ständigen Herrscherwechsels. Die Stadt wurde zum Sitz des Statthalters (Proconsul) und der Verwaltung der Provinz Asia. Zahlreiche öffentliche Bauwerke entstanden, welche von der Verwaltung, reichen Bürgern, Konsulen oder Kaisern finanziert wurden. So entstand der Hadrian-Tempel, der heute als eine der gelungensten Rekonstruktionen in Ephesos gilt. Das Gebälk und der bogenförmige Eingangsgiebel, die mit Reliefszenen aus der Stadtgründungslegende sowie einer Büste der Artemis geschmückt sind und wiederum von Säulen und Eckpfeilern im korinthischen Stil getragen werden, laden zum Betreten des Heiligtums ein. Zusammen mit vielen anderen repräsentativen

Einige Säulentrommeln, die wieder aufgestapelt wurden, sowie ein kleiner Berg Fundament- und Mauersteine – das ist alles, was die Archäologen vom einstigen Weltwunder Artemis-Tempel nahe dem heutigen Selçuk finden konnten.

Gebäuden wie der Staatsagora und einem kleinen Theater stand der Tempel an der zweiten Hauptstraße der Stadt, dem Embolos, der sich zwischen dem Panayir-Dagi und dem Bülbül-Dagi seinen Weg bahnt und genau dort auf die erste Hauptstraße, die Marmorstraße, trifft, wo das heutige Wahrzeichen von Ephesos steht: die wiederhergestellte Fassade der Celsus-Bibliothek. So beeindruckend die Prachtfassade mit ihren zweistöckigen Säulenvorbauten auf den Besucher auch wirkt, das 120 n. Chr. vom Proconsul Tiberius Iulius Celsus gestiftete Gebäude barg nie eine herausragende Schriftrollensammlung und diente nach einem Brand nur noch als öffentlicher Brunnen.

Romanum Climatic Optimum

Was sich an Ephesos' stetigem Wachstum nicht erkennen lässt: Das Römische Reich geriet immer mehr in eine politische Krise, die sich in Bürgerkriegen entlud. Diese wurde erst überwunden, als sich das Reich um die Zeitenwende in eine Militärmaschine verwandelte, die von einem Diktator gesteuert wurde und von ständigen Eroberungen lebte. Das Reich war bereits in den südlichen und dann den östlichen Mittelmeerraum expandiert, es blieben der Norden oder weit entlegene Gebiete. „Die größte Ausdehnung des Römischen Reiches fällt mit einer eher warmen und doch nicht zu trockenen Periode zusammen, die in der Klimageschichte als Roman Climatic Optimum bezeichnet wird", urteilt der Klimahistoriker Wolfgang Behringer. Alle Anzeichen sprechen dafür, dass sich die Temperatur während der Zeit signifikant erhöhte, als sich Octavian zum ersten römischen Kaiser Augustus ernennen ließ (30 v. bis 14 n. Chr.). Sie sind mit den heutigen vergleichbar, nördlich der Alpen war es möglicherweise sogar noch ein wenig wärmer, so Behringer: „Die Alpenübergänge blieben das ganze Jahr über passierbar, eine wichtige Voraussetzung, um die nördlichen Provinzen zu erobern bzw. zu kontrollieren."

Ephesos als Provinzhauptstadt Kleinasiens blieb von diesem Auf und Ab verschont und hatte in seiner Glanzzeit 200 000 bis 300 000 Einwohner. Inzwischen ist auch die genaue Topographie der „oberen Wohnstadt" mit Hilfe geomagnetischer Messungen des Erdreiches rekonstruiert. Hier herrschte eine Dichte, so berechnete es der Bauhistoriker Hueber, wie in Berlin-Kreuzberg Ende des 19. Jahrhunderts. Besonders in den Gassen hügelaufwärts wurde statt zwei- nun vier- bis fünfgeschossig gebaut. Zur Prachtstraße hinaus dagegen lagen die geräumigen und prunkvoll ausgestalteten Häuser der städtischen Elite.

Die Archäologen haben bisher zwei dieser Prachthäuser vollständig ausgegraben: Während im sogenannten Hanghaus 1 die ursprünglich repräsentative Ausstattung nur in wenigen Ausschnitten erhalten geblieben ist, hatten die Archäologen beim Hanghaus 2 „Glück": Eine große Erdbebenserie 262 n. Chr. beschädigte den rund 4000 Quadratmetern umfassenden Gebäudekomplex dermaßen, dass er unrenoviert zugeschüttet worden war, wodurch zugleich eine Zeitkapsel entstand.

Das Hanghaus 2 gilt als eines der wichtigsten Zeugnisse antiker Wohnkultur im ganzen Mittelmeerraum. In den Räumen seiner sieben Wohneinheiten stießen die Ausgräber praktisch überall auf Boden- und Wandmosaike, Marmorböden und marmorne Wandvertäfelungen sowie auf viele überraschend gut erhaltene Fresken. Mit besonderem Aufwand wurde in den letzten Jahren der von den Archäologen Marmorsaal genannte Speisesaal der Wohneinheit 6 restauriert. Es ist der repräsentative 178 Quadratmeter große Raum dieser Luxuswohnung, die einst einem gewissen Caius Flavius Furius Aptus gehörte – diesen Namen fanden die Archäologen auf einigen Reparatur-Marmorfließen aufgemalt.

Gehobenes römisches Wohnambiente – ein Erdbeben hatte das „Hanghaus 2" soweit zugeschüttet, dass die Archäologen diese Luxuswohnungen aus dem 3. Jahrhundert n. Chr. in recht gutem Zustand freilegen und konservieren konnten.

Mit der Erdbebenserie von 262 n. Chr. endete jedoch das Luxusleben in Ephesos. „Wir wissen heute mit Sicherheit, dass damit die großräumige Nutzungstradition endete", schlussfolgert der ehemalige Ephesos-Grabungsleiter Fritz Krinzinger, „die Eliten haben offensichtlich das Stadtzentrum von Ephesos verlassen". Dagegen konnten die Wissenschaftler in der Wohneinheit 1 einen ungewöhnlichen Fundschatz bergen. Der ehemalige Abwasserkanal enthielt 1700 Jahre alte biogene Abfälle, die von dem Wiener Veterinärmediziner Gerhard Forstenpointner analysiert wurden: „Sie geben Auskunft über die Esstradition eines gutsituierten Haushaltes in der Kaiserzeit vor dem Erdbeben 300 nach Christi." Über 60 Prozent der Reste sind Knochen von Schwein, Rind, Ziege und – vielleicht verwunderlich für uns – Hund. Auch Pfauen und Enten waren beliebte Speisen, so Forstenpointner: „Es handelt sich durchweg um teure Fleischsorten". Nicht dagegen auf dem Speiseplan werden die Ratten gestanden haben, deren Knochen der Veterinärmediziner unter den biogenen Resten der Kanäle fand. Sie lebten dort, wo sie ständig mit Abfällen versorgt wurden. Nachweisen lassen sich auch Fisch, Muscheln sowie Kerne von Melonen, Trauben und Feigen – abwechslungsreiche Kost. Zu den Fischsorten gehört auch Zander, der heute nur nördlich von Istanbul im Schwarzmeer vorkommt, weil es dort kühler ist. „Entweder wurde der Fisch von dort importiert", schlussfolgert Forstenpointner, „oder es hat in den letzten 1700 Jahren einen deutlichen Klimawandel gegeben."

Das Zandervorkommen gleich als Indikator einer Klimaveränderung zu werten, geht den Geoarchäologen zwar zu weit, doch sie können für diese Zeit einen Wandel der Vegetation und des Mikroklimas rund um Ephesos nachweisen. Schon im Laufe des 3. Jahrhunderts v. Chr. wurde allmählich auch der westliche Hafen von der Küstenlinie abgeschnitten. Nur weil der Hafen und ein immer länger werdender Kanal ständig ausgebaggert wurden, hatte Ephesos bis in die Zeit des 8. bis 9. Jahrhunderts einen direkten Zugang zum Meer.

Die Klimaveränderung beschränkte sich jedoch nicht auf Kleinasien. „In Nordeuropa war Kälte das Hauptproblem, im Nahen Osten, in Nordafrika und in Teilen Asiens war es die Dürre", erklärt Klimahistoriker Behringer. „In Süditalien, Griechenland, Anatolien und Palästina verlagerte sich die Besiedlung an die Küsten, das Hinterland wurde weitgehend entvölkert. In diese Zeit fällt der Niedergang der Metropolen Ephesos, Antiochia und Palmyra."

Der allmähliche Untergang des Römischen Reiches fiel mit dem Ende der Warmzeit – dem Roman Climatic Optimum – Ende des 4. Jahrhunderts n. Chr. zusammen. Dieser Klimawandel war

Rekonstruktion einer Rekonstruktion – das Propylon des Hadrian-Tempels war schon in der Antike eingestürzt und an der heutigen Stelle in Zweitverwendung wiedererrichtet, später erneut zerstört und dann im Jahre 1959 erneut rekonstruiert worden.

nicht nur mit einer der Auslöser für den Untergang des Weströmischen Reiches, zeitgleich ging auch das chinesische Großreich der Han seinem Ende entgegen. Auch hier war der Klimawandel mit gravierend niedrigeren Temperaturen, Trockenheit und Missernten nur ein Untergangsfaktor, zu dem Erbstreitigkeiten im Kaiserhaus, religiös bedingte Bürgerkriege und eine Militärherrschaft traten.

War die zunehmende Verlandung der Bucht von Ephesos, die letztlich zur Bedeutungslosigkeit der Stadt führte, also Teil einer natürlichen globalen Entwicklung und nicht vom Menschen verursacht? „Der starke Vorschub des Deltas in klassisch-griechischer, hellenistischer und römischer Zeit ist sicher im Zusammenhang mit den Eingriffen des Menschen in den Naturhaushalt zu sehen", erklärt der Geologe Helmut

Paulus predigt zu seiner Gemeinde in Ephesus, so stellte sich der Maler Eustache Le Sueur die Szene im 17. Jahrhundert vor (heute im Pariser Louvre).

Freigelegte Ruinen und Fragmente der St. Johannesbasilika auf dem Hügel in Selçuk nahe Ephesos, Türkei.

Brückner. Die Pollenanalyse der Bodenproben ergab, dass in Ephesos' Hinterland in vorantiker Zeit ein lichter sommergrüner Eichenwald wuchs, dessen Abholzung Erosionsprozesse auslöste, die wiederum die Verlandung des Deltas beschleunigten.

Ephesos IV: Von Paulus zum Wallfahrtsort für Maria und Johannes

Ephesos konnte nur überleben, weil es eine neue Funktion bekam: als religiöses Zentrum des frühen Christentums. Der Apostel Paulus hatte hier auf seiner dritten Missionsreise für zwei Jahre Station gemacht und täglich vor Griechen und Juden aus der ganzen Provinz gepredigt. Als die Christen zwischen 37 und 42 n. Chr. aus Jerusalem vertrieben wurden, sollen sich der Legende nach Maria zusammen mit anderen Frauen aus dem Kreis um Jesus sowie der Apostel Johannes in Ephesos niedergelassen haben. Der Wandel zur christlichen Stätte wurde durch zwei Ereignisse beschleunigt. Zum einen verbreitete sich das Christentum in Ephesos im 4. Jahrhundert nach erbitterten Glaubenskämpfen bereits bevor es zur offiziellen römischen Staatsreligion wurde. Zum anderen sorgte eine ganze Reihe von Erdbeben in den Jahren 358 bis 368 dafür, dass die marmornen Tempel der Artemis und anderer, aus christlicher Sicht, Götzen einstürzten, so Hueber: „Vieles wurde durch die Beben verwüstet, fast jeder Gebäudekomplex schwer beschädigt. So haben auch in den Tempelbezirken die Naturgewalten die Zerstörung eingeleitet, die dann religiöser Fanatismus vollendete. Die Stadt wurde zur Ruine." Mit mindestens einer Ausnahme: In die Säulenhalle des ansonsten zerstörten Olymieions hinein wurde die Marienkirche errichtet, die in den folgenden zwei Jahrhunderten immer wieder umgebaut und erweitert wurde. In dieser Zeit war Ephesos ein zentraler Bischofssitz, an dem mehrere ökumenische Konzile abgehalten wurden. Der oströmische Kaiser Justitian ließ Mitte des 6. Jahrhunderts eine riesige Kuppelbasilika über dem Grab des Apostels und Evangelisten Johannes am Rande des Ayasoluk-Hügels

> „Die Vorstellung, die Völker des Altertums lebten mit ihrer Umwelt
> in vollkommener Harmonie, wurzelt noch immer tief in der Mythologie
> westlicher Kulturen – dafür steht der biblische Garten Eden oder die Vorstellung
> eines goldenen Zeitalters im antiken Griechenland. Tatsächlich gelang es
> jedoch nur wenigen Gesellschaften, ihren Boden langfristig zu erhalten."
>
> David R. Montgomery (*1961)

errichten. Weitere verheerende Erdbeben und Angriffe arabischer Heere auf die byzantinischen Grenzregionen führten dazu, dass auch die Restbevölkerung von Ephesos im 7. Jahrhundert an den Ayasoluk-Hügel zog und dort eine umwehrte Siedlung errichtete. Trotzdem wurden Stadt und Heiligtum mindestens zweimal von arabischen Heeren erobert und geplündert, nach Rückeroberungen durch die Byzantiner wurde Rest-Ephesos schließlich von den Seldschuken, die aus den innerasiatischen Steppen heranstürmten, eingenommen. Aus den Trümmern der Johannesbasilika, die ihrerseits aus denen des Artemis-Tempels errichtet worden war, ließen die neuen Herren die Isa-Bey-Moschee erbauen. Der Name Ephesos geriet für fast ein Jahrtausend in Vergessenheit.

Übrigens: Die erobernden Araber und Seldschuken waren nicht nur gewaltsame Verbreiter des neuen muslimischen Glaubens, sondern auch Umweltflüchtlinge, so Behringer: „In Arabien wurden um die 600 Siedlungsgebiete aufgegeben, in denen zuvor ausgeklügelte Bewässerungssysteme landwirtschaftliche Nutzung ermöglicht hatten. Die Expansion der Araber, mit anschließender Ausbreitung der islamischen Religion, erfolgte zum Zeitpunkt eines ungünstigen Klimas in ihren traditionellen Siedlungsgebieten." Aber wie weit ging der Klimawandel in dieser Zeit, machte er sich auch in Mittelamerika bemerkbar, wo ab dem 9. Jahrhundert n. Chr. die Maya-Welt zerfiel?

Maya: Untergang ohne Beweisspuren

„Von allen falschen Vorstellungen, die das Bild von den Maya in der ersten Hälfte des 20. Jahrhunderts nachhaltig prägten, ist die von Harmonie und Friedfertigkeit ihres Zusammenlebens heute am schwersten nachzuvollziehen", urteilt der Archäologe Simon Martin. Die Ursache dafür war allein die Tatsache, dass alle Maya-Städte nicht befestigt waren. Dabei sind Monumente, Wandmalereien und bemalte Gefäße geradezu überladen mit Motiven von bewaffneten Kriegern, Schlachtszenen und Folterungen der Gefangenen. Dieser kämpferische Eindruck wird durch die Geschichtsschreibung der Hieroglyphen, welche die Archäologen mittlerweile vollständig lesen können, bestätigt: Die Stadtstaaten befanden sich in anhaltendem Krieg miteinander. In der Spätklassik (700 n. Chr.) gehörten nahezu alle Städte entweder zum Bündnis von Tikal (im heutigen Guatemala) oder zu dem von Calamuk (heutiges Südmexiko); nur wenige Städte wie Palenque konnten ihre

El Castillo, auch als die Pyramide von K´uk´ulkan (gefiederte Schlange) bekannt, war Chichen Itzas größter Tempel und ist heute sein Wahrzeichen.

Selbstständigkeit behaupten. Dieses Kräftegleichgewicht zerbrach, als Ende des 7. Jahrhunderts Tikal Calamuk entmachtete. Doch Tikal brach bald unter seiner eigenen Größe zusammen und ein neuer Bürgerkrieg entbrannte, der zwar nach klaren Regeln geführt wurde, zu denen jedoch auch die Opferung der Gefangenen gehörte.

Es waren jedoch nicht diese Bürgerkriege allein, die dazu führten, dass die Maya Ort für Ort ihre Tempelstätten verließen. Anhand historischer Berichte und der Veränderung der Bau- und Kunststile haben die Wissenschaftler früher auf das Eindringen fremder Völker wie der Tolteken aus dem heutigen Nordmexiko auf die Yucatan-Halbinsel geschlossen. In Palenque, das um das Jahr 810 aufgegeben wurde, konnten die Forscher bisher jedoch keine Spuren von Gewalteinwirkung finden, stattdessen sprechen einige Indizien für einen ökologischen Kollaps. Das Holz wurde knapp, weil der umliegende Regenwald abgeholzt war, die Menschen in Palenque litten gegen Ende an Unterernährung und Blutarmut.

Haben die Maya ihren Untergang durch einen ökologischen Kollaps selbst verschuldet? Neue Forschungen, die sich besonders mit der eigentlichen Größe der Maya-Städte beschäftigen, schienen das zunächst zu bekräftigen.

Die heute freigelegten Tempelanlagen waren ja nur die sakralen Kerne der Maya-Siedlungen, der inzwischen dicht gewachsene Dschungel rundherum erlaubte allerdings kein Vermessen der Gesamtbebauung. Erst seit wenigen Jahren hat sich das mit Hilfe moderner Lasertechnik geändert: das „Light detection and ranging"(LIDAR)-Verfahren funktioniert ähnlich wie ein Radar, nur schickt es Laserpulse von einer erhöhten Position wie beispielsweise einem Flugzeug nach unten. Diese Pulse dringen auch durch das Blattwerk von Bäumen und Sträuchern und werden vom Untergrund zurückgeworfen – Ruinen, selbst ehemalige Ackerflächen bilden dabei andere Muster als unberührter Dschungelboden.

Eine erste flächendeckende Untersuchung führten Wissenschaftler unter Führung des US-Amerikaners Arlen F. Chase für die Umgebung der alten Maya-Stätte Cultuns in Belize durch, aus deren Daten anschließend Computer präzise Karten und 3D-Geländemodelle errechnet haben. Mit erstaunlichem Ergebnis: Während die Forscher aufgrund von Geländebegehungen und einzelner Untersuchungsquadrate von einer Siedlungsfläche von 23 Quadratkilometern für die Zeit um 650 v. Chr. ausgingen, war die tatsächliche Fläche mit rund 200 Quadratkilometern achtmal größer. So mehren sich die Anzeichen, dass Yucatan im Laufe der Maya-Zeit immer dichter besiedelt wurde, bis zum Untergang dieser Hochkultur. Zunächst jedoch verlagerten sich die Siedlungszentren vom Norden in den Süden – zum Beispiel nach Chichen Itza.

Geheimnisumwobene Wasserlöcher

Schon der Name der Stätte weist auf seine Besonderheit hin. Er setzt sich zusammen aus drei Wörtern im lokalen Maya-Dialekt: „chi'" – „ch'e'en" – „itzá" übersetzt: „Am Rande des Brunnens der Itzá". Mit dem Brunnen sind die berühmten Cenotes gemeint, die jedem Chichen-Itza-Besucher mit Sicherheit in Erinnerung geblieben sind, meist runde Abbrüche, im Karstgestein, deren Grund mit Wasser gefüllt ist. Sie liefern den Forschern Hinweise darauf, warum die durch den Klimawandel entstehende Dürre früher im feuchten Süden als im trockenen Norden für große Probleme gesorgt hat.

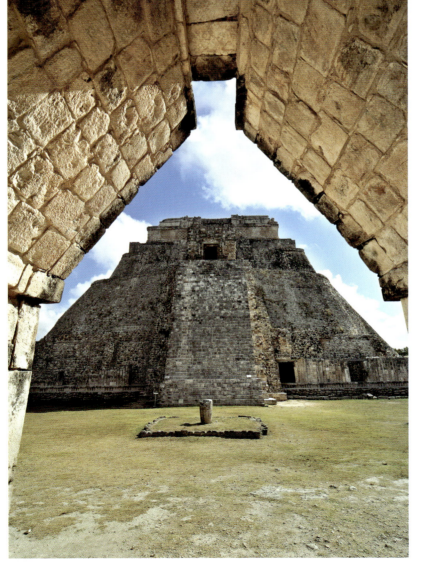

An der sogenannten „Zauberer-Pyramide" der Maya-Stätte Uxmal im Nordwesten der Yucatan-Halbinsel unterscheiden die Forscher fünf einzelne Bauphasen: Tempel I bis V, was jedoch nichts über die tatsächliche Funktion aussagt.

Von den frühen Bewohnern Theotihucáns bis zu den späten Azteken verehrten die Bewohner Mittelamerikas das Mischwesen Quetzalcoatl – die Federschlange symbolisiert die Erde (Coatl = Schlange) und die Luft (Quetzal, ein schöner Tropenvogel, aus dessen Schwanzfedern Herrscherkronen hergestellt wurden).

Die Yucatan-Halbinsel besteht überwiegend aus diesem Karstgestein, porösem Kalkstein, das den Niederschlag wie ein Schwamm aufsaugt und in den Untergrund leitet, wo sich große Grundwasservorkommen bilden. Doch da das Kalksteingelände von Norden nach Süden ansteigt, werden natürliche Cenotes oder angelegte Brunnen im Norden vom Grundwasser gespeist, nicht aber im Süden. Kein Wunder also, dass die Maya von Chichen Itza viele Opfergaben in ihren Cenotes warfen – darunter auch Menschen. Und so erklärt sich auch, warum Chichen Itza überhaupt in so später Zeit gegründet wurde, nach heutigem Stand der Forschung erst nach 800. Zunächst entstand der südliche Teil des Siedlungsareals, der immer noch nicht für Besucher erschlossen ist. Dort wurden Gebäude freigelegt, die einheitlich rechteckig angelegt und deren obere Fassaden mit Mosaiken dekoriert wurden, typisch für den Puuc-Stil der westlichen Yucatans. Innerhalb eines Jahrhunderts konnte die Stadt den Großteil des Yucatan-Tieflandes unter seine Macht bringen, wohl mit Hilfe der Kontrolle über Produktion und Handel der drei wichtigen Rohstoffe Salz, Baumwolle und Kakao.

Doch schon um das Jahr 1050 endete die kommerzielle und militärische Vorherrschaft Chichen Itzas, es wurden keine repräsentativen Bauwerke mehr errichtet. Ob es in dieser Zeit zur Machtübernahme durch Einwanderer – Tolteken beispielsweise – kam, ist umstritten. Schon um 1100 jedoch hatte die Stadt einen Großteil ihrer Bevölkerung verloren und spielte nur noch als Pilgerstätte des überregionalen Kultes der gefiederten Schlange Quetzalcoatl und aufgrund seines Kultzentrums, der berühmten Castillo-Pyramide, weiter eine Rolle. Die Macht im Norden übernahm spätestens um 1200 das benachbarte Mayapan.

So ging die Hochkultur der Maya Stadt für Stadt unter, weil sich ihre Oberhäupter vor allem auf Reichtum und den Bau eigener Denkmäler, auf Kriege und die Konkurrenz mit ihresgleichen konzentrierten, urteilt Jared Diamond: „Wie die meisten Herrscher der Menschheitsgeschichte, so grübelten auch die Könige und Adeligen der Maya nicht über langfristige Probleme, soweit sie diese überhaupt wahrnahmen." Doch waren die Maya wirklich so blind? Neueste Forschungen werfen ein etwas anderes Licht auf die Vorgänge: Die LIDAR-Untersuchungen ergaben zwar, dass sich die Siedlungsfläche in Cultuns um die Zeit um 650 v. Chr. zwar auf rund 200 Quadratkilometer ausgedehnt hatte. Doch lebten in dieser Agglomeration höchstens 115 000 Menschen. Zum Vergleich: In Niedersachsens Landeshauptstadt Hannover leben gegenwärtig auf 204 Quadratkilometer mehr als 510 000 Einwohner. Die exakte Vermessung Cultuns ergab eine lockere Bebauung, die fast durchgehend von terrassiert angelegten Feldern durchzogen war. „Die alten Maya entwarfen und errichteten nachhaltige Städte, lange bevor der moderne Begriff des ‚grünen Bauens' geprägt wurde", urteilt Chase. Den Mittelpunkt dieser Nachhaltigkeit bildeten komplexe Wasserversorgungssysteme mit Kanälen, Dämmen und Rückhaltebecken – doch auch diese Maßnahmen mussten versagen angesichts langanhaltender Dürreperioden. Deren wahres Ausmaß haben Wissenschaftler erst kürzlich mit Hilfe von Sedimentablagerungen aus zwei Seen und einer Tropfsteinhöhle enthüllt. Die Niederschläge gingen in der Zeit zwischen 800 und 1000 um bis zu 40 Prozent zurück, Mittel- und Südamerika erlebte die wasserärmste Zeit der letzten 7000 Jahre. Beginnt hier ein Umdenken in der historischen Katastrophenforschung?

Wasserspeicher und heiliger Opferplatz zugleich – Ik-Kil Cenote in Chichen Itza.

Wie aus dem Bilderbuch – als einziger Maya-Tempel liegt Tulum im Nordostens Yucatans direkt an der Küste. Das Heiligtum aus der späten Maya-Zeit ist schon allein deshalb bei Touristen beliebt.

Während in den letzten 20 bis 30 Jahren vor allem ökologisches Fehlverhalten der jeweiligen Gesellschaften im Zentrum der Ursachen-Erforschung untergegangener Kulturen stand, verschiebt sich der Focus in den letzten Jahren mehr und mehr auf den Klimawandel, also auf in der Vergangenheit wenig vom Menschen beeinflussbare Faktoren. Es sieht heute so aus, als ob ein warmes, dabei jedoch auch regenreiches Klima wenn nicht gar die Hauptbedingung, so doch eine der unabdingbaren Voraussetzungen für die Entstehung und den Erhalt von Hochkulturen ist. Und nur bei größter Flexibilität scheint eine Hochkultur eine Klimaverschlechterung überstehen zu können.
Ist das ein objektiver Tatbestand oder unsere von den gegenwärtigen Problemen bestimmte Sicht der Dinge? Lassen sich diese beiden Momente überhaupt trennen oder stecken historische Disziplinen wie die Archäologie unausweichlich in diesem Erkenntnis-Dilemma? Fest steht jedenfalls: Dieser Niedergang bedeutete nur für die Eliten, nicht für die einfache Bevölkerung das Ende, so Klimahistoriker Behringer: „Die postklassischen Maya siedelten nicht mehr auf den Hochebenen, sondern am Meer, an Flüssen und an Seen." Während die Maya aus ihren Palästen auszogen, in einfachen Hütten und durch kargen Maisanbau weiterlebten wie ihre Nachfahren in Yucatan bis heute, begann in Nordeuropa zur gleichen Zeit eine klimatisch günstige Warmphase.

Die Erträge aus der Landwirtschaft stiegen, die Bevölkerung in Europa wuchs, zu dieser Zeit wurden die meisten Städte in Mitteleuropa gegründet, allein im deutschen Raum über 3000. Die Wikinger starteten Expeditionen, die sie weiter in den Nordwesten des Atlantiks führten als jemals zuvor. So besiedelten sie Island, Vinland (Nordamerika) und eine große Insel, die so grün schien, dass sie diese Grönland (Grünland) nannten.

Nach einem Maya-Prinzen wird die Figur des halbliegenden Kriegers, die in zahlreichen Abwandlungen im sogenannten Kriegertempel in Chichen Itza vorkommt, häufig „Chak Mo'ol" genannt – doch weder der Name noch die Funktion als Kriegstempel sind nachgewiesen.

Die fünf Kollaps-Kriterien von Jared Diamond

Der Evolutionsbiologe und Kulturhistoriker Jared Diamond, einer der wenigen Wissenschaftler, die sehr interdisziplinär arbeiten und sich nicht vor klaren Urteilen drücken, stellt in seiner Studie „Kollaps" fünf Faktoren heraus, die seiner Meinung nach über Untergang oder Weiterexistenz einer Gesellschaft in kritischen Situationen entscheiden:

1. Wie groß sind die verübten Schäden, die der Umwelt meist unabsichtlich zugefügt werden?
2. Wirken sich Klimaveränderungen auf die Gesellschaft aus?
3. Tauchen feindliche Nachbarn als Quelle großer Zerstörungen auf?
4. Sind Bündnisse zerbrochen, nimmt die Hilfe freundlicher Nachbarn ab?
5. Verdrängung oder Benennung und Suche nach Lösungen – wie geht eine Gesellschaft mit ihren Problemen um?

Bis auf Faktor drei, der kontrovers diskutiert wird, haben alle Faktoren eine Ursache beim Untergang der Maya-Welt gespielt.

„Eine flexible, geistige Anschauung regt neue Erkenntnisse in der Archäologie an – dieser geistige Prozess wird jedoch weniger durch Computer-Simulationen, sondern eher durch Texte, Daten oder auch handgemalte Illustrationen gefördert."

Manfred Osman Korfmann (1942–2005)

Zwischen unvermeidlichem Zerfall großer Stätten, politischer Instrumentalisierung und Flucht in die Virtualität

Die Zukunft der Archäologie

Den Stier bei den Hörnern packen? Stammt die Abbildung solch einer kultischen Mutprobe (zu sehen in Knossos) tatsächlich von den Minoern oder war hier zu viel künstlerisches Nachempfinden am Werk?

Jerusalem im 21. Jahrhundert. Drei Weltreligionen feiern an diesem Ort, dessen Altstadt zusammen mit dem Tempelberg nicht einmal einen Quadratkilometer umfasst, ihre großen heiligen Feste, zu denen jeweils Tausende Menschen aus aller Welt anreisen. Das funktioniert erstaunlich reibungslos, wenn man bedenkt, dass insbesondere orthodoxe Juden und radikale Muslime nicht nur jegliche Ansprüche der anderen Seite auf die Heilige Stadt, sondern deren Existenzberechtigung in Palästina überhaupt in Frage stellen. Insbesondere konkurrieren sie um das abgeflachte Felsplateau des Tempelbergs im Osten der Altstadt, das von den Juden Har ha-Bait (Berg des Hauses) und von den Muslimen Haram al-Sharif (erhabenes/edles Heiligtum) genannt wird. Heute thronen auf dem Plateau zwei muslimische Heiligtümer, der Felsendom und die al-Aqsa-Moschee. An der Westseite des Felsplateaus, quasi eine Etage tiefer, liegt die sogenannte Klagemauer, an der orthodoxe Juden beten. Hier kommen sie dem Tempel Salomons am nächsten und hier soll der Prophezeiung nach der dritte Tempel entstehen. Zwar will nur eine radikale jüdische Minderheit jedes Jahr zum Gedenktag der Tempelzerstörung den Berg stürmen und die muslimischen Bauwerke beseitigen. Doch auch den übrigen Juden gilt die historische Existenz der Stadt Davids und des Tempels Salomons als Absicherung ihrer nationalen Ansprüche auf

Der Felsendom (Qubbet es Sakhra) steht nur einen Steinwurf von der Klagemauer entfernt, deshalb erheben sowohl Juden als Muslime Anspruch auf den Jerusalemer Tempelberg.

Jerusalem als Hauptstadt. Und deshalb wird das gegenseitige Infragestellen möglicher historischer Ansprüche mit großer Raufinesse auch auf archäologischer Ebene betrieben.

Kurz vor der Jahrtausendwende, zum Höhepunkt der Friedensverhandlungen zwischen Israelis und Palästinensern, begannen hektische Erdarbeiten am Tempelberg. Bulldozer rissen an dessen Südostecke, wo Ausgrabungen das angrenzende Areal als sogenannte Ställe des Salomon freigelegt hatten, ein 40 Meter langes, 30 Meter breites und zwölf Meter tiefes Bauloch, das Geröll wurde auf Lastwagen sofort abtransportiert. Während ganz Jerusalem seit dem Sechs-Tage-Krieg im Jahre 1967 von Israel kontrolliert wird, behielten die Muslime ihre jahrhundertealte Hoheit über den Tempelberg. Die Aufsichtsbehörde Waqf, die jeglichen baulichen Eingriff und erst recht archäologische Forschungen auf dem Tempelberg verbietet, informierte die verwunderte israelische Regierung über die Notwendigkeit, einen Notausgang für die unterirdische Al-Marwani-Moschee gleich neben der al-Aqsa-Moschee anzulegen – und das ohne jede archäologische Aufsicht.

Als Logik hinter diesem Vorgehen vermutet die pro-jüdische Seite: „Solange am Haram keine archäologischen Beweise für die Existenz des Tempels gefunden werden, können die Muftis behaupten, es habe ihn nie gegeben", fasst der Journalist Gil Yaron zusammen. „Sie sagen heute, der Tempel sei eine moderne jüdische Erfindung, die zum Ziel habe, den Haram dem Islam zu entreißen." Denn Fakt ist gegenwärtig: Es gibt bis heute auch nicht den geringsten archäologischen Beleg für die Existenz von Salomons Tempel um 1000 v. Chr. Und die Muslime unternehmen viel, damit es dabei bleibt. So veranlassten sie, dass an der Tempelberg-Baustelle geborgene größere Steinquader und Säulenreste genutzt wurden, um damit eine breite Treppe anzulegen, die nun vor allem als Haupteingang für die El-Aksa Moschee dient.

Doch die israelische Seite hat natürlich genau registriert, dass der übrige Tempelberg-Abraum hastig in die Wadis Ostjerusalems gekippt wurde. Und da die israelischen Behörden auch die arabischen Viertel Jerusalems verwalten, konnten jüdische Archäologen eine ungewöhnliche Maßnahme starten: das „Temple Mount Stifting Projekt":

„Har haBait" und „Haram el-Sharif" – die Geschichte des Tempelbergs

Im 10. Jahrhundert v. Chr. sollen die Israeliten laut Altem Testament unter David Jerusalem erobert und unter Salomon (961–932 v. Chr.) den ersten Tempel errichtet haben. Nach biblischen Angaben soll „Mischkan" (hebräisch: Gottes Heimstätte auf Erden) ein typisch syrischer Langhaustempel aus Lehm von ca. 31 Meter Länge und zehn Meter Breite gewesen sein, in drei Räume unterteilt und Aufbewahrungsort der Bundeslade. 587 v. Chr. eroberte Nebukadnezar die Stadt, zerstörte den Tempel und führte einen Teil der Bevölkerung in babylonische Gefangenschaft (538–520 v. Chr.). Um 516 v. Chr. kehrten die Juden aus dem Exil zurück und errichteten an derselben Stelle einen zweiten Tempel. Auch für den Nachbau existieren keine archäologischen Beweise, diese finden sich erst für den Tempel Herodes des Großen (37–4 v. Chr.), der Judäa mit römischer Hilfe regierte. Für diese Tempelanlage wurde das Felsplateau auf die heutige Größe erweitert – 485 x 315 x 470 x 281 Meter Fläche von bis zu 55 Meter hohen Stützmauern abgesichert. Nach einem Aufstand gegen die Römer eroberte der römische Feldherr Titus Jerusalem und zerstörte den Tempel, nach einem weiteren Aufstand ließ Kaiser Hadrian 135 n. Chr. alle Juden aus Jerusalem vertreiben. Nach der Teilung des römischen Reiches ging Jerusalem an Ostrom, das spätere Byzanz. 638 n. Chr. eroberten die Araber unter ihrem Führer Kalif Omar Jerusalem mit dem inzwischen verwahrlosten Tempelberg und dem entweihten Felsstein Sakhra – dem nach Mekka und Medina drittheiligsten Ort des Islam. Denn von dort soll Mohammed in einer Vision auf dem Rücken seines geflügelten Pferdes Buraq zu einem Himmelsritt aufgestiegen sein. Omar ließ die Stätte rituell reinigen und eine Moschee, eine Vorläuferin der al-Aqsa Moschee, anlegen. Über dem Sakhra wurde der Felsendom errichtet, dessen Kuppel der Kalif Abd al-Malik 691 vergolden ließ. Als die Kreuzritter vorübergehend Jerusalem erobert hatten (1099–1187), richteten sie auf dem Tempelberg eine Marienkirche und den Sitz des Templerordens ein, nach der Rückeroberung ließ Saladin aus letzterem die al Aqsa-Moschee gestalten.

Modell soll Realität schaffen – da es bis heute keine archäologischen Beweise für Salomons Tempel gibt, wird mit diesem großen Modell, das unweit des Tempelbergs aufgestellt wurde, seine historische Existenz einfach unterstellt.

In den folgenden zehn Jahren wurde sämtliches Geröll aus dem Tempelberg-Areal von Archäologen durchwühlt und an 35 Filterbecken von über 40 000 Freiwilligen auf Kleinstfunde durchsiebt. Auch palästinensische Schülergruppen waren darunter, versichert der Projektleiter Gabriel Barkay. Natürlich waren die Funde aus ihrem Zusammenhang gerissen, aber die sogenannten „Ställe Salomons", eigentlich unterirdische Gewölbe, die Herodes anlegen ließ, um das Tempelplateau zu vergrößern, wurden im Laufe der Jahrhunderte mit historischem Abfall gefüllt. So wundert es nicht, dass vor allem Münzen aus unterschiedlichsten Epochen gefunden wurden: viele aus der römischen und der Kreuzfahrer-Zeit, aber auch eine persischer Herkunft und einen Schekel aus der Zeit der jüdischen Revolte gegen die Römer (66/67 n. Chr.). Kritisiert wird das Projekt jedoch, weil es hauptsächlich von der „City of David Foundation" gesponsert wurde, einer ultraorthodoxen jüdischen Gruppierung.

Und in der benachbarten Davidstadt, ein weiteres für die Israelis wichtiges Areal, organisiert eine andere radikale Siedlerorganisation namens Elad gleich ganz die dortigen Ausgrabungen und deren Darstellung. Karten und Modelle der einstigen Städte von David und Salomon werden präsentiert und die archäologischen Befunde sollen deren Richtigkeit beweisen. Zweifellos finden sich hier archäologische Funde aus der Bronzezeit, auch aus dem für die Israelis so wichtigen 10. Jahrhundert v. Chr., als der erste Tempel errichtet worden sein soll – doch auch hier fehlen die Beweise, dass es sich bei den ausgegrabenen Gebäuden um jüdische Häuser handelt. Denn tatsächlich war die Region Heimat einer langen Reihe von Zivilisationen, darunter Kanaaniter, Assyrer, Babylonier, Ägypter, Griechen, Römer, Juden und Araber. So jedoch treiben die Grabungen zusammen mit der ebenfalls von Elad organisierten Neubesiedlung des Areals systematisch einen jüdischen Keil in das eigentlich von Palästinensern bewohnte Ostjerusalem. „Die meisten israelischen Forscher sind noch immer biblische Archäologen", urteilt deshalb Hamadan Taha, Chef der palästinensischen Altertumsverwaltung. „Sie verstehen Archäologie als Rechtfertigung des zionistischen Projektes."

Als 2008 die Zugangsrampe für Nichtmuslime zum Tempelberg von einem Unwetter unterspült wurde, errichteten die Israelis einen provisorischen Holzsteg und schickten sich an, eine neue dauerhafte Steinrampe zu erbauen. Sofort warfen die Palästinenser den Israelis vor, den Neubau für verbotene archäologische Forschungen zu nutzen und eine Destabilisierung des Tempelberges herbeizuführen. Tatsache jedoch ist, dass Erosion, Bautätigkeit an seinen Rändern und regionale Erdbeben haben der Statik des Tempelbergs in den letzten Jahrzehnten mit Sicherheit zugesetzt haben. In welchem Ausmaß, kann niemand so genau sagen, da weder gemessen und nachgegraben werden darf, weil die Menschen bei allem, was mit dem Haram oder Har haBait zu tun hat, einander misstrauen. So werden mangelnde Erforschung und Erhaltung des Tempelbergs zu einem Symbol für die menschliche Unfähigkeit zur Einigung.

Mal Intoleranz, mal Habgier

Nicht nur in Palästina sondern an vielen Orten der Welt wird Archäologie „politisiert". Doch während in Jerusalem die vernichtungswilligen Extremisten von den umsichtigen israelischen Sicherheitskräften im Zaum gehalten werden, schreckt die politische Instrumentalisierung der Archäologie in anderen Teilen der Welt nicht vor Zerstörung zurück: Zum bekanntesten Beispiel für diese Art radikaler Intoleranz wurden die Buddhastatuen von Bamiyan im afghanischen

Gandahara. Die zwei 35 und 53 Meter hohen Skulpturen des stehenden Buddhas waren im Laufe des 6. und 7. Jahrhunderts aus dem Fels geschlagen und immer wieder mit neuen Farbschichten bedeckt worden. Jahrhunderte lang begrüßten sie Pilger und Händler auf der Seidenstraße, bis sie von islamischen Fundamentalisten erst stückweise in Handarbeit, im Jahr 2001 dann von den in Afghanistan zur Herrschaft aufgestiegenen Taliban mit Sprengstoff vollständig zerstört wurden.

In Indien wiederum sorgen Hindu-Fanatiker dafür, dass die dortige Tempelarchäologie keine rein bewahrende Disziplin bleibt. Weil genau der Hügel, auf dem die Babri-Masjid-Moschee in Ayodhya stand, der Geburtsort des Gottes Ram gewesen sein soll, und sein Tempel früher dort stand, wurde die Moschee von Hindu-Fanatikern 1992 zerstört. Wochenlang war die Stimmung vorher von hindufundamentalistischen Politikern angeheizt worden. Gestützt auf die Arbeit der Archäologen haben sie eine Liste von rund 1000 Plätzen erstellt,

Die größere der beiden Buddhastatuen von Bamiyan – vor und nach der „Säuberungsaktion" durch die Taliban.

an denen von Moscheen überbaute Hinduplätze wiedererstehen sollen. Was wird geschehen, wenn ein wenig besonnener Hindu-Nationalist indischer Ministerpräsident wird?

Manches Mal besteht die politische Instrumentalisierung im genauen Gegenteil, im schonungslosen Wiederaufbau. So zeigte Iraks Diktator Saddam Hussein (reg. 1979–2003) reges Interesse an antiken Stätten wie Babylon, Ur und Ninive. In Babylon ließ er beispielsweise das Ischtar-Tor, dessen Original-Ziegel Koldewey nach Berlin hatte bringen lassen, nach den Ausgrabungszeichnungen rekonstruieren und einen Teil der labyrinthischen einstigen Stadtmauer wieder aufbauen. Auch der Palast des Nebukadnezar II., als dessen legitimen Nachkommen und Vollstrecker als Peiniger des jüdischen Volkes Hussein sich sah, wurde neu errichtet. Dazu ließ er einen Teil der Palastausgrabungen zuschütten und auf den alten Grundmauern einen neuen Palast erbauen, der dem alten „nachempfunden" wurde. Eine Inschrift verkündet: „Ich, Saddam Hussein, Präsident und Beschützer des irakischen Volkes, habe den Palast des Nebukadnezar und die Zivilisation des Iraks wiederauferstehen lassen." Auch die Zikkurat von Ur ließ er zum Teil rekonstruieren. Die ersten beiden Stufen wurden wieder errichtet und mit gebrannten Ziegeln verkleidet. Ebenso wurden Stadtmauer und Stadttore von Ninive aufwendig rekonstruiert. Weit ging Husseins Geschichtssinn jedoch nicht, denn bei dem geplanten Makhul-Staudamm am Oberlauf des Tigris nahm er es billigend in Kauf, dass Assur in den Fluten versunken wäre – der Dritte Golfkrieg im Frühjahr 2003 stoppte dieses Projekt.

Doch die Gefährdung der antiken Stätten war damit nicht abgewendet – ganz in Gegenteil. Seit dem Sturz des Hussein-Regimes sind archäologische Stätten und Funde so gefährdet wie nie. Im Chaos des Umsturzes kam es nicht nur zu verheerenden Plünderungen zahlreicher archäologischer Museen und Stätten, auch die Raubgrabungen

Saddam Hussein, der sich als Nachfolger mesopotamischer Herrscher sah, ließ auch das Zikkurat von Ur teilweise rekonstruieren.

Zu Tode geliebt, gar nicht oder falsch restauriert – die Ursachen für den Zerfall von Pompejis freigelegten Bauwerken sind vielfältig.

nahmen einen ungeahnten Aufschwung. Unter den Augen der US-Armee begannen Iraker damit, den Boden archäologischer Fundorte mit Baggern durchzuwühlen. Manche Sumerer-Stätten in Südmesopotamien, so berichteten zahlreiche Frontberichterstatter und Archäologen, gleichen mittlerweile Mondlandschaften.

Mit dem Irak ist die besonders bedeutende Wiege der eurasischen Zivilisation betroffen, doch Raubgräberei ist ein weltweites Phänomen. Es reicht von Süd- und Mittelamerika, wo Stätten der Maya, Inka und Azteken von Banden geplündert werden, über Asien bis nach Griechenland und in die Türkei. „Der größte Teil der antiken Altertümer, die Museen erwerben, ist irgendwo auf der Welt gestohlen worden: in Südamerika, China, Kambodscha, Thailand, Griechenland, Italien, der Türkei, dem Iran und so weiter", urteilt Oscar White Muscarella, Archäologe und Senior Research Fellow am Metropolitan Museum of Art. „Manchmal werden Stücke aus alten Sammlungen erworben, die schon vor Jahrzehnten zusammengestohlen wurden." Und das gilt natürlich erst recht für die immer größere Zahl von Privatsammlungen, die sich eine wachsende Zahl von Multi-Millionären und Milliardären als Wertanlage aufbauen. Und mit den 2011 entfachten Kämpfen ist nun auch Syrien – viele Archäologen hatten ihre Grabungsprojekte vom Irak dorthin verlegt – in einen Bürgerkrieg gestürzt, der vermutlich lange dauern wird. Was dabei alles an antiken Stätten zerstört und geplündert wurde, lässt sich bisher nicht einmal schätzen.

Aber selbst in einem so stabilen Land wie Italien sind die antiken Stätten in Gefahr, durch Raubgrabungen und Touristenströme gleichermaßen. Denn gefährlich wird der Archäologie auch ihr eigener Erfolg. Stätten wie Pompeji, das Kolosseum in Rom oder Ephesos werden zu Tode geliebt. So hinterlassen die bis zu 20 000 Menschen aus aller Welt, die tagtäglich das wiedererstandene Pompeji sehen, durchschreiten, fotografieren und anfassen wollen, nicht mehr zu übersehende Spuren an der antiken Stadt: die Besucherströme haben das antike Pflaster heruntergetreten und die meisten der einstmals 70 zugänglichen Häuser sind wegen Einsturzgefahr gesperrt. An vielen Stellen zerstören Witterung und wilder Pflanzenwuchs das Mauerwerk, an anderen lösen sich die historischen Materialien Holz, Kalk und trockenes Gestein von dem Stahlbeton, mit dem anfangs restauriert wurde. Was wurde nicht alles in den letzten Jahren angedacht: Pompeji sollte an anderer Stelle als eine Art Disneyland nachgebaut werden oder zumindest virtuell kopiert werden. Die Besucher sollten kanalisiert werden, beispielsweise über den mittlerweile weitgehend begehbaren Stadtmauerring. Doch die vielen teilweise auch von der EU und der UNESCO geförderten Hilfsprogramme scheiterten an den lokalen Behörden, den Gewerkschaften und der neapolitanischen Bau-Mafia. Schließlich überlegte die italienische Regierung, ob sie die Verantwortung für die antiken Stätten einfach durch Privatisierung loswerden könnte. Daraus ergibt sich die Frage: Wie kann ein zuverlässiger und nachhaltiger Schutz der antiken Stätten aussehen?

gische Ausbildung besaß und, was noch gravierender war, der sich mehr als Künstler denn als Wissenschaftler verstand. Von 1922–1930 und noch einmal von 1947–1961 leitete er die Rekonstruktionsarbeiten sowohl an den Wandmalereien wie auch an den Gebäuden. So entwarf er das berühmt gewordene Delfin-Fresko ausgehend von wenigen kleinen Fragmenten – Kritiker erinnert es zu sehr an zeitgenössischen Jugendstil. Und de Jong ließ mehrere Palast-Eckbereiche mit ihren mächtigen Säulen wie auch eine große Freitreppe zum Obergeschoss des Westflügels rekonstruieren; letztere hat es sicherlich nie gegeben. Nirgends ist genau erkennbar,

Mithilfe von viel Beton wurde der Nordeingang so rekonstruiert, dass der Besucher eine Vorstellung vom Palast von Knossos bekommt – aber ist sie auch die richtige?

Antike Betonsäulen – noch einmal Knossos

Knossos in den 1920er-Jahren. Auch 20 Jahre nach Grabungsbeginn, als schon ein gewaltiger Teil des großen Palastareals freigelegt war, blieb Knossos eine eher unscheinbare antike Stätte. Dann verbündete sich Evans mit Piet de Jong, einem Engländer mit holländischen Wurzeln, der zwar schon an vielen Ausgrabungsstätten und Museen gearbeitet hatte, jedoch keine archäolo-

wo die Originalteile enden und wo die Rekonstruktionen beginnen, die zum großen Teil aus Beton ausgeführt wurden. Doch der Besucher bekommt einen Eindruck von der Palastwelt der ihm ansonsten so fremden minoischen Kultur, allerdings wird dieser stark von der Fantasie der Ausgräber mitbestimmt. Die Rekonstruktionen mit Beton haben jedoch den Vorteil, dass sie im Vergleich mit anderen Ausgrabungsstätten wesentlich zur dauerhaften Konservierung der Gebäudekomplexe beigetragen haben.

Minoisch oder Jugendstil? Auch die berühmten Delfine von Knossos wurden anhand kleinster Fragmente nachempfunden.

Wie die Archäologen heute zwischen den Anforderungen „wissenschaftliche Seriosität", „Anschaulichkeit" und „stabile Konservierung" vermitteln, zeigt das Beispiel der Akropolis von Pergamon. Deren Höhepunkt bildet zweifelsohne das Trajaneum, ein Heiligtum von drei marmornen Säulenhallen umrahmt, an dem sich der römische Kaiser Trajan und sein Nachfolger Hadrian als Götter verehren ließen. Bis Ende des 20. Jahrhunderts war davon lediglich ein Trümmerfeld übrig geblieben, dann begannen die deutschen Archäologen das Trajaneum als Ersatz für den in Berlin verbleibenden Zeus-Altar zu restaurieren. Stein für Stein wurden Teile der Hallen und des Tempels wieder errichtet, wobei die Archäologen und Bauingenieure bis an die Grenzen des Möglichen gegangen sind. Originalbauteile standen nicht vollständig zur Verfügung und nach der „Venezianischen Charta" zur Restaurierung antiker Stätten darf der Anteil der Kunststeine nur ein Viertel betragen. Entstanden ist ein anschauliches „Fragment", bei dem die hintere Säulenreihe und der Anschnitt des Heiligtums die einstige Größe des Gebäudes und dessen eigentlich versteckte Baukonstruktion erkennen lassen. Die für derartige Rekonstruktionen benötigten Gelder sind hoch und stehen nur selten zur Verfügung. Deshalb stellt sich für die Archäologen künftig die Frage: Ausgraben oder nicht?

Die Grabanlage von Qin – seit über 2000 Jahren unberührt?

Seit rund 2200 Jahren ist der Grabhügel von Qin, 35 Kilometer östlich der alten chinesischen Kaiserstadt Xi'an, weithin in der Landschaft sichtbar, auch wenn er im Laufe der Zeit etwas erodierte und von einem Zedernwald überzogen wurde. Doch ins Zentrum der Aufmerksamkeit rückte er erst wieder am 29. März 1974, als zwei Bauern 1,5 Kilometer vom Grabhügel entfernt einen Brunnen gruben und dabei in fünf Metern Tiefe auf Tonscherben und eine lebensgroße Tonfigur stießen. Die Behörden wurden verständigt und vier Monate später begannen die ersten Ausgrabungen, bei denen Hunderte der schnell weltberühmt gewordenen Terrakotta-Krieger freigelegt wurden. Sie flankierten, so sah es anfangs für die Archäologen aus, im Osten den Prozessionsweg und sollten die ganze Anlage gegen Feinde und Dämonen schützen. In drei Gruben standen rund 7300 Krieger kampfbereit in Schlachtformation, in den vorderen Reihen knieten Bogenschützen schussbereit, während in der kleinsten Grube Generäle von ihren Offizieren umringt wurden. Trotz der Masse haben alle Krieger individuelle Züge: Der Eine trägt einen Schnäuzer, der Nächste nicht, einer schaut grimmig, ein anderer fast heiter.

Eine Halle schützt die freigelegten Figuren vor ihrem weiteren Zerfall, nach dem sie ihre Farbe beim ersten Luftkontakt einbüßten.

Während die Terrakotta-Armee immer mehr Touristen aus aller Welt, aber auch aus dem eigenen Land anlockte, änderte die Volksrepublik China, die bis dahin Erforschung und Erhalt ihrer alten Kulturgüter aus politischen Gründen eher vernachlässigt hatte, nun allmählich ihren Kurs. Doch mit Chinas neuer und selbstbewusster Rolle in der Welt nahm auch die Erforschung der Grabanlage des Kaisers Qin an Fahrt auf. 1999 öffneten Archäologen eine östlich des Grabhügels gelegene rund 15 000 Quadratmeter große Grube, die sich als Rüstungskammer entpuppte, in der unter anderem Panzerungen und Helme aus Kalksteinplättchen lagen. 2001 legten die Archäologen einen Teil eines unterirdischen Kanals frei, an dem lebensgroße Kraniche aus Bronze standen. Bald darauf wurden gleich drei neue Museen vor Ort eingerichtet, um die neuen Funde zu präsentieren. Und im vergangenen Jahrzehnt wurde eine Fläche von rund 56 Quadratkilometern um den sichtbaren Grabhügel auf einzelne, verstreute Elemente der Grabanlage hin erforscht. Rund 100 Wissenschaftler führten seismische, chemische und geophysische Untersuchungen durch, an einigen Stellen wurden mit langstieligen Minischaufeln kleine Bodenproben entnommen – 183 Gruben und 400 Seitengräber konnten so registriert werden. Dabei entdeckten die Archäologen eine Grube, angefüllt mit dickbäuchigen Regierungsbeamten. Da sich Qin nicht mit einer Armee begnügte, sondern in weitere Gruben Pferde, Beamte, Rüstungen, Künstler- und Musikergruppen deponieren ließ, glaubt der langjährige Grabungsleiter Duan Qingbo, dass Qin seinen gesamten Regierungsapparat mit ins Jenseits nehmen wollte, um ihn so zu verewigen und das Reich zu stabilisieren.

Im Jahr 2012 gaben die chinesischen Behörden bekannt, dass die Archäologen den Totenpalast Qins gefunden hätten. Der bisher größte Gebäudekomplex des Areals soll sich über 690 mal 250 Meter erstrecken, ein Zentral- und 18 Nebengebäude umfassen und auf einer Nord-Süd-Achse ausgerichtet sein. Und im Frühjahr 2014 wurden rund fünf Kilometer vom Mausoleum entfernt 45 Gräber von einstigen Zwangsarbeitern an Qins Grabanlage freigelegt. Inzwischen haben die Archäologen auch den Grabhügel selbst unter die Lupe genommen. Ein 30 Meter hohes Gebäude soll sich über der eigentlichen Grabkammer erstrecken. Obwohl weder Radar noch Magnetometer bis in dessen Inneres vordringen können, geben sich die Behörden gewiss: Das Mausoleum des ersten Kaisers soll in den vergangenen über zwei Jahrtausenden nie von Grabräubern aufgebrochen und geplündert worden sein. Und entsprechend nähren sich die Gerüchte über Schätze und Selbstschussanlagen. In seiner Chronik „Shiji" schrieb der Historiker Sima Qian rund ein Jahrhundert später über die Grabanlage: „Ihr Inneres wurde mit Modellen von Palästen und Pavillons, Edelsteinen und seltenen Objekten gefüllt. Die Handwerker befestigten schussbereite Arm-

Wer war Qin Shi Huangdi, der erste Kaiser?

Die Aussagen über Zheng, der 246 v. Chr. als 13-jähriger auf den Thron der Qin-Dynastie kam, sind höchst widersprüchlich. Er gilt als mächtig, aber auch ängstlich, als intelligent, aber auch brutal. Brutal ließ Zheng seine Armee im Jahr 221 v. Chr. das Reich, das bis dahin aus sechs miteinander verfeindeten Staaten bestand, einigen und nannte sich nun Qin Shi Huangdi – der erste Kaiser von China. Das vorherrschende Feudalsystem, das den Adel gestärkt hatte, ließ er durch eine zentralstaatliche Bürokratie ersetzen; Maße, Währung, Gewichte, Gesetze und die Schrift wurden vereinheitlicht. Qin führte drakonische Strafen, Sippenhaft und Denunziation ein. Während seiner Regierungszeit sollen rund zwei Millionen seiner Untertanen durch Hinrichtungen, auf dem Schlachtfeld oder in der Zwangsarbeit zu Tode gekommen sein. Er ließ sich 270 Paläste und Pavillons errichten, doch außer einer kleinen Schar von Getreuen durfte niemand wissen, wo sich der Kaiser aufhielt, so sehr fürchtete er um sein Leben. Zwangsarbeiter mussten Jahrzehnte an seiner Grabanlage bauen, denn Qin wollte die Welt der Toten genauso kontrollieren wie die der Lebenden. Doch vergebens, kaum war der Herrscher 210 v. Chr. gestorben, stürzte das Land wieder ins Chaos. Sicher ist, dass Qin Shi Huangdi zum meistgehassten Mann der chinesischen Geschichte wurde. Als den „hässlichsten und unzivilisiertesten Mann Chinas", beschreiben ihn die Chronisten der nachfolgenden Han-Dynastie: „Hühnerbrüstig, schäbig, kriecherisch, schamlos und zu unnatürlichem Verhalten neigend." Und weil der Name „China" sich von Qin – sprich „Tschin" – ableitet, sprachen die Einheimischen fortan lieber vom „Land der Mitte".

Mal der große Ahnherr und Reichseiniger, mal der grausame und verschrobene Tyrann – Qin Shi Huangdi bleibt ein Rätsel der Geschichte.

Seit kurzem können chinesische Wissenschaftler im neuen „Museum der Terrakotta-Krieger und Pferde des Qin Shi Huangdi" in Xian die äußere Farbschicht neu ausgegrabener Krieger aus dem Graben 1 konservieren. Währenddessen legen Archäologen in einem neu entdeckten Graben 120 lebensgroße Soldaten aller möglichen Armee-Ränge frei, denen Ausrüstung, Pferde und Wagen in Modellmaßstab beigelegt wurde.

brüste, auf das sie jeden, der eindringt, töten. In den nachgebildeten Flüssen und Ozeanen strömt Quecksilber (...) alles wird von einem leuchtenden Sternenhimmel überwölbt."

Während die Archäologen dieses Rätsel gern lösen würden, bleiben die chinesischen Behörden hart. Dies könnte aus echter Sorge geschehen, denn nur solange die Grabbestandteile im gut konservierenden gelben Lössboden lagern, sind sie sicher. Nicht nur organische Objekte aus Holz oder Textilien sind gefährdet, schnell in der Luft zu verfallen – das haben die Freilegungen der Terrakotta-Krieger in dramatischer Weise gezeigt. Die heute grauen Figuren waren noch zum Zeitpunkt ihrer Ausgrabung bunt. Doch sie erhielten für ihre Färbung eine Grundierung mit organischen Bindemitteln, die beim Kontakt mit Sauerstoff sofort zerfällt, die Farbe blättert innerhalb von Stunden ab. Deshalb erforscht seit 1988 ein deutsch-chinesisches Projekt die einzelnen Bestandteile der Farben und Grundierungen. Nach vielen Experimenten steht seit kurzem endlich eine zwar aufwendige, aber erfolgreiche Methode zur Konservierung zur Verfügung. Oder haben die Chinesen am Ende Angst davor, im Inneren der Grabpyramide auf ernüchternde Ergebnisse zu stoßen? Auszusprechen traut sich das nur der langjährige Ausgräber Duan: „Vielleicht haben Grabräuber schon alles weggebracht, vielleicht ist das, was wir dort finden, enttäuschend." Steht doch schon in den chinesischen Chroniken: Als Qin 210 v. Chr. starb, folgte ihm sein Sohn Huhai auf den Thron. Er war jedoch kein fähiger Herrscher und die Wut über seine brutale Herrschaft führte zum Aufstand. Im Jahr 206 v. Chr. brach die Qin-Dynastie zusammen, die Hauptstadt Xiayang und das Mausoleum des ersten Kaisers wurde geplündert und zerstört.

Erforschen ohne zu berühren

Nicht nur in China, an vielen Orten der Welt denken Archäologen inzwischen ernsthaft über die Alternative „Zugeschüttet lassen" nach. In Göbekli-Tepe wurde von vornherein nur knapp zwei Prozent des gesamten Heiligtum-Areals auf dem Nabelberg ausgegraben. Und für Pompeji, dessen Gesamtfläche von rund 66 Hektar (92 Fußballfelder nach FIFA-Norm) sowieso erst zu zwei Dritteln ausgegraben ist, fordern Wissenschaftler des „Pompeii Sustainable Preservation Project" einerseits die Erforschung, wie Freilegungen besser

Wäre es besser, Pompeji erst einmal wieder zuzuschütten, bis Wissenschaftler in Erfahrung gebracht haben, wie man das weltweit größte archäologische Freiluft-Experiment besser schützen kann?

geschützt werden können – schließlich liegt keine andere Ausgrabungsstätte länger frei, keine ist größer und an keiner anderen wurde so viel herumgedoktert. Darüber hinaus wird durchaus auch das Wieder-Zuschütten als Handlungsoption in Betracht gezogen – allerdings fehlt für diese Maßnahme noch ein tragender Sponsor.

„Zugeschüttet lassen" muss nicht mehr „unerforscht lassen" heißen, dazu hat die Archäologie nichtinvasive Forschungsmethoden entwickelt. Die erste Erfassung möglicher archäologischer Fundbereiche erfolgt dabei aus der Luft. Zum einen mit den schon länger gebräuchlichen Luftbildern, die von Flugzeugen oder Satelliten aufgenommen werden. Durch die Methode können Gebäudefundamente, aber auch alte Kreisgrabenanlagen und Römerlager unter Wiesen oder Ackerflächen ausgemacht werden. Eine ganz neue Dimension hat die Fernerkundung mit dem Lasern aus der Luft (LiDAR-Projekt) erreicht, das Gräben, Wallanlagen, Gebäudereste und Grabhügel selbst unter dichtem Bewuchs sichtbar macht – wie wir im vorangehenden Kapitel am Beispiel des mexikanischen Regenwaldes sahen. Wird ein Objekt zur näheren archäologischen Erforschung ausgewählt, kommt als zweites ein Nahmessverfahren zum Einsatz. Das erstmals unter anderem in Troia angewandte Magnetometer-Verfahren, mit dem vom Menschen vorgenommene Eingriffe im Boden registriert werden, hat sich längst zu einem Routineinstrument entwickelt. Bei kleineren Flächen setzen die Archäologen inzwischen aber auch einen Bodenradar ein, der tiefer in den Untergrund eindringen kann und eine höhere Auflösung der Profile zulässt. An dritter Stelle kommt dann die entscheidende Frage: Einzelne Areale gezielt ausgraben oder reicht eine virtuelle Rekonstruktion? Dabei wird mithilfe der erfassten Daten und einem Programm, das die Eckdaten solcher Bauwerktypen gespeichert hat, eine Simulation erstellt. Führend auf diesem Gebiet ist das österreichische „Ludwig Boltzmann Institut für Archäologische Prospektion und Virtuelle Archäologie", dessen Wissenschaftler schon an Projekten unter anderem in Stonehenge und dem dänischen Birka teilgenommen haben.

Doch eine Prospektion mit anschließender virtueller Rekonstruktion wurde erst an einem Projekt vollendet. 45 Kilometer östlich der heutigen Hauptstadt Österreichs lag vor rund 1800 Jahren die römische Provinzhauptstadt Carnuntum, von der in unserer Zeit nur noch einige Mauerreste des einstigen Theaters aus dem Boden ragen. Auch hier haben die Forscher des Ludwig Boltzmann-Instituts die umliegenden Wiesen und Ackerflächen mit ihrem fahrbaren Radarsystem untersucht. Dabei wurden Unmengen an Messdaten erfasst, die von einem Visualisierungsprogramm zunächst in zweidimensionale Bilder umgesetzt werden. Bei einem ehemaligen Bauwerk konnten

Deutlich in der Landschaft zu erkennen – Luftbild des römischen Amphitheaters von Carnuntum.

die Archäologen nicht nur gut Säulen- und Hausmauerfundamente erkennen, sondern sie entdeckten auch mitten in dessen auffallend großen Hof kreisförmig angelegte Spuren von Holzpfosten. Nun gab es keinen Zweifel mehr: Das muss ein Ludus, eine Gladiatorenschule gewesen sein, nur in ihnen wurden große hölzerne Übungsarenen errichtet. Gefüttert mit den Grundrissdaten konnte nun das dreidimensionale Visualisierungsprogramm den Gebäudekomplex so exakt und mit kompletter Fassade zeichnen, dass er gut als Hintergrund für einen Gladiatorenfilm nutzbar wäre. Doch der Ludus von Carnuntum war ein Sonderfall, denn die vollständige Rekonstruktion des Gebäudes vom Keller bis zum Dach war nur möglich, weil die Archäologen schon unzählige römische Gebäude unter die Lupe genommen haben. Sie wissen nicht nur wie die Römer bauten, sondern auch, über welche Bauelemente die einzelnen Gebäudetypen routinemäßig verfügten. Wir sehen also nicht nur die Gladiatorenschule von Carnuntum, sondern dahinter verbirgt sich der Prototyp dieser römischen Institution.

Wie aussagekräftig sind also derartige Simulationen, und liegt die Zukunft der Archäologie in dieser virtuellen Vorgehensweise? Der Wissenschaftler Paul Reilly, der die Zunft schon zu Beginn der 1990er-Jahre auf dem Weg zu einer „virtuellen Archäologie" sah, benennt die Vorteile: „Die virtuelle Rekonstruktion ist die beste Methode, um die Frage zu beantworten: Wie viel lässt sich überhaupt rekonstruieren? Sie ist vielleicht das einzige verfügbare Mittel, um zu einer immer korrekteren Einordnung und Deutung zu kommen." So können uns die Simulationen der virtuellen Archäologie einen ganz neuen Blick auf antike Stätten bieten, wenn die wissenschaftlichen Erkenntnisse erheblich vom Erscheinungsbild der heutigen Ruinen abweichen: Wie sah der Pergamonaltar oder der Zeus-Tempel von Olympia mit vollständiger Bemalung aus? Sinnvoll wäre auch die virtuelle Simulation von gefährdeten und nicht erreichbaren antiken Stätten wie beispielsweise im Irak. Es gibt zwar einzelne Projekte wie eine 3D-Simulation von Babylon, die von der Universität Uppsala betrieben wird. Doch dieser stehen zu wenige Eckdaten zur Verfügung, um ein hochauflösendes Modell der Stadt zu entwerfen.

Ein weiteres, sinnvolles Anwendungsgebiet haben Wissenschaftler am Beispiel des völlig zerfallenen Banteay-Khmer-Tempels im Nordwesten Kambodschas erschlossen. Denn diese Tempelanlage ist zu mehr als 80 Prozent eingestürzt. Hunderttausende Steinquader aus Sandstein liegen verstreut um die noch stehenden Mauern, überwuchert von der üppigen Natur des Tropenwaldes. Ein Forschungsprojekt unter Leitung des Heidelberger Mathematikers Hans Georg Bock will ein genaues, kein vereinfacht hochgerechnetes Bild der weitverstreuten Anlage erzeugen und hat deshalb begonnen, deren Teile wie ein riesiges 3D-Puzzle zu behandeln. Das genaue Einscannen eines einzelnen Sandsteins dauert im Schnitt gut 30 Minuten, da jede Kante des Objekts erfasst werden muss. Bei einer 60 Meter langen Galerie zeigt sich

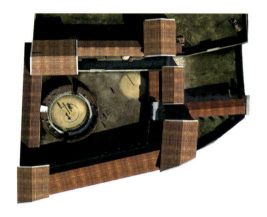

Auferstanden aus Ruinen – am Computer. Luft- (oben) und Seitenansicht (rechts) der Gladiatorenschule von Carnuntum und dem dahinter liegenden Amphitheater.

der ganze Vorteil der Methode: Hier konnten die Wissenschaftler das Relief des Avalokiteshvara (der tausendarmige Bodhisattva des Mitgefühls) wieder sichtbar werden lassen, das im Original durch die unterschiedlichen Farbschattierungen der verwitterten Steine unkenntlich geworden war. Doch die Methode kommt nur sehr langsam voran, ist sehr teuer und liefert keine gigantischen Ergebnisse. Für TV-Dokumentationen über die gesamten Khmer-Tempel, die mit schierer Größe beeindrucken wollen, ist sie kaum geeignet. Doch für einzelne zerfallene Antiken wie den Banteay-Khmer-Tempel ist sie die einzige Chance der Re-animation, denn ein Wiederaufbau würde zu umfangreiche Arbeiten erfordern. Fazit: Ohne diese individuelle Erfassung sehen alle Animationen annähernd gleich aus, für Unerwartetes, Untypisches und Anomalien ist kein Platz – die Fantasie wird folglich nicht angeregt.

lerische Stilrichtung, sondern die technische Reproduzierbarkeit. Alle Daten, die mit technischen Hilfsmitteln erhoben werden können, werden ausgewertet und zu einer Simulation hochgerechnet. Doch die am Rechner entstehenden Bauwerke sehen extrem steril aus, da sie nur die Produkte wiederholbarer Rechenoperationen sind. So lässt die virtuelle Archäologie über Umwege den vielleicht letzten, aber entscheidenden Vorzug der realen antiken Stätte erkennen: die Aura des Originals. Denn warum sonst nehmen wir die mitunter beschwerliche Reise auf uns, um diese Stätten zu sehen? Wir spüren das allgegenwärtige „Memento mori" einer Welt, die plötzlich aus ihrem Alltag gerissen wurde. Uns berührt weniger die Größe oder der gut erhaltene Zustand der Bauten, sondern die Tatsache, dass dies der ganz reale Ort ist, an dem das Historische geschah. Diese Steine sind

Soweit entfernt sind die virtuellen Bilder dann gar nicht von einer Knossos-Restaurierung im Art-Deco-Stil entfernt, denn auch wir sehen die antiken Stätten durch unsere zeitgeschichtliche Brille. Nur ist sie in diesem Fall keine künst-

schon von den alten Pharaonen berührt worden, über diesen Boden ist Alexander der Große geritten, diese Authentizität des Originals beflügelt die Fantasie weit mehr als die besten Rekonstruktionen.

"Die Natur weicht der Hacke, aber sie kehrt zurück."

Horaz (65-8 v. Chr.)

Archäologie der Zukunft

Wird etwas von uns bleiben, was wird von uns bleiben?

Verlassene Städte entwickeln ihre ganz eigene Aura – sie lassen sich als Zeugnisse des urbanen Untergangs oder der Rückeroberung durch die Natur deuten.

Zu keiner anderen Zeit wussten die Menschen nicht nur mehr über die Vergangenheit ihrer Kulturen, sondern auch über deren Aufstieg und unvermeidlichen Untergang als heute. Das absehbare Ende auch unserer Zivilisation haben vor kurzem noch einmal Wissenschaftler um den amerikanischen Mathematiker Safa Motesharrei in einer Studie für die NASA simpel, aber überzeugend vorgerechnet. Sie bedienten sich dabei in einer Computersimulation des Räuber-Beute-Modells, das sich auf Nahrungsketten stützt: Gibt es genug Beute, steigt die Zahl der Räuber, wird die Menge der Beute kleiner, muss auch die Zahl der Räuber sinken – oder es kommt zum Kollaps. Das Ergebnis: Zwar besitzt die moderne Zivilisation das technische Know-How, um wesentlich mehr natürliche Ressourcen zu mobilisieren als vergangene Hochkulturen, doch genau deshalb haben wir den Bogen bereits überspannt. Schon heute verbraucht allein die westliche Welt anderthalb Mal mehr Ressourcen, als in diesem Zeitraum auf unserem gesamten Planeten nachwachsen. Die weltweite Industrieproduktion wird aber für den heute globalen Markt weiter gesteigert und die Weltbevölkerung wird von derzeit sieben auf mindestens neun Milliarden Menschen anwachsen. Deshalb scheint gewiss: Selbst wenn wir uns noch so sehr für Nachhaltigkeit einsetzen würden – was wir aber gar nicht tun –, unsere Zivilisation wird wie alle Kulturen vor ihr irgendwann in nicht allzu ferner Zukunft ihr Ende finden. Ob plötzlich in einer Katastrophe, in langen Konflikten verstrickt oder einfach aus Erschöpfung ...

Aber wie nutzen wir dieses Wissen? Wie gehen wir mit dem Wissen um die Vergänglichkeit der eigenen Kultur um? Und Archäologen drängt sich natürlich die Frage auf: Was wird von uns übrig bleiben, wenn unsere Zivilisation endet? Werden Ausgräber in einigen Jahrhunderten, Jahrtausenden oder gar Jahrhunderttausenden nachvollziehen können, dass wir uns heute auf dem Gipfel der Menschheitsgeschichte wähnen? Das Zusammenspiel vieler Wissenschaften, die sich mit den Zerfalls- und Zersetzungsprozessen biologischer und abiologischer Art beschäftigen, erlaubt einen Blick in die mögliche Zukunft.

es mit der Dämmerung wieder richtig dunkel. Die Autobahnen und Straßen etwa wirken so verlassen wie bei dem Sonntagsfahrverbot während der Ölkrise in den 1970er-Jahren. Auch unsere Häuser wirken verlassen, aber nur scheinbar, denn in und um ihnen arbeitet es unablässig. Schimmel, Ameisen, Schaben, Wespen, Vögel und kleine Säugetiere, gegen deren Vordringen wir zu unserer Zeit ankämpften, haben nun ungehindert Zutritt. „Ihr Haus hält vielleicht 50, bestenfalls 100 Jahre", urteilt Alan Weismann, Autor des Bestsellers „Die Welt ohne uns". Als größter Feind entpuppt sich dabei das Wasser,

Von Dach und Fassade entkleidet trotzt das Gemäuer noch einige Jahrzehnte seinem unvermeidlichen Zerfall

Vom Ziegelstein zur statischen Artistik

Nähern wir uns von der Peripherie dem Zentrum und beginnen in einem Wohngebiet mit Reihenhäusern. Wenn die Menschen nicht mehr da sind, sieht anfangs natürlich alles so aus wie immer, nur äußerst leblos. Es ist nur sehr still, denn der Mensch, das wusste schon Tucholsky, ist der größte Krachmacher unter der Sonne. Und da schon bald die Energieversorgung ausfällt, wird

das einen Weg findet, um unter die Dachziegel ins hölzerne Dachgestühl einzudringen. Während bei den äußeren Wänden entscheidet, wie lange die Hüllen der Erosion trotzen, bahnt sich die weitere Zerstörung von innen an. Extreme Kälte lässt Wasser- und Heizungsrohre platzen, während sich die Fäulnis durch die Tragbalken frisst und diese zusammenbrechen lässt. Bei größeren Gebäuden machen sich dagegen vor allem die Materialeigenschaften der Baustoffe bemerkbar. „Backstein und Schiefer gewinnen durchs Altern; deshalb sind antike Steine auch viel wert", urteilt

Wie dieser Hochbunker auf dem Heiligengeistfeld in Hamburg haben viele dieser Betonfestungen aus dem Zweiten Weltkrieg die vergangenen sieben Jahrzehnte gut überstanden.

der niederländische Biologe und Vergänglichkeitsexperte Midas Dekkers. „Aluminium und Stahl allerdings werden dadurch nicht schöner. Moderne Gebäude verlieren deshalb an Wert, während alte gewinnen."

Und der heute allgegenwärtige Beton? Viele Betonbunker aus dem Zweiten Weltkrieg, die noch immer unsere Städte und Landschaften verschandeln, werden noch etliche Jahrhunderte, vielleicht sogar Jahrtausende überstehen. Anders ergeht es dagegen vielen modernen Gebäuden und Konstruktionen aus sogenannte Stahlbeton. Obwohl der Begriff nach einem viel härterem Material klingt, besteht seine Schwachstelle genau darin, dass dabei stützende oder auch tragende Stahlgeflechte in den Beton eingebracht werden. So lassen sich schlankere und flexiblere Konstruktionen wie Brücken und Hallen mit Tragwerken erbauen. Ein gutes Beispiel dafür ist die in den Jahren 1956/57 im Berliner Tiergarten errichtete Kongresshalle. Wegen der geschwungenen Form und des weit überstehenden Daches wurde sie vom Volksmund Schwangere Auster genannt. Doch 1980, während eines Kongresses, stürzte ein Teil des Vordachs ein – die stählerne Tragkonstruktion war nicht genügend abgedichtet und schließlich durchgerostet. Die meisten Hochhäuser unserer Großstädte sind in der Regel nur noch für ein halbes Jahrhundert Lebensdauer konstruiert – das gilt erst recht für die großen architektonischen Wahrzeichen der globalisierten Welt. „Alle großen Gebäude der Gegenwart werden heute aus dem Geist des Computers geboren, aus der Faszination für das Avancierte", resümiert der Architekt Hanno Rautenberg. „Sie verdanken sich der Simulation, sie gehen an die Grenze dessen, was heute mit Rechnern möglich ist. Ohne deren Hilfe wären bestimmte Formen nicht einmal vorstellbar; und unmöglich wäre es, ihre Statik zu berechnen. Allein das macht sie zu Wahrzeichen der digitalen Moderne."

So individuell diese Gebäude sein wollen, so wartungsintensiv sind sie auch – was im Umkehrschluss heißt: Ohne menschliche Steuerung werden ihre Konstruktionen Wind und Wetter kaum länger als einige Jahrzehnte standhalten.

Aber selbst funktionale Stahlkonstruktionen wie Brücken überdauern ohne Wartungsarbeit nur 50 bis 100 Jahre. In dieser Zeitspanne haben Hitze, Kälte, Wind und Wasser die schützende Farbschicht soweit abgetragen, dass sich der Rost in den Metallteilen ausbreiten konnte. Wenn wichtige Verbindungen wie Nieten oder Tragseile erodieren, bricht über kurz oder lang die ganze Konstruktion zusammen.

Nur die Gebäudefundamente und unsere Infrastruktur wie Straßen, Dämme und Bahnlinien werden noch für längere Zeit aus der Luft gut erkennbar bleiben.

Wie viel Jahrhunderte robustere Bauwerke wie Staudammmauern ohne Wartung intakt bleiben, kann niemand voraussehen. Deutlich länger werden Kuppelbauwerke der Erosion standhalten – Kirchen, Tempel, Schlösser und allen voran die Schutzhüllen von Kernkraftwerken – sie werden vielleicht noch in 5000 bis 10 000 Jahren existieren. Allerdings werden diese Bauwerke dann zum größten Teil unter einer dichten Vegetation versunken sein: Wo einige Jahrhunderte lang Städte standen, wachsen dann wieder Wälder, Deutschlands Fläche war und wird wieder zu über 90 Prozent bewaldet sein, aus denen vereinzelt noch Ruinenteile herausragen, Teile von Brücken oder ehemaligen Wolkenkratzern.

Neu trifft alt – der Bogen der alten römischen Tiberbrücke steht seit annähernd zwei Jahrtausenden, davon kann der Neubau nur träumen.

Die meisten Großstädte auf der Welt haben ein ganzes Labyrinth von Versorgungsleitungen, Abwasser- und U-Bahnkanäle unter der Erde eingerichtet – was wird mit ihnen geschehen? Unter der Erde sind diese Anlagen zunächst vor Erosion geschützt – aber nicht überall. An vielen Orten der Welt, beispielsweise in New York, London oder Hamburg, sind die unterirdischen Schächte vom Grundwasser bedroht, das zusätzlich von den Flutwellen der nahe gelegenen Meere angereichert wird, die über die Flüsse hereinschwappen. Sobald die Pumpen ausfallen, füllen sich die Schächte dieser Städte mit Wasser, und der Anstieg des Meeresspiegels kommt noch oben drauf. In trockeneren Regionen werden diese Infrastrukturen länger überdauern, in denen sich allerdings etliche Tiere einnisten werden. Und langfristig wird das Wurzelwerk der Bäume die Wände der unterirdischen Kanäle langsam, aber unaufhaltsam zerstören.

Wie der Pyramide des Pharao User-kaf erging es auch vielen anderen – sie verwandelten sich im Laufe der Jahrtausende in Schutthaufen.

Gute Aussichten für Pyramiden

In Städten mit alter Bausubstanz werden die alten Gebäude die jungen überdauern, Bauwerke wie der Kölner Dom werden, wenn auch von Zerfall gezeichnet, noch aus der neuen Wildnis ragen, wenn die Materialien der F-förmigen Kranhäuser im Rheinhafen längst vom Fluss fortgespült werden. Das führt uns zu einem weiteren Faktor. Selbst wenn die Menschheit in den nächsten Jahrzehnten über Nacht ausgelöscht würde, würde der Klimawandel erst langsam gestoppt, denn das von uns freigesetzte CO^2 aus fossilen Urwäldern würde erst allmählich wieder von der Natur eingebunden. In den nördlichen Regionen würde die Großwetterlage noch stürmischer und feuchter. Den Wassermassen, die sich aus den Bergen ins Tiefland wälzten, würden die von Menschen errichteten Dämme nicht lange trotzen. Da die meisten Städte an Flüssen errichtet sind, würden sie über kurz oder lang von Schlammschichten bedeckt. Immerhin würden ihre Überreste darunter überdauern – wie seinerzeit im griechischen Olympia.

Wie anders dagegen in den Wüsten, sie würden bei einer Klimaerwärmung noch heißer und vor allem trockener. Gute Bedingungen dafür, dass beispielsweise die Bauwerke der Alten Ägypter auch die nächsten Jahrtausende überstehen könnten. Nicht nur die großen Pyramiden von Gizeh, Sakkara und Daschur stehen seit Jahrtausenden gut sichtbar an den Ufern des Nil und im Wüstensand. Auch die Tempel von Theben, Edfu und Abu Simbel wurden zwar von Dünen eingeweht, aber selbst der Wind der Sahara schaffte es nie, sie ganz zu begraben. Und auch 2000 Jahre Zerstörung konnte ihnen wenig anhaben – fast scheint es so, als hätten die altägyptischen Baumeister all die Folgen der Erosion vorhergesehen und tatsächlich für eine „Ewigkeit" gebaut – das gilt besonders für die mit über 4500 Jahren mittlerweile ältesten Bauwerke, die großen Pyramiden von Sakkara und Gizeh. So haben letztere die ersten vier Jahrtausende nahezu unbeschadet überstanden, dann begannen

die Menschen die glänzenden Marmorplatten von den Pyramiden abzuschlagen und sie zum Bau von Moscheen und herrschaftlichen Häusern in Kairo zu verwenden. Die nun freiliegenden unbehandelten Kalksteine des Pyramidenkerns sind wie Gebirge auch der Verwitterung ausgesetzt. Doch Bauforscher urteilen: Die Pyramiden werden auch in 5000 bis 10 000 Jahren noch stehen, wenn unsere Zivilisation mit ihren Hochhäusern längst in Schutt und Asche liegen. Denn sie können auch ohne Schutzhülle überdauern, weil ihr Neigungswinkel nicht steiler ist als der eines Schüttkegels aus gleichem Material, d. h., selbst wenn die Steine langsam verfallen, bleibt die Pyramidenform erhalten. Das zeigen drastische Beispiele von verfallenen Pyramiden wie die von Userkaf in der Nähe der Djoser-Pyramide in Sakkara.

„Früher planten die Erbauer die Wirkung der Zeit auf das Material mit ein, heutzutage wird nicht mehr für die Zukunft gebaut", urteilt Midas Dekkers. Und dass wir nicht mehr für die Zukunft bauen gilt im doppelten Sinne: Zum einen werden unsere Bauwerke schon mit eingeplantem Zerfallsdatum errichtet, zum anderen schaffen wir für unsere Gebeine keine dauerhaften Heimstätten mehr. Deshalb beklagt der Kulturhistoriker Robert Harrison: „Zum ersten Mal seit Jahrtausenden wissen die meisten von uns nicht, wo sie begraben sein werden, vorausgesetzt, dass sie überhaupt begraben werden." Die Wahrscheinlichkeit, dass wir neben unseren Vorfahren zur letzten Ruhe kommen, nimmt immer mehr ab. Zunehmend mehr Menschen lassen sich einäschern und die Asche anonym beisetzen. Harrison ist davon überzeugt: Wir erleben das Ende der neolithischen Epoche; wir geben mit der lebenslangen Ortsverbundenheit und der letzten Ruhestätte auch den Gedanken einer zentralen Heimstätte auf. Was mit Ackerbau und Viehzucht im Fruchtbaren Halbmond, in den ersten Städten in Mesopotamien und den Me-

galithkulturen in Nordeuropa seine Fortsetzung fand, scheint heute mit der globalisierten Welt zu enden. Genau der richtige Zeitpunkt noch einmal zurück an den Anfang zu schauen.

Çatal Höyük – Ruhen auf den Gebeinen der Ahnen

„Çatal Höyük", „Hügel an der Weggabelung", ist ein rund 50 Kilometer südöstlich der Stadt Konya gelegener Hügel, dessen 17, 5 Meter Höhe überwiegend aus Siedlungsschichten ehemaliger Lehmhäuser besteht. Diese Lehmschichten lieferten den Beweis, dass die erste Stadtkultur weder in Ägypten noch in Mesopotamien, sondern um 7600 v. Chr. in Zentralanatolien entstand. Wie bei indianischen Pueblos herrschte hier auf über 14 Hektar ein Gedränge von ineinander verschachtelten rechteckigen Lehmbauten. Es gab zwar vereinzelt Höfe, jedoch keine Gassen, und Straßen und die Menschen gelangten über Holzleitern von tieferen zu höhergelegenen Dächern, sowohl der Einstieg in die Häuser als auch der Lichteinfall erfolgten durch die Dachluke. Die Stadt besaß keine Befestigungsmauer sondern wuchs ständig, bis zur Zeit ihrer größten Ausdehnung rund 10 000 Menschen dort lebten. Von der Entwicklung differenzierter Bedürfnisse und einer fortgeschrittenen Arbeitsteilung zeugen die gefundenen Handwerksprodukte: die ältesten Teppichwebereien, zweizinkige Gabeln und Löffel aus Knochen, Ketten und Armreifen, vor allem jedoch Waffen und Werkzeuge. Die Räume der Häuser waren dagegen spartanisch eingerichtet, eine Feuerstelle, ein kleines Heiligtum und Podeste, auf denen voneinander getrennt Männer sowie Frauen und Kinder schliefen. Diese Podeste waren Schlaf- und Grabstätte in einem, denn die verstorbenen Familienmitglieder wurden in ihrem Inneren bestattet. Um die Toten zu konservieren wurden sie in speziellen Freihöfen den

Hügel an der Weggabelung – so schlicht wurde der einstige Siedlungshügel genannt. Diesen Namen behielt er auch, als Forscher erkannten, dass in ihm die älteste Stadt der Menschheitsgeschichte ruht, nach der mit Unterbrechung bis heute mit immer neuen Erkenntnissen geforscht wird: Çatal Höyük.

Çatal Höyük – das erste Zivilisationsexperiment

Als der britische Archäologe James Mellaart 1958 auf Çatal Höyük stieß, schloss er anhand der Oberflächenfunde – Lehmziegel, Keramikscherben und Obsidianwerkzeuge – auf eine frühneolithische Siedlung. Dies wurde in den Ausgrabungen 1961 bis 1963 bestätigt. Doch Größe und Alter der Stadt waren eine Sensation. Çatal Höyük erwies sich als die älteste Stadt der Menschheitsgeschichte, mit einer ausgeprägten Stadtkultur, die rund 2000 Jahre existierte. Seit 1995 führt Mellaarts Schüler Ian Hodder die Arbeiten in Çatal Höyük fort. Die von mehreren Unternehmen großzügig gesponserte Grabung stützt sich auf fast 100 Mitarbeiter und neueste Grabungsmethoden. Satellitenbilder wurden ausgewertet, der Boden mit dem Magnetometer durchleuchtet und Bodenproben analysiert. Auf diese Weise gelang es, die ersten Lehmziegel von Çatal Höyük auf die Zeit um 7600 v. Chr. zu datieren. DNA-Analysen der menschlichen Skelettreste bestätigen, dass nur Mitglieder jeweils einer Familie in den Häusern bestattet wurden. Mit mikroskopisch feiner Analyse der nur millimeterdicken Fußbodenablagerungen wurde das Lauf- und Verweilverhalten der Bewohner untersucht. Nicht nur die Podeste waren streng aufgeteilt, das ganze tägliche Verhalten – wer sich zu welcher Zeit an welchem Ort aufhalten durfte – war streng geregelt. In dieser strengen Reglementierung des Verhaltens sieht Ian Hodder die Ursprünge des Zivilisationsprozesses, denn vor der Beherrschung von Tier und Pflanze stand die Selbstkontrolle. Und mittlerweile ist den Forschern klar, dass das Sesshaftwerden nicht Folge des Ackerbaus war. Die Menschen bauten zuerst ihre Dörfer, und probierten das Säen von Pflanzen und das Züchten von Tieren zunächst als Zweit- und Dritterwerb aus.

In Çatal Hüyük wurden Skelette wie dieses eines Kindes mit Schmuck und Halsbändern in Fußböden oder Schlafpodeste eingemauert.

Die „Große Mutter", Symbol der Fruchtbarkeit und des Lebens, wurde besonders im frühen Neolithikum als dickleibiges weibliches Idol dargestellt.

Geiern überlassen, die das Fleisch abfraßen. Das Skelett malten die Bewohner mit den gängigen Farben an – gelb-braunem Ocker, rotem Zinnober, grünem Malachit oder blauem Azurit, den Schädel trennten sie vom Rumpf und modellierten mit Lehm das Gesicht nach. Reiche Wandverzierungen weisen auf dieses „Geierritual", aber auch auf die Muttergöttin und den Stiergott hin. Bei der Muttergöttin wurden in der für die Frühzeit typischen Weise die Geschlechtsmerkmale in übertriebener Weise mit extrem großen Brüsten und breiten Hüften sowie dicken Oberschenkeln betont. Den Gegenpart zum Weiblichen bildete der männliche Stier oder Auerochse, der nicht nur für die Jagd, sondern auch für die Beherrschung der äußeren und inneren Natur stand – die Bewohner strebten offenbar ein Gleichgewicht zwischen Fruchtbarkeit, Aggression (für die Jagd) und Harmonie (für das Zusammenleben) an.

Hier wurde auf einen Schlag eine vollständige, in sich geschlossene Kultur geschaffen, urteilt der Kulturhistoriker Heinrich Klotz: „Was Çatal Höyük heraushebt, ist nicht die Zahl seiner schätzungsweise 10 000 einstigen Bewohner, ist nicht irgendeine spektakuläre Einzelheit wie in Jericho, sondern der kulturelle Gesamtzusammenhang von Architektur, Plastik, Malerei, Handwerk, von bewusster Stadtgestaltung und Wohnkultur, Ritualen und Gebräuchen." Wie haben es die Menschen in Çatal Höyük geschafft, in so kurzer Zeit ohne technisch weitentwickelte Hilfsmittel, ohne auf eine große Kulturtradition zurückgreifen zu können, eine einheitliche Kultur zu entwickeln? Was für Wissen haben wir seitdem verloren? Eines nur scheint gewiss: Dieses Wissen wird nicht durch archäologische Forschung wiederentdeckt werden. Dazu müssen wir allen Anzeichen nach in uns selbst suchen. Wir haben einen wichtigen Anker verloren und treiben auf den Fluten der Zeitgeschichte hin und her – davon sind Autoren wie Robert Harrison überzeugt, „denn solange wir uns unsere Häuser, Städte und Nationen lediglich als Orte denken, an denen wir leben, und nicht als Orte, an denen wir sterben, können diese Häuser, Städte und Nationen niemals Heimstätten werden oder in den Grenzen der Einfassung Stellung beziehen, von der sich aller Schutz und alle Orthaftigkeit letztlich herleitet." Wichtiger scheint unserer Zeit die Unsterblichkeit unserer diesseitigen Leistungen, anders scheint es nicht erklärbar, warum so viele Menschen sich darum bemühen, Andenken an sich selbst, ihre soziale Gruppe oder ausgesuchter Kulturleistungen in sogenannten Zeitkapseln zu retten, die im Boden versenkt, in Fundamenten eingemauert, in Tresoren archiviert oder neuerdings im Internet publiziert werden.

Zeitkapseln statt Gräber

Früher wurden bei der Errichtung neuer Kirchturmspitzen oder bei der Grundsteinlegung wichtiger Gebäude Kapseln mit zeitgenössischen Dokumenten mitverbaut, damit sich die Nachkommen in einigen Generationen an die Zeit der Erbauung erinnern sollten. Es gibt sogar eine Gesellschaft, die „International Time Capsel Society", bei der man seine Zeitkapsel registrieren lassen kann. Die meisten Nationen haben atombombensichere Bunker errichten lassen – für ihre Regierungen und eine Auswahl ihrer wichtigsten Kulturleistungen. In alten Bergbaustollen, die einst in den „Schauinsland" im Schwarzwald getrieben wurden, betreibt die Regierung der Bundesrepublik Deutschland seit 30 Jahren ein

Tiefgekühlte Schatzkammer soll Kulturpflanzen bewahren – diese Computergrafik zeigt Eingang und Verlauf der künstlichen Svalbard-Höhle auf Spitzbergen, wo in drei Hallen bei -18 °C die Sammlung von geplanten drei Millionen Pflanzensamenarten eingelagert wird. Von jeder Art 500 Samen, damit die Menschheit auch nach einer globalen Katastrophe neu aussäen kann.

Archiv seiner wichtigsten Kulturgüter auf Mikrofilmen – mindestens 500 Jahre lang sollen die Information ohne Verluste überdauern. Im Swiss Fort Knox, einer unterirdischen Hochsicherheits-Bunkeranlage des Schweizer Militärs in der Nähe von Gstaad, lagert ein beständig aktualisierter Satz digitaler DNA, also alle gängigen Dokument-Formate mit den dazugehörigen Speichergeräten. Und im Norden Norwegens, auf Spitzbergen, wurde in das Felsmassiv hinein ein hermetisch abgeriegeltes Lager errichtet. Hier lagern bei -18° Celsius Samen von mehr als drei Millionen Pflanzenarten. Im Jahr 1994 initiierte der französische Künstler Jean-Marc Philippe das Zeitkapsel-Großprojekt KEO, benannt nach den drei Buchstaben, die sprachübergreifend am meisten genutzt werden. Für das Projekt, das inzwischen auch von der UNESCO gefördert wird, wurden über das Internet und durch die französischen Botschaften weltweit Mitteilungen von Menschen gesammelt. Zusammen mit einer astronomischen Uhr, einer digitalen Universalenzyklopädie und winzigen Mengen von Luft, Seewasser, Erde und menschlichem Blut – die in einen künstlichen Diamanten eingeschweißt wurden – wird die Kapsel die Botschaften Zehntausender von Menschen transportieren. Einzige Bedingung für die gesammelten Texte: Sie durften nicht länger als 6000 Zeichen sein. Diese nutzen die einen, um das Leben und die Herrlichkeit der Erde oder ihren Gott zu preisen, während andere das Wirken der Menschen kritisieren. Wieder andere steuern Rezepte wie das für einen Birnenkuchen, ein eigenes Gedicht oder eine Anleitung zum Auffinden eines vergrabenen Schatzes bei, viele jedoch hinterlassen lediglich Angaben zu ihrer Existenz.

Für diese Satelliten-Zeitkapsel gab es schon Vorläufer: In den 1970er-Jahren wurde die Pioneer-Plakette für die NASA entwickelt, die an Bord der interstellaren Raumsonden Pioneer 10 und 11 angebracht wurden. Auf goldbeschichteten Aluminiumplatten waren Mann und Frau abgebildet sowie eine schematische Darstellung der Position unseres Sonnensystems. Zum Jahrtausendwechsel begann das moderne „Rosetta-Projekt": auf einer nur 7,5 cm großen Metallscheibe ist in 1500 Sprachen der Anfang der biblischen Genesis eingraviert; der Prototyp befand sich an Bord der Rosetta-Raumsonde, die 2004 startete.

Archäologie der Zukunft | 315

Während die Satelliten mit den Pioneer-Plaketten und der Rosetta-Disk in die Weiten des Weltalls entschwanden, um Kontakt zu möglichen galaktischen Lebensformen aufzunehmen, soll KEO die Erde auf einer Umlaufbahn in 1800 Kilometern Höhe umkreisen und, wenn alles gut geht, in 50 000 Jahren wieder von allein auf die Erde zurückstürzen. Doch da KEO aus Kostengründen zusammen mit einem kommerziellen Satelliten ins Weltall geschossen werden soll, kommt es seit dem ersten geplanten Start im Jahre 2001 immer wieder zu Verzögerungen.

Wird KEO überhaupt starten, und wenn ja, wird der Satellit wirklich in 50 000 Jahren zurückkehren und gefunden werden?

Die „International Time Capsel Society" weiß zu berichten, dass einige gerade einmal 50 bis 200 Jahre alte Zeitkapseln schon heute als verschollen gelten. Wie wahrscheinlich ist es dann, dass unsere tief verborgenen Archive und Zeitkapseln von Vertretern künftiger Zivilisationen oder gar fremder Planeten gefunden werden? Und wenn deren Archäologen tatsächlich diese Zeugnisse lesen können, werden sie diesen auch Glauben schenken? Oder werden sie sich wohl eher ein Bild machen, wie es Archäologen heute tun, werden sie die Überbleibsel, die Spuren unserer Zivilisation untersuchen und ihre eigenen Schlussfolgerungen ziehen?

Von riesigen Gletschern zermalmt

Gerade die hochentwickelten Industrieländer Nordeuropas und Nordamerikas haben in ferner Zukunft ein eindeutiges Schicksal vor sich. Wenn wir auch nicht wissen, wie unsere Zivilisationsepoche einmal genannt werden wird, das geologische Zeitalter ist eindeutig: wir leben in dem Interglazial (Zwischen-Warmzeit) einer Eiszeit, dem „Quartär". Die letzte Warm-

Journalisten im Eiswind auf der verzweifelten Suche nach passenden Bildern für die Einweihung des Globalen Pflanzensamenarchivs Svalbard am 26. Februar 2008.

Zeitkapseln wanted

Diese zwei Heiligenbilder bilden zusammen mit Münzen, Medaillen und einer Schriftrolle das erfolgreiche Beispiel einer Zeitkapsel. Diese wurde 1791 in den Westturm von Mexico-Citys Hauptkathedrale versteckt und im Januar 2008 von Architekten bei der Renovierung der Fassade wiederentdeckt.

Die Society hat auch eine besondere Rubrik: Die meist gesuchten – most wanted! – Zeitkapseln. Dazu gehören unter anderem:
Für das Capitol in Washington legte im Jahr 1793 niemand anders als George Washington selbst einen Grundstein, der mit Dokumenten gefüllt war. In den folgenden 200 Jahren wurde der Regierungssitz allerdings so oft aus- und umgebaut, dass heute niemand mehr die Lage des Grundsteins kennt.

Im Jahr 1939 vergrub das Massachusett Institute of Technology eine Zeitkapsel mit 50-jähriger Halbwertszeit. Doch genau über dem Lagerort wurde ein Neutronenbeschleuniger erbaut. Dieser wurde zwar inzwischen wieder abgerissen, nicht aber sein Sockel: ein 18 Tonnen Magnet.

Auch vor rund 200 Jahren vergrub die Blackpool-Stiftung im britischen Lancashire eine Zeitkapsel. Diese sollte vor geplanten Umbauarbeiten gesichert werden. Doch sie wurde nicht gefunden, auch Hellseher und Wünschelrutengänger konnten nicht helfen.

zeit, das „Tertiär" erstreckte sich über den langen Zeitraum von 65 bis 2 Millionen Jahren vor unserer Zeit, als in Europa eine durchgehende Warmzeit mit üppiger Vegetation und Tierwelt herrschte. Dann wurde es erheblich kälter: „Eine ungeheure ökologische Katastrophe zerstörte diesen Garten Eden", urteilt Landschaftshistoriker Hansjörg Küster. Doch Eiszeitalter heißt nicht, dass es durchgehend kalt blieb. Immer wieder wurden die Eiszeiten (Glazial) von unterschiedlich langen Warmzeiten (Interglazial) unterbrochen, die Jahresdurchschnittstemperatur ging auf und ab wie die Seismograph-Nadel bei einem nahenden Erdbeben. Wie viele dieser Eiszeiten es gab, hängt von der Zählweise ab: sechs, 13 oder gar 19, je nachdem wie viele Kältespitzen zu einem Zyklus zusammengefasst werden. Wenn es wie in der letzten Eiszeit im Durchschnitt nur vier Grad kälter als heute war, hatte das globale Auswirkungen auf die Pflanzen- und Tierwelt. Kühlere Luft kann nur wenig Feuchtigkeit aufnehmen, es bildeten sich weniger Wolken und es kam zu geringeren Niederschlägen und die davon abhängigen Wälder verdorrten weltweit. Über Nordeuropa bildete sich eine gewaltige Eisdecke; diese bis zu 3000 Meter dicken Gletschermassen trugen auf ihrem Weg nach Süden ganze Bergspitzen ab und schoben Geröll und riesige Steine bis weit ins Landesinnere hinein. Und sie brachten die

Archäologie der Zukunft | 317

großen Findlinge nach Nordeuropa, die für die ersten Megalithbauten genutzt wurden.

Allein in den letzten 100 000 Jahren gab es drei Eiszeiten. Und wenn es der Menschheit nicht doch noch gelingen sollte, durch das Abbrennen sämtlicher irgendwie nutzbarer fossiler Brennstoffe die Erdatmosphäre unumkehrbar aufzuheizen, dann wird es in allerdings nicht allzu naher Zukunft zu einer neuen Eiszeit kommen. Eindringlich schildert Alan Weismann das Szenario für Manhattan: „Die vier riesigen Hügel auf Staten Island, mit Erdreich kaschierte Müllhaufen der Deponie Fresh Kills, werden platt gewalzt und ihre ungeheure Ansammlung von unverwüstlichem PVC-Kunststoff und Glas, eine der dauerhaftesten Schöpfungen der Menschen überhaupt, wird zu Staub zermahlen.

Wenn sich das Eis wieder zurückgezogen hat, wird sich in den Endmoränen und möglicherweise auch in den geologischen Schichten darunter eine unnatürliche Konzentration eines rötlichen Metalls finden, das kurzzeitig die Form elektronischer Kabel und Rohrleitungen angenommen hatte, bevor es der Erde zurückgegeben wurde."

Aber auch in den eisfreien Zonen werden in 10 000, spätestens in 20 000 Jahren so gut wie alle Spuren unserer Existenz verschwunden sein. Künftige Archäologen müssten schon beginnen, mit Ausdauer und geführt von sensiblen Messinstrumenten im Boden zu graben. Dann würden sie auf Plastik- und Glasfragmente aus unseren alten Mülldeponien stoßen, auf Tresore, in denen Buntmetalle und haufenweise bereits zerbröseltes Papier lagern – oder auf sorgsam vergrabene Skelette eines großen Primaten mit bescheidenen Grabbeigaben. Als am robustesten jedoch werden sich kompakte Glasformen wie die alte Coca-Cola-Flasche und Edelstahl-Kochgeschirr wie der Schnellkochtopf erweisen, davon ist Alan Weismann nach langer Recherche überzeugt: „Sollte irgendwer in 100 000 Jahren diese Dinge ausgraben, wird ihn die Entdeckung so gebrauchsfertiger Werkzeuge unvermittelt auf eine höhere Evolutionsstufe katapultieren (...)". Oder aber die Entdecker befinden sich bereits auf einer hohen Kultur- oder Evolutionsstufe. Vielleicht werden sie ja auch das eine oder andere schriftliche Zeugnis finden und es sogar entziffern können. Dann werden sie Botschaften lesen wie die des 30-jährigen Kamaye aus Niger, der für das KEO-Projekt geschrieben hat: „Ich möchte, dass die, welche in 50 000 Jahren auf der Erde leben, wissen, dass ich existiert habe." Ist das nicht letztlich die Botschaft aller Menschen und Kulturen, zu welcher Zeit und wo auch immer auf Erden sie gelebt und gewirkt haben?

Gewolltes und ungewolltes Vermächtnis – werden künftige Archäologen auf von uns hinterlegte Zeitzeugnisse (Zeitkapseln oder Satelliten mit Botschaften) oder eher auf die unverwüstlichen Abfälle unserer Zivilisation stoßen?

Glossar

Akkadisch – Akkad hieß das erste uns überlieferte Großreich in Mesopotamien (ca. 2330–2170 v. Chr.), benannt nach seiner Dynastie. Bekannt wurde Sargon von Akkad, von dem eine bekannte Bronzebüste, viele Inschriften und noch mehr Legenden überliefert sind.

Anthropologie – Wissenschaft und Lehre vom menschlichen Körper und seiner Geschichte, in Deutschland ist sie Teil der Medizin, in den USA werden ihr auch Archäologie und Ethnologie untergeordnet.

Architrav – waagerechtes Gebälk aus Stein oder Holz, trägt die Dachkonstruktion eines Tempels.

Artefakte – vom Menschen hergestellte Objekte.

Bodenradar – auch Georadar genannt, zählt zu den geophysikalischen Methoden der Bodenuntersuchung. Durch die Reflexion elektromagnetischer Strahlung werden „Störungen" in den oberen Erdschichten angezeigt. Während Archäologen so von Menschen errichtete Bauwerke aufspüren, nutzt das Militär diese Technik zum Aufspüren von Landminen.

Cella – fensterloser Hauptraum eines Tempels, in dem das Götterbild steht.

Cherub (hebräisch, plural: Cherubim) – geflügeltes Mischwesen, das Schutzfunktion hatte (Wächter vor Tempel- und Palasteingängen) und einen Gott repräsentieren konnte, der Leib meist aus Teilen mehrerer Tiere zusammengesetzt und einem menschlichen Gesicht; diese Mischung sollte übernatürliche Kräfte symbolisieren.

Computertomograph – aus einer Vielzahl aus verschiedenen Richtungen aufgenommener Röntgenbilder erzeugt der CT Schnittbilder bzw. eine dreidimensionale Simulation.

C-14-Analyse – auch Radiocarbon-Methode genannt. Mit ihr lässt sich das Alter aller organischen Materialien bestimmen. Dabei werden in einer Probe die zerfallenden, leicht radioaktiven C-14-Isotope exakt gezählt. Da es von Organismen nur aufgenommen wird, so lange sie leben, nimmt deren Menge nach dem Tod kontinuierlich ab und wird nach 40 000 Jahren zu gering für exakte Messungen.

Dendrochronologie – da die jährlichen Wachstumsringe der Bäume je nach Klima variieren, legen Forscher Ringchroniken der einzelnen Baumarten an; die der Kiefern reicht bis zu 14 000 Jahre zurück. Durch den Vergleich der Ringfolge können größere Holzfunde datiert werden.

DNA-Analyse – die DNA (Desoxyribonucleine Acid) ist Träger der individuellen Erbinformationen, ihre Analyse erlaubt den Verwandtschaftsgrad zwischen Lebewesen zu bestimmen.

Dolmen – rechteckige oder runde Kammergräber mit senkrechten Tragsteinen und einem oder mehreren horizontalen Decksteinen, meist von einem Erdmantel umgeben.

Dunkles Zeitalter (Dark Age) – wird die Phase der griechischen Geschichte zwischen 1200 und 750 v. Chr. genannt, aus der keine Schriftquellen und nur wenige archäologische Funde bekannt sind.

Experimentelle Archäologie – In Experimenten werden Objekte wie Gebäude, Transportmittel und Waffen nachgebaut, aber auch Techniken wie der Einsatz von Waffen oder Booten erkundet, um zu ergründen, wie die Menschen der Vergangenheit sie herstellten bzw. benutzten.

Fayence – kunsthandwerklich hergestellte Keramik.

Firman, auch Ferman – Grabungslizenz ausgestellt von der Hohen Pforte, dem Sitz der Regierungsbeamten des osmanischen Sultans.

Fries – waagerecht angeordnetes, Galerie artiges Bauteil bei repräsentativen Bauwerken der Antike, das oft mit Figurenreliefs geschmückt wurde.

Geländebegehung s. **Survey**

Geomagnetische Prospektionen s. **Magnetometrie**

Gesims – aus einer Mauer hervorstehendes oder über dem Gebälk vorspringendes Bauelement aus Steinplatten, meist plastisch ausgestaltet.

Hünenbett oder -grab – ovale oder rechteckige, manchmal riesig ausfallende Umwallung einer viel kleineren Grabkammer, beide aus großen Findlingen und fast immer ursprünglich von einem Erdhügel bedeckt.

Isotopen-Analyse – Isotope sind Atome eines Elements mit unterschiedlicher Anzahl an Neutronen, deren Zusammensetzung variiert mit der jeweiligen Erz-Lagerstätte.

Kalibrieren – Daten durch Vergleichsmethoden absichern, die C-14-Messungen können durch Schwankungen des Isotop-Gehalts der Atmosphäre fehlerhaft sein, deshalb werden sie mit anderen Messungen, z. B. der Dendrochronologie, verglichen.

Kassiterit – wörtlich: Zinnstein, ein Kristall mit hohem Zinngehalt, das zur Herstellung von Zinn genommen wird.

Kernspintomographie oder auch **Magnetresonanztomographie** – ein bildgebendes Verfahren, das vor allem in der medizinischen Diagnostik angewandt wird. Dabei wird ein starkes Magnetfeld erzeugt, das bestimmte Atome in den Körperzellen zur Resonanz bringt, die wiederum aufgezeichnet werden kann.

LIDAR – das „Light detection and ranging" (LIDAR)-Verfahren funktioniert ähnlich wie ein Radar, nur schickt es Laserimpulse von einer erhöhten Position wie beispielsweise einem Flugzeug nach unten. Diese Impulse dringen auch durch das Blattwerk von Bäumen und Sträuchern und werden vom Untergrund zurückgeworfen – Ruinen, selbst ehemalige Ackerflächen bilden dabei andere Muster als beispielsweise unberührter Dschungelboden.

Linear-B-Schrift – in Abgrenzung zur älteren Linear-A-Schrift aus Piktogrammen wurde diese Silbenschrift im minoisch-mykenischen Griechenland von ca. 1450 bis 1200 v. Chr. verwendet.

Luren – auch Kriegstrompete genannt – kunstvoll geschwungene Blasinstrumente aus Bronze, oft in Depots der jungen Bronzezeit in Nordeuropa gefunden.

Luwisch – eine Schriftsprache (in Hieroglyphen), die vor allem während der Hethiterzeit in Kleinasien verbreitet war.

Magnetometrie – beim Messen und Kartieren des Erdmagnetfeldes in den oberen Bodenschichten weisen Abweichungen/Störungen auf von Menschen gefertigte Bauwerke, aber auch Gruben und Graben sowie gebrannte Ziegel und Tonscherben hin. Gemessen wird mit einem Magnetometer meist in 20 x 30 Meter großen Arealen.

Massenspektrometer – es analysiert nicht nur die chemische Zusammensetzung von Metallen und Erzen, sondern bestimmt auch die jeweiligen Anteile der vier Bleiisotope, die in kleinsten Mengen in jedem Erz vorkommen. So kann die jeweilige Herkunft der Metalle und Erze bestimmt werden.

Mastaba (arabisch: Bank) – im Alten Ägypten kastenförmige Grabaufbauten, unter denen die eigentlichen Grabkammern lagen. Die zweistufige Mastaba entwickelte sich dann weiter zur Grabpyramide.

Megalith-Kulturen (griech. Megas = groß, lithos = Stein) – Großstein- oder auch Hünengräber wurden von Menschen zwischen 5000 und 2000 v. Chr. von der Atlantikküste Westeuropas über Nordeuropa bis in den westlichen Mittelmeerraum hinein errichtet. Menhire, Hünengräber, Steinkreise, Steinreihen oder Dolmen konnten als Bestattungsorte, Kultanlagen und Opferplätze oder einfach als Markierung des Siedlungsgebietes dienen.

Menhire – von Menschen aufrecht gesetzte Steinpfeiler, häufig mit bearbeiteter Oberfläche.

Mesolithikum – Mittelsteinzeit (ca. 8000–5000 v. Chr.). Übergangsphase von der Alt- zur Jungsteinzeit. Die Menschen sind als Sammler, Fischer und Jäger unterwegs, leben in primitiven Hütten, aber auch erste sakrale Bauwerke wie frühe Megalithbauten fallen in diese Zeit.

Metalldetektor – Geräte zum Aufspüren verborgener Metalle erzeugen elektronische Magnetfelder, die von Metallen oder leitenden Flüssigkeiten beeinflusst werden. Sie sind Fluch und Segen der Archäologie zugleich: Ohne sie hätten die Archäologen keine Chance verstreute Objekt beispielsweise auf einem Schlachtfeld zu finden – aber Raubgräber haben es mit diesen Geräten genauso einfach.

Metallurgie – die Metallkunde umfasst das Finden und Fördern von Erzen, das Gewinnen der reinen Metalle und die Bearbeitung derselben zu Schmuck, Werkzeug und Waffen.

Metopen – Teil des Gebälkfrieses griechischer Tempelbauten.

Neolithikum (Jungsteinzeit) – sie begann etwa um 10 000 v. Chr. im sogenannten fruchtbaren Halbmond mit Ackerbau, Viehzucht und der Herstellung von Keramik und breitete sich dann über ganz Eurasien aus. Mitteleuropa erreicht die neolithische Lebensweise um 5500 v. Chr. – ob durch Einwanderer oder durch Übernahme der neuen Kulturtechniken ist umstritten. Abgelöst wurde sie von der Bronzezeit mit der Herstellung von Metallgegenständen.

Nichtinvasive Forschungsmethoden – in der Archäologie werden damit Untersuchungsarten zusammengefasst, welche die Funde unberührt im Boden lassen: vom Auffinden der Kulturspuren durch Satellitenaufnahmen, Magnetometer und Bodenradar bis zur virtuellen Rekonstruktion der Bauwerke am Computer.

Oral History – mündliche Geschichtsüberlieferung. Besonders vor der Einführung einer Schrift wurden die wichtigsten Ereignisse und Weltdeutungen mündlich, meist in der Form von Dichtungen weitergegeben – wie zum Beispiel die Vorstufen der Ilias und der Odyssee.

Paläolithikum (Altsteinzeit) – Die erste Periode der Steinzeit, es folgen Mesolithikum und Neolithikum – beginnt praktisch mit dem ersten Gebrauch von Steinwerkzeugen vor rund 2,3 Millionen Jahren und endet mit dem Mesoltihikum um ca. 8000 bis 6000 v. Chr.

Petrologie – auch Steinkunde genannt, ist die Wissenschaft von der Entstehung, den Eigenschaften, der Nutzung und dem Zerfall der unterschiedlichen Gesteinsformationen.

Pollenanalyse – die Ermittlung der genauen Zusammensetzung aller Pollenspuren im Boden einer archäologischen Stätte kann Auskunft über die biologische Umwelt in der Vergangenheit geben.

Polychromie – Farbigkeit z.B. antiker Plastiken.

Propyläen – Torhalle am Eingang zu einem Tempel oder Palast.

Pylon – monumentale Toranlage in ägyptischen Tempeln, oftmals wurden etliche Pylone hintereinander gebaut.

Sarkophag – eigentlich ein prunkvoller Steinsarg, doch der Begriff wird in Ägypten auch für aufwendige Holz- und Metallsärge benutzt.

Seismische Untersuchungen des Bodens s. **Bodenradar**

Sims s. **Gesims**

Stratigraphie – Kunde von den Schichtenfolgen im Erdboden. Abgelagerte Schichten können aus von Menschen bearbeitetem Material wie Mauersteine, Baulehm und -holz sowie aus Abfall (Kulturschicht) oder aus natürlicher Bodenbildung (Sediment) bestehen. Im Normalfall liegen jüngere über älteren Schichten, doch Erdbeben und menschliche Umgestaltung können die Ordnung umkehren.

Strontiumisotopen-Analyse – die Isotope des in Spuren allgegenwärtigen Metalls Strontium eignen sich zur Ortsbestimmung, denn sie kommen in unterschiedlichen Regionen der Welt in verschiedenen Verhältnissen vor. Weil sie in den menschlichen Körper eingebaut werden, ergibt sich daraus eine verräterische Signatur: während aus den Knochen der Aufenthaltsort in den letzten Lebensjahren ermittelt werden kann, verraten die Zähne die Region der Kindheit.

Stupa – buddhistisches Heiligtum in Form einer Kuppel oder einer Glocke, die jedoch im Inneren nicht ausgehöhlt sind.

Survey – eine systematische Geländebegehung: im Abstand von wenigen Metern durchstreifen Personen das Untersuchungsareal und erfassen alle, Gegenstände, die an die Oberfläche gelangt sind. In der Nähe antiker Stätten werden überraschend viele Scherben, aber auch Münzen und andere kleine Metallteile gefunden.

Tell oder auch Tepe – Ruinenhügel, der aus übereinanderliegende, eingeebnete Siedlungsresten, vor allem Lehmbauten besteht.

Thermolumineszenz-Verfahren – es misst die Lichtenergie aus radioaktiven Elementen, die beim Brennen der Keramik frei wird.

Topographie – jener Teil der Kartographie, der sich mit der Erfassung der Landschaft und der Lagebeschreibung natürlicher und kultureller Objekte in ihr beschäftigt.

Trichterbecher-Kultur – eine Bauernkultur der Jungsteinzeit im nördlichen Mitteleuropa (ca 4200 bis 2800 v. Chr.), die nach dem verbreiteten Gebrauch von Bechern im Trichterstil benannt wurde.

Trilinguae – offizielle, in Stein gemeißelte Textdokumente in drei Sprachen wie der „Stein von Rosette" oder die Inschrift von Behistun.

Virtuelle Archäologie – ausgehend von erfassten Daten wie denen von Fundamentmauern im Boden werden Gebäude, Heiligtümer oder auch ganze Städte am Computer rekonstruiert.

Zeitkapsel – 1. benennen Archäologen so einen Fundplatz, wenn sie historische Objekte von der Nachwelt noch unberührt in ihrer eigentlichen Umgebung freilegen. 2. benennen Zeitgenossen so eine ausgewählte Sammlung zeitgenössischer Gegenstände und Urkunden, die ihre Zeit repräsentieren beispielsweise in einem Gebäudefundament, einer neu errichteten Kirchturmspitze oder einem Satelliten deponiert werden.

Zikurrat – Stufentempel, der sich in Mesopotamien aus den ersten Tempelterrassen in Eridu und Uruk im 4. Jahrtausend v. Chr. entwickelte. Bekannteste Beispiele sind das Zikurrat von Ur und der Turm von Babylon.

Literaturverzeichnis

Andrae, Walter: Das wiedererstandene Assur, München 1977

Archäologisches Landesmuseum Baden-Württemberg (Hrsg.): Troia – Traum und Wirklichkeit, Stuttgart 2001

Badisches Landesmuseum Karlsruhe(Hrsg.): Zeit der Helden – Die dunklen Jahrhunderte Griechenlands 1200 – 700 v.Chr., Darmstadt 2009

Bär, Jürgen: Frühe Hochkulturen an Euphrat und Tigris, Stuttgart 2009

Behringer, Wolfgang: Kulturgeschichte des Klimas, München 2007

Beinhauer, Karl W. u.a.(Hrsg.): Studien zur Megalithik, Mannheim/Weißbach 1999

Bengen, Etta u.a. (Hrsg.): Steinreiche Heide. Verwendung und Bearbeitung von Findlingen in der Lüneburger Heide, Uelzen 1998

Benz, Marion/Maise, Christian: Archäologie, Stuttgart 2006

Bezold, C.: Ninive und Babylon, Bielefeld 1903

Brandau, Birgit/Schickert, Helmut /Jablonka, Peter: Troia – wie es wirklich aussah. München 2004

Burkert, Walter: Die Griechen und der Orient, München 2003

Cancik-Kirschbaum, Eva: Assyrien – Geschichte, Gesellschaft, Kultur, München 2005

Cremin, Aedeen (Hrsg.): Große Enzyklopädie der Archäologie, Stuttgart 2013

Deuel, Leo (Hrsg.): Das Abenteuer Archäologie – Berühmte Ausgrabungsberichte aus dem Nahen Osten, München 1982

Diamond, Jared: Arm und Reich – die Schicksale menschlicher Gesellschaften, Frankfurt am Main 2000

Diamond, Jared: Kollaps – warum Gesellschaften überleben oder untergehen, Frankfurt am Main 2011

Diwersy, Alfred und Wand, Gisela: Irak – Land zwischen Euphrat und Tigris, Blieskastel 2001

Edzard, D. O.: Geschichte Mesopotamiens. Von den Sumerern bis zu Alexander dem Großen, München 2004

Elsner, Hildegard: Wikinger Museum Haithabu, Schleswig 1989

Fagan, Brian M. (Hrsg.): Die 70 großen Geheimnisse der alten Kulturen, Frankfurt 2001

Fansa, Mamoun/Both, Frank/Haßmann, Henning (Hrsg): Archäologie/Land/Niedersachsen, 400 000 Jahre Geschichte, Stuttgart 2004

Forte, Maurizio und Siliotti, Alberto (Hsg.): Die neue Archäologie – virtuelle Reisen in die Vergangenheit, Bergisch-Gladbach 1997

Gilgamesch-Epos, bearbeitet von Raoul Schrott, München 2001

Grube, Nikolai (Hrsg.): Die Maya – Gottkönige im Regenwald, Köln 2000

Herodot: Historien, Stuttgart 1955

Hrouda, Barthel (Hrsg.): Der Alte Orient, Gütersloh 1991

Hrouda, Barthel: Mesopotamien, München 2000

Klotz, Heinrich: Die Entdeckung von Çatal Hüyük. Der archäologische Jahrhundertfund. München 1998

Koldewey, Robert: Das wiedererstandene Babylon, 1990

Korn, Wolfgang: Das Rätsel der Varusschlacht – Archäologen auf der Spur der verlorenen Legionen, Fackelträger, Köln 2008

Korn, Wolfgang: Megalithkulturen – Rätselhafte Monumente der Steinzeit, Stuttgart 2005

Korn, Wolfgang: Mesopotamien – Wiege der Zivilisation und aktueller Krisenherd, Stuttgart 2013

Krause, Arnulf: Die Welt der Wikinger, Hamburg 2013

Lammerhuber, Lois u. Ladstätter, Sabine: Ephesos – Der Reiz der Zerstörung, Baden 2013

Lataz, Joachim: Troia und Homer. Der Weg zur Lösung eines alten Rätsels, Koehler und Amelang-Verlag, Leipzig 2010

Lewis, Bernard: Der Untergang des Morgenlandes, Bergisch Gladbach 2002

Marzahn, Joachim und Salje, Beate (Hrsg.): Wiedererstehendes Assur, Mainz 2003

Matthiae, Paolo: Ninive. Glanzvolle Hauptstadt Assyriens, München 1998

Mellaart, James: Çatal Hüyük. Stadt aus der Steinzeit. Bergisch Gladbach 1967

Meller, Harald (Hrsg.): Der geschmiedete Himmel – Die weite Welt im Herzen Europas vor 3600 Jahren, Stuttgart 2004

Miglus, Peter: Wohnkultur im alten Orient in: Damals 10/2003

Montgomery, David R.: Dreck – Warum unsere Zivilisation den Boden unter den Füßen verliert, München 2010

Müller-Wille, Michael: Opferkulte der Germanen und Slawen, Stuttgart 1999

National Geographic (Hrsg.): Unbekannter Irak, Hamburg 2002

Niebuhr, Carsten: Reisebeschreibung nach Arabien und anderen umliegenden Ländern, Zürich 1992

Nissen, Hans J. und Heine, Peter: Von Mesopotamien zum Irak, Berlin, 2003

Nissen, Hans J.: Geschichte Altvorderasiens, München 1999

Nunn, Astrid: Der Alte Orient – Geschichte der frühen Hochkulturen, Stuttgart 2011

Renfrew, Colin: Archaeology. Theories, Methods and Practice, London 1996

Riese, Berhold: Die Maya, München 2000

Roux, Georges und Renger, Johannes: Irak in der Antike, Mainz 2005

Saggs, H.W.F.: Babylonians, London 1995

Sawyer, Peter (Hrsg.): Die Wikinger. Geschichte und Kultur eines Seefahrervolkes, Stuttgart 2000

Schmidt, Klaus: Sie bauten die ersten Tempel – das rätselhafte Heiligtum der Steinzeitjäger, München 2006

Staatliche Museen zu Berlin (Hrsg.): Babylon. Mythos. Ausstellungskatalog, München 2008

Staatliche Museen zu Berlin (Hrsg.): Babylon. Wahrheit. Ausstellungskatalog, München 2008

Starke, Frank: Ausbildung und Training von Streitwagenpferden, Wiesbaden 1995

Toynbee, Arnold: Menschheit und Mutter Erde – Die Geschichte der großen Zivilisationen, Hildesheim 1996

TROIA – Grabungsbriefe an die „Freunde von Troia" aus den Jahren 1992 bis 2013, Truva – Türkei

Trümpler, Charlotte (Hrsg.): Das große Spiel – Archäologie und Politik, Köln 2008

Wilhelm, Gernot (Hrsg.): Zwischen Tigris und Nil. 100 Jahre Ausgrabungen der Deutschen Orient Gesellschaft in Vorderasien und Ägypten, Mainz 1998

Wilkinson, Paul: Pompeji – Der letzte Tag, Köln 2004

Wille, Hermann: Germanische Gotteshäuser, Leipzig 1934

Viele neue Grabungsergebnisse werden heute von den Archäologen direkt ins Internet gestellt.

Da die Websites jedoch häufig nach einiger Zeit umgestaltet werden, hat sich eine Quellenangabe in Büchern als unfruchtbar herausgestellt. Es empfiehlt sich, mit mehreren Suchbegriffen präzise danach zu fahnden.

Register

Die *kursiven* Seitenzahlen verweisen auf die Abbildungen

Abu Simbel 16f., 72, 76	Barley, Nigel 132	Cenoten 284f.	Edfu 72
Achäer 34	Batanina, Ija M. 175	Champollion, Jean François 80, *80*, 81	Eje, Pharao 168
Achet-Aton 168	Batey, Colleen 233		El Mirador 143
Adler, Friedrich 106	Becker, Helmut 185, 190	Chandler, R. 105	El-Beki 38, 40
Ägina	Behringer, Wolfgang 278, 281, 287	Chase, Arlen F. 283, 286	Elephantine 160ff., *160*, 161
Ägypten 66–73, 77, 80, 69, 153–169	Belzoni, Francesco 74, 76, 78, 79, 81	Chateaubriand, François René 38, 117	Elgin, Thomas Bruce, Earl of 103f.
Ägyptologie 72ff., 80	Belzoni, Giovanni Battista 74ff. *75*, *78*	Cheops-Pyramide *153*, 267	Elgin-Marbles 104
Al-Aqsa-Moschee 289		Chephren-Pyramide 77	Ephesia 274
Albani, Alessandro 58	Berg, Friedrich Reinhold von 60	Chichen Itza 143, 282, 284f., *284*, 285	Ephesos 270–281, *270*, *273*, *275*, *276*, 295
Alcubierre, Rocque Joaquin de 57	Bergama 103, 111f.		Erechtheion 103
Alexander der Große 274	Beselik-Bucht 186, *186*	Clayto, Peter A. 68, 74	Eric Blutaxt 228, 230, *230*
Alt Gaarz 37	Bey, Osman 41	Clunn, Tony 237, 239f.	Erik der Rote 235
Amenhotep IV., Pharao 168	Bingham, Hiram 266	Colonia Claudia Ara Agrippinensum siehe Köln	Erosionskraft 30
Ampelius, Lucius 112	Blegen 185, 187, 195		Ess, Margarete von 96
Amun 162f., *163*	Bleiisotopen-Methode 176	Commaille, Jean 135	Etrusker 28, 45
Amun-Re 163, 168	Blockbergung 246	Conze, Alexander 112	Euphrat 91, 94, 95
Andrae, Walter 89	Bock, Hans Georg 302	Cornelius, H. C. 131f., *132*	Evans, Arthur 113, 114, 127, 296
Angelsachsen-Chronik 228	Bodenradar 301	Cruz, Arnoldo González 147	Externsteine 259
Angkor Thom 139, *140*, 147	Boni, Giacomo 64	Cultun 283, 286	Fea, Carlo 63
Angkor Wat *130*, 131, 134–140, *136-137*, 138ff., *139*, 144, 147	Bonucci, Antonio 253	Curtius, Ernst *105*, 112	Findlinge 36, 41
	Borobudur 131ff., *132*, *133*, *134*, 144	Cuzco 264, 266	Fiorelli, Giuseppe 64
Anthony, David 175	Botta, Paul-Emile 83f.		Flaubert, Gustave 70
Archäologie, experimentelle 232	Bourtanger Moor *213*		Flinders Petrie, Sir William Matthew 154f., *154*, 255
Archäologie, virtuelle 302f.	Boussard, André Joseph 73	Danegeld 233	
Arminius 249	Boyle, Richard 58	Daschur 72	Ford, Harrison 263
Artemis 274, 281	Braidwood, Robert John 263, 266	De Jong, Piet 296f.	Forschungsmethoden, nichtinvasive 301
Artemis-Ephesia 274	Brinkmann, Vinzenz 61	Deir el-Bahari 72	
Assuan 72, 161	Bronzezeit 2 8, 171, 177, 179, 183, 216	Dekkers, Midas 103, 253, 305, 307	Forstenpointner, Gerhard 278
Assyrien 91, 95, 99		del Rio, Antonia 140	France, Anatole 67
Atatürk-Staudamm 97	Bruce, Thomas siehe Elgin, Lord	Delphi 46, 56, 109, *109*, 110	Fuchs, Werner 23
Athen 36, 46, 63, 103f., *104*, 115,	Brückner, Helmut 280	Dendrochronologie 157	Fundhorte 24
Atlantis, nordisches 260	Brüllow, Karl Pawlowitsch 253, 254, *254*	Denon, Vivant 67, *67*, 72f., *74*	Fundteilung 116f.
Aton 168f.		Deutsche Expedition 76	Furtwängler, Adolf 108
Aton-Kult 169	Bulwer-Lytton, Edward 253	Deutsche-Orient-Gesellschaft 87	
Augustus, römischer Kaiser 46, 277, *239*, 249	Busch, Andreas 209ff.	Diamond, Jared 131, 271, 285, 287	
		Dolmen 36f.	Garten Eden 95
Aunjetitzer-Kultur 183	C-14-Methode 155	Dörpfeld, Wilhelm 106, 108, 112, 122, 127ff., 185	Gastner, Paul 220
Azteken 143	Caesar, Gaius Julius 46, *67*	– Schichtenmodelle 185	Geschwinde, Michael 247
	Calvert, Frank 121ff.	Dorset 223, 234	Gessel, Goldfund von 171, 172, *172*
Babel, Turmbau zu 99	Carnac 38, *38*	Dreißigjähriger Krieg 243ff.	Gilgamesch 86, 96
Babylon 82, 83, 87ff., *88*, 89, 91, 294	Carnarvon, Georger Herbert, Earl of 255, 256, *256*, 258	Dreyer, Günther 160f.	Gilgamesch-Epos 85
		Drovetti, Bernardino 75	Gizeh 67, 70, *70*, 72, 154
Bakong 1 35	Carnuntum 301ff., *302*	Dublin 227f.	Glazial 33
Bamiyan, Buddhastatuen 292f., *293*	Carter, Howard 153, 255, 256, *256*, 258	Dur Scharrukin 84	Gletscher-Archäologie 221
Banteay-Khmer-Tempel 302f.			Göbekli Tepe 97ff., *98*, 300
Baphoung-Tempel 147	Çatal Höyük 311ff., *312*		Goethe, Johan Wolfgang von 13, 58, 61
Baring, Evelyn Earl of Cromer 169	Catherwood, Frederick 140f.	Easton, Donald 196	
Barkay, Gabriel 292	Çayönü 266	Echnaton 154, *167*, 168	Groslier, Bernard Philippe 139

Großsteingräber 37	Jablonka, Peter 198	Linear-B-Schrift 36, 113	Morales, Alfonso 147
Grotefend, Georg Friedrich 85	Jansen, Hans-Günther 185, 190	Littel Bighorn 243	Möser, Justus 239
Gustav II. Adolf, König von Schweden 243f, 245, 247	Jarmo 266	Loftus, William Kenneth 96	Mossul 84
Guthfrithsson, Olaf 230	Jefferson, Thomas 34	Lönne, Petra 242	Motesharrei, Safa 305
	Jerusalem 289f., 290, 291f.	Lord Carnarvon siehe Carnarvon, Gerorge Herbert, Earl of	Mouhot, Henri 135
	Jorvik, Königreich 228		Müller, Karl Otfried 109
Hacksilber 233, 235	Julis II, Papst 56f., *56*	Lord Elgin siehe Elgin, Thomas Bruce, Earl of	Müller-Wille, Michael 217, 223, 235
Hadrian, römischer Kaiser 46, 297	Justinian, oströmischer Kaiser 281	Ludwig Boltzmann Institut für Archäologische Prospektion und Virtuelle Archäologie 301	Mumifizierung 71, 166
Haithabu 230ff., *231*			Muscarella, Oscar White 295
Hall, Richard 223, 228ff.			Mykene 34, *34*, 36, 114, 126, 127, 273
Hannibal 39	Kairo 72, 153, *153*	Luftbildarchitektur 301	
Haremhab, Pharao 168	Kalkriese 237–241, 247	Lützen 243–247, *244, 245*	
Harrison, Robert 313	Kambodscha 131, 134, 138, 144, 147	- Schlacht bei 243	Nabonid 91
Harzhorn 242, 247, *249*	Karnak 77, 163, 162, *164–165*	Luxor 72, 75, 77, 77, 153, 162	Nabupolassar 91
Hatschepsut 72	Karthago 38ff., *39, 40, 41*		Napoleon Bonaparte 67, 68, 69, 70ff.
Hattusa 273	KEO 314		Nebra, Himmelsscheibe von 171, 180ff., *180*, 181f., *181*
Hawass, Zahi 267	Keramikstile 154		
Heidenopfertisch 36	Khmer-Reiche 135, 138	Machu Picchu 263, 266	Nebukadnezar II. *88*, 91, 99
Heraklit 110	Khorsabad 83	MacLaren, Charles 121	Nefertari 81
Herculaneum 24, 57, 235	Klimaveränderungen 273	Magdalena, Antonia 135	Nektanebos I., Pharao 162
Herder, Johann Gottfried 63, 119	Klotz, Heinrich 313	Maggi, Luigi 254	Nero, römischer Kaiser 46, 56
Herodes der Große 291	Knossos 113, *113*, 296, *296, 297*, 303	Magnetometer-Verfahren 301	Nibby, Antonia 64
Herodot 169, 195, 197, 273	Kolb, Frank 197f.	Maise, Christian 232	Niebuhr, Carsten 69
Heun, Manfred 98	Koldewey, Robert 87ff.	Maiuri, Amedeo 64	Nimrud 83, 84, 91
Hiddenseer Goldschatz *224*	Köln 30, 32, *32*	Malia 113	Ninive 83, 85, 91, 294
Hieroglyphen 79, 80f., 158	Königsgräber von Hassel 41	Manethos 155	Nippur 89
- Entzifferung 80f., 158	Königslisten, ägyptische 154f.	Marc Aurel, römischer Kaiser 49	Nizna Mysla 29
Hirsalik 119, 121, 123f., 128f., 186, 189, 192ff.	Korfmann, Manfred 129, *129*, 182, 185ff., *188*, 190, 194, 197ff., 201f., 268, 289	Marchal, Henri 139	Nofretete 78, *76*, 167
		Martin, Simon *282*	Novum Illium 19
Hodder, Ian 312		Marturano, Aldo 23	Nowgorod 235
Holck, Per 231	Korinth 45f.	Massenspektrometer 176	
Hölkeskamp, Karl-Joachim 199	Krause, Rüdiger 177	Mastaba 71	
Homer 34, 119f., 123, 126, 129, 185, 188, 190f., 194, 196, 200, 202	Kreta 36, 113f., *113*, 114 *114*	Maximinus Thrax, römischer Kaiser 248	O'Brian, Tim 237
	Krinzinger, Fritz 278		O'Corráin, Donnchadh 228
Homolle, Theophile 109	Kühn, Hans-Joachim 209	Maya 131, 140ff., *141*, 282–287	Obed-Kultur 91
Hortpfunde 216	Kunze, Emil 108	Mayapan 285	Octavian siehe Augustus
Horus-Studie 167	Küster, Hansjörg 316	Megalith-Anlage 37, *37*, 41, 216	Odyssee 199
Hueber, Friedrich 274		Mellaart, James 312	Ol'gino 175
Humann, Carl 111f.		Meller, Harald 181	Oldovai-Schlucht 33f.
Humann, Franz 111	Lanciani, Rodalfo 64	Memnoskolosse *162*	Olympia 104ff., *105, 106*, 107, *107, 108*, 109, *110*, 302
Humbold, Alexander von 11, 143	Laokoon-Gruppe 57, *57*, 60	Memphis 77, 153, 168	
Hünengräber 36f. 216	Latacz, Joachim 197, 199	Menhir von Sant Uzee 38, *38*	Opferkult 216
	Layard, Austen 84f., *85, 87*	Menhire 37f.	Oppert, Jules 89
	Lebreton, Jacques 103	Merapi 134	Oral-History 199, 201
	LeChevalier, Jean Baptiste 121	Mesopotamien 83, 89, 91,95, 99,154	Osiris 79, 166
Ilias 119, 191, 196ff.	Leif Erikson 235	Mexiko 140	Osmanisches Reich 68
Ilion 196, 202	Lepsius, Karl Richard 76	Michaelsen, Karl 261	Ötzi 30, *208*, 218–221, *218, 219*
Illerup *28*	Leubingen, Hügelgrab von 177, *177*, 179, 182	Miksic, John 131	Ovid 46
Incoronato, Alberto 24		Minoer 39, 113	
Indiana Jones 263, *263*	Lhuillier, Alberto Ruz 142	Mommsen, Theodor 64, 239	
Inka 263ff., *264–265*, 266	Libby, Willard Frank 155	Montgomery, David R. 95, 281	
Interglazial 33, 316	LIDAR 283, 285, 301	Monumentalfilm 262	Pachacuti, Inkakönig 264
International Time Capsule Society 313, 315	Lierski, Norma 243	Moore 33, 209–217	Pakal der Große 142, *143*
	Lindner, Martin 262	Mooropferungen 216	Palast des Priamos 125, 129
Ischtar-Tor 89, *89*, 294	Linear-A-Schrift 36	Moosbauer, Manfred 180	Palästina 292

Palenque 131, 140ff., 140f., *141*, 147f., 283	Rom 45, 49ff., *51, 52-53*, 56, *59*, 63f., *64*, 258, 295	Tadschikistan 174	Visbecker Braut 36
Palmyra 30, *31*	Roman Climatic Optimum 277f.	Tal der Könige 72, 77f., 80, *157*, 255	Visbecker Bräutigam 41
Panhellenischen Spiele 110	Römisches Reich 39, 47, 271, 279	Tal der Königinnen 154	Volney, Graf Constantin François de Chasseboeuf 68
Parthenon 56, *62*, 63, *104*, 115	Romulus Augustus 48	Talud-Tablero-Fassadenstil 144	
Paulus, Apostel *279*, 280	Romulus und Remus *47*	Tansania 34	
Pausanias 105–109, *106*, *106*	Rosetta-Projekt 314	Taylor, John Georga 90	Wagenlenker von Delphi *110*
Pax Romana 45	Rosette, Stein von 72f., 73, 79	Tel el Amarna 154	Wallace, Pat 228
Pergamon 103, 111f.	Roter Franz 212, 213, *213*	Tell 32	Wallenstein, Albrecht Wenzel Eusebius von 243, 247
Pernicka, Ernst 171, 173f., 181,202ff.	Ruggiero, Michele 64	Tell el-Muquajjar 90	
Perserreich 91, 274	Rungholt 209ff., *210, 211*, 212, *212*	Tempel von Kom Ombo *159*	Warka 96, *96*
Petersen, Wolfgang 268f.		Tempelberg 289ff., *290, 291, 291*	Weber, Carl 58f.
Phaistos 113		Temple Mount Stifting Project 290	Weisgerber, Gerd 1 72ff.
Pharaonengräber 29, 162	Sakkara 71f., *71*, 311	Teotihuacán 143ff., *145*, 146, 148f.	Weismann, Alan 306, 317
Phelps, Nigel 268	Salt, Henry 75	Tepe 32	Wheeler, Mortimer 214
Phidias 108	Samarkand 174	Terrkotta-Krieger 298	Wiegand, Theodor 112, 260
Philae 72, 76	Sarzec, Ernest de 89	Teutoburger Wald 238, 249	Wikinger 222–235
Philippe, Jean-Marc 314	Sawyer, Peter 235	Theben 77ff., 163, 168	Wildeshausen 36
Phnom Bakheng 135	Schatz des Priamos 125f.	Theodosius der Große 48, 104	Wille, Hermann 259, 261
Piranesi, Giovanni Battista *48*	Schlacht am Harzhorn 242	Thera 114	Wilusa 197, 273
Pizzicolli, Cyriacus 54f.	Schlachtfeldarchäologie 236–249	Thermolumineszenz-Verfahren 157	Winckelmann, Johann Joachim 45, 58, *58*, 60, 115
Plinius d. Ä. 23f., *57*	Schliemann 34, 108, 113, 119–129, *120, 121, 122*, 125, 185–188, 190, 192, 197, 266	Thompson, Randall 167	
Pompeii Sustainable Preservation Project 300		Thomsen, Christian J. 28	Winlock, Herbert 256
		Tigris 91, 95	Wirth, Hermann 260
Pompeius-Säule *67*	Schlosser, Wolfhard 182	Tikal 142ff.	Wooley, Charles Leonard 90, 94
Pompeji 300	Schlüter, Wolfgang 237ff.	Tiryns 36	Wright, Kenneth 264
Pompeji 23f., *23, 24, 25, 26–27, 29*, 30, 57, 59, *60*, 63f., *63*, 253, 269, 295, *295*, 300, *301*	Schmidt, Klaus 97	Tollund-Mann 214, *214*	
	Schneider, Lambert 115	Tolteken 283, 285	
	Schuchhardt, Carl 217	Totenmaske des Agamemnon 180	Xi'an 297
Pope, Alexander 119	Schürger, André 245	Trajan, römischer Kaiser 297	Xucatan 284
Postgate, Nicholas 87	Scipio, Publius Cornelius 39	Trichterbecher-Kultur 216	
Priamos 185	Sehested, Frederick 232	Trilinguae 73, 79	
Punische Kriege 39	Sethos I., Pharao 79, *79*, 81, 162	Troas 119, 121, 186	Yde, Mädchen von 213
	Siebler, Michael 63	Troia *118–129, 118, 120, 121, 184*, 185, 187, 196, 266ff., 269, 273	York 229
	Simek, Rudolf 224, 235	Trojanischer Krieg 126, 202	
Qin, Grabhügel von 297ff.	Sinn, Ulrich 108	Trundholm, Sonnenwagen von *176*, 217	
Quartär siehe Eiszeitalter	Sintašta-Kultur 177		Zegarra, Alfredo Valencia 264
Quetzalcoatl 144, 149, 285	Sintflut 85f., 99	Tulum *286*	Zeitkapseln 33, 316
	Smith, George 85	Turkestan-Gebirge 173	Zeravschon 173
	Speere, Schöninger 33, *33*	Turmbau zu Babel *88*	Zink, Albert 220
Radicarbon-Methode siehe C-14-Methode	Standarte von Ur *92-93*, 94	Tut-anch-amun 168f., *168, 169*, 255	
	Stele von Madrid 140	Unteruhldingen, Pfahlbauten *178*	
Radt, Wolfgang 112	Stensen, Niels 34	Ur 90, 94, 96, 294	
Raffles, Thomas Stamford 131ff., *132*	Stephens, John Lloyd 140f.	Uruk-Zeit 91, 96f., *97*	
- „History of Java" 133	Stonehenge 98, 182, *182*, 301	Userkaf, Pyramiden von 311	
Ramses II., Pharao 162	Stosch, Philipp von 58	Uxmal 283	
Rassam, Hormuzd 87	Stratigraphie 34		
Raubgrabungen 29, 116f., 294f.	Strontiumisotopen-Analyse 157		
Rautenberg, Hanno 307	Studia Troica 202	Van der Sanden, Wijnand 214f.	
Rawlinson, Henry 85, 89, 90	Sujiyama, Saburo 149	van Erp, Theodor 144	
Reilly, Paul 302	Sumerer 89ff., 94, 96	Varusschlacht 237, *237*, 239	
Rekonstruktion, virtuelle 301	Survey 240	Venezianische Charta 297	
Revolution, Neolithische 266		Vercoutter, Jean 69	
Rich, Claudius James 83		Vesuv 23, *23*, 58, 253, 269	*Der Tempel der Vesta auf dem Forum Romanum in Rom.*
Rollsiegel 96, 97, *97*	Tacitus 214, 249	Virchow, Rudolf 127	

Bildnachweis

7reasons Medien GmbH
Seite 303 l. (©M.Klein/7reasons), 303 r. (©M.Klein/7reasons)

Michael Büsgen, Köln
Seite 52-53, 55, 56, 62, 64, 65, 258, 329, Nachsatz/U3

Fotolia.com
Vorsatz/ Seite 1 (© Aleksandar Todorovic), 10 (© hangingpixels), 14 (© beebabylon), 25 (© Hans Peter Denecke), 31 o. (© milosk50), 38 i. (© Hans-Martin Goede), 38 r. (© lamax), 59 (© anshar73), 77 o. (© MasterLu), 100-101 (© Thierry Milherou), 102 (© Alena Stalmashonak), 105 r. (© Oleg Znamenskiy), 110 r. (© Georgios Alexandris), 114 l. (© Betweenstrap), 114 r. (© efesenko), 130 (© fklinkhart), 134 u. (© Dan Low), 136-137 (© Aleksandar Todorovic), 138 (© De Visu), 139 (© Kuschch Dmitry), 141 r. (© photlook), 142 l. (© Bill Bogusky), 142 r. (© Serafino Mozzo), 187 l. (© trofotodesign), 187 r. (© Nikolai Sorokin), 192 (© Ergün Özsoy), 231 l. (© crimson), 231 r. (© crimson), 250-251 (© searagen), 253 (© yahyaikiz), 270 (© Dario Bajurin), 277 l. (© jeffong), 277 r. (© jeffong), 278 (© EvrenKalinbacak), 283 (© Serafino Mozzo), 285 (© Jose Ignacio), 286 (© milosk50)

Wolfgang Korn, Hannover
Seite 18, 31 u., 35 o., 37, 68 l., 70 l., 70 r., 71, 72, 77 u., 78, 107, 109, 111, 113, 122, 124, 125, 129, 133, 142 l., 155, 159 l., 159 r., 161 l., 161 r., 162 r. 163, 186 o., 188 o., 188 u. 190, 193, 196 l., 196 r., 199 o., 204, 210, 212 l., 234, 272, 273, 276, 282, 284, 287, 297

mauritius images, Mittenwald
U2/Vorsatz(alamy), 12(alamy), 22(ReneMattes), 26(age), 27(age), 29 o.(UnitedArchives), 35 o.(alamy), 36(alamy), 40(alamy), 41(alamy), 46 r.(WernerOtto), 50(alamy), 60-61(alamy), 63 o.(UnitedArchives), 63 u.(UnitedArchives), 63 ur.(imageBROKER/olf), 66(UnitedArchives), 69(SuperStock), 79 u.(SuperStock), 81 l.(SuperStock), 82(alamy), 84(alamy), 85(alamy), 87(RobertHarding), 88 l.(UnitedArchives), 90(UnitedArchives), 91(alamy), 94 o.(UnitedArchives), 95(alamy), 96(UnitedArchives), 97(alamy), 98(alamy), 99(SuperStock), 104(alamy), 118(SuperStock), 127 o.(SuperStock), 127 u.(alamy), 132 o.(UnitedArchives), 134 o.(alamy), 140(RobertHarding), 145 (Robert Harding), 146 (alamy), 148 l. (Cultura), 148 r. (Cultura), 149 l. (Robert Harding), 149 r. (alamy), 152 (age), 170 (Robert Harding), 175 (alamy), 176 (imageBROKER/NielsDK), 177 (United Archives), 184 (alamy), 194 (imageBROKER/Günter Flegar), 200 u. (alamy), 203 (alamy), 205 l. (SuperStock), 205 r. (SuperStock), 216 (alamy), 220 (alamy), 222 (alamy), 226 (Danita Delimont), 229 (alamy), 233 o. (alamy), 252 (alamy), 255 l. (alamy), 256 l. (alamy), 256 r. (alamy), 260 (United Archives), 280 (age), 288 (alamy), 293 l. (alamy), 296 (imageBROKER/Franz Walter), 299 (United Archives), 304 (Trigger Image), 307 (imageBROKER/Stefan Espenhahn), 310 o. (alamy), 310 u. (alamy), 312, 313, 317 r. (alamy), 325 (alamy), 330–331 (Ralf Mattes), 336/Nachsatz (CuboImages)

Niedersächsisches Landesamt für Denkmalpflege
Seite 33 (© P. Pfarr NLD)

picture-alliance, Frankfurt am Main
Seite 2-3 (Arved Gintenreiter), 4-5 (dpa), 7 (ZB), 17 l. (dpa), 17 r. (dpa), 19 (ROPI); 20-21 (akg-images/Erich Lessing), 24 (akg-images), 28 (dpa), 29 u. (akg-images/Erich Lessing), 32 (dpa), 39 (akg-images), 42-43 (akg-images), 44, 46 l. (akg-images/Herve Champollion), 47 (dpa), 48 (akg-images), 49 (akg-images/Erich Lessing), 51 (maxppp), 54 (BildarchivMonheim), 57 (ArcoImagesGmbH), 68 r. (maxppp©Angelo/Leemage), 73 (dpa), 74 (akg-images), 75 l. (©Costa/Leemage), 75 r. (©Costa/Leemage), 76 (AP Photo), 79 o. (/ArcoImagesGmbH), 80 o. (akg-images/MarcDeville), 80 u. (akg-images/MarcDeville), 81 r. (akg-images/ErichLessing), 86 (SüddeutscheZeitungPhoto), 88 r. alg-images), 89 (dpa), 92-93 (CPAMediaCo.Ltd), 94 u. (RobertHarding), 105 l. (ANE), 106 (ANE), 108 (akg-images), 110 l. (akg-images/HerveChampollion), 112 (Prisma Archivo), 116-117 (United Archives/DEA PICTURE LIBRARY), 120 l. (akg-images), 120 r. (akg-images), 121 (akg-images), 123 (akg-images), 123 l. (akg-images), 126 r. (akg-images), 128 (Heritage Images), 132 u. (akg-images), 143 (akg-images), 147 (akg-images), 150-151 (dpa), 156 (akg-images/Werner Forman), 157 l., 157 r., 158 (akg-images/Erich Lessing), 160 (akg-images/Herve Champollion), 162 l. (Eibner-Pressefoto), 164-165 (© Werner Otto/OKAPIA), 166 (Mary Evans Picture Library), 167 (akg-images), 168 (dpa), 169 (dieKLEINERT.de/Enno Kleiner), 172 (dpa), 173 o. (ZB), 173 u. (akg-images / Erich Lessing), 174 (akg-images), 178 (chromorange), 179 (dpa), 180 (ZB), 181 (ZB), 182 (/ Mary Evans Picture Library), 183 (dpa), 186 u. (Rainer Hackenberg), 191 (akg-images), 195 (akg-images/ Erich Lessing), 198 (ZB); 200 o. (akg-images), 201 (akg-images/Erich Lessing), 206-207 (dpa), 208 (ROPI), 211 (dpa), 212 r. (dpa), 213 l. (dpa), 2213 r. (dpa), 214 (Christian Kober/Robert Harding), 215 (dpa), 218 (dpa), 219 (ROPI), 221 l. (ROPI), 221 r. (ROPI), 224 o. (© Rainer Binder/Helga Lade), 224 u. (dpa), 225 (akg-images), 227 (empics), 228 (empics), 230 (AP Photo), 232 (akg-images/Werner Forman), 233 u. (AP Photo), 236 (dpa), 238 (akg-images), 239 (akg-images/

Museum Kalkriese), 240 o. (akg-images/Museum Kalkriese), 240 u. (akg-images/Museum Kalkriese), 241 l. (dpa), 241 r. (akg-images/Museum Kalkriese), 242 l. (dpa), 242 r. (dpa), 244 o. (akg-images), 244 u. (ZB), 245 (dpa), 246 (akg-images), 248 (dpa), 249 (dpa), 254 (akg-images), 255 r. (dpa), 257 (The Advertising Archives), 259 (© Peter Jost/OKAPIA), 261 l. (Mary Evans Picture Library), 261 r., 262 (Mary Evans Picture Library), 263 l., 263 r. (dpa), 267 (KPA), 268 (dpa), 274 (Arco Images), 275 (akg-images), 279 (akg-images/Erich Lessing), 290 (Marius Becker), 291 (akg-images/Erich Lessing), 293 r. (dpa), 294 (Everett Collection), 295 (ROPI), 298 (Neale Clark/Robert Harding), 300 l. (dpa), 300 r. (dpa), 301 (Bildagentur-online/TIPS-Images), 306 l. (dpa), 306 r. (chromorange), 308 (Bildagentur-online/TIPS-Images), 309 (United Archives/DEA), 314 (dpa-Report) 315 (dpa-Report), 316 (dpa), 317 l. (Markus Redmann), 320 (akg-images), 334-335 (akg-images)

Universität Wien Luftbildarchiv
Seite 302 (© Michael Doneus)

Wikimedia
Seite 58, 154

Karten
© Kartographie Huber, München

Bildstrecke zu Beginn des Buches
Machu Picchu mit Bergspitze des Huayna Picchu (Peru); aufgegebene Tempelanlage Ta Prohm (Kambodscha); Deckendetail des reich verzierten Hathor Tempel von Dendera (Ägypten); Ausgrabungen der vor-inkaischen Kultur der Wari (Peru); Himmelsscheibe von Nebra, Blick ins Innere des Tempels von Angkor Wat (Kambodscha); Titusbogen auf dem Forum Romanum in Rom (Italien); Buddhaskulptur in Ayutthaya (Thailand)

Bildstrecke am Ende des Buches
Medusenhaupt auf dem Forum von Leptis Magna (Libyen); Infanteristen und Pferde der Armee des Qin Shihuang (China); Medusenhaupt auf dem Forum von Leptis Magna (Libyen); antike Spolien, Rom (Italien)